Adolf Matthias

# Reichskanzler Otto von Bismarck
# Sein Leben und sein Werk

Übertragung von Fraktur in Antiqua

Adolf Matthias: Bismarck – Sein Leben und sein Werk
Übertragung von Fraktur in Antiqua
Hamburg, SEVERUS Verlag 2013.

ISBN: 978-3-86347-630-4
Druck: SEVERUS Verlag, Hamburg 2013

Der SEVERUS Verlag ist ein Imprint der Diplomica Verlag GmbH.

**Bibliografische Information der Deutschen Nationalbibliothek:**
Die Deutsche Nationalbibliothek verzeichnet diese Publikation in der
Deutschen Nationalbibliografie; detaillierte bibliografische Daten sind im
Internet über http://dnb.d-nb.de abrufbar.

© **SEVERUS Verlag**
http://www.severus-verlag.de, Hamburg 2013
Printed in Germany
Alle Rechte vorbehalten.

Der SEVERUS Verlag übernimmt keine juristische Verantwortung oder
irgendeine Haftung für evtl. fehlerhafte Angaben und deren
Folgen.

**SeveruS**

Seinem langjährigen Freunde Oskar Beck in dankbarem Gedenken an
gemeinsames Schaffen
Der Verfasser

Bismarck am Bundesratstisch
in der Reichstagssitzung vom 6. Februar 1888
Nach dem Gemälde von Anton v. Werner

# Vorwort

Seit den ersten Anfängen meines politischen Denkens lebt Bismarck mir in Kopf, Herz und Gemüt. Wie er von Tat zu Tat alles, was wir in unserer Jugend für unser Vaterland heiß ersehnten, erfüllte, haben wir bewundernd geschaut und ihn begleitet auf dem Wege, aus welchem er mit Blut und Eisen Deutschlands Einheit schuf. In Frankreich sind wir in Waffen mit ihm gegangen und haben in allen Kämpfen gegen die Franzosen vertrauensvoll zu seiner Tatkraft aufgeblickt, daß er uns einen Frieden schaffen werde, der der blutigen Opfer und der schweren Mühen wert und würdig sei und den er schließen werde, unbekümmert um alle unsere scheelsüchtigen Feinde in der Welt, England voran, die unsere Siege uns mißgönnten.

Und in den Jahren des Friedens, als er weiter zimmerte an des Reiches Bau, haben wir immerfort zu ihm gestanden und in festlichen Stunden ihm zugejubelt als des Reiches getreuem Eckart bis zu seinem letzten Tage und über den Tod hinaus ihm Treue gehalten in unerschütterlichem Danke. Wenn aber bange Stunden kamen und wir es schmerzlich empfanden, daß seine ruhige Klarheit und seine richtige Wegführung uns fehlte, dann haben wir immer wieder seiner gedacht und uns zurückgesehnt nach den Tagen, da wir uns unter seiner Hut sicher und wohlgeborgen fühlten.

Wer so innerlich mit Bismarck an die fünfzig Jahr gelebt hat, darf dem neuen Geschlechte wohl erzählen, was Bismarck uns Alten war: er, der größte Staatsmann unserer Geschichte, der es verstanden hat, die früher getrennten Fürsten und Völker Deutschlands zusammenzufügen, Stammessonderheit und Reichseinheit zum schönsten Einklang zu bringen und ein historisch begründetes monarchisches Empfinden mit stolzem Selbstbewußtsein verbunden uns zu hinterlassen, das seit seinem Wirken den Siegeszug in deutschen Herzen vollendet hat als eine Macht, an die wir glauben, weil Bismarck dieses Glaubens lebte.

Doch nicht nur den großen Staatsmann will ich schildern, auch den Menschen Bismarck möchte ich deutschen Herzen nahe führen in seinem geheimnisvollen Werden, wie er in seinem Glauben, in seiner Liebe und in seinem echt deutschen Familiensinn und Heimatsgefühl die starken Wurzeln seiner staatsmännischen Kraft und seines weltgeschichtlichen Wirkens gefunden und zu einer Persönlichkeit sich entfaltet hat, die ein Muster der Nacheiferung seinem Volke geworden ist und dessen politischem Urteil höhere Gesetze als Erbgut hinterlassen hat.

Dieser Bismarck möge wieder aufleben in einer schlichten Biographie, die wie jede echte Biographie eines großen Mannes zur Huldigung für den Genius wird, die aber nicht mit des Verfassers eigener Sprache prunken will, sondern, soweit es irgend möglich ist, die Sprache und den Stil des großen Mannes selber spricht als Träger seines Wesens, seines Denkens, Fühlens und Wirkens, wie sie in seinen Gedanken und Erinnerungen, in seinen wundervollen Briefen, in seinen wandernden Worten lebhafter Unterhaltung und in seinen großen Reden sich widerspiegeln. Bei keinem Staatsmann ist das so möglich, weil bei keinem das eigene Wort in geselligem Verkehr, in Brief und Rede so die Arbeit des Lebens begleitet, daß eine Biographie fast zur Selbstbiographie werden kann.

So gehe denn das Buch in ernsten Tagen hinaus. Es trägt in seinen letzten Abschnitten das Gepräge der gewaltigen Zeit an sich. Die große Rede vom 6. Februar 1888 und ihre Wirkung wurden niedergeschrieben, als der Krieg sich wie ein drohendes Gewitter Deutschland näherte; das letzte Kapitel in den ersten Tagen des August, als das „ganze Deutschland von der Memel bis zum Bodensee wie eine Pulvermine aufbrannte und von Gewehren starrte", als der *furor teutonicus* durch diese Lande zog und der Geist Bismarcks aus dem Sachsenwalde erwachte, um uns zu Krieg und zu Sieg zu führen. Das walte Gott.

Berlin, im November 1914                                        Adolf Matthias

# Inhaltsverzeichnis

1. Kindheit und Schulzeit.................................................................. 15
2. Der Student und junge Beamte in Sturm und Drang .................... 28
3. Der „tolle" Landjunker ................................................................ 49
4. Ankergrund in Glaube, Liebe und eignem Heim........................... 68
5. Des Parlamentariers erste Kundgebungen. Auf der Wacht vor dem Königsthrone. 1847 und 1848...............................................102
6. Der preußische „Selbstdenker" in seinem parlamentarischen Wirken. 1849–1852 .....................................................................123
7. „Herrenleben" am Bundestage in Frankfurt a. M. 1852–1859.......150
8. „Kalt gestellt" in Petersburg. Pariser Sommerwochen. 1859–1862 ..................................................................................177
9. Verfassungszwist und Heereserneuerung. Der Fürstentag – das erste staatsmännische Meisterstück. 1862–1863 .........................195
10. Schleswig-Holstein – das zweite Meisterstück. 1863–1865 ......227
11. Das Vorspiel des Krieges. Der Krieg 1866.................................261
12. Der Kanzler des Norddeutschen Bundes. 1867–1870 ................292
13. Der deutsch-französische Krieg. 1870–1871. Kaiser und Reich .320
14. Der Kampf mit Rom um staatliche Selbständigkeit....................355
15. Bismarcks Sorgen um soziale und wirtschaftliche Fragen und um unsere Kolonien ..................................................................378
16. Die auswärtige Politik des deutschen Kanzlers ..........................413

17. Das Dreikaiserjahr. Bismarcks letztes Wirken.
   Seine Entlassung. 1888–1890......................................................429
18. Feierabend im Sachsenwalde ......................................................451

## 1. Kindheit und Schulzeit

Am 1. April 1815 wurde Otto von Bismarck in dem Gutshofe des altmärkischen Dorfes Schönhausen geboren, wo im Amt und Dorf seit 1562 die Familie Bismarck ansässig war.

Es war eine ereignisschwere Zeit. Vier Wochen vor seiner Geburt, am 1. März 1815, war Napoleon bei Cannes gelandet, am 20. März war er wieder in Paris eingezogen; Preußen rüstete von neuem. Zu dem geistigen vaterländischen Familienerbe derer von Bismarck waren reiche Erinnerungen an die Fremdherrschaft hinzugekommen.

Die Eltern waren erst wenige Monate verheiratet, da kam das Unglück von Jena über Preußen. Durch die Altmark eilten die preußischen Flüchtlinge, der König voran. Französische Soldaten waren Ende Oktober 1806 in Schönhausen; die junge Schloßfrau mußte vor der rohen Soldateska flüchten. Schloß und Dorf wurden geplündert. Angstvoll verbrachten die Schloßbewohner eine stürmische Herbstnacht im Walde. Zwei Brüder von Bismarcks Vater hatten mitgefochten; der eine von ihnen die Demütigung von Jena bis Tilsit mitgekostet. 1809 zog Ferdinand von Schill durch Tangermünde unweit von Schönhausen; ein Bismarck von der zweiten Schönhauser Linie war in seiner Freischar. 1813 hatten sieben Mitglieder der Familie Bismarck teilgenommen an dem Kriege; drei waren auf dem Schlachtfelde geblieben; vier mit dem eisernen Kreuze heimgekehrt. Im Mai 1813 lagen unter Jahns Führung Lützower Jäger in Schönhaufen, um den Elbübergang zu decken. Theodor Körner war zeitweilig im Pfarrhause; der Pfarrer hatte in sein Kirchenbuch die Frage geschrieben: „O goldener Friede, glückliche Ruhe, die wir genossen! Wann kehrt ihr wieder?" Körner hatte die Antwort hinzugesetzt: „Dann, wenn Preußens edle Krieger mit Gott für König und Vaterland fechtend in Paris einziehen werden." In der alten Kirche des Dorfes aber wurden die neu eingetretenen Freiwilligen eingesegnet, schwuren den Kriegseid unter

Glockenklang und sangen in weihevoller Stunde die deutschen Kampfeslieder Martin Luthers und Ernst Moritz Arndts. Der greise Bismarck nannte diese Erzählungen von Lützows verwegener Schar eine seiner ersten und lebhaftesten Erinnerungen. Wie reich mögen sonst die gewaltigen Eindrücke aus großer erhebender Zeit gewesen sein, die auf den heranwachsenden Knaben einströmten, als der frische Ruhm preußischer Waffentaten noch kräftig die Welt erfüllte.

Aber weiter zurück gingen Bismarcks Erinnerungen. Im Jahre 1270 wird ein Herbord von Bismarck als Aldermann, als Ältester der patrizischen Kaufmanns- und Tuchhändlergilde in Stendal genannt; der Name weist hin auf das westwärts gelegene Städtchen Bismarck in der Altmark. Der Urenkel dieses Herbord, Klaus von Bismarck, war wohl der erste Ritterbürtige des Geschlechts. Die Kämpfe der Zünfte und der Patrizier trieben ihn, den Erben eines stattlichen Vermögens, aus der Stadt (1345). Markgraf Ludwig der Ältere, dem Klaus wiederholt aus Geldnöten geholfen, belehnte ihn und seine Brüder mit Burgstall und seinen prächtigen Wäldern. So traten sie in den rittermäßigen Adel ein; sie verlassen die Stadt und werden vornehme Landedelmänner, wie sie es geblieben sind bis auf unseres Bismarcks Tage. 1562 zwang der Kurprinz Hans Georg, der gern in der Einsamkeit seiner Jagdschlösser lebte, die Bismarcks, ihm Burgstall abzutreten. Sie erhielten neben Besitz auf dem linken Elbufer vor allem das rechtselbische Schönhausen und Fischbeck; mit ihrem Gut verblieben sie im Verbande der westelbischen altmärkischen Ritterschaft; ostelbische Junker wurden sie also nicht. Daß viele große Väter dieses Geschlechts große Söhne gezeugt hätten, kann man nicht sagen; aber die Bismarcks zogen vielfach hierhin und dorthin, so taten sie in den Türken- und Hugenottenkriegen oder anderswo Kriegsdienste, fast dreihundert Jahre waren Bismarcks Kämpfer in Kriegen gegen Frankreich; auch studierten sie hier oder dort und machten Kavaliersreisen durch die weite Welt. Im Dreißigjährigen Krieg wurde (1642) das Schloß Schönhaufen durch Feuer zerstört.

Von nahen Beziehungen zu ihren Landesherren weiß man wenig; erst mit dem großen Kurfürst wird das anders. Wir finden sie von jetzt ab fast immer in kurfürstlichen Diensten. Christoph Friedrich von Bismarck focht mit bei Fehrbellin und starb 1704 als der erste preußische General Bismarckschen Namens. Um dieselbe Zeit (1700) baute August von Bismarck das abgebrannte Schloß zur Seite der alten Kirche wieder auf. Die altmärkischen Bismarcks erhielten sich in diesen Zeiten starr ihre Selbständigkeit. 1722 nannte Friedrich Wilhelm I. die Bismarcks unter den renitenten Adelsgeschlechtern, denen man den Kitzel der Opposition gegen ihren Landesherrn austreiben müsse. Unter Friedrich dem Großen aber finden wir wieder Bismarcks in der Nähe ihres Fürsten. August Friedrich wurde vor dem Feinde bei Mollwitz Oberst und Ritter des Ordens *Pour le mérite*; er fiel 1742 bei Czaslau an der Spitze seines Regiments, der Ansbach-Baireuther Dragoner. Diesen liebte Otto von Bismarck von seinen Ahnen am meisten, weil er ihm am ähnlichsten war. Er war eine wuchtige Natur, ein starker Zecher, ein gewaltiger Jäger und ein verwegener Offizier. „Wie er jung war, da war's, wie wenn ich mich in seinem Bild im Spiegel sähe." Dieses Urgroßvaters Bild begleitete Bismarck später, als einziges von seinen Ahnenbildern, nach Berlin in seine Amtswohnung. – Den zweiten Sohn dieses Obersten, Karl Alexander, nahm Friedrich II. aus der Diplomatie in die Armee. Er kämpfte mit bei Kollin, Leuthen und Hochkirch und erhielt 1758 seiner Wunden halber als Rittmeister seinen Abschied. Soldat im strengen Sinn des Wortes war er nicht. Er war ein Mann, der lange überlegte, spät handelte, außerdem eine empfindsame, fast eine Werthernatur; vor allem aber im Grunde seines Wesens ein Landedelmann, ein echter Schönhauser Bismarck. Diese taten ihre Schuldigkeit; aber sie zogen sich so früh als möglich nach Schönhausen zurück: hier war der Mittelpunkt ihrer Welt, nicht in Berlin. Großzügigkeit war eigentlich auf keinem Gebiete ihnen eigen. Karl Alexander starb 1797. Sein Sohn Ferdinand, unseres Bismarcks Vater, trat zwölfjährig bei den Leib-Karabinieren ein und nahm schon dreiundzwanzigjährig seinen Abschied, nicht ohne Ungnade seines Königs, der ihm, weil er nicht lange genug gedient hatte, erst in weit späteren Jahren Armeeuniform und Rittmeisterrang verlieh. Er war ein hochgewachsener Mann, fünf Fuß zehn Zoll groß, kräftig und derb, voll behäbigen Humors, im wesentlichen ohne charakteristische Züge, ohne Interessen und ohne viel Bildung, ein Sonderling, aber mit gesundem Menschenverstand und gesundem Gefühl, eifriger Jäger, von aristokratischen Vorurteilen frei; sein soziales Gleichheitsbewußtsein war, wenn überhaupt, nur durch Offizierseindrücke seiner Jugend beeinflußt. Otto liebte seinen Vater und wenn er nicht bei ihm war, faßte er gute Vorsätze, die aber wenig Stand hielten; denn die gutmütige Zärtlichkeit des Vaters war ihm lästig und er lehnte sie immer wieder mit Kälte und Verdrossenheit ab. Im Grunde seiner Seele, das empfand der Sohn noch lebhaft in späteren Jahren, war er seinem Vater aber von Herzen gut. Wie rührend klingt es, wenn er immer wieder von Kniephof den Bruder und die Schwester ermahnt: „Schreibt doch dem Vater; er freut sich über jedes Lebenszeichen."

Die vorurteilsfreie Gesinnung des Vaters erkannte man auch bei der Wahl seiner Gattin. Sommer 1806 führte er fünfunddreißigjährig die siebenzehnjährige Wilhelmine Mencken zum Traualtar. Diese stammte aus bürgerlichen Kreisen. Sie war die Tochter des Kabinettsrates Anastasius Ludwig Mencken, dessen Vater Professor in Helmstedt gewesen war; der Sohn neigte nicht zur Gelehrsamkeit; er trat in den diplomatischen Dienst unter Friedrich dem Großen. Als dieser den neuen Sekretär 1782 zum ersten Male in Sanssouci sah, empfing er ihn mit den Worten: „Aber sei er ja ehrlich, ehrlich." Unter Friedrich Wilhelm II. wurde er Geheimer Kriegsrat. Da er liberale und menschenfreundliche Grundsätze hatte, war er bei seinem König des „Jakobinertums" angeklagt. Er war witzig, gewandt, wohlbeschlagen in Deutsch und Französisch, konnte scherzhafte Verse bauen. Aus einer originellen Äußerung glauben wir schon den Enkel zu hören. Ende 1796 hat Mencken den Auftrag bekommen, die königliche Instruktion für eine Kommission zu entwerfen, die die Verwaltung des neuerworbenen, polnischen Südpreußen regeln sollte. Er tat das, aber arg theoretisch. „Die Instruktion wurde", so schrieb er später, „mit Enthusiasmus aufgenommen und gebilligt, von dem König *in pleno* eingeschärft, hiernächst mit Stumpfsinn beherzigt, mit Einfältigkeit debattiert, mit Ränken eludiert; und es ist auch keine Sylbe davon erfüllt worden." Ganz Bismarckscher Stil. Sonst glich er seinem Enkel weniger. Seinem Wesen fehlte die Kraft und Einfachheit eines starken Willens. – Von seinen Zeitgenossen wird er geschildert als mittelgroß, mit einem freundlichen Zug im Gesicht und sanftem Lächeln, wenn er mit Freunden sprach. Er war schöngeistig, gesellig, scherzhaft, wo es hingehörte, und geistesgegenwärtig.

Die Tochter dieses Kabinettsrats war in bureaukratischen und Hofkreisen groß geworden; Friedrich Wilhelm IV. sprach von ihr als „Mienchen" in Erinnerung an gemeinsame Kinderspiele: sie blieb lebenslang die rechte Tochter eines hohen Beamten und die Erbin vieler seiner Anschauungen. Sie war nach des Sohnes Schilderung eine schöne Frau, die äußere Pracht liebte; diese lastete neben dem Reformeifer in der häuslichen Wirtschaft wohl auf dem Vermögen ebenso wie das kostspielige Winterleben in Berlin; sie war nervenschwach und behauptete hellsehend zu sein; mittelgroß, von feinen Zügen, langgestreckter Nase und leuchtenden Augen; von hellem und lebhaftem Verstand; aber sie hatte nach des Sohnes Urteil wenig von dem, was der Berliner Gemüt nennt. Sie wollte, ehrgeizig, wie sie war, daß der Sohn viel lernen und viel werden sollte, und dem Sohne schien es oft, daß sie hart und kalt gegen ihn gewesen sei. Rastlos besorgt, aber auch maßlos in Ansprüchen wollte sie auch aus dem älteren Sohne Bernhard mehr machen, als aus ihm zu machen war. Sie dachte gar zu viel an die „Meinung der Leute"; deshalb schien es zweifelhaft, ob die Bildung, die man ihr zuerkannte, auch tief und echt war. Wenn der Sohn auch Kritik an der Mutter übt, er schreibt doch pietätvoll und groß später an seine Braut: „Was eine Mutter dem Kinde wert ist, lernt man erst, wenn es zu spät, wenn sie tot ist. Die mittelmäßigste Mutterliebe, mit allen Beimischungen mütterlicher Selbstsucht, ist doch ein Riese gegen alle kindliche Liebe."

So waren die Jugendeindrücke, die der Sohn von seinen Eltern empfing; politisch eher liberal als reaktionär; Bismarck bezeichnet es selbst als eine ungerechte Einschätzung seiner Auffassung in jüngeren Jahren, wenn ihm die „Vorurteile seines Standes" angeheftet wurden und wenn man behauptete, daß Erinnerungen an Bevorrechtung des Adels der Ausgangspunkt seiner inneren Politik gewesen seien. Die Mutter wäre sicherlich, wenn sie seine ministerielle Tätigkeit erlebt hätte, mit dieser kaum zufrieden gewesen, wenn sie auch an den äußeren Erfolgen seiner amtlichen Laufbahn große Freude empfunden hätte. Im Grunde seines Herzens fühlte er sich aber nicht als Geheimrats- und Beamtenenkel, sondern als ein Bismarck, besonders in der Richtung, daß er immer wieder von amtlichem Geiste sich abgezogen und von Geheimräten abgestoßen fühlte, am Landaufenthalt aber mit ganzer Seele hing; noch als Minister hat er es halb scherzend, halb im Ernste bedauert, daß er nicht Landedelmann oder doch wenigstens Offizier geblieben. Schönhausen war sein gelobtes Land mit den Erinnerungen an die Bismarcks von Fehrbellin, Mollwitz und Czaslau und an die Kirchenglockenklänge, unter denen die Lützower eingesegnet wurden, um das Joch des fremden Eroberers mit Blut und Eisen abzuschütteln.

Schon im Jahre nach Bismarcks Geburt siedelten die Eltern von der Altmark nach Pommern über, wo sie durch Erbschaft und Vergleich in den Besitz der Rittergüter Kniephof, Jarchelin und Külz im Kreise Naugard gekommen waren und Kniephof zu ihrem Wohnsitz wählten, das in einer schönen, holz- und wiesenreichen Gegend, nicht fern vom Flüßchen Zampel gelegen, mit herrlichem Garten und gerühmten Karpfenteichen ausgestattet war. Hier tummelte sich der Knabe mit dem Behagen, das ihn Zeit seines Lebens zur Natur zog, in Garten und Feld und wurde stark an körperlicher Gesundheit und Geistesfrische. Wie sinnig schildert er in späteren Jahren seiner Braut dieses Jugendparadies, als er davon Abschied nehmen mußte (28. April 1847): „Die Rieselwiesen und die Stachelbeeren sind hier saftig grün, auch Faulbaum und Flieder haben Blätter wie ein Dukaten groß, und der Erdboden unter den Bäumen und Büschen des Dornbergs (Park) war mit blauen, weißen und gelben Blumen dicht bezogen ... Auf der ganzen Gegend von Wiesengrün, Wasser und entlaubten Eichen lag eine weiche traurige Stimmung, als ich gegen Sonnenuntergang meinen Abschiedsbesuch auf den Plätzen machte, die mir lieb und auf denen ich oft träumerisch und schwermütig gewesen war. Ich dachte an die Haiden und Felder, die Seen und die Häuser und die Menschen darin, mein Leben rollte sich rückwärts vor mit auf, bis in die Tage zurück, wo ich als Kind auf dieser Stelle gespielt hatte ... jeder Baum, den ich gepflanzt, jede Eiche, unter deren rauschender Krone ich im Grase gelegen, schien mir vorzuwerfen, daß ich sie in fremde Hände gab ... die Tagelöhner hielten mir vor, wie lange sie meinem Vater schon gedient hätten, und die alten Grautöpfe weinten ihre hellen Tränen." In diesem stillen Lande verlebte Bismarck seine Kinderjahre. Aber auch in die weite Welt kam er schon. Im Jahre 1818 begleitete er seine Mutter auf einer Badereise nach Ems über Kassel hin, über den Rheingau zurück, und 1820 wurde er nach Liebenstein in Thüringen mitgenommen. Als er als siebenundsiebzigjähriger in Jena weilte, sagte er, in Thüringen habe er als Kind zuerst Felsen, Berge, Burgen mit ihren geschichtlichen Erinnerungen kennen gelernt.

In seinem sechsten Lebensjahre wurde der Knabe dem Plamannschen Institut in Berlin zur Erziehung übergeben, wo sein älterer Bruder Bernhard (geboren 1810) sich bereits befand. Die Ursache dieser frühen Loslösung von der Heimat lag wohl darin, daß die Mittel für einen tüchtigen Hauslehrer nicht reichten. Gleichwohl hat er es seiner Mutter nie verziehen, daß er so früh das Elternhaus verlassen mußte. Sein Heimweh war immer so stark, daß er noch in späteren Jahren darüber grollte. Als er an einem Februarsonntage des Jahres 1851 den Garten des Plamannschen Institutes an der Wilhelmstraße besucht hatte, schrieb er seiner Frau: „Wie klein ist doch der Garten, der meine ganze Welt war, und ich begreife nicht, wo der Raum geblieben ist, den ich so oft atemlos durchlaufen habe, und mein Gärtchen mit Kresse und türkischem Weizen, und alle die Geburtsstätten verfallener Luftschlösser und der blaue Duft der Berge, die damals jenseits des

Bretterzauns lagen. Die Bäume waren alte Bekannte, ich weiß noch die Obstsorten davon, und die Hühner waren noch da, die mir immer so viel Heimweh nach Kniephof machten, wenn ich sie ansah, und die Stunden und Viertelstunden anstrich, die noch verfließen sollten, bis die Ferien da waren und der Stettiner Postwagen. Wie sehnte ich mich damals in das Leben und die Welt; die ganze bunte Erde, wie sie mir damals existierte, mit ihren Wäldern und Burgen und allen den Erlebnissen, die meiner darin warteten, tauchte mir auf, als ich in dem Garten stand und ich hätte weinen können, wenn der prosaische Hans (von Kleist-Netzow) mich nicht rief und trieb, und ich mich erinnerte, daß ich jetzt ganz genau weiß, wie der Garten ein kleiner Fleck in der Wilhelmstraße ist, und nicht viel Besonderes rings umher hinter den Zäunen, und die Hasenhaide, wo wir Sonntags spielten, ein kleiner dummer Kiefernwald ... Ich könnte stundenlang in dem Garten sitzen und träumen; wenn Du wieder hier bist, mußt Du mit mir hingehen."

Freundlichere Tage waren es, wenn zur Winterszeit die Eltern in Berlin waren. Bismarck schreibt noch am 24. Februar 1847 an seine Braut: „Heut war der Geburtstag meiner verstorbenen Mutter. Wie deutlich schwebt es mir vor, als meine Eltern in Berlin am Opernplatz wohnten, dicht neben der katholischen Kirche, wenn ich des Morgens durch den Jäger aus der Pension geholt wurde, das Zimmer meiner Mutter mit Maiblumen, die sie vorzüglich liebte, mit geschenkten Kleidern, Büchern und interessanten Nips garniert fand; dann ein großes *dîner* mit viel jungen Offizieren, die jetzt alte Majors sind, und schlemmenden alten Herrn mit Ordenssternen. Und wenn man mich gesättigt von Tisch geschickt hatte, so nahm mich die Kammerjungfer in Empfang, um mir mit beiseite gebrachtem Caviar, Baisers und dergleichen den Magen gründlich zu verderben. Was stahlen doch alle diese Domestiken."

Das Plamannsche Institut war eine Erziehungsanstalt mit Jahnschen Traditionen und Pestalozzischen Grundsätzen: Strenge, Zucht, Abhärtung, stark nationaler, deutschtümelnder Einschlag, allseitige Ausbildung der Persönlichkeit, Selbsttätigkeit des Könnens. Bismarck hat später den Gegensatz zur Aristokratie beklagt; das „von" vor seinem Namen sei ein Nachteil für sein kindliches Behagen im Verkehr mit Mitschülern und Lehrern gewesen. Andere Zöglinge des Plamannschen Instituts haben einen freundlicheren Eindruck von dem Geiste der Anstalt behalten. Jedenfalls nahm Bismarck aus ihr den dort herrschenden Franzosenhaß und deutschnationale Eindrücke in sich auf. Doch waren diese nicht stark genug, um angeborene preußisch-monarchische Empfindungen zu unterdrücken. Seine geschichtlichen Sympathien blieben auf Seiten der Autorität. Harmodius und Aristogeiton, die Brüder, die den athenischen Tyrannen Hipparchos ermordeten, und Brutus, der den Cäsar tötete, waren fülr sein kindliches Rechtsgefühl Verbrecher, und Tell ein Rebell und Mörder. Jeder deutsche Fürst, der vor dem dreißigjährigen Kriege dem Kaiser widerstrebte, ärgerte ihn. Aber vom Großen Kurfürsten an, mit dem Brandenburgs weltgeschichtliche Stellung und brandenburgisch-alt-preußischer Patriotismus begann, war er parteiisch genug, auch antikaiserlich zu empfinden, und es natürlich zu finden, daß der siebenjährige Krieg sich vorbereitete, mit dem Preußens Großmachtstellung anhub.

In seiner Führung und in seinen Leistungen war er wohl so, wie er selber sich später gezeichnet hat: „Ich war ein Junge wie alle Jungen." Von seinen Lehrern wurde er als ein Knabe von gemütlicher Freundlichkeit und kindlichem Frohsinn bezeichnet, „den alle gern haben, sowie er auch seinerseits sich freundlich anschließt". Seine Leistungen waren Knabenleistungen, in die bedenkliche Kategorie eines Musterknaben sehen wir ihn nirgendwo eingereiht. Er neigte auch wohl zur Übereilung im Arbeiten und Denken, selbst im Turnen; er war auch „allzu lebhaft und lange beinahe zerstreut". Das vermelden die Zeugnisse; man weiß ja, was diese trocknen Nörgler alles zu tadeln wissen.

Wenn Bismarck selbst seine Jugend später etwas dunkel schildert, so wirkt dabei die Wehmut des Rückgedenkens mit; die Zeit selbst war wohl sonniger. Einer seiner Schulgenossen (Buchhändler Ernst Krieger) spricht von schöner Jugendzeit, von Schlachten, die Bismarck beherrschte als der hervorragendste Held der trojanischen Kämpfer.

Daß er schlagfertigen Wortes war, hat er schon damals bewiesen: Als der altdeutsch gescheitelte, langlockige Zeichenlehrer, dem der junge Edelmann zu fein sein mochte, ihn eine Zierpuppe schalt, lautete die Antwort: „Selbst eine!"

Im zwölften Lebensjahre, September 1827, kam er mit seinem Bruder in die Untertertia des Friedrich Wilhelm-Gymnasiums und wohnte in der Berliner Wohnung seiner Eltern, die im Sommer mit der kleinen Schwester Malwine in Kniephof weilten. Ausländische und inländische Hofmeister sorgten für seine geistigen, eine alte Dienerin (Trine Neumann) für seine körperlichen Bedürfnisse. Besonders wurde auf Erlernen der neueren Sprachen Gewicht gelegt. Französisch muß Bismarck schon früh gesprochen haben. Als er noch Mädchenkleider trug und einmal in einer Gesellschaft sich aufhielt, überraschte er einige Herren, die sich über den kleinen Gast wunderten und französisch fragten, ob das ein Sohn oder eine Tochter vom Hause sein möge, durch die dreiste Antwort: „*C'est un fils, monsieur.*" Seine Einsegnung wurde Ostern 1831 von Schleiermacher vollzogen unter dem Segen des Spruches Col. 3, 23: „Alles, was ihr tut, das tut von Herzen, als dem Herrn, und nicht den Menschen." Tiefer eingewirkt hat Schleiermacher wohl kaum auf ihn. Bismarck ging in Glaubensdingen, wir werden das später sehen, seine eigenen Wege. Im Jahre vor seiner Einsegnung (1830) verließ er die elterliche Wohnung und kam, weil er aufs Gymnasium zum Grauen Kloster überging, zum Professor Prevost und ein Jahr später ins Haus des Professors Bonnell, zu dem er sich schon auf dem Friedrich Wilhelm-Gymnasium hingezogen fühlte und dem er lebenslang mit treuer Dankbarkeit ergeben geblieben ist. Dieser treffliche Mann hat seinen alten Schüler mit den in ihrer Schlichtheit so eindrucksvollen Worten also geschildert: „Meine Aufmerksamkeit zog Bismarck schon am Tage seiner Einführung aus sich, bei welcher Gelegenheit die neu Aufgenommenen im Schulsaal auf mehreren Bänken hintereinander saßen, so daß die Lehrer während der Einleitungsfeier Gelegenheit hatten, die Neuen mit vorahnender Prüfung durchzumustern. Otto von Bismarck saß mit sichtlicher Spannung, klarer, freundlichem Knabengesicht und hell leuchtenden Augen, frisch und munter unter seinen Kameraden, so daß ich bei mir dachte: das ist ja ein nettes Jungchen, den will ich besonders ins Auge fassen. Er wurde zuerst mein Schüler im Lateinischen, als er nach Obertertia kam. 1829 wurde ich ans Berlinische Gymnasium zum Grauen Kloster versetzt, an das Bismarck im folgenden Jahre überging. Ostern 1831 kam er als Pensionär in mein Haus, wo er sich freundlich und anspruchslos in meiner einfachen Häuslichkeit und durchaus zutraulich bewegte. Er zeigte sich in jeder Beziehung liebenswürdig. Er ging des Abends fast niemals aus; wenn ich zu dieser Zeit zuweilen nicht zu Hause war, so unterhielt er sich freundlich und harmlos plaudernd mit meiner Frau und verriet eine starke Neigung zu gemütlicher Häuslichkeit." So lebte Bismarck in der Erinnerung eines der besten seiner Lehrer fort. Den meisten Mitschülern, das wissen wir von einem Schulgenossen (Moritz von Blanckenburg), erschien er als ein „rätselhafter Mensch". Arbeiten sah man ihn nie. Wenn die andern büffelten, ging er spazieren. Trotzdem war er einer der Bestbeschlagenen in der Klasse.

Wie in dem Plamannschen Institut hatte er auch auf dem Grauen Kloster unter dem Adelshasse einzelner Lehrer zu leiden, der sich in einem großen Teile des gebildeten Bürgerstandes aus den Zeiten vor 1806 erhalten hatte, da der Adel das Offizierkorps fast allein gestellt hatte. Der Knabe ertrug das geduldig. Die angriffssüchtige Stimmung, die unter Umständen in bürgerlichen Kreisen zum Vorschein kam, hat ihn niemals zu einem Vorstoß in entgegengesetzter Richtung veranlaßt. Er stand auch zu sehr unter dem Einfluß der vorurteilsfreien Erziehung des Hauses.

1832 verließ er als Abiturient das Graue Kloster; wie er in seinen Erinnerungen sagt, „als normales Produkt staatlichen Unterrichts, als Pantheist und wenn nicht als Republikaner, doch mit der Überzeugung, daß die Republik die vernünftigste Staatsform sei, und mit dem Nachdenken über die Ursachen, welche die Menschen bestimmen könnten, einem dauernd zu gehorchen, während ich von Erwachsenen manche bittere oder geringschätzige Kritik über die Herrscher hören konnte."

Von ausgesprochenen Neigungen für dieses oder jenes Unterrichtsfach wissen wir kaum etwas. Die Mathematik, das hat er einmal gesagt, liebte er wenig. Für das Altertum, zumal das römische, hat er sich offenbar lebhaft interessiert; reichliche Zitate und Anspielungen hat er zeitlebens ihm entnommen. Der philologische Unterricht hat ihm nicht immer gefallen, die griechische Grammatik hat er überflüssig genannt. Zu einer Lebensmacht ist die gymnasiale Bildung nicht für ihn geworden; dazu war er ein zu moderner Mensch und eine im deutschen Wesen zu ausgeprägte Natur. Geschichtsstudien lagen ihm besonders nah; die neuere deutsche Dichtung, die französische und besonders die englische Literatur – allerdings hauptsächlich nach der Schulzeit – zogen ihn lebhaft an. Schiller mit seiner warmen Vaterlandsliebe und seiner historisch-politischen Art zu denken, fesselte ihn mehr als Goethe. Chamisso, Uhland, Lenau, auch Heine, von den Fremden Byron waren ihm lieb und vertraut.

Unter seinen Gymnasialleistungen standen Latein stets voran, zeitweilig auch die Geschichte, später mehr noch das Deutsche, in dem er „eine sehr erfreuliche Gewandtheit besitze". Des Abgangszeugnisses Schluß lautete: „Wir entlassen diesen befähigten und wohlvorbereiteten Jüngling mit unsern besten Segenswünschen und der Hoffnung, daß er mit erneutem Eifer an seiner ferneren wissenschaftlichen Ausbildung arbeiten werde."

Charakteristisch ist dieses Zeugnis nicht, wie die meisten Zeugnisse aus jener Zeit, denen vielfach ein schematischer Vordruck zugrunde lag. Charakteristisch würden Briefe sein, hätten wir deren mehr und längere als erhalten sind. Einer an seinen Bruder Bernhard aus Kniephof enthält folgende Stelle: „Am Freitag sind 3 hoffnungsvolle junge Leute, ein Brandstifter, ein Straßenräuber und ein Dieb, kurze Zeit zwei gleichen Gelichters aus der Anstalt echappirt. Die ganze Gegend wimmelte von Patrouillen, Gendarmen und Landsturm. Man war seines Lebens nicht sicher. Am Abend rückte die Kniephofer Reichsexekutionsarmee gegen die 3 Ungeheuer aus, bestehend aus 25 Mann Landsturm, soviel es anging mit Schießgewehren, Flinten,

Büchsen, Musketen, Pistolen, übrigens aber mit Forken und Sensen bewaffnet. Alle Übergangspunkte über die Zampel wurden besetzt. Unser Militär war aber erschrecklich in Furcht, wenn sich zwei Abteilungen begegneten, riefen sie einander an; aber vor Angst wagte niemand zu antworten, die Einen liefen, was sie konnten, die Anderen verkrochen sich in die Büsche." Man sieht: burschikose Frische, herzhafter Griff ins Anschauliche und humorvolle Kraft der Auffassung und Schilderung. Stil und Mensch suchen sich schon frühzeitig zu decken.

Bei der Wahl seines Berufs kam der gutherzige Vater wenig in Betracht; Bismarck folgte dem Wunsche der an Beamtenidealen hängenden Mutter; er sollte die diplomatische Laufbahn ihres Vaters einschlagen, aber, wenn möglich, höher hinauf. Ob Bismarck ohne besonderen Kummer zugestimmt hat, wissen wir nicht bestimmt. Jedenfalls gibt ein Brief Bismarcks an seinen kaiserlichen Herrn aus dem Jahre 1872 zu Zweifeln Anlaß, ob es so ganz ohne Gegenwunsch in Bismarcks Seele wird abgegangen sein, in der so vieles zeitlebens auf- und nieder wogte. Der erwähnte Brief war ein Dankschreiben für ein Weihnachtsgeschenk, eine Nachbildung des Rauchschen Standbildes Friedrichs des Großen in Bronzeguß. Bismarck sagt da: „Die Erinnerung an meinen bei Czaslau gefallenen Urgroßvater und viele andere aus dem Munde meines Vaters überkommene lebendige Mitteilungen aus der großen Zeit, welche das vor mir stehende Kunstwerk vergegenwärtigt, und zu denen ich eine wohlerhaltene Reihe von Briefen meines Großvaters aus den Feldlagern des Siebenjährigen Krieges rechnen kann, bilden die dauernden Eindrücke meiner Kindheit, und ich habe es jederzeit bedauert, daß es mir nach dem Willen meiner Eltern nicht erlaubt war, lieber vor der Front als hinter dem Schreibtische meine Anhänglichkeit an das angestammte Königshaus und meine Begeisterung für die Größe und den Ruhm des Vaterlandes zu betätigen. Auch heut, nachdem Eurer Majestät Gnade mich zu den höchsten staatsmännischen Ehren erhoben hat, vermag ich das Bedauern, ähnliche Stufen nicht als Soldat mir erstritten zu haben, nicht ganz zu unterdrücken. Verzeihen Eure Majestät am Heiligen Abend einem Manne, der gewohnt ist an Christlichen Gedenktagen auf seine Vergangenheit zurückzublicken, diese Aussprache persönlicher Empfindungen. Ich wäre vielleicht ein unbrauchbarer General geworden, aber nach meiner eignen Neigung hätte ich lieber Schlachten für Eure Majestät gewonnen, wie die Generäle die das Denkmal zieren, als diplomatische Campagnen."

Mag Bismarck hier in der Rückerinnerung spätere Gedanken in seine Vergangenheit hineintragen oder nicht: ein starker Ton aus der Jugendzeit, ob die Wahl des Berufes den „Schreibtisch" oder die „Front" treffen sollte, klingt in diesem Briefe wider, jedenfalls ist der Schreibtisch, hinter dem Bismarck gesessen, stets der Front einer Armee ähnlich gewesen, und die Feder drauf dem Schwerte des Kriegers. Der Trieb zum Soldaten, den Gott in Bismarck geschaffen, ist auch im Dienste des Staatsmanns zu voller Geltung gekommen und stets als Beruf ihm treu geblieben, wo er mit Krieg und Sieg zu erreichen wußte, was anders nicht zu erringen war. Von Bismarcks Berufswahl gilt also im vollen Maße des Apostels Wort: „Ein jeglicher bleibe in dem Berufe, darinnen er berufen ist."

## 2. Der Student und junge Beamte in Sturm und Drang

Bismarck bezog Ostern 1832 die Universität Göttingen. Der vaterländische Grundton in seiner Lebensauffassung hatte zur Folge, daß er zunächst zur Burschenschaft in Beziehung geriet. Die Burschenschaft bezeichnete als ihren Zweck die Pflege des nationalen Gefühls. Aber die Verfolgungen, denen sie infolge der Karlsbader Beschlüsse ausgesetzt war, hatten gerade das bewirkt, was jene verhindern wollten, nämlich daß revolutionäre Strömungen in ihrem Schoß Wurzel faßten. Das stieß Bismarck ab; auch mißfielen ihm, als er in nähere persönliche Bekanntschaft zu ihren Mitgliedern kam, die Weigerung, Satisfaktion zu geben, und auch die Hinwegsehung über die Formen der guten

Gesellschaft; die Extravaganz der politischen Anschauungen glaubte er auf einen Mangel an Bildung und an Kenntnis der vorhandenen, historisch gewordenen Lebensverhältnisse zurückführen zu sollen. Bismarck war Zeit seines Lebens alle politischen Phrasen, alles Abstrakte und Doktrinäre zuwider; schon als Siebenzehnjähriger hatte er die Welt der historischen Wirklichkeit mehr zu beobachten Gelegenheit gehabt als die meisten jener durchschnittlich älteren Studenten.

Daß hinter der Schwärmerei und hinter dem wüsten Gambrinus- und Bacchuslärm dieser jugendlichen Heißsporne doch ein rein vaterländischer Idealismus, ein tiefinnerliches Mitleben mit den Gedanken lag, die jene Zeit als ein Nachzittern des Geistes der Befreiungskriege durchzogen, und ein Mitleiden mit den Kämpfen und Geschicken der Nation, der ihr Lohn für ihre Opfer nicht geworden war, das wußte der junge preußische Landedelmann nicht gebührend einzuschätzen. Und daß der Idealismus dieser Kreise, der mit Selbstaufopferung im Dienste der nationalen Idee verbunden war, nicht mit praktischem und reellem Zielbewußtsein verbunden war, das stieß den jungen Wirklichkeitsmenschen vielleicht noch mehr ab. Ihm lag das Herrengefühl näher, das damals wie heute in den Korps steckte, und die mit diesem Gefühl verbundene Begier, den Zwang der Sitte und des Hauses einmal gründlich wegzuwerfen.

So wandte er sich denn von der Burschenschaft ab und trat bei den roten Hannoveranern ein. Die Art, wie er mit diesen zusammen kam, wird also erzählt: Bismarck war wegen eines jugendlichen Unfugs vor den Universitätsrichter geladen – man nannte ihn wohl schon damals, wie zu unsern Zeiten: Kadi. Der große, sehr schmale Jüngling begab sich dorthin in langem, hellem schlafrockartigem Gewande, mit seltsam konstruierter Mütze, ein gedrehtes Eisenstäbchen in der Hand, begleitet von einem mächtigen weißgelben Hunde. Unterwegs erregte er wegen dieses Kostüms die Heiterkeit einiger Studiosen von der Landsmannschaft Hannovera. Er antwortete mit einer Forderung; aber den älteren Studenten war die Mensur mit dem blutjungen Fuchs nicht lieb. Ihr Senior, ein Hausgenosse Bismarcks, legte den Konflikt bei.

Am 5. Juli wurde er zur Aufnahme vorgeschlagen; am 6. trat er vorläufig ein; am 9.Juli, nach der ersten Mensur, wurde er endgültig aufgenommen.

In diesem Korps hat er nun alle studentischen Genüsse, zu denen er die robuste Natur des märkisch-pommerschen Junkers mitbrachte, ausgekostet. Doch daß er tiefinnerlich ein anderer war als seine Genossen, das zeigen schon die wenigen Äußerungen, die aus dieser Zeit von ihm erhalten sind. Viel verkehrte er damals in Göttingen mit dem Hannoveraner Gustav Scharlach, dem späteren Amtshauptmann in Münden, und dieser erzählte seinen Kindern oft und gern von den gemütlichen Abenden, die sie beide auf der tabakqualmerfüllten Studentenbude bei Pellkartoffeln und Göttinger Leberwurst, und wenn's hoch herging, bei einer Flasche Scharlachberger, der schon des Namens wegen zum Lieblingswein ernannt war, verbrachten. Wie sie damals ihre Zukunftspläne geschmiedet und einmal das Wort Bismarcks gefallen sei: „Weißt du, Scharlach, ich werde entweder der größte Lump oder der erste Mann Preußens." Auch wenn ihm die Art, wie die Burschenschafter die nationalen Ideen vertraten, nicht behagte, weil sie ihm zu überspannt und außerhalb erreichbarer historischer Möglichkeit lagen, er bewahrte sich innerlich doch seine nationalen Empfindungen und den Glauben, daß die Entwicklung der nächsten Zukunft zur deutschen Einheit führen werde; ging er doch mit seinem amerikanischen Freunde Coffin die Wette darauf ein, daß dieses Ziel in zwanzig Jahren erreicht sein werde.

In sein erstes Semester fiel die Hambacher Feier. Dreißig- bis vierzigtausend Personen versammelten sich am 27.Mai 1832 auf der Schloßruine zu Hambach bei Neustadt a. d. Hardt zu landesüblichen Frühlingsvergnügungen mit großangelegtem politischen Aufputz, mit revolutionären Auftritten und Reden, um der Ausbreitung demokratischer Gesinnung und der Hoffnung auf einen „freiheitlichen Völkermai" zu dienen.– In Bismarcks drittes Semester fiel der Frankfurter Putsch. Am 3. April 1833 wollten einige Demokraten, denen sich Studenten, Handwerker und einige bei solchen Auftritten damals unvermeidliche Polen zugesellten, den Frankfurter Bundestag sprengen und Deutschland zu einer republikanischen Bewegung fortreißen. Sie überfielen die Haupt- und Konstablerwache, töteten einige Soldaten, die Widerstand leisteten, wurden aber vom Militär nach tapferem Kampfe überwältigt und in Haft gebracht, aus der die meisten wieder entkamen. Solche Erscheinungen stießen Bismarck ab, seiner preußischen Schulung widerstrebten tumultuarische Eingriffe in die staatliche Ordnung. – Über auswärtige Angelegenheiten, mit denen das Publikum sich damals wenig beschäftigte, dachte er aber, wie die Nationalgesinnten, im Sinne der Freiheitskriege, vom preußischen Offiziersstandpunkt gesehen. Beim Blick auf die Landkarte ärgerte ihn der französische Besitz von Straßburg; der spätere Besuch von Heidelberg, Speyer und der Pfalz stimmte ihn rachsüchtig und kriegslustig.

Studiert im engeren Sinne des Wortes hat er in Göttingen nicht. Wenn ihm Professor Hugo, der berühmte Rechtslehrer, an den er noch dazu einen Empfehlungsbrief mit nach Göttingen genommen, in sein Abgangszeugnis schrieb, daß er den Studiosus von Bismarck nie in seinem Auditorium gesehen habe, so werden die anderen Professoren wohl ein Gleiches ihm haben bezeugen können. Er selbst bestätigte es, wenn er nach der Göttinger Zeit von Berlin, November 1833, an seinen Freund Scharlach mit der Überschrift „lieber Giesecke" – das war der Studentenname Scharlachs – schrieb: „Willst Du diesen Brief in derselben Stimmung lesen, in welcher er geschrieben ist, so trinke erst 1 Fl. Madeira. Ich würde mich wegen meines langen Stillschweigens entschuldigen, wenn Dir nicht meine angeborene Tintenscheu bekannt wäre, und wenn Du nicht wüßtest, dass ich in Göttingen lieber zwei Flaschen Rheinweinstrank, als einen Brief schrieb, und daß ich beim Anblick einer Feder Konvulsionen bekam." Er wird aus diesem Grunde auch keine Kollegien besucht haben. Wo sollte die „Zeit zum Ochsen" bleiben, wenn man bedenkt, wie viel Feste er feierte, wenn man liest von den „Weinkommerschen" in Weende und Münden, von den Ämtern als Fuchsmajor und Konsenior, die er zu verwalten hatte, von den lustigen Streichen, bei denen einem das studentische Herz aufgeht, wie er entgegen den vormärzlichen Verboten mehrmals auf der Straße zu rauchen gewagt, wie er mit einem Gulden belegt wurde wegen Auswerfens einer leeren Bouteille auf die Straße; wenn man hört von den Fahrten nach der Rudelsburg; von Ausflügen nach Thüringen, von fünfundzwanzig Mensuren in drei Semestern, deren Ergebnisse gerühmt wurden, da nur ein „Blutiger" ihn traf. Es waren das meist sogenannte Bestimmungsmensuren mit korpsstudentischen Gegnern. Nur einmal war es ernst, als er sechs Mann auf einmal forderte, die auf Preußens König geschimpft und gesagt hatten, die Preußen seien nie honorige Studenten. Fünf davon hat Bismarck losgelassen, weil sie nüchternen Tages erklärten, sie seien nachts zuvor betrunken gewesen. Einen aber hat er festgehalten. Einmal ist er auch mit elf Tagen Karzer und einmal mit sieben Tagen bestraft und auch mit doppelter Androhung der Relegation. Aber niemals waren es ehrenrührige Sachen, die er beging, sondern Unfug, aus dem studentischen Leben erwachsend, deshalb auch nicht tragisch zu nehmen. Daß er zu wenig gearbeitet und lästige Schulden gemacht habe, hat Bismarck später als schwarze Punkte seiner Erinnerung bezeichnet.

Gleichwohl verflachte er nicht im Studentenleben, und ein Korpssimpel ist er nie gewesen; seine Beziehungen zum alten Korps sind nicht sehr rege geblieben; sie lockerten sich allmählich. Schon in Göttingen war er nicht ausschließlich mit seinem Korps in Verkehr. Er hielt sich schon damals wie Zeit seines Lebens unabhängig und blieb immer sein eigner Herr. Er suchte Umgang mit Engländern und Amerikanern wie mit Coffin und dem späteren Historiker der Niederlande Motley aus Dorchester in Massachusetts. Es ist rührend, wie diese Freundschaft mit dem freien, ruhigen und klugen Amerikaner Motley auch in dem alternden Bismarck in jugendlicher Kraft erhalten bleibt, und der Kanzler wie ein Kind sich freut, als des Freundes Besuch in Varzin bevorstand. Auch mit einigen preußischen Edelleuten hatte er nahe Beziehungen wie mit den Freiherren von Canitz und zwei Grafen Schulenburg und mit dem witzigen Balten Grafen Hermann Keyserling. Mit diesem erging er sich gern auch in wissenschaftlichen Gesprächen. Dieser Umgang machte dem jungen Bismarck Ehre. Denn Graf Keyserling war ein Mann von großer Bildung und weitem Geist, eine in jeder Beziehung liebenswerte Persönlichkeit, durch und durch Aristokrat, dabei bescheiden, frisch, heiter und klar in seinen kerngesunden Gefühlen. In Wissenschaft scheint Bismarck sonst nur mit dem Geschichtskolleg des Historikers Heeren in Beziehung getreten zu sein, der, ein Mann von nüchterner Klarheit und Weite der historischen Betrachtungsweise, ihm vielleicht die ersten Keime ins Herz gesenkt hat zu kräftigem Sinn für historische Wirklichkeit und wahre Macht.

Im Herbst 1833 ging Bismarck nach Berlin, wie er selbst sagt, mit weniger liberaler Gesinnung, als er es verlassen hatte, eine Reaktion, die sich wieder abschwächte, nachdem er mit dem staatlichen Räderwerk in unmittelbare Beziehung getreten war. Auf der Rückreise lag er in Braunschweig, Magdeburg, Schönhausen und Brandenburg drei bis vier Wochen am Fieber. Dann fanden sehr unangenehme Szenen zwischen ihm und seinem „Alten" statt, der sich weigerte, seines Sohnes Schulden zu bezahlen. Das versetzte ihn, wie er Freund Scharlach schreibt, „in eine etwas menschenfeindliche Stimmung, ungefähr wie Charles Moor, als er Räuber wird; doch tröste ich mich, wie jener Straßenjunge: ‚et is minem Vater schonst recht, det ik friere, worum kost er mir keene Henschen'. Der Mangel ist so arg noch nicht, weil ich ungeheuren Credit habe, welches mir Gelegenheit gibt, liederlich zu leben; die Folge davon ist, dass ich blaß und krank aussehe, welches mein Alter, wenn ich Weihnachten nach Haus komme, natürlich meinem Mangel an Subsistenzmitteln zuschreiben wird; dann werde ich kräftig auftreten, ihm sagen: daß ich lieber Mohammedaner werden, als länger Hunger leiden wollte, und so wird sich die Sache schon machen." Einstweilen lebte er Kronenstraße 44 wie ein *gentleman*, gewöhnte sich ein geziertes Wesen an, sprach viel französisch, brachte den größten Teil seiner Zeit mit Anziehen, den übrigen mit Visitenmachen und bei seiner alten Freundin, der Flasche, zu; des Abends betrug er sich im ersten Rang der Oper so flegelhaft als möglich. So schildert er sich seinem Freunde Scharlach, wohl etwas burschikos renommierend, und fährt dann fort: „Du würdest erstaunen, wenn Du jetzt einmal Gelegenheit hättest, meine Garderoben zu sehen – ein Haufen von Manschetten, Halsbinden, Unterhosen und andern Luxusartikeln. Dabei langweile ich mich mit leidlichem Anstande ... Aus Göttingen ist noch hier: Bierbaum, Löhning und Genossen, das Faultier Sch. und der schlanke Freiheitsbaum der Aristokratie, dem zum Menschen Alles, zum Kammerherrn nichts fehlt, als ein Schloß vor's Maul. Er lebt hier in seeliger Gemeinschaft mit dreißig Vettern, denen er allen nichts vorzuwerfen hat, und von deren Beisammensein eine polizeiwidrige Anhäufung von Dummheit die einzige Folge ist; ‚sie essen nicht, sie trinken nichts, was tun sie denn? Sie zählen ihre Ahnen. Bei dem Artikel Dummheit fällt mir ein, dass meine Alte ganz ernstlich darauf dringt, ich solle noch einmal zum Prediger gehen, weil ich sagte, manches in der Bibel sei bildlich gemeint."

Wie arbeits- und sorglos er in Berlin in den Tag hinein lebte, zeigte sich auch darin, daß er im Dezember 1833, seinem vierten Semester, sein Göttinger Abgangszeugnis noch nicht hatte. Vermutlich war es von seinen Gläubigern mit Beschlag belegt. Er bat seine Göttinger Freunde, es ihm zu verschaffen. Erst im April 1834 traf es ein, wie er fürchtet, zu spät, da die Berliner Universitätsbehörde schon seit Weihnachten nichts mehr von ihm wissen wollte. Trotzdem machte er sich keine ernsten Sorgen; er schreibt im April 1834 von Kniephof an Scharlach: „Ich werde daher wohl das Portefeuille der Auswärtigen ausschlagen, mich einige Jahre mit der rekrutendressierenden Fuchtelklinge amüsieren, dann ein Weib nehmen, Kinder zeugen, das Land bauen und die Sitten meiner Bauern durch unmäßige Branntweinfabrikation untergraben. Wenn Du also in zehn Jahren einmal in die hiesige Gegend kommen solltest, so biete ich Dir an, so viel Kartoffelschnaps zu trinken, als Du willst und auf der Hetzjagd den Hals zu brechen, so oft es Dir gut scheint. Du wirst hier einen fettgemästeten Landwehroffizier finden, einen Schnurrbart, der schwört und flucht, daß die Erde zittert, eine große Abscheu vor Franzosen hegt und Hunde und Bediente auf das Brutalste prügelt, wenn er von seiner Frau tyrannisiert worden. Ich werde lederne Hosen tragen, mich zum Wollmarkt in Stettin auslachen lassen, und wenn man mich Herr Baron nennt, werde ich mir gutmütig den Schnurrbart streichen und um zwei Thaler wohlfeiler verkaufen; zu Königs Geburtstag werde ich mich besaufen, und vivat schreien, übrigens mich häufig anreißen und mein drittes Wort wird sein: Auf Ähre! superbes Pferd! Kurz, ich werde glücklich sein im ländlichen Kreise meiner Familie; *car tel est mon plaisir*. Schade, daß meine Kenntnisse so vermodern, ich war schon bis zur Beendigung der Obligationen gekommen."

Um die Zeit, als er diesen Brief schrieb, muß es zu ernsten Auseinandersetzungen mit den Eltern gekommen sein, die schließlich kategorisch verlangten, er solle Soldat werden; sie scheinen daran verzweifelt zu haben, daß Bismarck ein Examen bestehen werde. Nun nahm er seine Kraft zusammen, versuchte Kollegien zu hören, z. B. Staatsrecht bei Savigny, sah aber ein, daß auf diese Weise Versäumtes nicht nachzuholen sei. Er gab das auf und holte unter Beihilfe eines tüchtigen Privatdozenten durch eisernen Fleiß die Versäumnisse von vier Semestern nach und bestand um Ostern 1835, zwanzig Jahre alt, als hinreichend qualifiziert das erste juristische Examen. Ganz anders klingt jetzt, was er am 5. Mai an Scharlach schreibt. Mit siegreicher Festigkeit habe er dem Wunsche der Eltern, Soldat zu werden, widerstanden, vermittels angestrengter Arbeit „mit Hilfe der heiligen Jungfrau" habe er sein Ziel erreicht; ein Jahr noch wolle er als königlicher Beamter, d. h. als Referendar beim Berliner Stadtgericht arbeiten, um dann zur Regierung nach Aachen zu gehen, nach Verlauf eines zweiten Jahres das diplomatische Examen zu machen und sich der Huld des Schicksals zu empfehlen, wo es ihm vor der Hand gleichgültig sei, ob man ihm Petersburg oder Rio de Janeiro zum Aufenthalt anweise. Er sei seit sechs Monaten nicht einmal halb heiter gewesen und beschäftige sich den Tag über wissenschaftlich.

Wenn es auch aus jenem Briefe vom April 1834 klingt, als ob Bismarck eine Zeitlang vollständig verbummelt gewesen sei, in Wirklichkeit war es wohl etwas anders gewesen. Die Persönlichkeiten, zu denen er Beziehungen pflegte, waren doch geistig zu bedeutend. Herbst 1833 trat er Albrecht von Roon und Moritz von Blanckenburg näher. Im Winter dieses Jahres verkehrte er beständig freundschaftlich mit Motley und dem Grafen Alexander Keyserling, dem Bruder des Göttinger Hermann; außerdem war er viel in vornehmen Häusern seiner Verwandten von Kessel und des Grafen von Bismarck-Bohlen, der eine geistig hochstehende Frau hatte. Motley besonders hatte Einfluß auf Ausweitung des Bismarckschen Gesichtskreises, denn er war reich an Geist und Seele, dichterisch, träumerisch, zart, und von unermüdlicher Hinneigung zum Wissen. Keyserling war ebenfalls geistreich, literarisch eifrig und zu fein und graziös, um einem Verbummelten seine Zeit zu schenken. Und wenn wir die Briefe an Scharlach lesen: der Unterton, der aus der burschikosen Renommage klingt, ist doch ein Herzenston, der sich im Grunde abwendet von dem Zukunftsbilde, das Bismarck von sich selbst entwirft. In diesen wenigen Briefen offenbart sich Shakespearischer Geist. Sie sind voll von der Kraft eines Genius, reich an Greifbarkeit des Stils, der mit der Wirklichkeit sich restlos deckt, übersprudelnd von Witz, frei von blasser Reflexion und trotz schnöder Verachtung der geistigen Sphäre doch von einer unbändigen Geistigkeit, die den Erdgeruch der märkischen Scholle an sich trug. Ein Junker war dieser Bismarck, aber keiner von der Art, wie er sie Scharlach schilderte, sondern ein Junker in dem hohen königlichen Sinne, wie der Prinz Heinz von Wales, der später Heinrich VII. war, in dem wir Bismarck zu hören glauben, wenn er sagt:

> „Ich kenn' euch all', und unterstütz' ein Weilchen
> Das wilde Wesen eures Müßiggangs.
> Doch darin tu' ich es der Sonne nach,
> Die niederm, schädlichem Gewölk erlaubt
> Zu dämpfen ihre Schönheit vor der Welt,
> Damit, wenn's ihr beliebt sie selbst zu sein,
> Weil sie vermißt ward, man sie mehr bewundre."

Die ersten Strahlen dieser Sonne brachen durch, als der Zwanzigjährige in kürzester Frist sein erstes juristisches Examen machte und mit einem Ernst, wie er sonst nur gereiften Naturen eigen zu sein pflegt, seine neue amtliche Tätigkeit angriff. Er war entschlossen, die diplomatische Laufbahn zu wählen, fand aber, als er sich beim Minister des Auswärtigen Ancillon vorstellte, wenig Ermutigung. Der Minister war der Meinung, daß der hausbackene preußische Landadel zur Diplomatie nicht recht geeignet sei; Erfolge habe er nicht geliefert. Bismarcks spätere Erfahrung mußte Ancillon recht geben, er fand meist dann tüchtige Diplomaten, wenn diese aus der militärischen Stellung kamen; bei Zivildiplomaten aber eine zu starke Neigung zur Kritik, zum Besserwissen, zur Opposition und zu persönlichen Empfindlichkeiten, besonders wenn dem preußischen Edelmann ein Standesgenosse über den Kopf zu wachsen drohte und dieser außerhalb der militärischen Verhältnisse sein Vorgesetzter wurde. Auch erblickten diese Diplomaten in der zufälligen Kenntnis fremder Sprachen, namentlich der französischen, zu sehr eine Bevorzugung und wurden anspruchsvoller, selbst wenn sie politisch als verständnis- und urteilslos bekannt waren. Ebenfalls mußte seine Erfahrung Ancillon darin recht geben, wenn er von dem preußischen Landadel den Eindruck hatte, als wenn dieser sich aus dem engen Gesichtskreis der damaligen Berliner, man könnte sagen provinziellen Verhältnisse schwer loslösen ließ. Die an den kleinen Höfen erwachsenen, in den preußischen Dienst übernommenen Diplomaten hatten nicht selten vor den eingeborenen die größere Sicherheit der Bewegung in höfischen Kreisen und einen größeren Mangel an Blödigkeit voraus. Ausländische Namen, wie Brassier, Perponcher, Savigny, Oriola standen außerdem höher im Kurse als einheimische. Man nahm bei ihnen größere Geläufigkeit im Französischen an; außerdem galten sie mehr, weil sie „weiter her" waren. Ancillon riet daher dem jungen Bismarck, zunächst das Examen als Regierungsassessor zu machen und dann auf dem Umwege durch die Zollvereinsgeschäfte Eintritt in die deutsche Diplomatie Preußens zu suchen; einen Beruf für die europäische Politik erwartete er also bei einem Sprößling des einheimischen Landadels nicht.

Ein interessantes Bild: Der Mann, der zu der franzosenfreundlichen Umgebung des Königs in den schweren Tagen von 1813 gehörte, dieser glatte „Hofpfaffe", wie ihn Gneisenau genannt, der leichtsinnig genug war, fünf Jahre (1832–37) als Minister des Auswärtigen und als Metternichscher Helfershelfer zu fungieren, dieser süßliche Vertreter einer kraft- und willenlosen auswärtigen Politik, riet Bismarck ab vom Diplomatendienst, glaubte der Lenker sein zu können eines Genius, dessen Politik über die des schwächlichen Hofpfaffen und Metternichs hinwegzuschreiten berufen war mit nie gesehener Kunst und Kraft preußischer und deutscher Diplomatie.

Bismarck folgte dem Rate des Ministers und entschloß sich, das Examen als Regierungsassessor zu machen. Zunächst trat er im Frühling 1835 in die praktische Ausbildung als Auskultator ein und hatte vier Monate beim Kriminalgerichte Protokoll zu führen, wozu er von dem Rate von Brauchitsch über Gebühr herangezogen wurde, weil er über den Durchschnitt schnell und lesbar schrieb. Aber er tat seine Pflicht und tat sie gern. Ein anderer Geist war in ihn eingezogen. Das zeigt ein Brief an seinen Freund Scharlach (vom 18. Juni 1835), der im geraden Gegensatz steht zu dem verzweifelten Schreiben aus dem April 1834. Er schreibt: „Ich bin jetzt wieder in vollem Zuge beschäftigt, die Verbrechen der Berliner ans Licht zu ziehen und zu bestrafen. Dieser dem Staat geleistete Dienst, bei welchem mir bis jetzt die mechanische Funktion des Protokollierens obliegt, sprach an, oder war leidlich, so lange er neu war; nun sich aber meine schönen Finger unter der Last der immer beweglichen Feder zu krümmen anfangen, wünsche ich sehnlichst, mich dem Gemeinwesen auf eine andere Weise nützlich machen zu können. Doch eine unphilosophische Leidenschaft läßt mich diese sowie manche andere Unannehmlichkeit mit Geduld ertragen; du wirst sie erraten, und es wird dich nicht befremden zu hören, daß mein Ehrgeiz, welcher früher minder heftig und anders gerichtet war, mich zu einem in meinem bisherigen Leben beispiellosen Fleiß veranlaßt, sowie zur Ergreifung aller andern Mittel, welche mir irgend zur Beförderung im Leben zweckdienlich scheinen ... Ich bin meines

Teils zur Zeit so verblendet, daß ich ein reines Vergnügen ohne Nutzen für Zeitverlust halte, meinen Bedienten mit den unfreundlichsten Instruktionen gegen jeden Besucher versehe und äußerst verdrießlich darüber bin, daß mein, sich zum Wettrennen hier aufhaltender Alter mich täglich zu einem dreistündigen Mittagessen zwingt."

Also Ehrgeiz und Pflichtgefühl erfüllen ihn jetzt ganz und gar, und er arbeitet mit der ganzen Wucht seines starken Willens. Und doch tritt immer wieder der Landjunker mit seinem Freiheitsbedürfnis und seiner Natursehnsucht zutage. In demselben Brief schreibt er: „Mein Leben ist wirklich etwas kläglich, bei Lichte besehen; am Tage treibe ich Studien, die mich nicht ansprechen, Abends affektiere ich in den Gesellschaften des Hofes und der Beamten; ein Vergnügen, welches ich nicht Sch. (heißt wohl „Schaf" oder „Schafskopf") genug bin zu empfinden oder zu suchen. Ich glaube schwerlich, daß mich die vollkommenste Erreichung des erstrebten Zieles, der längste Titel und der breiteste Orden in Deutschland, die staunenswerteste Vornehmheit, entschädigen wird, für die körperlich und geistig eingeschrumpfte Brust, welche das Resultat dieses Lebens sein wird. Öfters regt sich noch der Wunsch, die Feder mit dem Pflug, und die Mappe mit der Jagdtasche zu vertauschen; doch das bleibt mir ja immer noch übrig."

Nachdem Bismarck vier Monate protokolliert hatte, wurde er zum Stadtgerichte versetzt, von der völlig mechanischen Beschäftigung in eine durchaus selbständige Tätigkeit. Der Jüngling von zwanzig Jahren hatte Ehescheidungssachen zu erledigen. Man hatte diese, als unwichtig angesehenen Sachen, dem unfähigsten Rate, namens Prätorius, übertragen und den grünen Auskultatoren, die hier ihre ersten selbständigen Experimente zu machen hatten; denn der verantwortliche Richter wohnte ihren Verhandlungen nicht bei. Als Bismarck einmal eines Ehezwistes nicht Herr werden konnte, rief er Herrn Prätorius zu Hilfe, der ihm die Sache vormachte, aber auch nichts zustande brachte und die Verhandlung mit den Worten schloß: „Nun merken Sie sich, wie man das macht, und lassen Sie mich künftig mit dergleichen in Ruhe."

Ansprechender wurde die Abteilung für Bagatellprozesse, in die er nach sechs Wochen versetzt wurde: hier bekam er wenigstens einige Übung in Aufnahmen von Klagen und Vernehmen von Zeugen; doch viel wurde seine Belehrung nicht gefördert; außerdem saß er mit dem leitenden Rate und vier bis fünf andern Auskultatoren in einem von Gittern und lärmenden Parteien umgebenen Raum, wie in einem Käfig. Den Winter über war er von morgens acht Uhr bis abends fleißig; dann zog er sich an und ging in Gesellschaft; auch zu Hofe. Große Neigung dazu hatte er nicht; aber seine „Alten" wünschten es, und sie hatten seiner Meinung nach ein Recht dazu, da es für sein Fortkommen von Nutzen sein könne. Auf einem Hofballe wurde er hier dem Prinzen Wilhelm, dem späteren Kaiser, mit einem Herrn von Schenk zusammen vorgestellt, der ebenso groß wie Bismarck und ebenfalls Auskultator war. Prinz Wilhelm sagte scherzend zu den beiden gewaltigen Jünglingsgestalten: „Nun, die Justiz sucht sich ihre jungen Leute jetzt wohl nach dem Gardemaß aus." Wer ahnte damals, dass dieses Gardemaß zu etwas anderem auserlesen war, als zur Erledigung von Bagatellprozessen.

Wenn Bismarck von der Arbeit des Kopfes rastete, dann verlangte das Herz sein Recht; dann war er verliebt und trug sich bereits mit Heiratsgedanken. Am 20. Oktober 1835 gratulierte er seinem fünf Jahre älteren Freunde Scharlach zur Verlobung und schreibt: „Ich muß doch etwas unwillkürlich lächeln, wenn ich uns beide als Eheleute denke; die glücklichen Weiber! Nicht, als ob bei mir der Zeitpunkt auch schon so nahe läge, wo ich unter der Masse des zweiten Geschlechts diejenige werde namhaft machen, welche ich gesonnen bin zu meiner Gattin (unter uns gesagt, das einzige Wesen in der Welt, welches ich beneide) zu erwählen; ich bin zwar fortwährend exzessiv verliebt, wechsele aber häufig den Gegenstand meiner Neigung; doch würde ich vielleicht sehr bald einige Versuche dazu machen, wenn bei mir irgend eine leidenschaftliche Aufregung von Dauer war. Ich finde meine Ruhe immer bald wieder und lebe auf diese Weise leidlich zufrieden, bis auf mitunter eintretende pekuniäre Unannehmlichkeiten, denn du glaubst nicht, was meine Alten in dieser Beziehung unduldsam sind; das Leben hier ist infam teuer, besonders wie ich es zu führen gewissermaßen gezwungen werde; so kommt es, daß ich zwei sehr drückende Posten in Göttingen noch immer nicht bezahlt habe."

Bis in die Frühlingsmonate arbeitete er für den Regierungsreferendar. Im April und Mai 1836 sehen wir ihn in Schönhausen in schwerer Arbeit für dieses Examen. Von dort schreibt er einen seiner schönsten Briefe an seinen Freund: „Du würdest über mich lachen, wenn Du jetzt bei mir wärest. Seit vollen vier Wochen sitze ich hier in einem alten verwünschten Schlosse, mit Spitzbogen und vier Fuß dicken Mauern, einigen dreißig Zimmern, wovon zwei meublirt, prächtigen Damasttapeten, deren Farbe an wenigen Fetzen noch zu erkennen ist, Ratten in Masse, Kamine, in denen der Wind heult, kurz, in „meiner Väter altem Schloß", wo sich alles vereint, was geeignet ist, einen tüchtigen Spleen zu unterhalten. Daneben eine prächtige alte Kirche, mein Schlafzimmer mit der Aussicht nach dem Kirchhof, auf der andern Seite einer jener alten Gärten mit geschnittenen Hecken von Taxus und prächtigen alten Linden. Die einzige lebende Seele in dieser verfallenen Umgebung ist Dein Freund, der hier von einer vertrockneten Haushälterin, der Spielgefährtin und Wärterin meines fünfundsechzigjährigen Vaters, gefüttert und gepflegt wird. Ich bereite mich zum Examen vor, höre die Nachtigallen, schieße nach der Scheibe, lese Voltaire und Spinozas *ethicum*, die ich in der hiesigen an Schweinsledern ziemlich reichen Bibliothek gefunden. Die Berliner meinen, ich wäre verrückt, und die Bauern sagen: „Use arme junge Hehr, wat mak em wull sin", wie mir meine alte „Mamsell" mitgeteilt hat. Dabei bin ich nie so zufrieden gewesen wie hier; ich schlafe nur 6 Stunden und finde große Freude am Studieren, zwei Dinge, die ich lange Zeit für unmöglich hielt. Ich glaube, der Grund oder besser die Ursache von alledem ist der Umstand, daß ich den Winter über heftig verliebt war, ein recht befremdliches *factum*, eine Torheit, der ich mich nicht in so hohem Grade für fähig gehalten hätte, aber es ist mir doch fatal, wie ich mich so aus meiner philosophischen Ruhe und Ironie habe bringen lassen; das Beste dabei ist aber, daß ich bei meinen Bekannten beiderlei Geschlechts immer für den kaltblütigsten Weiberverächter gelte; so täuschen sich die Leute! Sie selbst hält mich, glaube ich, für einen von den wenigen, auf die sie keinen Eindruck gemacht hat. Schließe aus dieser Redensart nicht etwa, daß ich noch verliebt bin, denn daß sie schön ist, kann ihr ein jeder sagen, ohne ihr zu schmeicheln ... Du wirst sie vielleicht sehen, es ist meine Cousine, jetzt versprochen mit dem zweiten Sohn des Hh. v. M. (Malortie) in Hannover. Aha! wirst Du sagen – unglückliche Liebe – Einsamkeit – Melancholie – etc. Der Zusammenhang ist möglich, doch bin ich jetzt schon wieder unbefangen und analysiere nach Spinozistischen Grundsätzen: die Ursachen der Liebe, um es künftig mit mehr Kaltblütigkeit zu treiben. Eben ‚heult die Turmuhr Mitternacht'; also schlaf wohl und erzähle mir in Deiner Antwort so viel von Dir, wie ich Dir eben von mir, zwei Themata, welche mich ganz absonderlich interessieren." Seine beiden Prüfungsarbeiten vollendete er in dieser Zeit, die philosophische am 24.April, die staatswissenschaftliche am 15.Mai. Jene handelte über die Natur und die Zulässigkeit des Eides im Allgemeinen und nach seinen verschiedenen Arten aus dem Gesichtspunkte der philosophischen Rechts- und Tugendlehre, mit Berücksichtigung der Lehre des Christentums. Die zweite Arbeit hatte das Thema: Über Sparsamkeit im Staatshaushalte, ihr Wesen und ihre Erfolge, auch durch geschichtliche Beispiele erläutert. Die Arbeiten werden sich, wie das bei Prüfungsarbeiten so ist, an bestimmte Vorlagen angelehnt haben. Charakteristisch für Bismarck sind einzelne Gedanken: z.B. „die Sonne geht täglich auf und erleuchtet die Welt, aber nur wenigen fällt es ein, daß dieses wunderbar sei, und nur selten nimmt jemand davon Veranlassung, an die Allmacht des Schöpfers zu denken, erschlägt aber der Blitz einen Menschen, so werden die, welche es sehen, mit Staunen und Gottesfurcht erfüllt und preisen die wunderbaren Wege des Herrn". Von Religion spricht er sonst mit Vorsicht und klarer Zurückhaltung. Von einer Vermenschlichung Gottes mag er nichts hören; scheinbar glaubt er nicht an einen persönlichen Gott oder doch nicht an ein persönliches Verhältnis zwischen Gott und Menschen. Längst schon sah er in der Gottheit eine kalte Allmacht und Unnahbarkeit – das war schon kein christlicher Gott mehr. Er war Deist mit pantheistischen Beimischungen, wie er selbst später schrieb.

Im Juni reiste er nach Aachen; aber nicht wie er gehofft, über Hannover, wo er seinen Freund Scharlach gern wieder gesehen hätte, der ihm ernsthaft betrübt über das Nichtwiedersehen schrieb, beiläufig gesagt, auch ein Pufferrezept schickte, den Bismarck offenbar liebte. – Bismarck mußte über Dresden, Karlsbad und Frankfurt a. M. reisen, weil „der Teufel eine alte Tante von hoher Race ritt, daß sie wünschte, Bismarck solle sie als Reisemarschall nach Böhmen begleiten und dort bei einem Verwandten abliefern". Der Umweg war zwar weit, aber Bismarck tröstete sich mit dem Gedanken, daß eine alte Tante dasjenige Tier auf der Welt sei, vor welchem er, nächst einer hübschen Cousine, die größte Ehrfurcht habe. Er wagte deshalb ihrer Ungnade nicht zu trotzen; hätte er angeführt, er habe einen Freund in Hannover zu besuchen versprochen, so hätte es geheißen: „Lieber Otto, Du mußt Dich ja schämen, wenn Du nach Aachen kommst, und hast Dresden nicht gesehen, und Freunde, die findest Du überall."

So kam er denn Ende Juni in Aachen an und machte am 30.Juni sein mündliches Examen. Seine Eidesarbeit war recht gut; die andere erhielt das Prädikat „zugelassen". Schlußurteil: „durchgängig zeigte der Kandidat eine vorzügliche Urteilskraft, Schnelligkeit im Ausfassen der ihm vorgelegten Fragen und Gewandtheit im mündlichen Ausdruck". „Sehr gut befähigt."

In seine Tätigkeit trat er sofort ein. Die Persönlichkeiten, mit denen er zusammen zu arbeiten hatte, entsprachen nicht alle dem Ideale, das dem einundzwanzigjährigen Jünglinge unberechtigt vorschwebte, und noch weniger tat das der Inhalt der laufenden Geschäfte. Er erinnerte sich noch im späten Alter, daß er bei vielen Meinungsverschiedenheiten zwischen Beamten und Regierten oder innerhalb jeder dieser beiden Kategorien, Meinungsverschiedenheiten, deren polemische Vertretung Jahre lang die Akten anschwellen machte, gewöhnlich unter dem Eindruck stand: „Ja, so kann man es auch machen", und daß Fragen, deren Entscheidung in dem einen oder andern Sinne das verbrauchte Papier nicht wert war, eine Geschäftslast erzeugten, die ein einzelner Präfekt mit dem vierten Teile der aufgewandten Arbeitskraft hätte erledigen können. Das tägliche Arbeitspensum war nicht groß, und besonders für die Abteilungsdirigenten fast eine Sinekure. Bismarck hatte noch später von allen diesen Beamten wie überhaupt von der preußischen Bureaukratie eine geringe Meinung. Nur für den begabten Präsidenten von Arnim, der damals schon einen hohen Ruf genoß, hatte Bismarck große Achtung. In dessen Hause wurde er denn auch sehr liebenswürdig aufgenommen und er war der einzige, dem der Präsident „zuweilen im *tête à tête* seine Sünden vorhielt und gute Ratschläge gab". Arnim schob den jungen Anfänger auch in der Arbeit vor und überwies ihn gleichzeitig mehreren Abteilungen, da er „wegen Verfolgung der diplomatischen Laufbahn nicht wie die anderen Regierungsreferendare die ganze Dauer der Referendariatszeit in Aachen zubringen werde". Um bald zu seinem gewünschten Berufe zu kommen, bat er im November seinen Bruder festzustellen, wie Ancillon über die Zulassung zur Kandidatur denke, und ob er möglicherweise die Prüfungsarbeiten vor Ablauf seines Jahres bekommen werde. Am 23. November entschloß er sich, da er von Berlin nichts Bestimmtes hörte, ohne Rücksicht auf seine diplomatischen Pläne, wohl auch auf Zureden Arnims hin, zum Regierungsassessor und bat um eine entsprechende Ausbildung. Er faßte voller Ehrgeiz energische Vorsätze und arbeitete auch danach.

Neben der Arbeit flutete das lebensfrohe Treiben der Welt- und Bäderstadt, besonders der englische Verkehr auf ihn ein. Recht ernsthafte Liebesleidenschaften scheinen ihn damals gefangen genommen zu haben. Mit ihnen sehen wir ihn im Winter ringen und die Arbeit suchen, um die innere Erregung niederzukämpfen. Entschlüsse und Empfindungen gingen wirr durcheinander. Dazwischen Gedanken an die Heimat und ihren Frieden. Am 1. Juni 1837 nahm er eine Woche Urlaub, weil er an Migräne, Schlaflosigkeit, Schwindel und einem Heer von anderen Übeln litt. Im Juli erbat er einen vierzehntägigen Urlaub. Reiste hinter englischen Bekannten nach Wiesbaden her. Seine Leidenschaft ging mit ihm durch. Was er getrieben, ist im Einzelnen nicht erkennbar. In späteren Jahren schrieb er einmal seiner Gattin: „Vorgestern habe ich in Wiesbaden mit einem Gemisch von Wehmut und altkluger Weisheit die Stätten früherer Torheit angesehen. Möchte es doch Gott gefallen mit seinem klaren und starken Weine dies Gefäß zu füllen, in dem damals der Champagner zweiundzwanzigjähriger Jugend nutzlos verbrauste und schale Reigen zurückließ. Wo und wie mögen Isabella Loraine und Miß Russel jetzt leben; wie viele sind begraben, mit denen ich damals liebelte, becherte und würfelte."

Auf jenes Erlebnis scheint auch ein späterer Brief an Scharlach anzuspielen, in welchem allerdings die sechs Monate nicht ganz stimmen, wenn nicht Bismarck einige Monate aus der Aachener Zeit zum Urlaub hinzugerechnet hat. Er schreibt: „In Aachen eröffneten sich mir durch das Wohlwollen einflußreicher Leute in Berlin sehr günstige Aussichten für das, was man eine glänzende Karriere nennt; und vielleicht hätte der Ehrgeiz, der damals mein Lotse war, noch länger und für immer mein Steuer geführt, wenn nicht eine bildschöne Engländerin mich verleitet hätte, den Cours zu ändern, und sechs Monate ohne den geringsten Urlaub auf ausländischen Meeren in ihrem Kielwasser zu fahren. Ich nötigte sie endlich zum Beilegen, sie strich die Flagge, doch nach zweimonatlichem Besitz ward mir die Prise von einem einarmigen Obristen mit 50 Jahren, 4 Pferden und 15000 rl. Revenüen wieder abgejagt."

Den vierzehntägigen Urlaub vom Juli verlängerte er auf diesen Fahrten willkürlich bis in den September; am 13. dieses Monats schreibt er an seinen Freund Scharlach, daß er versprochen sei und in den heiligen Stand etc. zu treten gedenke, und zwar mit einer jungen Britin von blondem Haar und seltener Schönheit, die bis *dato* noch kein Wort deutsch verstehe. „Ich reise im Augenblick mit der Familie nach der Schweiz, und werde sie in Mailand verlassen, um in Deine

Arme, und von da in die meiner Eltern zu eilen, die ich seit fast zwei Jahren nicht gesehen. Wahrscheinlich bist Du schon verheiratet, sonst mußt Du mit mir nach England, um mich springen zu sehen, welcher *actus* im Frühjahr vor sich gehen wird. *En attendant* grüße Alle, die sich meiner erinnern und erwarte mich in der Krone, wo ich am Ende des Monats bei einer Flasche Lafitte die Sorgen dieses Lebens näher mit Dir zu besprechen hoffe; den Tag meiner Ankunft kann ich nicht genau bestimmen."

Was er in Aussicht gestellt, erfolgte nicht. Am 28. September ist er in Göttingen und schreibt an seinen Freund: „Eben hier angekommen, erhalte ich Deinen Brief; ich reise in Gesellschaft, und es ist mir unmöglich, mich hier aufzuhalten; ich übernachte in Einbeck; solltest Du mich dort treffen können, so würdest Du mir eine große Freude machen; mein Reisegefährte, dem der Wagen gehört, in dem ich fahre, will durchaus nicht die Nacht hier bleiben, weil er morgen Mittag in Hannover sein muß; ich weiß mir daher nicht zu helfen, und kann nur um Deine Verzeihung und die Fortdauer Deiner Freundschaft bitten." – Im Jahre 1845 schreibt er über diesen Aufenthalt an denselben Freund: „Ich kam damals durch Göttingen; da ich aber dergestalt Havarie gelitten hatte, daß ich mich von einer schwerfälligen und verdrieslichen Gallione mußte schleppen lassen, so war ich nicht hinreichend Herr meiner Bewegungen, um mit Dir zusammentreffen zu können. Arm im Beutel, krank am Herzen kehrte ich nach Pommern heim." Aber nicht zu seinen Eltern ging er; bis zum 1.November reiste er bei Mecklenburger und Pommerschen Freunden umher. Was in diesen dramatisch bewegten Wochen sich ereignete, wissen wir nicht. Zwischen dem 13. und 28. September muß die Katastrophe eingetreten sein, vielleicht in der Gestalt des einarmigen Obristen. Oder war es ein Brief seines Vaters, der ihn in Bern traf? Jedenfalls haben wir hier den Höhepunkt Bismarckschen Sturms und Drangs. Solchen Irrungen und Wirrungen, wie diesen, begegnen wir in seinen persönlichen Schicksalen in Zukunft nicht wieder.

Schon wenige Tage nach dem Straßburger Briefe an Scharlach hatte Bismarck an seinen Aachener Präsidenten geschrieben wegen der langen willkürlichen Überschreitung des Urlaubs und um Verzeihung gebeten; er habe sich fortreißen lassen durch Umstände, die für ihn von Wichtigkeit gewesen. Vorläufig erbat er sich einen weiteren Urlaub, dann kam er um seine Versetzung nach Potsdam ein.

Mitte Dezember traf er dort ein. In Potsdam gehörten, abweichend von den übrigen Provinzen, die indirekten Steuern zum Ressort der Regierung. Er hatte also immer noch die Absicht, auf dem Wege über den Zollverein in die diplomatische Laufbahn einzulenken. Auch persönliche Beziehungen mögen ihn nach Potsdam gewiesen haben. Hier suchte er sich nun, wie er selber eingestand, durch Spiel und Trunk zu zerstreuen, auch machte er unverhältnismäßig große Schulden. Als er drei Monate in Potsdam bei der Regierung gearbeitet hatte, trat er als Einjähriger bei den Gardejägern ein. Auf ein Angebot des Oberpräsidenten von Bassewitz, in der freien Zeit seine Ausbildung fortzusetzen, antwortete er erst nach Wochen und verletzte dadurch in seiner jugendlichen Überhebung den entgegenkommenden Vorgesetzten. Der junge dreiundzwanzigjährige Mensch, so schrieb er selbst später an seine Braut, war schon sehr gealtert, „jedenfalls viel blasierter als zehn Jahre später". Aus dieser Stimmung heraus beurteilte er die Mitglieder des Regierungskollegiums in ihrer Gesamtheit als „Zopf und Perücke", wenn sie auch einen würdigeren Eindruck aus ihn machten als die Aachener Herren. – Inzwischen waren ernste Sorgen über die Familie Bismarck gekommen.

Im Juni 1838 erkrankte die Mutter unheilbar an Krebs; sie war in Berlin; Bismarck viel bei ihr. Er klagte über seine Stellung in Potsdam und wünschte sich aus ihr hinweg. Die Verhältnisse kamen ihm entgegen. Die Güter Külz, Jarchelin und Kniephof lagen so darnieder, daß sie der ernstesten Pflege bedurften. Der Vater dachte an seine beiden Söhne; er selbst wollte sich nach Schönhausen zurückziehen. In Otto wurde der Wunsch, die Feder mit dem Pflug zu vertauschen, der immer in ihm geschlummert hatte, wieder lebendig. Alles kam zusammen, um solche Gedanken zur Reife zu bringen. Sein Unmut und sein Widerwille gegen Potsdam wurden noch gesteigert durch Anzeigen der Aachener an die Potsdamer Regierung über Schulden, die er dort gemacht, die er aber als eine Privatangelegenheit ansah, in welche die hohe Behörde nicht einzugreifen habe. Er wollte sich sogar beschweren. Um dem unsympathischen Aufenthalte ein Ende zu machen, bat er um Urlaub bei der Regierung und beantragte auch seine Versetzung nach Greifswald in das dortige Jägerbataillon. Er glaubte dort billiger leben und für seine neue Tätigkeit sich besser vorbereiten zu können.

Im September war er in Greifswald. Er beschäftigte sich im Anfang nebenher mit Chemie, in welchem Fach er mit einem Mediziner, der sich zum Examen vorbereitete, täglich einige Stunden arbeitete. In der Nähe sah er sich bei befreundeten Familien die Wirtschaften an, die durchschnittlich in einem musterhaften Zustande waren. Auch lauschte er bei Tisch im deutschen Hause auf alle die wohlbeleibten Figuren mit roten Gesichtern, dicken Händen und beneidenswertem Appetit, die sich täglich zu sechs und acht und mehreren dort einfanden und ausschließlich nur von Ackerbau und Kornhandel sprachen. Obgleich sie alle erschrecklich schrien und heftig dabei gestikulierten, verstand er doch selten, was sie sagten, da man allgemein platt sprach und sehr schnell, so daß er mitunter nur etwas wie Raps, Hafer, Arbsen, Sämaschine, Dröschen, pummersche Last und Berliner Schäpel unterschied; das hörte er dann mit sehr verständiger Miene an, dachte darüber nach und träumte nachts „von Dreeschhafer, Mist und Stoppelroggen". Immatrikuliert war Bismarck weder in Greifswald noch in der landwirtschaftlichen Akademie Eldena. In den Hörsälen konnte er nicht mehr lernen als aus guten Büchern; auch war der Weg nach Eldena, das eine halbe Meile von Greifswald liegt, im Winter oft bodenlos.

Ganz zurückgezogen vom studentischen Treiben wird Bismarck aber nicht gelebt haben. Er erzählt selbst von einer Mensur. Auch in einen studentischen Handel, bei dem er von seiner Wohnung aus hatte vermitteln wollen, wurde er hineingezogen und, wie es scheint, zu unrecht von der Universitätsbehörde wie ein Angeklagter behandelt. Er wehrte sich, und sein Hauptmann nahm sich seiner an. Bismarck verklagte den beteiligten Nachtwächter wegen Amtsüberschreitung, den Urheber falscher Nachrichten über ihn wegen Beleidigung. Kurz, die Behörden, die nicht gerecht verfahren waren, imponierten ihm nicht; er stand auf seiner Persönlichkeit, die sich niemals etwas bieten ließ, was unangemessen schien.

Am 1. Januar 1839 starb seine Mutter, noch nicht ganz fünfzigjährig. Otto fühlte sich immer unzufriedener und einsamer in Greifswald; immer ungeduldiger wurde sein Sehnen nach neuer Tätigkeit, wo er keine Depeschen zu kopieren haben werde und in welcher er Herr und nicht Diener war.

## 3. Der „tolle" Landjunker

Zum Dienst an der Regierung kehrte er nach der Greifswalder Zeit nicht wieder zurück. Er bemühte sich, längeren Urlaub zu bekommen, um es mit der landwirtschaftlichen Tätigkeit zunächst einmal zu versuchen; als ihm Weitläufigkeiten von Seiten der Regierung erwuchsen, erbat er im Oktober 1839 seinen Abschied aus dem Staatsdienst.

Ganz leicht wird ihm der Entschluß nicht gewesen sein. Die Gemahlin seines Vetters Theodor von Bismarck auf Karlsburg, die kluge Gräfin Bohlen, hatte ihm ernstlich geraten, in der Karriere zu bleiben. Bismarcks Antwort gewährt uns einen tiefen Einblick in seine damalige Gedankenwelt und zeigt durch die Gründlichkeit der Darlegung, wie ernst er mit sich zu Rate gegangen und wie ihm der Entschluß nicht leicht geworden war; sonst hätte es einer eingehenden Begründung nicht so bedurft. Daß ihm von Hause aus die Natur der Geschäfte und der dienstlichen Stellung der Staatsdiener nicht zusagt, daß er es nicht unbedingt für ein Glück hält, Beamter und selbst Minister zu sein, daß es ihm ebenso respektabel und unter Umständen nützlicher zu sein scheint, Korn zu bauen, als administrative Verfügungen zu schreiben, daß sein Ehrgeiz mehr danach strebt, nicht zu gehorchen, als zu befehlen, das sind für ihn Fakten, für die er außer seinem Geschmack keine Ursache anzuführen weiß.

Von allen Gründen, diese Abneigung zu bekämpfen, wäre ihm der würdigste der Wunsch gewesen, das Wohl anderer zu befördern, aber selbst bei der unbescheidensten Meinung von seinen Fähigkeiten glaubte er sich zu der Ansicht bekennen zu müssen, daß es für das Wohlergehen der Einwohner von Preußen keinen Unterschied mache, ob er oder ein anderer der Regierung einer Provinz angehöre oder vorstehe. „Die Wirksamkeit des einzelnen Beamten bei uns ist wenig selbständig, auch die des höchsten, und bei den andern beschränkt sie sich schon wesentlich darauf, die administrative Maschinerie in dem einmal vorgezeichneten Geleise fortzuschieben. Der preußische Beamte gleicht dem Einzelnen im Orchester; mag er die erste Violine oder den Triangel spielen, ohne Übersicht und Einfluß auf das Ganze, muß er sein Bruchstück abspielen, wie es ihm gesetzt ist, er mag es für gut oder schlecht halten. Ich will aber Musik machen, wie ich sie für gut erkenne, oder gar keine. In einem Staate mit freier Verfassung kann ein jeder, der sich den Staatsangelegenheiten widmet, offen seine ganze Kraft an die Verteidigung und Durchführung derjenigen Maßregeln und Systeme setzen, von deren Gerechtigkeit und Nutzen er die Überzeugung hat, und er braucht diese letztere einzig und allein als Richtschnur seiner Handlungen anzuerkennen, indem er in das Öffentliche die Unabhängigkeit des Privatlebens hinübernimmt ... Bei uns aber muß man, um an den öffentlichen Angelegenheiten teilnehmen zu können, besoldeter und abhängiger Staatsdiener sein; man muß vollständig der Beamtenkaste angehören, ihre falschen und richtigen Ansichten teilen, und jeder Individualität in Meinung und Handlung entsagen." – Das war es, was Bismarck vor allem von dem Beamtenberuf abkehrte: er konnte, so jung er war, seine Persönlichkeit nicht dem seiner Meinung nach kleinlichen Getriebe opfern, in dem man Mißbräuche ansehen müsse, ohne sie angreifen zu dürfen; er hatte zu oft hochgestellte Beamte sagen hören, diese oder jene Maßregel sei schädlich, drückend, ungerecht, und doch hatten sie nicht gewagt, eine untertänigste Vorstellung dagegen einzureichen, mußten sie vielmehr gegen ihre Überzeugung fördern. – Auch sein politischer Glaube war ihm hinderlich unter die Fahne einer Regierung zu treten, deren Grundsätze zu bekämpfen er für eine seiner vornehmsten Pflichten gegen das Vaterland hielt. Welches dieser politische Glaube war, sagt er nicht; aber in seinen Erinnerungen finden wir eine Andeutung; er bemerkt dort, daß er von Göttingen nach Berlin mit weniger liberaler Gesinnung zurückgekommen sei, als er es verlassen habe; diese Reaktion habe sich aber abgeschwächt, nachdem er mit dem staatlichen Räderwerk in unmittelbare Beziehung getreten war. In Aachen hatte er viel in englischen Kreisen verkehrt; kein Wunder, daß er freier dachte als seine Standesgenossen. Spricht er doch auch in diesem Briefe von freier Staatsverfassung wie auch von parlamentarischen oder populären Führern wie Peel, O'Connel und Mirabeau in sympathischem Tone. – Aber hatte er denn – seine Kusine wird darauf hingewiesen haben – keinen Ehrgeiz? Sicherlich, doch nicht nach Erfolgen, die auf dem breitgetretenen Wege durch Examen, Konnexionen, Aktenstudium, Anziennität und Wohlwollen seiner Vorgesetzten zu erreichen waren. Ganz anders stand es mit Auszeichnungen wie denen eines Soldaten im Kriege, eines Staatsmannes bei freier Verfassung, wie jene genannten Männer es waren, eines Mitspielers bei energischen politischen Bewegungen; solche Auszeichnungen würden auf ihn, so sagte er, „eine, jede Überlegung ausschließende Anziehungskraft üben, wie das Licht auf die Mücke". Die Befriedigungen der üblichen amtlichen Eitelkeit habe ja auch viel Blendendes für ihn, wenn er eine Flasche Wein getrunken habe, aber nüchterne Reflexion sage ihm, daß dieses Hirngespinste einer törichten Eitelkeit seien, in eine Kategorie gehörig mit dem Stolz des *dandy* auf seinen Rock und des Bankiers auf sein Geld. In der Meinung andrer sein Glück zu suchen, sei unweise und fruchtlos; ein vernünftiger Mensch solle sich selbst und dem, was er für recht und wahr erkannt, leben, nicht aber dem Eindruck, den er auf andre mache, und dem Gerede, welches vor oder nach seinem Tode über ihn gehen möge. – Noch weniger als Ehrgeiz leitete ihn die Aussicht auf sicheren Broterwerb. „Das Gehalt, mit dem ich bei meinen Bedürfnissen heiraten und in der Stadt einen Hausstand bilden könnte, würde ich, bei der besten zu erwartenden Karriere, im vierzigsten Amtsjahre, etwa als Präsident und dergleichen haben, wenn ich trocken von Aktenstaub, Hypochonder, brust- und unterleibskrank vom Sitzen geworden sein werde, und eine Frau zur Krankenpflege bedarf. Für diesen mäßigen Vorteil, für den Kitzel, mich Herr Präsident nennen zu lassen, für das Bewußtsein, dem Lande selten soviel zu nützen, als ich ihm koste, dabei aber mitunter hemmend und nachteilig zu wirken, übrigens das zu erfüllen, was ich unbedachtsamer Weise zu meiner Pflicht gemacht habe, dafür bin ich fest entschlossen, meine Überzeugung, meine Unabhängigkeit, meine ganze Lebenskraft und Tätigkeit nicht herzugeben, so lange es noch Tausende, und unter diesen viele ausgezeichnete Leute gibt, nach deren Geschmack jene Kreise hinreichend kostbar sind, um sie den Platz, welchen ich leer lasse, mit Freuden ausfüllen zu machen."

„Sie machen mir, gnädige Cousine, die sehr schmeichelhafte Vorhaltung, daß ich mit Fähigkeiten ausgerüstet sei, welche mich besondre Erfolge im Staatsdienst hoffen ließen ... Dieselben Fähigkeiten versprechen mir auch guten Erfolg in jedem andern Geschäft, und um eine gute Landwirtschaft heut zu Tage richtig zu leiten, ist vielleicht mehr Verstand erforderlich, als um Geheimer Rath zu werden." Zu Kniephof war „die volle Kraft und Industrie eines gescheuten Mannes" nach Bismarcks Überzeugung erforderlich. Deshalb setzte er sich „mit der vollen Unwissenheit eines schriftgelehrten Stadtkindes", aber im Vertrauen auf seinen starken Willen und seine Arbeitskraft in die sehr ausgedehnte und verwickelte Wirtschaft der pommerschen Güter Kniephof und Külz, während sein Bruder Bernhard Jarchelin verwaltete. Er fand sich hinein in die Verwaltung, hatte zunächst schwere Tage; aber in einer Zeit von drei Jahren waren in jeder Beziehung die Gefahren beseitigt. 1844 schreibt er an Scharlach: „Ich habe fünf Jahre allein auf dem Lande gelebt und mich mit einigem Erfolge der Verbesserung meines Wechsels gewidmet," und drei Jahre später an seine Braut, daß

„die drei Güter 1838 mit hundertfünfzigtausend Talern angesetzt gewesen seien, jetzt aber mit zweihunderttausend Talern noch zu niedrig gerechnet würden".

Als Landedelmann fühlte sich Bismarck nun an seinem richtigen Platze. Zu seinen Gutsleuten stand er in patriarchalischem Verhältnis. Als er später Kniephof verließ, begleiteten ihn ihre Tränen und Vorwürfe, daß er von ihnen ging; er hatte stets mit ihnen so gesprochen, wie mit Seines gleichen, und er war ein Herr gewesen, der ein warmes Herz für sie hatte.

Seine ganze Natur erfrischte sich in seinem neuen Bereich; auch sein geistiger Horizont hatte Gewinn. Im Wetter zu leben und es kommen, gehen und wirken zu sehen; die Beobachtungen des Kleinen und Kleinsten in der Welt des Wachsens und Werdens; die beständige Berührung mit den Naturgewalten und ihrem Walten, Wirken und Schaffen: das alles tat seinem Wirklichkeitssinn wohl und machte durch Tatsächlichkeit ihn glücklich. Als Jäger spähte, prüfte und lernte er rasches Handeln. Auf seinem getreuen Pferde Kaleb ritt er durch das weite Land bei Tag und bei Nacht, durch Wald und Feld und an den Häusern der Menschen vorbei, die ihn kannten und ihm vertraut waren. Vor allem aber: Hier war er Herr und hatte keinen Vorgesetzten; diese hatte „er nie vertragen können". Seit August 1841 war er Leutnant der Infanterie im ersten Bataillon Stargard des neunten Landwehrregiments; ein Jahr später kam er zu den Ulanen, die in Stargard, Greifenberg und Treptow lagen. Mit den Offizieren stand er in kameradschaftlichem Verkehr. Bei einer Übung rettete er seinen Kniephofer Reitknecht Hildebrand aus dem Wendelsee bei Lippehne, wobei er sein eigenes Leben aufs Spiel setzte. Er bekam seine erste Ordensauszeichnung: die Rettungsmedaille.

Nach zwei Jahren (1841) verliebte und verlobte sich Bismarck mit Ottilie von Puttkamer, der schönen Tochter der Schloßherrin von Pansin. Die Mutter seiner Braut setzte ihm bei seiner Werbung eine Frist von etwa einem Jahre. Schließlich wurde nichts Endgültiges daraus. Bismarck schreibt darüber an seinen Freund Scharlach: „Ich erzürnte mich vierzehn Tage nach der Verlobung mit der Mutter meiner Braut, einer Frau, die, um ihr Gerechtigkeit zu tun, eine der bösesten ist, die ich kenne, und die das Bedürfnis hat, noch selbst der Gegenstand zärtlicher Blicke zu sein. Nach fast jahrelangen Intriguen gelang es ihr meiner Braut einen höchst lakonischen Absagebrief an mich in die Feder zu geben. Ich hielt es meiner Würde nicht angemessen, die beleidigte Aufgeregtheit eines Gemüts zu zeigen, und ihr mit einigen Schüssen auf Brüder und dergl. der Ungetreuen Luft zu machen. ... Ich brauchte das Universalmittel für Verliebte, ich ging auf Reisen und wurde wieder liederlich. Von Edinburg durch England und Frankreich trug ich meinen Kummer über die Alpen, und war im Begriff über Triest nach dem Orient zu gehen, eventualiter die Afghanen durch die Lupe zu besehen, wozu ich mit Empfehlungen ausgerüstet war, als mir mein Vater in einem tränenfeuchten Brief, der von einsamem Alter (73 Jahr, Witwer, taub), Sterben und Wiedersehen sprach, die Heimkehr anbefahl." – Bismarck kam zurück. Im Frühjahr 1844 machte er noch einmal, so schrieb er später (13. Februar 1847) an seine Braut, den Versuch, einen neuen Anlauf auf eine Ministerstelle zu nehmen. Er bat um Beschäftigung bei der Königlichen Regierung in Potsdam zur Ausbildung für das Staatsexamen. Die Antwort enthielt den Wunsch, er möge durch angestrengten Fleiß dem Vorurteile begegnen, welches in Bezug auf seinen Eifer während der früheren Beschäftigung rege geworden sei. Am 3. Mai trat er ein. Am fünfzehnten bat er um kurzen Urlaub, da sein Bruder krank und seine Schwägerin im Sterben liege. Sie starb am 22. Mai, und Bismarck bat am 23. Mai um Verlängerung auf drei Wochen. Sie wurde am 27. Mai gewährt; nach Ablauf der drei Wochen sehe man seiner Rückkehr jedenfalls entgegen. Am 17. Juni richtete dann Bismarck aus Potsdam selber ein Schreiben an seine Behörde, in welchem er, da sein Administrator krank sei, um einen Monat Frist bittet, „ich bedaure, daß es mir nicht vergönnt gewesen ist, einem hohen Präsidium mein Gesuch persönlich vorzutragen und näher motivieren zu können, und daß mich ein Termin, den ich unter diesen Umständen persönlich abhalten muß, nötigt, schon morgen, am achtzehnten vormittags wieder in Pommern zu sein." Am 26. Juni wurde auch diese Verlängerung genehmigt, aber mit deutlichem Tadel, daß „er seine Arbeiten nicht abgemacht und sich bei seinem Rate nicht vorgestellt habe. Er möge ernstlich erwägen, ob seine häuslichen Verhältnisse mit geregeltem Arbeiten und der praktischen Ausbildung vereinbar sei, der er sich unterwerfen müsse." Am 13. Juli bewarb sich Bismarck um die Erlaubnis zum Übergange nach Stettin; die Regierung in Potsdam fand nichts zu erinnern.

Bismarck schildert diese Episode in Potsdam nicht gerade in rosigen Farben (an Scharlach 9. Januar 1845): „Im Frühjahr machte ich einen sechswöchentlichen Versuch, eine andere Krankheit, eine an Lebensüberdruß grenzende Gelangweiltheit durch alles, was mich umgibt, zu heilen, indem ich mich durch besondere Vergünstigung eines unserer Minister als Volontär wieder im Staatsdienst beschäftigen ließ, und die angestrengte Arbeit in der insipiden und leeres Stroh dreschenden Schreiberei unserer Verwaltung, als eine Art von geistigem Holzhauen betrachtete, um meinem teilnahmslos erschlafften Geist wieder etwas von dem gesunden Zustande zu geben, den einförmige und regelmäßige Tätigkeit für den Körper herbeizuführen pflegt. Aber teils war mir die krähwinklige Anmaßung oder lächerliche Herablassung der Vorgesetzten nach langer Entwöhnung noch fataler, als sonst, teils nötigten mich häusliche Verhältnisse. ... die Verwaltung meiner Güter wieder selbst zu übernehmen." Aus allem darf man schließen, daß am 17. Juni die Sachen nicht ganz glatt verlaufen sind, da Bismarck bei keinem seiner Vorgesetzten persönlich erschien, sondern den schriftlichen Weg wählte. Die Sage berichtet, der tüchtige, aber despotische Oberpräsident von Meding habe Bismarck, als er um Urlaub zu erbitten gekommen war, nach seiner Weise warten lassen, woraufhin Bismarck dem alten Portier den Auftrag gegeben: „Sagen Sie dem Herrn Oberpräsidenten von mir, ich wäre fortgegangen, aber ich käme auch nicht wieder." Auch wurde erzählt, kurz nachher sei Bismarck bei einem Berliner Essen als erster Gast erschienen, als zweiter Meding. Auf die Frage des Wirtes: „Ich weiß nicht, ob sich die Herren kennen", habe

Bismarck versetzt: „Ich habe nicht die Ehre" und nach der Vorstellung zu seinem hohen Vorgesetzten lächelnd gesagt: „Freut mich sehr".

Im August desselben Jahres ging er gesundheitshalber nach Norderney. Auf der Hinreise hoffte er seinen alten Freund Scharlach wiederzusehen. Er fand ihn aber am 4. August nicht in Hannover und schrieb deshalb nach Hildesheim: „Aus dem Staatshandbuch habe ich mit einiger Heiterkeit gesehen, daß Du als interimistischer Oberteufel die Verdammten in Hildesheim tyrannisierst. Hätte ich das eher gewußt, würde ich meinen Herweg darnach eingerichtet haben; jetzt habe ich hier nur gerade noch Zeit zum Einpacken, da ich morgen zu nachtschlafender Zeit, um 5 Uhr abreisen soll, und durch wunderliche Umstände engagiert bin, mit einem Rudel Damen, die ich erst gestern kennen gelernt habe, der Familie Eures Kriegsministers zusammenzufahren."

In Norderney fand er seinen guten Humor bald wieder. Er entwirft von dort seiner Schwester Malwine ein getreues Bild seines Treibens, wie sie denn stets die Genossin seines Daseins war. Man gedenkt bei diesen Briefen an Goethe und dessen Schwester, die auch so gemeinsamen Sinnens und Denkens lebten, nur daß Bismarck ihr tiefere Aufschlüsse über seine Natur, seine Pläne, sein innerstes Leben nicht gab. Das Herzenstor zu öffnen, das verstand erst seine spätere Braut. Bismarcks Schwester war eben eine zu weltliche Natur, sie glich äußerlich dem schönen Vater, geistig der Mutter, nur war sie gesunder, heiterer und von gewinnend lächelnder Grazie, gewohnt ihren Lebenskreis zu beherrschen, ohne daß die Beherrschten es unangenehm empfanden. Der Brief Bismarcks von Norderney ist ein Kabinettsstück seiner Schilderungskunst und seines Stils; jedes Wort und jede Wendung echt Bismarckisch:
Norderney, 9. September 1844.

Theure Kleine!
Seit 14 Tagen hatte ich mir vorgenommen, Dir zu schreiben, ohne bisher in dem Drange der Geschäfte und Vergnügungen dazu gelangen zu können. Wenn Du neugierig bist, welches diese Geschäfte sein

möchten, so bin ich wirklich bei der Beschränktheit meiner Zeit und dieses Papieres außer Stande, Dir ein vollständiges Bild davon zu entwerfen, da ihre Reihenfolge und Beschaffenheit, je nach dem Wechsel der Ebbe und Fluth, täglich die mannigfaltigsten Abänderungen erleidet. Man badet nämlich nur zur Zeit des höchsten Wassers, weil dann der stärkste Wellenschlag ist, eine Zeit, die zwischen 6 Morgens und 6 Abends täglich um eine Stunde später eintritt – und in angenehmer Abwechslung die Vorzüge eines windkalten, regnichten Sommermorgens bald in Gottes herrlicher Natur unter den erhebenden Eindrücken von Sand und Seewasser genießen läßt, bald in meines Wirthes *Mousse Onnen Fimmen* fünf Fuß langem Bett unter den behaglichen Empfindungen, die das Liegen auf einer Seegrasmatratze in mir zu erwecken pflegt. Ebenso wechselt die *table d'hôte* ihrer Zeit nach zwischen 1 und 5 Uhr, ihren Bestandtheilen nach zwischen Schellsisch, Bohnen und Hammel an den ungraden, und Seezunge, Erbsen und Kalb an den graden Tagen des Monats, woran sich im ersten Falle süßer Gries mit Fruchtsauce, im zweiten Pudding mit Rosinen anschließt. Damit das Auge den Gaumen nicht beneidet, sitzt neben mir eine Dame aus Dänemark, deren Anblick mich mit Wehmut und Heimweh füllt, denn sie erinnert mich an Pfeffer in Kniephof, wenn er sehr mager war, sie muß ein herrliches Gemüth haben, oder das Schicksal war ungerecht gegen sie, auch ist ihre Stimme sanft, und sie bietet mir zweimal von jeder Schüssel an, die vor ihr steht. Mir gegenüber sitzt der alte Graf Beust, eine jener Gestalten, die uns im Traum erscheinen, wenn wir schlafend übel werden; ein dicker Frosch ohne Beine, der vor jedem Bissen den Mund wie einen Nachtsack bis an die Schultern aufreißt, so daß ich mich schwindelnd am Rand des Tisches halte. Mein anderer Nachbar ist ein russischer Offizier; ein guter Junge, gebaut wie ein Stiefelknecht, langer schlanker Leib und kurze krumme Beine. Die meisten Leute sind schon abgereist, und unsere Tischgesellschaft ist von 2 bis 300 auf 12 bis 15 zusammengeschmolzen. Ich selbst habe mein Deputat an Bädern nun auch weg und werde mit dem nächsten Dampfschiff, welches übermorgen den 11. erwartet wird, nach Helgoland abgehen und von dort über Hamburg nach Schönhausen kommen.

Soeben meldet mir der Jäger des Kronprinzen, daß ich für heut aus die Annehmlichkeiten der *table d'hôte* verzichten soll, um zum letzten Mal bei II. KK. HH. zu essen, wo man im ganzen besser lebt. Dieser Hof ist überhaupt sehr liebenswürdig, für jetzt die einzige angenehme Gesellschaft hier. Die Kronprinzessin ist eine sehr heitere und liebenswürdige Dame, tanzt gern und ist munter wie ein Kind. Gestern machten wir im dicksten Nebel eine Landparthie in die Dünen, kochten draußen Caffee und späterhin Pellkartoffeln, sprangen wie die Schuljugend von den Sandbergen, und obgleich incl. Prinzessin nur 4 Par, tanzten wir, bis es finster wurde, auf dem Rasen und machten wie die Tollen bockspringende Ronden um unser Feuer, kindlich und *on ne pas plus*. Dergleichen Parthien, auch Seefahrten, bei denen die Herrschaften gewöhnlich krank wurden, haben wir öfter gemacht, und ich muß sagen, daß diese Hofgesellschaft, vor den meisten übrigen hier, wenigstens den Vorzug der Ungezwungenheit hatte. Unser Freund Malortie scheint indessen diese Ansicht nicht zu theilen und sieht stets gelangweilt und verdrießlich aus; nur bei Whist und Cigarren scheint er sich etwas heimischer zu fühlen. Im Ganzen ist es mir doch lieb, daß ich ihn nicht geheirathet habe; er ist meist ansteckend langweilig, seltene lichte Augenblicke ausgenommen. Das Baden gefällt mir hier sehr, und so einsam es ist, bleibe ich nicht ungern noch einige Tage. Der Strand ist prächtig, ganz flach, ebener, weicher Sand ohne alle Steine, und Wellenschlag, wie ich ihn weder in der Ostsee noch bei Dieppe je gesehen habe. Wenn ich eben noch bis an die Kniee im Wasser stehe, so kommt eine haushohe Welle (die Häuser sind hier nicht so hoch wie das Berliner Schloß), dreht mich zehnmal rundum und wirft mich zwanzig Schritt davon in den Sand, ein einfaches Vergnügen, dem ich mich aber täglich *con amore* so lange hingebe, als es die ärztlichen Vorschriften irgend gestatten. Mit der See habe ich mich überhaupt sehr befreundet; täglich segle ich einige Stunden, um dabei zu fischen und nach Delphinen und Seehunden zu schießen, von letzteren

habe ich nur einen erlegt; ein so gutmüthiges Hundegesicht, mit großen, schönen Augen, daß es mir ordentlich leid that. Vor 14 Tagen hatten wir Stürme von seltener Heftigkeit; einige 20 Schiffe aller Nationen sind an den Inseln hier gestrandet, und mehrere Tage lang trieben unzählige Trümmer von Schiffen, Utensilien, Waaren in Fässern, Leichen, Kleider und Papiere an. Ich selbst habe eine kleine Probe gehabt, wie Sturm aussieht; ich war mit einem fischenden Freunde, Tonke Hams, in 4 Stunden nach der Insel Wangerog gefahren; auf dem Rückwege wurden wir in dem kleinen Boot 24 Stunden umhergeschaukelt und hatten schon in den ersten keinen trockenen Faden an uns, obgleich ich in einer angeblichen Cajüte lag; zum Glück waren wir mit Schinken und Portwein hinreichend verproviantirt, sonst wäre die Fahrt sehr verdrießlich gewesen. Herzliche Grüße an Vater und meinen Dank für seinen Brief, desgl. an Antonie und Arnim. Leb wohl, mein Schatz, mein Herz, mein ...
Dein treuer Bruder
Bismarck.

Nach seiner Heimkehr von Norderney saß er wieder da, körperlich gesund, aber geistig ziemlich unempfindlich, trieb seine Geschäfte mit Pünktlichkeit, aber ohne besondere Teilnahme, suchte seinen Untergebenen das Leben in ihrer Art behaglich zu machen, und „sah", wie er mit gutem Humor sagte, „ohne Ärger an, wie sie ihn dafür betrogen".

Des Vormittags war er verdrießlich, nach Tische allen milden Gefühlen zugänglich. Sein Umgang bestand in Hunden, Pferden und Landjunkern; bei letzteren erfreute er sich einigen Ansehens, weil er Geschriebenes mit Leichtigkeit lesen konnte, sich zu jeder Zeit wie ein Mensch kleidete und dabei ein Stück Wild mit der Akkuratesse eines Metzgers zerwirkte, ruhig und dreist ritt, schwere Zigarren rauchte und seine Gäste mit freundlicher Kaltblütigkeit unter den Tisch trank. Denn leider Gottes konnte er nicht mehr betrunken werden, obschon er sich dieses Zustandes als eines sehr glücklichen erinnerte. So vegetierte er fast wie ein Uhrwerk, ohne besondere Wünsche oder Befürchtungen zu haben; ein sehr harmonischer und langweiliger Zustand. Seine ehemalige „Flamme" sah er öfter wieder, ihre Mutter schien gegen eine Verbindung nichts mehr erinnern zu wollen, doch ging Bismarck auf ihre und ihrer Verwandten Versuche, eine Annäherung einzuleiten, nicht ein; denn obgleich er nicht sicher war, daß alle Neigung in ihm erstorben war, so fürchtete er doch, daß die jahrelang wiedergekäuten Empfindungen einer leichtfertigen Mißhandlung seines innersten und wahrsten Gefühls, der Verrat seines Zutrauens, die Kränkung seines Stolzes einen Rückstand von Bitterkeit in ihm zurückgelassen hätten, den er nicht hinreichend unterdrücken zu können glaubte, um seiner ehemals Geliebten eine so glückliche Zukunft zu sichern, wie er sie seiner Frau wünschte. Es war ihm beim besten Willen zu schwer, eine wirklich empfundene Beleidigung halbwegs zu vergessen. – So schildert er sich selber seinem alten hannoverschen Freunde. Für besser, als er war, hat er sich niemals ausgegeben; es lag das Gegenteil in seiner Art.

Die geschäftige Fama, die gern Ausnahmen zur Regel macht und aus kleinem Beginn anwächst zu allerhand Mären, hat ihn in diesen Jahren den „tollen Bismarck" genannt, ob mit Recht, das steht nach den Eigenschilderungen dahin. Diese sogenannten „tollen" Jahre waren doch eher dunkle Zeiten, waren der Ausbruch eines Geistes, der seinen Tatendrang ermüden wollte und der sich ohne ernsten Pflichtenkreis unbefriedigt fühlte. Tatsache ist, daß er ein wilder Reiter war, daß er oft gestürzt ist, auch im nächtlichen Walde, aber mit Glück; waghalsig tummelte er sich auch in Booten, als er in Norderney war. Seine Gäste weckte er morgens auch wohl aus dem Schlaf zu der von ihnen gewünschten Stunde mit Pistolen, daß die Kugeln den Kalk von der Decke nieder regnen ließen. Auch zu Ehrenhändeln sollen diese Waffen ihm gedient haben. Hatte er Besuch, so wurde kräftig gezecht; Sekt und Porter spielte bei Gelagen eine große Rolle. So trieb er vieles, wozu seine überschüssige Kraft ihn verführte. Doch hohes Spiel und niedere Liebesgeschichten gehörten nicht zu seinen Ausschreitungen. Gegen Damen – und das ist ein guter Prüfstein vornehmen Charakters – blieb er immer der vollendete Gentleman. Daß das Gerücht so schonungslos mit ihm umging, war eine Art Wiedervergeltung; er selbst schonte mit sarkastischem Witz und unumschränkter Sicherheit niemanden, auch sich selber nicht.

Auch pflegt nur große Naturen die schmückende Sage mit geschichtlicher Dramatisierung auszuzeichnen: an Bismarcks Ruf und Bild prägte sie immer wieder die Selbstbehauptung aus, die den Grundzug seines Wesens bildete und die in der weitatmigen Natur von Kniephof freien Raum zu voller Ausgestaltung seines Wesens und Wollens fand.

Man würde sich auch täuschen, wenn man Bismarck nur darnach beurteilte, was über ihn nach außen drang, wenn man glauben würde, er habe sich dauernd von den Dämonen der Einsamkeit und der Stimmungen unterkriegen lassen. Der Einsame fand gute Freunde: die Bücher waren die besten Genossen des nach Erkenntnis und Seelenruhe trachtenden Mannes. Er las sehr viel und erhielt häufige Zusendungen von seinem Buchhändler, vor allem historische Werke, aber auch theologische und philosophische Schriften, wie er namentlich Spinoza gründlich studierte. Auch Strauß, Feuerbach, Sallet, Byron, Lenau und Grün gesellten sich hinzu. In diesen stillen Stunden faßte vieles an Wissen, Denken und Empfinden in seinem Innern Wurzel und senkte sich in seine Seele, was in den Tagen, da er sich den Großen der Geschichte zugesellte, zur Bewunderung aller derer, die Größe selbstlos schätzen, so frisch, so belebend und begeisternd ans Licht trat.

Auch der Staat mit seinen Pflichten zog ihn immer wieder an. Seit 1841 war er zweiter Deputierter des Naugarder Kreises. Er mußte allerlei Zeit und Kraft auf mannigfache Kreisarbeit verwenden und vertrat häufiger seinen Bruder, der Landrat war; er tat auch das mit dem Humor, der ihm eigen war. Als Kreisdeputierter hatte er einmal den Patron von Külz – das war er selber – zu laden; er vermochte solch seltsame Ladung nicht auszuführen; doch die Regierung zwang ihn mit Exzitatorium und Ordnungsstrafe. Das Protokoll, in welchem der Kreisdeputierte Otto von Bismarck den Patron von Külz gleichen Namens seine Vorhaltungen machte und der letztere sie zurückwies, wurde doppelt von ein und demselben unterschrieben und genehmigt. – Mit gleichem Humor schrieb er in einem Gutachten über Expropriation: „Sie können es mir gar nicht bezahlen, wenn Sie den Park meines Vaters in einen Karpfenteich oder das Grab meiner seligen Tante in einen Aalsumpf verwandeln."

Daß man ihn und er sich selber in seiner damaligen Gesinnung als liberal bezeichnete, ist richtig, doch darf man das nicht im Geiste der späteren Parteien fassen. „Ich wurde zur Kritik geneigt, also ‚liberal' in dem Sinne, in welchem man das Wort damals in Kreisen von Gutsbesitzern anwandte zur Bezeichnung der Unzufriedenheit mit der Bürokratie, die ihrerseits in der Mehrzahl liberaler als ich war, aber in anderem Sinne." Bismarck war oppositionell, weil er ständisch-liberal war, er fühlte sich zugehörig zu Adel und Land. Denn in Hinterpommern galten die Stände und die Ritterschaft alles, die Städte fast nichts. In politischer Beziehung war er damals noch, wie er 1871 einmal in Versailles gesagt hat, der „wilde Junker". Als solcher schrieb er auch seinen ersten Zeitungsartikel über Jagd gegen einen hämischen Artikel über Parforcejagden. Sein Aufsatz wurde aber nicht angenommen. Als Sachkenner und Landwirt hatte er die Unschädlichkeit der Parforcejagden und den Nutzen für die Pferdezucht nachgewiesen und recht oft und recht geflissentlich das Wort Junker gebraucht. Am Schlusse bekennt er sich zu der Schlechtigkeit, in dem Stande der *ci-devant nobles* geboren zu sein, und er verspottet den Lieferanten der öffentlichen Meinung und der Stimme des Volkes; fühlt sich also als Edelmann im leidenschaftlichen Gegensatze zu dem Adelshasse jener Zeit.

Was die auswärtige Politik anbetrifft, so lag damals wenig Veranlassung vor, brennende Fragen lebhaft zu behandeln. Der Geist der Freiheitskriege ging noch durchs Land; Bismarck verkörperte ihn und sah die Dinge zugleich im Geiste Friedrichs des Großen an; eine Äußerung aus dem Jahre 1842 ist bezeichnend: „es ist das Hauptziel der Gewaltigen auf Erden," womit er die Landesfürsten meinte, „ihr Herrschaftsgebiet auszudehnen, ihre Grenzen zu erweitern. Ich bin der Meinung, daß wir auch noch einmal eine Zeit bekommen werden, wo das Königreich Preußen einen bedeutenden Zuwachs erhalten wird." Der vorwärtsstrebende Sinn für eine große auswärtige Politik steckte also schon damals in ihm. Und so sehr er in ständischen Idealen lebte, er war empfänglich für alles Neue, was innerlich gesund war. Seine Freunde mochten schon ahnen, was in ihm für Werte schlummerten. Herr von Blanckenburg feierte ihn auf der Hochzeit seines Sohnes 1844 als künftigen Minister.

Trotz aller Beschäftigung mit Landwirtschaft und Verwaltung des Kreises blieb der Grundzug das Gefühl der Einsamkeit und der Langeweile. Der Drang nach großzügiger Tätigkeit, nach Kraftentwicklung wurde mächtiger; die Erkenntnis, den Beruf verfehlt oder doch den richtigen Beruf nicht gefunden zu haben, wuchs mehr und mehr. Gesteigert wurde das Gefühl der Vereinsamung, als seine Schwester Malwine, die er wie eine Braut liebte, sich mit seinem Jugendfreund, dem Angermünder Landrat Oskar von Arnim am 30.Oktober 1844 vermählt hatte. Am 4. Dezember schreibt er von Schönhausen an sie: „Nach Eurer Abreise habe ich das Haus natürlich sehr einsam gefunden, und ich habe mich an den Ofen gesetzt, geraucht und Betrachtungen darüber angestellt, wie unnatürlich und selbstsüchtig es ist, wenn Mädchen, die Brüder haben und noch dazu unverehlichte, sich rücksichtslos verheirathen, und thun, als wenn sie nur in der Welt wären, um ihren fabelhaften Neigungen zu folgen, eine Selbstsucht, von der ich unser Geschlecht und mich persönlich glücklich frei weiß. Nachdem ich das Unfruchtbare dieser Betrachtungen eingesehen hatte, erhob ich mich von dem grünlederen Stuhl, aus dem Du mit Miß und Oskar zu küssen und zu flüstern pflegtest, und stürzte mich köpflings in die Wahlumtriebe …" In dieser Zeit muß der Briefwechsel besonders lebhaft von ihm betrieben worden sein. Aus ihr stammt Bismarcks schönes Wort an seine Schwester aus Kniephof über den Wert des Briefwechsels (22. Februar 1845): „Wenn man in einem wohlunterhaltenen und für beide Theile stets behaglichen Briefwechsel bleiben will, so darf man sich nicht auf den Fuß setzen, jedes Mal eine Art von geistigem Sonntagsrock zum Briefschreiben anzuziehn, ich meine, daß

man sich genirt, einander gewöhnliche, unbedeutende Sachen, alltägliche Briefe zu schreiben. Wenn man sich lieb hat, wie es von uns beiden doch anzunehmen ist, so ist es ein Vergnügen, überhaupt nur in Verbindung zu sein. Ist man geistig angeregt, so schreibt man einen witzigen, ist man niedergeschlagen, einen sentimentalen Brief; hat man den Magen verdorben, hypochonder, und hat man gelandwirthschaftet, wie ich heut, trocken und kurz. ... Du mußt, mein Herz, dazu beitragen, uns auf dem ungenirten Plauderfuß zu erhalten; schreibe Du mir, in welcher Stimmung Du willst – auch in der wirthschaftlichsten von der Welt, Du machst mir immer eine sehr große Freude; Dein Brief mag kurz oder lang, frankirt oder unfrankirt sein, er mag Dir uninteressant vorkommen, für mich ist er immer das Gegentheil. ... Für heute leb wohl, mein Lieb, und schreibe ja bald an Vater und dann auch an
Deinen treuen Bruder
Bismarck."

So plaudert sich der Prachtmensch seine Einsamkeit von der Seele. Betrat er in trostloser Stumpfheit sein Haus, so gähnte ihn die Tür seines Zimmers an und das stumme, menschenleere Gerät in dem leblosen Raum. „Nie wurde mir die Ode meines Daseins deutlicher als in solchen Augenblicken, bis ich dann ein Buch ergriff, von denen keines traurig genug war, oder mechanisch an irgendein Tagewerk ging. Am liebsten kam ich des Nachts nach Hause, um gleich zu schlafen." Im April (9. April 1845) aber ist er zur Überzeugung gekommen, daß er heiraten müsse: „Johann pfeift draußen ebenso consequent wie falsch einen ganz infamen Schottischen, und ich habe nicht die Grausamkeit, es ihm zu verbieten, da er ohne Zweifel seinen heftigen Liebeskummer durch Musik zu beschwichtigen sucht. Das Ideal seiner Träume hat vor kurzem auf Zureden der Eltern ihm abgesagt und einen Stellmacher geheirathet. Ganz mein Fall, bis auf den Stellmacher, der noch im Schoße der Zukunft raspelt. Ich muß mich übrigens, hol mich der D... [Deixel volkstümlich statt Teufel] verheirathen, das wird mir wieder recht klar, da ich mich nach Vaters Abreise einsam und verlassen fühle, und milde, feuchte Witterung mich melancholisch, sehnsüchtig, verliebt stimmt. Mir hilft kein Sträuben, ich muß zuletzt doch noch H. E. heirathen, die Leute wollen es alle so, und nichts scheint natürlicher, da wir beide zusammen übrig geblieben sind. Sie läßt mich zwar kalt, aber das thun sie alle; weiß der D... woran es liegt; am Ende steckt noch ein Pollak (laß Dir den Ausdruck von O. erklären) von Neigung für meine ungetreue Stellmacherin in mir; eine Schwäche, aber um derentwillen ich anfange mich zu achten; es ist hübsch, wenn man seine Neigungen nicht mit den Hemden wechseln kann, so selten letzteres auch geschehen mag!"

Im November 1845 starb sein Vater; die Söhne teilten sich in das Erbe, Bernhard behielt Külz und Jarchelin dazu; der jüngere bekam zu Kniephof das Stammgut Schönhausen. Hier nahm er nun seinen Wohnsitz. Als er im Frühling 1847 endgültig von Kniephof Abschied nahm, der Regen leise durch die Büsche rieselte und er lange in das matte Abendrot starrte, da war er, wie er selber sagt, bis zum Überlaufen voll Wehmut und Reue über die träge Gleichgültigkeit und die verblendete Genußsucht, in der er alle die reichen Gaben der Jugend, des Geistes, des Vermögens, der Gesundheit zwecklos verschleudert hatte.

In Schönhausen fühlte sich Bismarck bald heimisch. Die Leute waren alle lange im Hause, Bellin als Inspektor zweiunddreißig Jahre, im ganzen vierzig Jahre, da er als Reitknecht bei seinem Vater angefangen; dessen Frau war in Bismarckschen Diensten geboren, die Tochter des vorigen, Schwester des jetzigen Schäfers; dieser und der Ziegelmeister dienten schon in der zweiten Generation auf dem Gute; die Väter bei Bismarcks Vater und Großvater. Auch der Gärtnerposten war vom Vater geerbt, und der Kuhhirt hatte Bismarcks Vater noch als Fähnrich gekannt. So war es patriarchalisch an allen Stellen.

Vor allem aber fand Bismarck neben neuen landwirtschaftlichen Aufgaben andere Arbeit, die dem tatkräftigen Manne besser lag. Er schreibt am 25. Februar 1846 an seine Schwester: „*Ma sœur* ... Ich soll hier mit der gewichtigen Charge eines Deichhauptmanns bekleidet werden, auch habe ich ziemlich sichre Aussicht, in den sächsischen (d.h. nicht den Dresdener) Landtag gewählt zu werden. Die Annahme der ersteren Stelle würde entscheidend für die Wahl meines Wohnsitzes, hier, sein. Gehalt ist weiter nicht dabei, aber die Verwaltung der Stelle ist von Wichtigkeit für Schönhausen und die andern Güter, indem es von ihr vorzugsweise abhängt, ob wir gelegentlich wieder unter Wasser kommen oder nicht. Aus der andern Seite dringt mein Freund Senfft in mich, der mich durchaus nach Ostpreußen schicken will, als Sr. Majestät Commissarius bei dortigen Meliorations-Arbeiten. Diese Stellung würde mir vor der Hand einen ganz interessanten Wirkungskreis und demnächst eine, wie ich glaube unter jetzigen Umständen sehr günstige Aussicht auf schnelle Beförderung im Dienst geben. Aber ich würde auf das bescheidne, sichere Los, welches sich mir hier bietet, verbunden mit der Aussicht auf den Landrath verzichten. ... Bernhard redet mir wider Erwarten sehr zu, nach Preußen zu gehn. Ich möchte wissen, was er sich dabei denkt. Er behauptet, ich sei nach Neigung und Anlage für den Staatsdienst gemacht, und würde früher oder später doch hineingehn."

Noch aber war die Stunde nicht für ihn gekommen. Er blieb in Schönhausen. Bezeichnend für sein Wesen, daß gerade der Deichhauptmann ihn lockte! Frau von Blanckenburg schrieb: „Bismarck wird Deichhauptmann, oder Flußgott, wie er sagt." Sein Vorgänger war wegen Pflichtwidrigkeiten abgesetzt, Bismarck stand getreuer in seiner Pflicht; er erfaßte seine Aufgaben mit fester Faust und setzte sich überall entschlossen durch, mochte er Termine abzuhalten haben, um zänkische Bauern zu vertragen, oder mochte er geduldig warten auf das Eintreten des Tauwetters und der drohenden Eisgangsgefahren, wenn im ersten Frühjahr die Wärme plötzlich stärker auftrat und alles Wasser auf einmal sich stromabwärts ergoß. Wie wohl fühlte er sich dann (er schildert es selber), wenn die Stafette meldete, daß das Eis bei Dresden und in Böhmen im Gange sei, wenn das zerfetzte Fähnlein im nächtlichen Sturm und Regen am Rande der aufrührerischen Fluten flatterte und wenn er auf seinem braunen Pferde saß, das ohrspitzend und schnarchend seinen Schrecken über den donnernden Lärm der

Schlacht zu erkennen gab, die sich die riesigen Eisfelder untereinander lieferten, wenn sie sich in Zwietracht gelöst hatten und ihre mächtigen Trümmer sich im Strudel auftürmten und zersplitterten. In diesem imposantesten Schauspiel in der Natur fühlte sich der Landjunker in seinem Elemente: „Die Eisschollen spielen mir den Pappenheimer Marsch zum Ruf, und der Chor der Bauern singt ‚Frisch auf Cameraden'. Warum thun es die Klötze nicht wirklich? Wie schön wäre das und wie poetisch. Es weht mich wie frisches Leben an, daß dies langweilige Warten vorbei ist und die Sache vorgeht." Fast prophetisch für sein Leben und Empfinden klingen diese Worte; denn in diesen Zeiten ging die Sache voran, der Landjunker wuchs zum Manne aus. Man denkt unwillkürlich wieder an Shakespeares Worte, die er den Prinzen Heinrich weiter sprechen läßt:

> „So, wenn ich ab dies lose Wesen werfe,
> Und Schulden zahle, die ich nie versprach,
> Täusch' ich der Welt Erwartung um so mehr,
> Um wie viel besser als mein Wort ich bin;
> Und wie ein hell Metall auf dunklem Grund
> Wird meine Bessrung, Fehler überglänzend,
> Sich schöner zeigen und mehr Augen anziehn,
> Als was durch keine Folie wird erhöht."

Fast ein Jahrzehnt hatte nun der alte Adam in ihm gekämpft. Er, der der größte Lump zu werden fürchtete, reinigte sich von den Schlacken, um dort Boden fassen zu können, wo er der erste Mann Preußens zu werden imstande war.

Die Herrscherseele in Bismarck ging nun bald aus auf Ausschau nach einem Herrscherplatz. Die Überkraft einer nicht zu wesensgleicher Betätigung kommenden Persönlichkeit war kompaßlos im Strome des Lebens hin- und hergeworfen in Studien und Ausschreitungen, unter Menschen und Akten, in Philosophie und Liebe im wirren Durcheinander. In den letzten Zeiten von Kniephof und den ersten in Schönhausen zeigten sich aber tief im innersten Wesen Bismarcks geistige Vorgänge in Keimen, die nun bald zu kräftiger Reife gedeihen sollten. Es nahte die Stunde, wo diese Kraft den Anker auswarf, um festen Grund zu fassen im schützenden Glauben und in schützender Heimat, um von dort auszuziehen zu politischer Arbeit, deren Endziel des preußischen Staates Stärke und des deutschen Vaterlandes Einheit sein sollte. Das Vorspiel bilden die Jahre 1847 und 1848. In ihnen faßte Bismarcks Wollen seinen Ankergrund in Glauben und Heimat und in den Tiefen der Geschichte seines Königs und seines Volks.

## 4. Ankergrund in Glaube, Liebe und eignem Heim

Die ganzen Jahre hindurch, die Bismarck auf Kniephof in junkerlicher Ungebundenheit lebte, verließ ihn niemals das Gefühl des Unbefriedigtseins und der inneren Leere; die Sehnsucht nach Liebe und nach Befriedigung durch den Glauben drängte sich immer wieder in ihm hervor, und wo er diese ewigen Werte fand, da fühlte er sich angezogen und doch – unbeugsam und selbstbewußt, wie er war – auch wieder abgestoßen. Vor allem war es die gutsnachbarliche Familie von Thadden-Trieglaff auf Zimmerhausen, in der er sich wohl fühlte, wenn daheim ihn Leere und Langeweile anstarrte. Mit Herrn und Frau von Thadden kam er gern zusammen, besonders aber mit ihrer Tochter Marie, die mit seinem Freunde Moritz von Blanckenburg verlobt war; wäre sie nicht schon gebunden gewesen, mit diesem frommen und mit seltener Klugheit und fast überirdischer Nächstenliebe begnadigten Wesen hätten ihn engere Bande verknüpfen können, da auch Marie, ohne dadurch ihre Liebe zum Bräutigam zu kürzen, an Bismarck hing, weil „seine einnehmende Persönlichkeit", wie sie selber es sagt, „sie gar zu sehr bestach", weil „seine große starke Tüchtigkeit, die Klugheit und Wärme seines Verstandes ihr wohl taten" und sie „immer nicht recht an sein wüstes Leben glauben konnte", von dem die Sage ging. Auch zog sie, die Jean Pauls Titan und Novalis blaue Blume liebte, das Romantische an, das neben starker Klarheit immer in Bismarck gewohnt hat und das auch damals in dem Worte sich äußerte, das er zu ihr sprach, er habe zeitlebens die Nachtigallen so lieb gehabt und „wie merkwürdig ihm die Ironie in der Nachtigallenklage sei; wie es in Italien keine Nachtigallen gebe, weil der Italiener keine brauche, sondern nur der schwermütige Deutsche". In der Seele dieser edlen Frau sehen wir sich Bismarcks Bild in ganz anderen Farben spiegeln, als sie sich in Kniephof gaben. Schon im Jahre 1843 schreibt sie in einem Briefe an ihren Bräutigam: „Ich habe noch nie Jemanden seinen Unglauben oder vielmehr Pantheismus so frei und klar auseinandersetzen hören." „Ottos traurige Ansichten, in denen er selbst sich ja so sehr unbefriedigt fühlt, kennst Du ja. Aufrichtig ist er unstreitig, und das hat ja eine große Verheißung, auch hat er doch noch eine gewisse Scheu vor dem blauen Dunstgebilde, was er sich von Gott gemacht hat." Mit Ernst sprach Bismarck mit Frau von Thadden über religiöse Fragen, auch wie er seit seinem sechzehnten Jahre nicht gebetet habe: „er wisse die Nacht so gut, wo er es zum letzten Male getan, und dann wissentlich gelassen". Auch mit Moritz korrespondierte er in dieser Zeit fleißig, sein Glaube erwies sich als vollständiger Pantheismus; der Anmaßung der Gläubigen, ihre Ansicht für die rechte zu halten, stellte er die Größe seines Gottes gegenüber, der sich um ein solches Stäubchen wie er nicht bekümmern könne; neben seiner vollen Glaubenslosigkeit lag aber gleichwohl in seiner völligen Gleichgültigkeit gegen Freud und Schmerz, in seiner steten bodenlosen Langeweile und Leere die entfernte Sehnsucht nach kräftigerem Glauben: „Wie kann ich denn glauben, da ich doch einmal keinen Glauben habe; der muß entweder in mich hineinfahren oder ohne mein Zutun und Wollen in mir aufschießen." Bei solchen Gesprächen wurde er vor Aufregung auch wohl dunkelrot, vertrat lebhaft seine Anschauungen und konnte sich gar nicht losreißen, weil er sichtlich neu und angenehm berührt war, wenn er bei diesen frommen Leuten die Liebe zu seiner Seele durchfühlte, die unbefangene Herzlichkeit, gemütvoll wie er war, wohltuend empfand, und er sogar hörte, daß sein Freund Blanckenburg mit der Braut für ihn betete, daß er wieder Glauben an die Menschheit bekomme. Auch wußte er von seinem Freunde, daß dessen an Halsschwindsucht leidende, früh verstorbene Schwester Hedwig ihn mit der Glut und der Entsagung einer zum Tode Bestimmten geliebt und sich nach seiner Belehrung gesehnt habe. Lange noch klangen die Worte des Freundes in ihm nach: „Die sterbende Seele, die im Todeskampf liegt, bis sie dich selig weiß." Und doch zieht sich bald nach 1843 Bismarck von dem Briefwechsel mit Moritz von Blanckenburg zurück, weil er sein Mitleiden als Geringschätzung empfindet. Aber mit Marie blieb er in regem Briefwechsel, und sie wußte in ihm die Sehnsucht nach einem persönlichen Gott so wach zu halten, daß diese immer mehr zur Stärke reifte und in den Zeiten, da Leid und Schmerz und Tod geliebter Freunde Bismarcks Herz tief bewegten, mächtig zum Durchbruch kam, um schließlich mit der Liebe zur Braut sich zu vereinigen, die ihm das Sehnen nach eignem Herd und friedevoller Heimat erfüllte. Diese Wanderung zu Glauben und Heimat vollzog sich in den letzten Jahren des Kniephofer und im Beginn des Schönhauser Aufenthaltes.

Zu dem frommen Hause Thadden stand auch der pommersche Gutsherr auf Reinfeld Heinrich von Pottkamer und dessen Frau Luitgarde, geborene von Glasenapp, in freundschaftlichen Beziehungen, beide tief religiös, ehrenfest, freundlich und altfränkisch; die Frau, die viel kränklich war, bedeutender als der Mann, auch pietistischer und für eigenes und fremdes Heil immerfort selbstquälerisch besorgt. Ihre Tochter Johanna war innig befreundet mit Marie von Thadden, beide schwärmerisch veranlagt; aber Johanna war zurückhaltender und herber als jene, nicht schön, aber die Augen hatten anziehende Kraft und ihre langen schweren Locken waren reizvoll; sie war gesprächig, witzig, munter und gescheit, bescheiden, wo es angemessen war, doch auch freimütig tapfer, wo es sein mußte; sehr musikalisch und überall gern gesehen. Auf der Hochzeit Mariens (Oktober 1844) führte Bismarck Johanna zu Tisch. Von irgendwelcher Annäherung wissen wir nichts. Pfingsten 1845 trafen sie sich wieder im Hause des jungen Paars. Hier hatten die beiden ein ernstes Gespräch über Religion. Johanna schrieb später, daß sie damals schon die entschiedene Überzeugung gehabt habe, daß sich seine Ansichten noch einmal ganz ändern würden, obgleich es fast unmöglich geschienen nach seinen Reden. Sie habe es ihm das schon damals gesagt, obgleich er ihr ganz fremd war und sie keine Antwort bekam, als ein unendlich sarkastisches Lächeln. Innerlich habe sie ihn verteidigt, ehe sie mit ihm in irgendeiner äußeren Beziehung stand und ihn so wenig kannte. Johanna bewies hier den feinen weiblichen Instinkt für Menschenkenntnis. Denn Ludwig von Gerlach, auch ein Freund des Thaddenschen Hauses, schrieb um jene Zeit in sein Tagebuch: „Bismarck sprach immer gegen den christlichen Glauben, aber wie einer, der die eigenen Gedanken los werden will und sich freuen würde, widerlegt zu werden." – Mit Johanna kam Bismarck zunächst nicht wieder zusammen, aber Marie korrespondierte mit beiden, und der Wunsch, sie zusammenzuführen, wird manchmal der leichten Hand und dem feinen Sinne der Schreiberin die rechten Worte in die Feder gegeben haben. Im Sommer 1846 brachte Marie von Blanckenburg eine Harzreise zusammen, an der mehrere Freunde sowie auch Bismarck und Johanna von Puttkamer teilnahmen. Am 27. Juli brach man von Wernigerode auf und besuchte die schönsten Punkte des Gebirges. Aus Johanna machte die Reise einen tiefen Eindruck; sie spricht von „ewig unvergeßlichen Stunden". Bismarck ist in diesen Tagen ihr näher gerückt, besonders in einem religiösen Gespräche, das die beiden auf dem Brocken miteinander hatten. Er war aber in Zweifel, ob die Erreichung seines Wunsches Johanna näher zu treten mit ihrem Glück und ihrem Frieden verträglich sein werde, und ob sein Selbstvertrauen nicht größer sei als seine Kräfte, wenn er glaubte, daß sie in ihm finden könne, was sie in ihrem Manne zu suchen berechtigt sei. Im Herbst kamen aber für ihn leidvolle Tage. Eine Epidemie durchzog Pommern und raubte Thaddens den jüngsten Sohn; die Mutter lag selbst schwer krank am gastrischen Fieber, das sie am 4. Oktober dahinraffte. Bismarck traf am Todestage in Zimmerhausen ein. Dann erkrankte auch Marie an Gehirnentzündung. Am 25. Oktober war er in Kardamin am Krankenlager, in den folgenden Wochen in Kniephof. Die Kranke freute sich, daß Bismarck erschienen war; er müsse sich bekehren; es sei die höchste Zeit, war ihr sehnlichster

Wunsch. Am 10. November starb sie. Heldenmütig trug der Gatte den schweren Schlag. Bismarck schrieb darüber an seine Schwester und bewundert die beneidenswerte Zuversicht, mit der Moritz und Marie diesen Tod als kaum etwas andres wie eine Vorausreise betrachten, der ein fröhliches Wiedersehen über kurz oder lang folgen müsse. Für ihn aber bedeutete dieser Tod, wie er selbst schrieb, die erste große und unerwartete Lücke in seinem Leben. „Mir war dieses Gefühl der Leere, dieser Gedanke, eine mir theure und nothwendig gewordene Person, deren ich sehr wenig habe, nie wieder zu sehen und zu hören, dieß war mir so neu, daß ich mich noch nicht damit vertraut machen kann." Sein Freund aber schreibt von ihm, er habe sich sehr satt geweint und geäußert: „Dies ist das erste Herz, das ich verliere, von dem ich weiß, daß es warm für mich schlug" und ferner: „Jetzt glaube ich an eine Ewigkeit – oder es hat auch Gott nicht die Welt geschaffen." Und schließlich erfahren wir von Bismarcks Freunde, daß er gleich nach der Nachricht von Mariens Krankheit auf der Eisenbahn – es muß das am 25. Oktober gewesen sein – zum ersten Male wieder gebetet habe.

Mitte Dezember traf Bismarck in Zimmerhausen auch Johanna mit ihrem Vater. Am 14. sprach er sich mit ihr aus; sie sagte nicht nein. Wenige Tage später – es scheint am 21. Dezember gewesen zu sein – schrieb Bismarck an den Vater Johannas seinen Werbebrief, der am heiligen Abend in Reinfeld eintraf. Es war eine große „Konfession" des Glaubens, der Liebe und der Sehnsucht nach einer irdischen, wertvollen Heimat. Mit rückhaltloser Offenheit wollte Bismarck über sich selbst Auskunft geben, soweit er sich selber klar geworden war.

Über sein äußerliches Auftreten war es Johannas Vater leicht, Nachrichten zu erhalten. Es kam Bismarck an auf eine Darstellung seines inneren Lebens, besonders seines Standpunktes zum Christentum. Seine Erziehung, in der er dem Elternhause frühe fremd wurde, die einseitige Ausbildung seines Verstandes und der frühzeitige Erwerb positiver Kenntnisse, ein unregelmäßig besuchter und unverstandener Religionsunterricht hatten seinen Glauben kalt gelassen; es war ein nackter Deismus, der in Gott den Urgrund aller Dinge, aber nicht den persönlichen Vater und Lenker sieht; pantheistische Beimischungen kamen hinzu: mit einem solchen Gott stand ihm das Gebet in Widerspruch, denn entweder bringe Gott selbst, nach seiner Allgegenwart alles, also auch jeden unserer Gedanken und Willen hervor, und man bete gewissermaßen durch sich zu sich selbst oder aber es enthalte eine Vermessenheit und einen Zweifel an der Unwandelbarkeit, also auch der Vollkommenheit des göttlichen Ratschlusses, wenn man glaube, durch menschliche Bitten darauf Einfluß zu üben. In seiner Studienzeit und den folgenden Jahren blieb er dem Elternhause und den Elternherzen fast ein Fremder. Wenn er in diesen Zeiten Studien trieb, die ihm dem Ernst des Lebens und der Ewigkeit näherten, so waren es die Philosophen des Altertums, unverstandene Hegelsche Schriften und vor allem Spinoza, in dessen anscheinend mathematischer Klarheit er Beruhigung suchte über das, was menschlichem Verstande nicht faßlich ist. Als er nach dem Tode der Mutter nach Kniephof zog, brachte ihn die Einsamkeit zu anhaltendem Nachdenken über diese ernsten Fragen; die innere Stimme wurde hörbarer, manches empfand er als Unrecht, was er früher für erlaubt gehalten. Doch blieb sein Streben nach Erkenntnis immer in den Zirkel des Verstandes gebannt; durch Schriften von Strauß, Feuerbach und Bruno Bauer geriet er nur tiefer in die Sackgasse des Zweifels. Es wurde ihm immer klarer, daß Gott dem Menschen die Möglichkeit der Erkenntnis versagt habe und daß es Anmaßung sei, wenn man den Willen und die Pläne des Herrn der Welt zu kennen behaupte; der Mensch habe vielmehr in Ergebenheit zu erwarten, wie sein Schöpfer im Tode über ihn bestimme; aus Erden werde der Wille Gottes nicht anders kund, als durch das Gewissen, welches er uns als Fühlhorn durch das Dunkel der Welt mitgegeben habe. Bei diesem Glauben habe er seinen Frieden nicht gefunden, aber manche Stunde trostloser Niedergeschlagenheit darüber, daß sein und andrer Menschen Dasein zwecklos und unersprießlich sei, vielleicht nur ein beiläufiger Ausfluß der Schöpfung, der entsteht und vergeht, wie Staub vom Rollen der Räder.

In dieser Zeit nun kam er in Berührung mit seinem Freunde Moritz Blanckenburg und dem Trieglaffer Kreise. Ein Gefühl der Scham ergriff ihn, daß er mit der dürftigen Leuchte des Verstandes habe Dinge untersuchen wollen, welche so überlegene Geister mit kindlichem Glauben für wahr und heilig annahmen; er sah, daß diese Freunde in ihren äußeren Werken fast durchgehends Vorbilder dessen waren, was er zu sein wünschte, und daß Zuversicht und Friede bei ihnen wohnte, diese sicheren Begleiter des Glaubens; er sah aber auch, daß dieser Glaube sich nicht geben und nehmen läßt, daß er vielmehr in Ergebenheit abwarten müsse, ob er ihm werden würde. Jedenfalls fühlte er sich bald heimisch in jenem Kreise und empfand ein Wohlsein, wie es ihm bisher fremd gewesen war, ein Familienleben, das ihn einschloß, fast eine Heimat.

In dieser Stimmung berührten ihn Ereignisse, bei denen er nicht handelnd beteiligt war und die er als Geheimnisse nicht mitteilen kann. Wir gehen nicht fehl, wenn wir die Liebe bis zum Tode der Schwester Blanckenburgs zu diesen Geheimnissen zählen. Die Erschütterung war so stark, daß das Bewußtsein der Flachheit und des Unwertes seiner Lebensrichtung in ihm lebendiger wurde als je. Durch anderer Rat und eigenen Trieb las er unter Gefangenhaltung des eigenen Urteils in der heiligen Schrift. Alles aber, was in ihm sich jetzt regte, gewann Leben, als bei der Nachricht von dem Erkranken seiner innigsten Freundin Marie von Thadden das erste inbrünstige Gebet von seinem Herzen sich losriß. Es wurde nicht erhört, doch auch nicht verworfen: denn die Kraft, Gott zu bitten, ging ihm nicht wieder verloren; er fühlte, wenn nicht Frieden, so doch Vertrauen und Lebensmut in sich, wie er sie sonst nicht mehr gekannt.

Das ist in großen Zügen der Inhalt des Bismarckschen Werbebriefes, in welchem er mit unumwundener Offenheit und Treue dem Vater Johannas, wie sonst noch niemandem, sein Innerstes offenbarte in der Überzeugung, daß Gott es dem Aufrichtigen gelingen lasse. Versprechungen für die Zukunft hielt er zurück, die beste Bürgschaft, die er zu geben vermochte für das Wohl Johannas, sah er in seinem Gebet um den Segen des Herrn. Wenn Herr von Puttkamer nicht ohne weiteres eine günstige Entscheidung treffen könne, bat er um Gelegenheit, über etwaige Gründe der Ablehnung sich noch erklären zu dürfen. – Am 28. Dezember erhielt er ein Schreiben, aus dem er die Erlaubnis zu kommen entnahm und die Frage hörte, ob seine Füße gewisse Tritte getan hätten. Bismarck antwortete, er sei fest und männlich entschlossen, dem Frieden gegen jedermann nachzujagen und der Heiligung, ohne welche niemand den Herrn sehen werde. Nicht wagte er zu behaupten, daß seine Schritte so gewiß seien, wie er wünschte, daß sie wären. „Ich betrachte mich vielmehr als einen Lahmen, der straucheln wird, den die Gnade des Herrn aber halten wolle. Ich kann für jetzt meinem Bekenntniß, soweit ich es in meinem vorigen Schreiben ausgesprochen habe, nichts hinzufügen, um so weniger, als mit dem Wünsche, Ihnen über Alles befriedigende Auskunft geben zu können, nothwendig in mir der Verdacht aufsteigen muß, ich könne unbewußt gegen Sie und mich unwahr werden. Ich habe in meinem früheren Schreiben Gott angerufen, daß er mir zur Klarheit helfen möge in der Prüfung meines Innern, auf daß kein unwahres Wort aus meiner Feder fließe, und was ich da geschrieben habe, ist mein offenes Bekenntniß vor jedermann, aus dem ich kein Geheimniß mache, und insofern allerdings ein gewisser und grader Tritt."

So waren die beiden Werbebriefe, alles in ihnen ist groß, wuchtig, wahr und wahrhaftig. Doch auch hier verrät sich der zukünftige Staatsmann, er sprach die Sprache dessen, den er gewinnen wollte, des schlichten und frommen Landedelmannes, aber frei von pietistischer Süße und unmännlicher Schwäche. – Auf ein sofortiges „Ja" konnte er ja nicht rechnen; wie eine Bombe schlug der große Brief in den stillen Edelhof von Reinfeld. Herr v. Puttkamer fühlte sich, wie er sagte, „wie ein Ochse mit dem Beil vor den Kopf geschlagen". Am 12. war Bismarck in Reinfeld. Die abschließende Tat fügte er rasch als Mann der Tat dem Werbebrief hinzu. Selbigen Tages ging an seine Schwester die kurze Nachricht: *all right*. Am 16. meldete er ihr in einem Briefe: „Ich zeige Dir nunmehr alles Ernstes meine Verlobung an, die kein Geheimniß mehr ist ... Am Montag kam ich früh durch Angermünde, fuhr spurlos durch Naugard, und Dienstag den zwölften um Mittag war ich verlobt. Alles Nähere, das maßlose Erstaunen der Kassuben [in Hinterpommern wohnender wendischer Volksstamm], von denen die, welche nicht gleich rundum überschlagen, noch immer haufenweise auf dem Rücken liegen, den Verdruß der alten Damen, daß auch keine sagen kann: ich habe eine Silbe davon geahnt, und so weiter, will ich Dir mündlich erzählen. Einstweilen bitte ich nur Dich und Oskar, Euch in wohlwollende Verfassung für meine zukünftige Frau zu setzen."

Nun folgt eine Brautzeit reich an Geist und Leben für die beiden Brautleute, die in einem Briefwechsel standen, wie er selten in seiner Schlichtheit und Größe dasteht in der Geschichte der deutschen Liebe. Im Zusammenhang mit Bismarcks Liebe, Familiensinn und Glauben kommen wir darauf zurück. Am 28. Juli war die Hochzeit. Pastor Sauer traute das Paar unter dem schlichten Holzdach der Kirche von Alt-Kolziglow. Wenig Gäste waren geladen. Unter ihnen Kleist-Retzow, der mit Bezug auf Schönhausen einen Toast auf „Otto den Sachsen" ausbrachte in seiner prophetischer Anspielung auf Otto den Großen. Am 11. August wurde von Schönhausen die Hochzeitsreise angetreten, die bis zum 6. Oktober dauerte.

Es ging zunächst über Prag nach Wien. Wie das junge Paar hier gereist und gelebt, klingt noch lange in Bismarcks Erinnerung nach. 1849 denkt er eines Sonntags, als er eine Büchselsche Predigt gehört, an die Prager Teinkirche mit ihrer herrlichen Musik und Gesang und an die weißgekleideten Priester und Dampf und Kerzen und Weihrauch. Und als er 1852 in diplomatischer Sendung nach Wien muß, sieht er auf der Fahrt die mährischen Gebirge, die sie trotz ihrer Schönheit auf der Hochzeitsreise verschlafen hatten. Er lebte damals ganz in der schönen Zeit der ersten Liebe, als er am Prater die Jägerzeil am Lamm vorbei fuhr, wo sie als junges Paar gewohnt hatten, und an den Kolonnaden entlang, wo er sich erinnerte, daß sie zum ersten Mal gemault hatten; er „weiß nicht recht warum, aber gewiß durch seine Schuld". Und auf einer Kletterpartie ins Gebirge am Leopoldsberg hinter Nußdorf sieht er im goldigsten Abendduft den damaligen Weg die Donau hinauf nach Kloster Neuburg zu. In Schönbrunn gedenkt er beim Anblick der himmelhohen Hecken und der weißen Statuen in den grünen Nischen, des heimlichen Gärtchens, in das sie damals verbotenerweise zuerst geraten waren. Und noch deutlicher und lebhafter erinnert er sich im Jahre 1864, als die schleswig-holsteinsche Frage brennend wurde, der Hochzeitsreise, als er in Schönbrunn gerade in den Zimmern wohnte, die auf diesen heimlichen reservierten Garten stießen, in den das junge Paar beim Mondschein eingedrungen war, und er sah gerade durch eine Glastür den dunklen Buchenheckengang entlang, in welchem sie mit heimlichen Behagen am Verbotenen bis an das Glasfenster wanderten, hinter dem damals die Kaiserin wohnte; und er wiederholte die Mondscheinwanderung als preußischer Ministerpräsident mit mehr Bequemlichkeiten, als er auf der Hochzeitsreise das getan. – Von Wien ging's die Donau hinauf bis Linz, von da nach Salzburg und Meran. In Meran trafen sie Fritz Bismarck-Bohlen und Albrecht von Roon, die Begleiter des jungen Prinzen Friedrich Karl. Sie ließen sich überreden, nach Venedig zu fahren, wo sie den König trafen, der Bismarck zur Tafel zog; dann fuhren sie über Verona, Mailand, Genf, Basel, Frankfurt nach Schönhausen heim, schließlich etwas gehetzt, aber doch recht vergnügt; Johannas völlige Unblasiertheit tat Bismarck wohl. Den Rhein nahmen sie auf dem eilfertigen Rückzuge auch noch mit. Da mußte dann aber freilich Johannas Silberfond noch in die Reisekasse geworfen werden, den Bismarck vorsichtigerweise bei sich führte, und man begnügte sich daheim einstweilen mit dem vom Vater ererbten plattierten Leuchter und Teekessel. Die ganze Reise kosteten dem jungen Paar, eingerechnet fünfzig Taler für Einkäufe, achthundert Taler.

In Schönhaufen hatten sie einige Wochen die Schwiegermutter zum Besuch; Bismarck schrieb seiner Schwester, er könne also ihr Unterfutter genau kennen lernen, es schiene aber nicht so bös zu sein, wie manche Sprichwörter behaupteten. Sonst befinde er sich in der Ehe noch sehr wohl und sei die bodenlose Niedergeschlagenheit und Langeweile losgeworden, die ihn sonst geplagt habe, sobald er in seinen vier Pfählen sich allein befunden. Johanna packe noch alle Tage mit großem Genuß, und die Wirtschafterin Bellin erteile ihr das Lob, daß sie noch einmal eine ordentliche Frau werden könne, wenn der Speisekammerengel (Teufel sei wohl zu hart gesagt) ebenso in sie fahre, wie der Leinwandengel es schon getan. Da die Reise vier Wochen länger gedauert, als er gewollt, hatten sich seine Arbeiten aufgesummt, und unzählige Exzitatorien mußten das Kaminfeuer nähren. Er saß nun wieder im Amt; und die politische Tätigkeit, die schon den Bräutigam im Mai und Juni stark beschäftigt hatte, sollte ihn nun immer stärker und stärker in Anspruch nehmen, bis sie endlich den Landedelmann ganz aus seinem stillen Kreise riß und ihn so in ihre Netze einspann, daß das friedliche Glück des Familienlebens nur zu bald ein schöner Traum für ihn wurde.

Bevor wir aber den Politiker auf seiner Bahn zu immer umfassenderer Wirkung begleiten, lohnt sich ein Einblick in des Menschen Seele und Gemüt, die für uns in Bismarcks Briefen so offen und wahr am Tage liegen. Wie falsch beurteilte man doch diesen Mann, als er zuerst auf dem politischen Schauplatz als Parlamentarier und als Staatsmann erschien. Wie viele Parlamentarier und Staatsmänner verlieren in unserer Wertschätzung, wenn sie uns menschlich in ihrer Flachheit des Gemüts und des Geistes näher rücken und wenn sie politischer Rhetorik und staatsmännischer Pose bar vor uns erscheinen! Wie aber gewinnt dieser Bismarck, wenn wir im kleinen und kleinsten die Regungen seiner Seele nachfühlen und mitempfinden.

Als er in seinem gewaltigen Wirken in den fünfziger und sechziger Jahren der staunenden Welt sich offenbarte, da war es, als ob Sturm und Wind und Wetter wie dämonische Götter durch den deutschen Wald rauschten und geradezu unheimlich erschien dieser Mann in seinem gewaltsamen Walten und Wirken. Wenige nur ahnten damals, daß die menschlichen Eigenschaften dieses politischen Riesen so mild und feinen Sinnes waren und dem Kleinleben des Waldes in Blatt und Blumen glichen, wenn er sturmfrei daliegt in heimlichem Dämmerschein und das Flüstern der Bäume uns zum Lauschen zwingt, als spreche aus ihm die Stimme freundlicher Gottheit.

Auch diesen Bismarck muß man festhalten, wie er in seinem menschlichen Wesen sich gibt, dann wird man sich nicht abgestoßen fühlen von seiner schroffen Kampfesart oder diese nur bewundern; dann wird man ihm auch menschlich nahe rücken und ihn lieb gewinnen, weil man empfindet, wie echt und wahr und lauter es in den tiefsten Tiefen seiner Seele sich allezeit regte. Begleiten wir ihn also zunächst in seinem Liebesleben, in seinem Familienglück und seinem religiösen Sinnen und Empfinden.

Wie ist schon in der Brautzeit der tolle Junker so ganz umgewandelt; wie zeigt er in dem Briefwechsel, in dem er immer die Führung hat, die Fülle seines tiefen Gemütes und seiner Phantasie, die Feinheit des Herzenstaktes und Geschmacks und eine Empfindung, die dichterischem Genius zu entströmen scheint.

Wie weiß dieser starke Mann vor allem innig und selbstlos zu lieben und die geliebte Frauenseele nach dem Bilde zu formen, das seinen Idealen gleicht. Er liebte seine Braut so sehr, weil er sie beherrschte, und doch fühlte, daß ihr zartes, schlichtes und klares Wesen sie nie zu seiner Sklavin machen, daß sie stets wie eine Mutter, wie ein Freund ihm sein werde im Wirbel des stürmischen Lebens. Hören wir Proben aus seinen Briefen: „Daß Du des Abends nicht schreibst, das danke ich Dir recht, mein Lieb, wenn ich auch selbst darunter leiden soll; jeder künftige Blick in Dein grau-blau-schwarzes Auge mit der großen Pupille wird mich für etwaige verspätete oder verkürzte Briefe entschädigen. – Könnte ich doch von Dir träumen, wenn Du von mir; aber ich träume seit einiger Zeit gar nicht; schauderhaft gesund und prosaisch; oder ob meine Seele nächtlich nach Reinfeld fliegt und mit der Deinen verkehrt? Dann kann sie allerdings hier nicht träumen; aber sie müßte doch am Morgen von ihrer Reise erzählen; das mürrische Ding schweigt über ihre nächtlichen Beschäftigungen, als wenn sie mitschliefe wie ein Dachs." – Wie hier so verschlingen sich fast überall ungezwungen Wirklichkeit und Poesie und Liebe. Wenn Johanna traurig ist, muntert er sie auf: „Mein Herz ist voll von Dir und hat nicht Raum für Andres. Bist Du ein welkes Blatt, ein ausgewaschnes Kleid? ich will sehn ob meine Liebe das Grün wieder heranpflegen, die Farben auffrischen kann. Frische Blätter mußt du treiben, und die alten will ich zwischen das Buch meines Herzens legen, daß wir sie beim Lesen finden als Zeichen lieber Erinnerung. Du hast die Kohle, die unter Asche und Trümmer in mir glühte, neu angefacht, sie soll Dich in belebende Flammen hüllen." Ein andermal schreibt er am 17. Februar: „Ich will Dir auch einmal des Morgens schreiben, und zwar an einem trüben regnenden Morgen, will ich die Sonne wenigstens in mir scheinen lassen, indem ich nur an Dich denke. Es ist halb neun, und hier 16 Fuß vom Fenster so dunkel, daß ich kaum schreiben kann. Da mußt Du schwarze Sonne von innen sehr hell scheinen, wenn's gehn soll. Wie kann Schwarz leuchten? nur in Gestalt von polirtem Ebenholz, geschliffner Lava; so glatt und hart bist Du nicht; mein Bild mit der schwarzen Sonne ist also falsch. Bist Du nicht eher eine dunkle warme Sommernacht, mit Blüthenduft und Wetterleuchten? Denn stern- und mondhell möchte ich kaum sagen, das Bild ist mir zu gleichmäßig ruhig."

In diese Poesie klingt auch Musik hinein. Musik liebte er; sie regte ihn nach zwei Richtungen hin auf: zum Vorgefühl des Krieges und der Idylle. Gute Kirchenmusik war ihm besonders lieb. Konzerte aber besuchte er nie, der eingezwängte Platz und das bezahlte Billet nahmen ihm jeden Genuß. „Musik muß frei geschenkt sein wie Liebe." Er schreibt am 7.Februar 1847: „Warum bist Du traurig, in Kleid und Herz schwarz, mein Engel? pflege das Grün der Hoffnung, das heut recht freudig in mir rauschte, als ich sein äußeres Abbild sah, indem der Gärtner die ersten Frühlingsboten, Hyacinthen und Krokus auf mein Fenster stellte; *et dis-moi donc, pourquoi es-tu paresseuse? pourquoi ne fais-tu pas de musique?* Ich dachte mir Du spieltest *c dur* wenn der hohle Thauwind durch die dürren Zweige der Linden heult, und *d moll*, wenn die Schneeflocken in fantastischem Wirbel um die Ecken des alten Thurmes jagen und nach ausgetobter Verzweiflung die

Gräber mit ihrem Leichentuch decken. O wenn ich Keudell wäre, ich spielte jetzt den ganzen Tag und Töne trügen mich über Oder, Rega, Persante, Wipper – ich weiß nicht wohin. *A propos de paresse,* will ich mir noch eine Bitte an Dich erlauben, aber mit einem Vorwort. Wenn ich Dich um etwas bitte, so sage ich dabei (nimm es nicht für Lästerung oder Spott) Dein Wille geschehe, der Deinige nämlich, und liebe Dich nicht weniger, und bin Dir nicht eine Stunde gram, wenn Du meine Bitte nicht erfüllst, ich liebe Dich wie Du bist und wie Du zu sein für gut findest." Dann bittet er seine Braut, sich mit Französisch zu beschäftigen, nicht viel, aber etwas; es aber zu versuchen mit Büchern, die sie interessierten, möge es sein, was es wolle, Romane oder sonst was; er bittet nicht um seinetwillen, denn er wolle sich mit ihr schon in der Muttersprache verständigen; aber in der Berührung mit der Welt werde es ihr wohl einmal unangenehm, selbst kränkend sein, wenn ihr das Französische fremd sei. Eine interessante Bitte. Ahnte der Deichhauptmann von Schönhausen etwas von seiner Zukunft in der weiten Welt staatsmännischen Wirkens? – Zunächst lebte er in der kleinen Welt und knüpfte selbst an die kleinsten Dinge, und mochten es Portofragen sein, Worte aus dem hohen Lied der Liebe, die aber niemals so überschwänglich waren, daß sie der Verwirklichung fern blieben. Neben seinen großen Werbebrief gehören solche Worte: „Sage mir, mein Engel, Du schreibst mit so vieler Ernsthaftigkeit über Porto-Scrupel; bin ich oder bist Du der Pommer, der keinen Scherz versteht? Glaubst Du wirklich, daß mich das etwas angeht, wieviel Porto ein Brief kostet? Daß ich einen weniger schreiben würde, wenn es 10fach wäre? Diese Idee stimmt mich ungemein heiter, wenn das Dein Ernst war, wie ich nach der Fassung beinah glaube; und wenn ich Carricatur zeichnen könnte, so würde ich Dir mein Profil so sarkastisch-sardonisch-ironisch-satirisch an den Rand malen, wie Du es noch nie gesehn hast. Du erinnerst vielleicht, daß ich mich in Zimmerhausen schon über Deinen Muth gewundert habe, mich, den Halbfremden, anzunehmen in der Eigenschaft, *dans laquelle me voilà;* daß Du mich aber so wenig kennst, daß Du mich, den gebornen Verschwender, für geizig hältst, zeigt, daß Du Dich mir in blindem Vertrauen hingegeben hast, in Vertrauen, wie es nur eine Liebe geben kann, für die ich Dir Hände und Füße küsse. Du mein Herz, wie wenig kennst Du die Welt! Warum verklagst Du Deinen letzten Brief so sehr? ich habe nichts darin gefunden, was mir nicht lieb und lieber gewesen wäre. Und wäre es anders, wo solltest Du künftig eine Brust finden um zu entladen, was die Deine drückt, wenn nicht bei mir? Wer ist mehr verpflichtet und berechtigt, Leiden und Kummer mit Dir zu theilen, Deine Krankheiten, Deine Fehler zu tragen, als ich, der ich mich freiwillig dazu gedrängt habe, ohne durch Bluts- oder andre Pflichten dazu gezwungen zu werden? Du hattest eine Freundin, zu der Du zu jeder Zeit flüchten konntest, von der Du nie abgewiesen wurdest; vermissest Du die in diesem Sinne, in dem Bedürfniß? Meine liebe liebe Johanna, muß ich Dir nochmals sagen, daß ich Dich liebe; *sans phrase*, daß wir Freud und Leid mit einander theilen sollen, ich Dein Leid, Du das meine, daß wir nicht vereinigt sind, um einander nur zu zeigen und mitzutheilen, was dem andern Freude macht, sondern daß Du Dein Herz zu jeder Zeit bei mit ausschütten darfst, und ich bei Dir, es mag enthalten was es wolle, daß ich Deinen Kummer, Deine Fehler, Deine Unarten, wenn Du welche hast, tragen muß und will, und Dich liebe wie Du bist, nicht wie Du sein solltest oder könntest? Benutze mich, brauche mich, wozu Du willst, mißhandle mich äußerlich und innerlich, wenn Du Lust hast, ich bin dazu da für Dich, aber „genire" Dich nie und in keiner Art vor mir, vertraue mir rückhaltlos, in der Überzeugung, daß ich Alles was von Dir kommt mit inniger Liebe, mit freudiger und geduldiger, aufnehme. Behalte nicht Deine trüben Gedanken für Dich und blicke mich mit heitrer Stirn und fröhlichen Augen an dabei, sondern theile mir in Wort und Blick mit, was Du im Herzen hast, mag es Segen oder Leid sein. Sei niemals kleinmüthig gegen mich, und erscheint Dir etwas in Dir unverständig, sündhaft, niederdrückend, so bedenke, daß All dergleichen in mir tausend Mal mehr vorhanden ist, und ich davon viel zu sehr und innig durchdrungen bin, als daß ich dergleichen bei Andern geringschätzig betrachten sollte, bei Dir mein Herz aber anders als mit

Liebe, wenn auch nicht immer mit Duldung, wahrnehmen könnte. Betrachte uns als gegenseitige Beichtväter, als mehr wie das, die wir nach der Schrift ‚Ein Fleisch' sein sollen."

Auch im Brautstande also sieht Bismarck die Dinge, wie sie sind, nicht wie sie sein könnten und sein sollten; selbst dem Tode sieht er ruhig ins Auge, falls er kommen sollte und sie scheiden; das vermindert aber nicht seine Sorge und seine Angst um Johannas Wohlbefinden: „Johanna, wenn Du jetzt krank werden wolltest, es wäre schrecklich über alle Beschreibung, bei dem Gedanken fühle ich recht, wie innig ich Dich liebe, und wie innig verwachsen mir das Band ist, welches uns zusammenhält. Ich verstehe, was Du zu sehr lieben nennst. Wenn ich an die Möglichkeit einer Trennung denke, und möglich wäre sie doch, so einsam wäre ich noch nie gewesen, in meinem ganzen einsamen Leben ... Es ist das erste Mal, daß ich ernsthaft der Möglichkeit ins Auge sehe, daß Du mir genommen werden könntest, daß ich verurtheilt werden könne, diese öden Räume zu bewohnen ohne Aussicht, daß Du sie mit mir theilen würdest, mit keiner Seele im weitesten Umkreise, die mir nicht so gleichgültig wäre, als hätte ich sie nie gesehn. Ich würde zwar in mir nicht so leer an Trost sein wie in alten Zeiten; aber ich würde auch etwas verloren haben, was ich früher nicht kannte, ein liebendes und geliebtes Herz, und nebenher von allem getrennt sein, was mit früher in Pommern durch Gewohnheit und Freundschaft das Leben leicht machte. Eine recht egoistische Gedankenreihe und Betrachtungsweise, die da zum Vorschein kommt, wirst Du sagen; allerdings, aber Schmerz und Furcht sind Egoisten, und in Fällen wie der angedeutete finde ich nie die Gestorbenen, sondern nur die Überlebenden zu bedauern. Aber wer spricht vom Sterben? Das Alles, weil Du 8 Tage lang nicht geschrieben, und dann habe ich noch die Dreistigkeit, Dir Vorhaltungen wegen trüber Ahnungen etc. zu machen! Hättest Du nur nicht in dem letzten Briefe von den fatalen Fiebern gesprochen. Des Abends bin ich stets aufgeregt, in der Einsamkeit, wenn ich nicht müde bin. Morgen bei hellem Tage in dem Bahn-Coupé werde ich Deine mögliche Lage wohl mit mehr Zuversicht auffassen

... *All nonense*! Seid fröhlich in Hoffnung, geduldig in Trübsal, haltet an am Gebet. Alle Engel wollen Dich behüten, mein geliebtes Herz, daß wir uns bald froh wiedersehn."

Dieser Geist, der in diesen wie in allen Briefen der ersten Zeit der schönen Liebe atmet, bleibt grünen und wächst zu kräftigem Laubwerk aus im Leben, Wirken und Wandern des reifenden und gereiften Mannes und weitet sich zu echt deutschem Familiensinn, zu kräftigem Hangen an Haus und Herd und zu immer wieder erwachender Sehnsucht zur Heimatflur und zur heimischen Natur. Der aller Phrase abholde Wirklichkeitssinn aber setzt sich in Handeln und Tat um und durchsetzt sich immer wieder, wenn auch wehmütige Züge nicht fehlen, mit dem köstlichen Humor, der uns den großen Mann so menschlich nahe rückt.

Am 21. August 1848 wurde dem jungen Paare in Schönhausen das erste Kind, ein Töchterchen, geboren. Er meldet dem Großvater Puttkamer die Geburt und schreibt dann: „Johanna liegt still und matt, aber doch heiter und beruhigt hinter dem Vorhang; das kleine Wesen einstweilen unter Tüchern auf dem Sopha und quarrt ab und zu. Ich bin recht froh, daß das erste eine Tochter ist, aber wenn es auch eine Katze gewesen wäre, so hätte ich doch Gott aus meinen Knien gedankt, in dem Augenblicke wo Johanna davon befreit war." „Alles ist sehr wohl; nur die Wiege fehlt noch, und das kleine Fräulein müssen einstweilen in einer Futterschwinge campiren." Und einige Tage später an die Mutter: „Das kleine Wesen brüllt grade, als sollte es geschlachtet werden, und trägt überhaupt niemals Bedenken, seine Stimme kräftig erschallen zu lassen, wenn es aufwacht und nicht alles in Ordnung findet. Mit der Nahrung geht es noch schlecht; das Balg will, mit einem Eigensinn den sie von mir nicht haben kann, durchaus nicht ansaugen, wie ein schlechter Blutigel, nur daß sie ihre Abneigung auch sehr vernehmlich zu erkennen gibt ... Ich wechsle den ganzen Tag, wie Schillers Johanniterritter zwischen politischen Kämpfen und Plänen am Schreibtisch und der Wärterschürze am Krankenbett." Nicht lange konnte Bismarck am Wochenbette Pflegerdienste tun. Die politischen Kämpfe riefen den

Abgeordneten nach Berlin; die Schürze des Wärters mußte er daheim lassen, aber ein Schmuck, der ebenso schön wie diese war, begleitete ihn in die politischen Kämpfe der Jahre 1848 und 1849: Bismarck verband als echter Johanniter in einem Kranze mit der demütigen Christenliebe, der die Sehnsucht nach Weib und Kind sich zugesellte, die männliche Kraft des politischen Kämpfers.

Schon am 23. September 1847 fängt er an rechtes Heimweh zu bekommen: die Briefe aus der Heimat stimmen ihn wehmütig und lähmend; „das Herz eines Ehemannes und Vaters, wenigstens das meine in diesen Verhältnissen, paßt nicht in das Treiben der Politik und Intrigue." Und den Winter durch geht es ihm ebenso. Er schreibt im November: „Ich habe ein rechtes Herzensbedürfniß bei Dir zu sein, und es treibt mich ungeduldig umher, nicht daß ich fürchtete Du möchtest bangen und härmen und mir böse sein über mein Ausbleiben, sondern der eigne Egoismus ist es, das unruhige vagabondirende Leben, das Alleinsein in allem diesen Trouble ist mir unendlich drückend und ich sehne mich recht an dem heimischen Kamin mit Dir zu sitzen ... Meinen herzlichen Dank für Deine beiden Briefe, die mir recht wohl gethan in meinem unbehaglichen Heimweh. Verdirb Dir aber die Augen nicht ganz mein süßer Engel, damit die Sternchen recht dunkel sind, wenn ich komme."

Besonders schöne Form nimmt diese Sehnsucht an, wenn die Liebe der Natur und die Sehnsucht nach ihr mit jener zusammenklingt. Im Juli 1849 schreibt er nach Reinfeld: „42 Stunden sind wir erst getrennt, und mir scheint, daß es eine Woche her ist, seit ich Dich zwischen den Kieferbüschen auf dem Berge stehn sah und mir nachwinken; ich sah dann links noch die blauen Berge von Biartlum; und unser schweigsamer Vetter drehte den Kopf rücksichtsvoll rechts, um nicht zu sehn, aß mir einiges Scheidewasser in den Bart lief. Es war glaube ich das erste Mal seit den Schulferienzeiten, daß mir ein Abschied Thränen kostete, – dieser Rückblick ließ mich, Angesichts der traurigen Äcker von Neu-Kolziglow, Gott recht innig danken dafür, daß ich wieder etwas habe wovon mir der Abschied schwer wird." – Kräftiger noch wird diese

Sehnsucht nach dem Heim, als ihnen die Hoffnung auf ein zweites Kind erblüht. Im September 1849 läßt er aus einer sehr langweiligen Kommissionssitzung, in der haarspaltende Juristen und eitle Schönredner die einfache Sache so breit treten, daß er mit seinen Gedanken nicht dabei bleiben kann, diesen freien Lauf zu seiner Frau: „Laß die Melancholie nicht über Deinem Köpfchen zusammenschlagen; es ist hart für uns Beide, daß wir immer getrennt sind seit dem abscheulichen März, aber denk auch, daß es nicht immer so bleiben kann, hier unter dem wechselnden Mond, und namentlich laß die Furcht vor dem Dezember Dich nicht beherrschen; wir alle 1000 Millionen Menschen sind ja vom Weibe geboren, und an jeder lebenden Seele haftet der Schmerz und die Gefahr einer Mutter, und wie selten sind unglückliche Ereignisse dabei; jedesmal wenn sie vorkommen läßt sich eine Vernachlässigung, ein Leichtsinn oder ein Naturfehler, den Du nicht hast, nachweisen, und wir wollen Dich schon pflegen." Dem „so gänzlich unverheirateten Ansinnen", daß seine Frau in Reinfeld bleibe, widersetzt er sich entschieden. Er will sie in Berlin haben und will dabei sein. „Die Entbindung in Reinfeld machen, das ist eine halbe Scheidung, ich kann und will nicht so lange ohne meine Hanna sein, wir sind schon oft genug getrennt. Gegen Ende des Monats hole ich Dich entweder von Reinfeld oder von Zimmerhausen ab, das ist gewiß wenn Gott will. Sorge also mein Lieb, daß das Reisewesen im Stand, die Brabanter Kutsch dicht ist, und was sonst dazu gehört." Er fand schließlich in der Behrenstraße 60 eine geräumige Parterrewohnung, wegen deren Lage er seine Frau beruhigt, da ein Portier, eine Tag und Nacht verschlossene Haustür und feste Fensterladen da seien. „Wegen Deiner sonstigen Ängste werde ich Dich in Zimmerhausen zurechteien. Alle Frauen fürchten sich vor der zweiten mehr wie vor der ersten, weil es so weh thut mein armes Lieb, aber gefährlicher ist es viel weniger." – Am 28. Dezember wurde Bismarck der erste Sohn geboren. Nun beginnen mit den zwei Kindern die Leiden und Freuden des Familienvaters, die einem jeden Sterblichen dieser Art beschieden sind und denen Bismarck mit seinem köstlichen Humor entgegensieht, der ihn über so vieles im Leben hinweggeholfen.

Nach dem schönen Familiensommer 1850 kommen wieder Tage der Wanderschaft. Den Abgeordneten und dann den Frankfurter Gesandten trennten seine Pflichten von neuem von seiner Familie, und von neuem erwachen Sehnsucht und Liebe und Wünsche, ganz seinen Lieben leben zu können, an denen er mit jeder Faser seines starken Herzens hängt, das die Welt in dem kampfgewaltigen Politiker und Staatsmanne nicht vermutete. Wie horchten wir doch alle auf, als nach den Tagen von 1864 und 1866, als der Mann, der mit gewaltiger Hand auf dem politischen Ambos die ersten Hammerschläge getan, aus dem Buche von Hesekiel vor die Welt trat als ein feinsinniger und weicher Mensch, der mit tiefem Empfinden an den Seinen hing und mit feiner Kunst der Gattin, der Schwester und seinen Freunden sich zu geben wußte. Wie prächtig schreibt er im Herbst 1850, als er in Schönhausen als Deichhauptmann zu tun hat und die Seinen in Reinfeld sitzen: „Mein Engel, ich bange mich so sehr, daß ich es kaum aushalte hier; ich habe die größte Lust der Regierung sofort meinen Abschied zu melden, den Deich laufen zu lassen, und nach Reinfeld zu fahren. Schreibe doch nur recht sehr oft, mag es auch 100 Rthlr. Porto kosten, ich ängstige mich immer, daß Ihr krank seid, und heut ist mir so zu Muthe, daß ich gleich zu Fuß nach Pommern laufen möchte. Ich sehne mich nach den Kindern, nach Mutsch und Väterchen, und vor allem nach Dir mein Liebling, daß ich gar keine Ruhe habe. Was ist mir Schönhausen ohne Euch hier. Die öde Schlafstube, die leeren Wiegen mit den Bettchen drin, die ganze lautlose, herbstneblige Stille, die nur das Ticken der Uhr und der periodische Fall der Kastanien unterbricht, es ist als ob Ihr alle todt wäret. Ich denke immer Dein nächster Brief bringt eine böse Nachricht … In Berlin geht es noch, wenn man allein ist, da hat man den ganzen Tag zu thun und zu schwatzen, hier aber ist es um toll zu werden; ich muß früher ein ganz andrer Mensch gewesen sein, daß ich es immer ausgehalten habe." – Vierzehn Tage später wächst dieses Einsamkeitsgefühl zu tragischer Höhe. Er hat sechs Tage lang keinen Brief erhalten, selbst alle zwei Tage, wenigstens ein-, mitunter zweimal geschrieben; sie habe doch Mutter und Kinder, er sei mutterseelen allein, dabei seien die Kinder teilweise krank. „Schreibt mir doch nur einer zwei Zeilen, daß Ihr lebt, und gesund oder krank seid, aber greif Deine Augen nicht an und schreibe nicht bei Licht. ... Laßt Euch nur nicht abhalten mir zu schreiben wenn etwa jemand schlimm krank geworden ist; jede Nachricht ist besser, als dieses ängstigende Schweigen, welches der Phantasie den unsinnigsten Spielraum bietet ... Ängstige Dich nicht! daß ich böse bin mein Liebling, über das Ausbleiben von Briefen; ich bin nur verunruhigt, und außerdem übellaunig wegen Abwesenheit alles dessen, was mich heiter stimmen könnte, aber bitte schreibe, wo möglich jeden Posttag, wenn auch nur ein einziges Wörtchen, es ist immer der einzige Lichtpunkt in meiner Einsamkeit ... Leb wohl mein Herz und schreibe schreibe schreibe Deinem treusten v. B." – Und dann folgt noch eine Nachschrift: „Ich bin in solcher Unruhe über Euch, daß ich für nichts Sinn habe, als vor dem Kamin zu sitzen, ins verglimmende Feuer zu sehn, und über tausend Möglichkeiten von Krankheit, Tod, Postunfug und plötzliche Reisepläne nachzusinnen und Deichhauptmann und Geschworene zu verwünschen. Ich bin in einer kindischen Angst. Gute Nacht. Gott behüte Euch alle."

Im Januar 1851 ist er wieder als Abgeordneter in Berlin: Neue Sorgen bestürmen ihn um das am Scharlachfieber erkrankte Töchterchen. Dazwischen wieder die alten schönen Klänge der innigen Liebe, da sein Fernsein, wie es scheint, von Johanna als Mangel an Liebe gedeutet war: „Laß Dich durch nichts irre machen in dem Glauben, daß ich Dich liebe wie ein Theil von mir ohne den ich nicht leben mag und kann, wenigstens was man leben nennen mag; ich fürchte ich würde nichts werden, was Gott gefällt, wenn ich Dich nicht hätte; Du bist mein Anker an der guten Seite des Ufers, reißt der, so sei Gott meiner Seele gnädig." Und dann kommen wieder Stunden der Angst um das Kind: „Was in Gefahr ist, liebt man doch recht." Und als frohe Botschaft kommt, da atmet er auf: „Gott sei Preis und Ehre, daß er unser

Gebet erhört." „Seine Arme sind ja für die beiden Kinderchen nicht zu kurz ihnen zu helfen."

Als die Befürchtungen um die Kinder zur Ruhe gegangen, da erwacht „nach dem Lärm und dem wüsten Jagen den Tag über in trocknen langweiligen Arten und oberflächlichem Geschwätz" immer wieder die Sehnsucht nach den Lieben und nach Einsamkeit im stillen Heim und dem Frieden der Natur. „Ich habe so eine fixe Idee die mich in allem Getriebe verfolgt, in einem ganz einsamen tiefen Gebirgsthal im warmen Sommer, dicht am Bach mit dem Kopf auf Deinem Schoß zu liegen, und über mir durch den Dampf der Cigarre und die grünen Buchenwipfel den blauen Himmel anzusehn und von Dir angesehn und geeit zu werden, und so sehr lange garnichts zu thun. Wann wird das einmal werden? im Selkethal? oder wo?"

Solche Zeiten sollten nicht kommen. Aus dem Engeren ging es bald mit Bismarck ins Weite. Im April die ersten Andeutungen, daß er nach Frankfurt als Gesandter solle. Je näher diese Möglichkeit rückt, um so kräftiger regt sich das Sehnen nach der Stille des Heims und der Natur und wie ein Abschiedslied von diesem friedlichen Leben zieht es durch die Briefe dieser Zeit. Am ersten Mai wird es ihm wehmütig zu Mute, wenn er an Reinfeld und die stillen Pläne für den Sommer denkt: „Mir ist als sollten wir auswandern nach Amerika, und aus allen lieben Gewohnheiten scheiden; denn wer weiß wann das Rad welches uns jetzt ergreift, uns wieder loslassen mag, und wir wieder einen stillen Sommer auf dem Lande verleben." Und wenige Tage später tröstet er sich und seine Johanna: „Mein süßes liebstes Herz, warum so traurig, es ist ja schön im fremden Land, aber mir sind die Thränen fast nah, wenn ich an das ländliche Stilleben mit Dir und Zubehör denke, was mir vielleicht auf lange in ferner Traumregion schwebt, und jetzt gerade reizender wie je erscheint. Was sprichst Du von langer Trennung, mein Engel? mach Dich mit dem Gedanken vertraut, daß Du mit mußt in den Winter der großen Welt; woran soll ich sonst mich wärmen? Es ist möglich und wahrscheinlich, daß ich auf lange Jahre nur ein flüchtiger Besucher auf Urlaub in der Heimath sein werde … Lichte die Anker

Deiner Seele, und bereite Dich den heimischen Hafen zu verlassen. Ich weiß an meinem eignen Gefühl wie Dir der Gedanke schmerzlich ist ... Grüße die lieben Eltern sehr sehr, und bitte sie um Verzeihung, daß ich unser Stilleben so zerreiße, aber ich kann mich nicht entziehn ohne fahnenflüchtig zu werden." Nach wenigen Tagen: „Ich muß Dir noch in zwei Worten sagen, wie ich es kaum aushalte vor Sehnsucht mit Dir zusammen zu sein, und ein Heimweh nach Euch allen und nach dem grünen Frühling empfinde und dem Landleben, daß mir ganz schwer ums Herz wird." An dem Tage als er dieses schrieb war er zum Essen bei General Gerlach; während dieser hohe politische Fragen besprach und von Vorträgen und Monarchen dozierte, sah Bismarck, wie im Vossischen Garten unter den Fenstern der Wind wühlte in den Kastanien- und Fliederblüten, und er hörte die Nachtigallen, und dachte, wenn er doch mit seiner Johanna am Fenster der Tafelstube stünde und auf die Terrasse sähe. Was General von Gerlach redete, wußte er nicht. Und als er abends zur Ruhe ging, wurde er traurig und sehnsuchtskrank, daß er weinen mußte wie er im Bett lag und Gott recht innig bitten, daß er ihm Kraft gebe seine Pflicht zu tun.

Wir sehen, die mit innigster Liebe zur Heimatflur und zur Natur verbundene Zauberkraft des Familiensinnes, auf der nun doch einmal ein gutes Teil der Stärke des deutschen Geistes und Volkes beruht, begleitet Bismarck auf den ersten schweren Posten, auf welchen ihn des Königs Wunsch und die Pflicht fürs Vaterland ruft.

Und als er auf diesem Posten angelangt ist, da haben wir dort eine Äußerung, wie wir sie schöner in unserer Literatur und sinniger in Bismarcks Leben kaum wieder finden: „Ich habe Dich geheirathet, um Dich in Gott und nach dem Bedürfnis meines Herzens zu lieben, und um in der fremden Welt eine Stelle für mein Herz zu haben, die all ihre dürren Winde nicht erkälten und an der ich die Wärme des heimathlichen Kaminfeuers finde, an das ich mich dränge, wenn es draußen stürmt und friert; nicht aber um eine Gesellschaftsfrau für Andere zu haben, und ich will Dein Kaminchen hegen und pflegen, und Holz zulegen und pusten, und schützen und schirmen gegen alles Böse und

Fremde, denn es giebt nichts, was mir nächst Gottes Barmherzigkeit theurer lieber und nothwendiger ist als Deine Liebe und der heimathliche Herd der überall auch in der Fremde zwischen uns steht, wenn wir bei einander sind." So wehmütig ihm aber auch die Sehnsucht ist und so schrecklich das Heimweh, der Humor macht ihm die Wehmut angenehm; empfände er sie nicht, so käme er sich „so alt geworden vor, so trocken resignirt und actenmäßig, als wenn er nur auf Pappe geklebt wäre".

Auf Pappe geklebt war auch in Frankfurt sein neues Heim nicht. Er suchte es draußen möglichst nahe der Natur, damit er stärkende Landluft nicht gar zu sehr entbehrte. Wie es in diesem Heim aussah, das erfahren wir aus einem Briefe an seine Schwiegermutter (5. Februar 1852): „Der Junge kommt eben mit einer infamen Mädchenhaube auf dem Kopf, legt seine feisten Hände auf den Tisch und fragt mich: Papa, was schreibst du? Mariechen dehnt sich im großen Stuhl und sagt altklug: meiner Jünge bin ich doch unbeschreiblich gut. Den Jungen verzieht Leontine über die Maßen und wirft uns das Gleiche vor, während ich mir doch Aristidischer Gerechtigkeit bewußt bin. Über Johannas Befinden können wir im Vergleich mit früher nicht klagen. Von Übelkeiten ist sie noch oft geplagt, auch spuken die Augenschmerzen mitunter, aber im Ganzen scheint ihr das Seebad doch sehr wohlgethan zu haben. Im Sommer soll sie, vor ihrer Entbindung, Kreuznach oder das ähnliche Nauheim gebrauchen ... Unsere Wohnung liegt über 1000 Schritt vom Thor was uns einige Illusion von ländlicher Unabhängigkeit giebt, die ich selbst wenn der Wind wie heut um die Hausecken heult und den Regen rasselnd gegen die Fenster treibt, dem klapprigen Lärm und den dumpfigen Straßen der Stadt vorziehe ... Wie dem Reisenden der warme und ruhige Platz am Feuer, so schwebt mir ein unabhängiges Familienleben auf dem Land durch alle politischen guten und schlechten Wetter hindurch, als angenehmes Ziel vor, welches ich, so lange ich mich rüstig fühle, nicht eigenmächtig herbeiziehe, aber doch gern kommen sehen werde, sobald es Gottes Wille ist." Also auch hier wieder derselbe Zug des Herzens nach ländlichem Heim und zur Familie. Der bleibt ihm auch, als er von Frankfurt auf diplomatische Missionen hinaus muß, der bleibt ihm in all den Jahren, als seine weltgeschichtliche Mission sich erfüllte; wo er in diesen Zeiten Briefe schreibt und wir Kunde aus seinem Inneren erhalten, da erfahren wir dieses Sehnen nach wie vor. Es wohnte bleibend in ihm. Im Jahre 1852 schreibt er im Juni von Wien: „Es ist recht hart, daß wir so viele Zeit unsres kurzen Lebens getrennt verbringen müssen; die ist dann verloren und nicht wiederzubringen. Gott allein weiß, warum er andre, die sich recht wohl fühlen, wenn sie nicht bei einander sind, zusammenläßt, wie einen bejahrten Freund, der mit mir bis Dresden reiste, die ganze Zeit mit seiner Frau in einem Coupé; sitzen mußte und nicht rauchen durfte; und wir müssen immer correspondiren aus weiter Ferne. Wir wollen alles nachholen, und uns noch viel mehr lieben, wenn wir wieder bei einander sind; wenn wir nur gesund bleiben! Dann will ich auch nicht murren ... ich bin *homesick* nach unserm Häuschen und allem was darin ist; ... ich werde ausgelassen sein, wenn ich erst wieder auf der alten langweiligen Thüringer Bahn bin, und mehr noch, wenn ich von Bockenheim aus unser Licht erblicke." Einige Tage später: „Mir ist die glückliche Ehe und die Kinder, die mir Gott geschenkt hat, wie der Regenbogen, der mir die Bürgschaft der Versöhnung nach der Sündfluth von Verwilderung und Liebesmangel giebt, die meine Seele in frühern Jahren bedeckte." Diese Ehe ist ihm „das Band, an dem Gott ihn vorzugsweise gehalten und geleitet hat aus dem glatten Boden der Welt, in die er ohne sein Begehren gestellt ist." Und von diesem glatten Boden aus schreibt der Ministerpräsident mitten aus den schweren politischen Sorgen des Gasteiner Vertrags heraus am 1. August 1865 am Geburtstag seines zweiten Sohnes, als sie achtzehn Jahre verheiratet waren: „Mein geliebtes 18jähriges Herz! Heut vor 13 Jahren warst Du in schwieriger Situation, und wir haben seitdem Gott für so manche Bewahrung zu danken und aus Seiner Gnade in der Vergangenheit Vertrauen für Gegenwart und Zukunft zu schöpfen." So geschah es denn auch; und als das Paar Silberhochzeit feierte, da konnte der kaiserliche Herr, der die großen Sorgen und Mühen, welche

Bismarck Zeit seines Lebens getragen, am besten kannte, an seinen treuesten Mitarbeiter am 26. Juli 1872 von Koblenz aus schreiben: „Sie werden am 28. d. M. ein schönes Familien-Fest begehen, das Ihnen der Allmächtige in Seiner Gnade bescheert. Daher darf und kann ich mit meiner Theilnahme an diesem Feste nicht zurückbleiben, und so wollen Sie und die Fürstin, Ihre Gemahlin, hier meinen innigsten und wärmsten Glückwunsch zu diesem erhebenden Feste entgegen nehmen. Daß Ihnen Beiden unter so vielen Glücksgütern, die Ihnen die Vorsehung für Sie erkoren hat, doch immer das häusliche Glück obenan stand, das ist, wofür Ihre Dankgebethe zum Himmel steigen ... In und nach allen Ihren Mühen fanden Sie stets in der Häuslichkeit Erholung und Frieden, und das erhält Sie Ihrem schweren Berufe." Der König hatte recht. Bismarcks starke Stütze im Leben war seine Frau. Er glaubt an dieses unerschütterliche Wesen, dem er auf den Grund sieht; durch sie erhält er sich in der politischen Flut von Kräften und Gegenkräften, denen seine Seele ausgesetzt war. Es ist, als ob seine dämonische Natur, die ihn zwang, mit Härte an seinem Werke zu schaffen, an seiner Frau seine ganze Milde zu zeigen, an ihr Hingabe und Zügelung zu finden suchte. Diese Frau hat die Mission erfüllt, dem Genius das Gegengewicht zu halten durch ihre stille, schlichte und klare Klugheit.

Und ein weiteres Gegengewicht gab es für Bismarcks Seele. Es war noch etwas anderes, was in Bismarck im Jahre 1847 die Wendung bewirkte und in ihm eine Art von Wiedergeburt zu neuem Dasein schuf. Wir haben gesehen, wie in allen Briefen, die Liebe atmen, ein Glaube, dessen man den tollen Junker in den Zeiten von Sturm und Drang nicht für fähig gehalten hätte, den Unterton bildet, der an manchen Stellen zu mächtigen Akkorden ertönt, denen man nur mit Andacht lauschen kann. Dieser Glaube, der im Werbebrief seinen ersten vollen Ausdruck findet, bildet nun gleichsam den Säulenfuß der Gestalt, der die Geschichte den Namen des eisernen Kanzlers gab. Was Bismarck in seinem Werbebrief versprochen, hat er gehalten Zeit seines Lebens. In diesem Leben hat er ja, wie er selbst einmal gesagt, keine glückliche Stunde gehabt; in seinem Glauben hat er sein Glück gefunden. Im Leben ein Pessimist, war er im Glauben ein Optimist. Wenn andre kleingläubig waren, dann zeigt er einen Glauben, der wie aus Erz gegossen schien. Im Leben und Amt oft von trüber und düsterer Anschauung, Menschenverachtung und Schwermut wurde es Licht in ihm, wenn er seines starken Glaubens lebte. Er schreibt es selber an seine Frau an einem herrlichem Sommerabend des Jahres 1849, als er allein in Schönhausen saß: „Am Abend wollte ich Dir schreiben, aber es war so himmlische Luft, daß ich wohl 2 Stunden auf der Bank vor der Gartenstube saß, rauchte und die Fledermäuse fliegen sah, ganz wie vor 2 Jahren mit Dir mein Liebling, ehe wir unsre Reise antraten. Die Bäume standen so still und hoch neben mir, die Luft voll Lindenblüthe, im Garten schlug eine Wachtel und lockten Rebhühner, und hinten über Arneburg lag der letzte blaßrothe Saum des Sonnenuntergangs. Ich war recht von Dank gegen Gott erfüllt, und vor meine Seele trat das ruhige Glück einer von Liebe erfüllten Häuslichkeit, ein stiller Hafen, in den von den Stürmen des Weltmeeres wohl ein Windstoß dringt, der die Oberfläche kräuselt, aber dessen warme Tiefen klar und ruhig bleiben, so lange das Kreuz des Herrn sich in ihnen spiegelte; mag auch das Spiegelbild oft matt und entstellt zurückstrahlen, Gott kennt seine Zeichen doch. Danke auch Du ihm, mein Engel, gedenke des vielen Guten, was er an uns gethan hat, des vielen Übels, vor dem er uns bewahrt, und halte das mit festem Vertrauen auf Seine starke Hand den bösen Geistern entgegen, wenn sie Deine kranke Phantasie mit allerhand Gebilden der Angst zu schrecken suchen."

Bismarck wurde ein fleißiger Bibelleser und er blieb es lange; in den politischen Kämpfen legen stille Stunden und stille Worte der Briefe Zeugnis davon ab. Kurz nach seiner Verlobung las er 1. Cor. 13. 14, „daß der gläubige Mann geheiligt werde durch das gläubige Weib". Das bewahrheitete sich an ihm, nur war sein Glaube mutiger als der seiner frommen Gefährtin. „Der Gott, der Welten dreht, kann auch mich decken mit seinen Flügeln," ruft er ihr zu, und ein ander Mal: *„sans peur et sans reproche ...* Furcht bessert nichts, macht verwirrt und hülflos wenn Gefahr naht, und ist ein Mangel an Vertrauen in Gottes Vorsehung." Er verweist sie auf Schillers Reiterlied: „und setzet Ihr nicht das Leben ein, so kann Euch das Leben gewonnen nicht sein", und er erläutert das in seiner Art: „In ergebnem Gottvertrauen setz die Sporen ein und laß das wilde Roß des Lebens mit Dir fliegen über Stock und Block, gefaßt darauf den Hals zu brechen, aber furchtlos, da Du doch einmal scheiden mußt von allem was Dir auf Erden theuer ist, und doch nicht auf ewig."

Mit diesem Gottvertrauen verbindet sich bei ihm die Zuversicht auf die Macht des Gebets. Er bedarf, als sein Töchterchen erkrankt ist, nicht der Ermahnung, seines Kindes betend zu gedenken: „Ich thu es täglich, und vertraue dem Herrn, daß er uns nicht über unsre Kräfte prüfen werde." Und bangt er um seine Frau in der Ferne, so betet er für sie. „Gestern Abend war mir so etwas bange um Dich, als ich im Bett lag, und ich hatte rechtes Heimweh, bat den lieben Gott recht dringend, daß er Dich schützen möge; ich hoffe, er hat es gethan, wenn ich es auch nicht um ihn verdiene." Die Bitte um Gottes Schutz bildet den Schluß vieler seiner Briefe.

Ganz besonders stark regt sich dieses Gottvertrauen, als er ganz plötzlich vor die Aufgabe gestellt wird, in das große politische Weltgetriebe einzutreten, das ihm so gänzlich unbekannt war. Am 25. April 1851 hört er, daß er irgendwie diplomatisch verwendet werden solle, am 28. schreibt er, daß man ihn als Bundestagsgesandten nach Frankfurt schicken wolle. „Ich bete recht innig daß der barmherzige Gott alles ohne Betrübniß für unser zeitliches Wohl und ohne Schaden für meine Seele einrichte" … „ich habe es nicht gesucht, der Herr hat es gewollt muß ich annehmen, und ich kann mich dem nicht entziehn." Wenige Tage später (3. Mai) hören wir die Gott vertrauenden Worte: „Ich wiederhole, ich habe mit keiner Sylbe herbeigeführt oder auch nur erwünscht was geschieht, ich bin Gottes Soldat, und wo er mich hinschickt da muß ich gehn, und ich glaube daß er mich schickt, und mein Leben zuschnitzt wie Er es braucht." Wenige Worte; aber wie inhaltsschwer! Ist es nicht, als ob in ihnen Gottes geschichtliches Walten und menschliche Prophetie sich ineinander schlingen in den Tagen, wo der Säemann hinauszieht, die Saat vorzubereiten, die dem deutschen Volke zu seinem Segen wachsen sollte.

So stark Bismarcks Glaube ist, er hält sich frei von Hochmut und der Lieblosigkeit und Wirkungsarmut des Quietismus, die so leicht mit dem Glauben sich verbinden. Schon gleich nach seiner Verlobung richtet er ein ernstes Wort an seine Braut: „Wie habt Ihr doch meist so wenig Vertrauen in Euern Glauben, und wickelt ihn sorgfältig in die Baumwolle der Abgeschlossenheit, damit kein Luftzug der Welt ihn erkälte, Andre aber sich an Euch ärgern, und Euch für Leute ausschreien, die sich zu heilig dünken, um von Zöllnern etc. berührt zu werden."

Zu diesen Zöllnern rechnete Bismarck wohl auch sich; denn ein Weltkind, wie er es gewesen, blieb er immer noch; bei all seiner Frömmigkeit stand er mitten im wirklichen Leben mit seinen Interessen und Sorgen und fragt skeptisch (28. Februar 1847): *„You care for nobody?* Das ist ja gar nicht wahr mein Herz, und der Nachsatz auch nicht, und werden auch beide niemals wahr werden, wenn es Dir auch noch so romantisch vorkommt, es ist so langweilig, daß es kein Mensch auf die Länge aushält, auch mit dem Trost des Christenthums nicht, denn ich glaube, daß es in direktem Widerspruch mit demselben steht, und letzteres da verdunkelt ist, wo jener Ausspruch wahr werden kann. Das kommt wieder auf den Streit über Glauben und Werke hinaus. Ein Glaube, der dem Gläubigen von seinen irdischen Brüdern sich abzusondern gestattet, so daß er sich mit einer vermeinten isolirten Beziehung zu dem Herrn allein, in reiner Beschaulichkeit genügen läßt, ist ein todter Glaube, was ich, wenn ich nicht irre, in einem frühern Briefe als Quietismus (von *quies*, die Ruhe) bezeichnete, ein, meines Erachtens irriger Weg, auf den der Pietismus leicht und häufig führt, besonders bei Frauen. Ich meine damit, mit dem Absondern, durchaus nicht den geistlichen Hochmuth, der sich heiliger dünkt als Andre, sondern ich möchte sagen das stillsitzende Harren auf den Tag des Herrn, in Glaube und Hoffnung, aber ohne das, was mir die rechte Liebe scheint. Wo die ist, da ist auch glaub ich das Bedürfniß, sich in

Freundschaft oder durch andre Bande einem der sichtbaren Wesen enger anzuschließen, als bloß durch die Bande der allgemeinen christlichen Liebe. Jesus selbst hatte einen Jünger, welchen er ‚lieb hatte', d. h. noch inniger und in andrer Art, als nach dem Worte ‚liebet Euch untereinander', denn daß Du dieses letzte Gebot bei dem *caring for nobody* nicht ausschließen willst, weiß ich wohl, aber Du sollst mehr thun, Du sollst Seelen haben, die Dir näher stehn als andre, auch wenn Du einst ohne mich leben solltest, was übrigens trotz Deiner trüben Ahnungen von nicht Wiedersehn, sobald wohl nicht geschehn wird; indessen *fatta sia la tua voluntà*, und käme es, so denk daran mein Herz. Ich kämpfe grundsätzlich in mit gegen jede düstre Ansicht der Zukunft, wenn ich ihrer auch nicht immer Herr werde; ich bemühe mich zu hoffen, unter allen Umständen das Beste, immer natürlich mit obigen italiänischen Worten des Vaterunser als Grundgedanken. Das Leiden macht sich bei seinem Eintritt zeitig genug fühlbar, ich will es nicht durch Furcht noch vorwegnehmen." In derselben hoffnungsstarken Richtung bewegen sich auch sonst seine Mahnungen, wenn seine Braut in *a fit of melancholy* schreibt, sie interessiere eigentlich gar nichts, und sie gräme und freue sich nicht. Das schmecke nicht nach Christentum, sondern nach Byron. Der alte Gott, der ihr stets geholfen, lebe noch. Deshalb solle der Mensch fest in der Heiterkeit des Glaubens stehen.

Daß die ungetrübte Heiterkeit, der heimische Boden unserer Kindheit, eine leicht welkende Blume sei, weiß er. Aber er weiß auch, daß dieser Kindheitstraum nicht lange währt. In diesem Geiste schreibt er seiner Braut: „Aus dem Boden der Heiterkeit (im höhern Sinne) und der Zufriedenheit erhaben zu sein, giebt den Begriff der Majestät, des Göttlichen, das der Mensch nur in seltnen bevorzugten Zeiten und Gestalten schwach widerstrahlt. Das irdisch Imponirende und Ergreifende, was mit menschlichen Mitteln für gewöhnlich dargestellt werden kann, steht immer in Verwandtschaft mit dem gefallenen Engel, der schön ist, aber ohne Frieden, groß in seinen Plänen und Anstrengungen, aber ohne Gelingen, stolz und traurig. Darum kann das, was es außerhalb des Gebietes der Religion für uns Ergreifendes giebt, nicht heiter und zufrieden sein, sondern stets nur als Wegweiser dahin dienen, wo wir Frieden finden. Wenn Dein Sinn für die Poesie des Herbstes, des Reifs in der Maiennacht, und alles dessen, was im Menschen dahin gehört, empfänglicher geworden ist, so beweist das nur daß Du nicht mehr zwölfjährig bist. über die Kinder, äußre und innre, wie über die kleinen Bäume des Waldes geht der Sturm hinweg, der in den Kronen der alten Bäume braust und sie beugt und bricht; wenn sie größer werden, wachsen sie in die Sturmschicht hinein, und ihre Wurzeln müssen kräftiger werden, wenn sie nicht untergehn wollen. Wenn Bäume im Sturm Risse erleiden, so quillt das Harz wie lindernde Thränen aus ihnen, und heilt; wenn sie aber gegen derlei Risse nicht Schutz in eigner Festigkeit, sondern immer wieder das Heilmittel der Harzthräne suchen, so erschöpfen sie den Quell und trocknen aus." Festigkeit, Heiterkeit und Frieden findet Bismarck also im Boden des Glaubens und in der Majestät des Göttlichen. Nach diesem Frieden hat Bismarck allerwege gestrebt in der vollen Heiterkeit des Glaubens, und sein guter Humor kam ihm zu Hilfe. So schreibt er im Februar 1851: „Ich bin trotz aller Kummermühe recht heiter, seit ich weiß, daß Du mit den *babies* wieder in gutem Geleise bist. So wahr ist es, daß der liebe Gott es mit uns machen muß wie jener General des Strafbataillons, der seine Leute jeden zweiten Tag fuchteln ließ, weil sie dann in den freien Tagen so vergnügt waren. Wir werden zu leicht undankbar für alle Seine Wohlthaten, wenn wir nicht an die Möglichkeit des Verlustes erinnert werden." Aus demselben Geiste heraus tönen solche Bemerkungen wie die (3. März 1851): „Du bist in Deinem ganzen Leben nicht des Gefühls froh geworden, so recht ganz und gar gesund und schmerzfrei zu sein; gewiß wird es Dir im andern Leben noch einmal gut geschrieben werden, sonst kommst Du zu schlecht weg im Vergleich mit mir; da werde ich dann wohl Augenschmerzen haben, der ich jetzt so gesund bin, daß ich nicht einmal mehr an Sodbrennen leide." Sein aus dem Glauben geschöpfter Humor geht einmal (17. August 1849) sogar so weit, daß eine glücklich gelöste Ammenschwierigkeit ihm einen rechten Stein vom Herzen nahm: „ich dankte Gott für Seine Gnade, und hätte mich dann aus reiner Heiterkeit beinah berauscht. Möge Sein Schutz auch ferner über Dir und dem kleinen Liebling walten."

In diese heitere Glaubensauffassung paßte auch kein Zelotismus und keine poesielose Enge. Auf Empfehlung seiner Frau war er einmal bei dem hochorthodoxen Pfarrer Knaak in der Kirche gewesen; er schreibt darüber (7. April 1851): „Er überspannt mir die Saiten; er findet nicht nur alles Tanzen, auch jegliches Theatergehn und alle Musik, die nicht zur ‚Ehre Gottes' sondern nur zum Vergnügen gemacht werde, sündlich, und Verläugnung Gottes, wie Petrus sagt ‚ich kenne des Menschen nicht'. Das geht mir zu weit. Zelotismus." – Entsagung war auch ihm nicht fremd, aber sie mußte ihre Grenzen haben und brauchte nicht aller Freude bar zu sein. „Wir werden noch oft lernen müssen, den Becher abzusetzen, wenn es uns am besten schmeckt, uns dabei über das zu freuen, was wir getrunken haben, und guten Muthes auf das zu verzichten, was wir darin lassen müssen."

Diese Entsagungskraft liegt auf derselben Linie mit der religiösen Bescheidenheit, Demut und dem frommen Streben nach Selbsterkenntnis, die durch viele seiner Briefe hindurchziehen; wenige Kernstellen mögen genügen. „Wir sind nicht auf dieser Welt um glücklich zu sein und zu genießen, sondern um unsere Schuldigkeit zu thun, und je weniger meine Lage eine selbst gemachte ist, um so mehr erkenne ich, daß ich das Amt versehn soll, in das ich gesetzt bin ... Mein erstes Gefühl bei jedem Brief aus Reinfeld ist Dank aus vollem Herzen für das unverdiente Glück, daß ich Euch noch habe auf dieser Welt, und bei jedem Todesfall von Weib oder Kind, den ich in der Zeitung sehe, fällt es mir auf die Seele, was ich zu verlieren habe, und was der barmherzige Gott mir gegeben und bisher erhalten hat. Möchte die Dankbarkeit dafür doch mein trotziges und weltliches Herz so empfänglich machen für die Gnade des Herrn, daß er nicht nöthig hat, mich zu züchtigen in dem was ich liebe, denn davor fürchte ich mich mehr als vor jedem andern Übel." „Wenn ich Knaak gehört oder gesprochen habe, so machte er mich so muthlos, daß mein ganzes Christenthum in Gefahr kommt zu wanken; ich kann ihn nicht vertragen, was ohne Zweifel ein schlechtes Zeugniß für die Kraft meines Glaubens ist, und ich bitte Gott um Kräftigung durch Seinen Geist, denn ich bin wie eine lahme Ente am Rande Seiner Wasser, das sehe ich klar, und kann mich doch nicht ermannen, daß es anders werde." Und an die Mutter seiner Frau schreibt er in einem Geburtstagsbrief: „Gott ist mein oder eigentlich Dein Zeuge bei mir, daß ich Dir recht oft vor Ihm Unrecht abzubitten hatte, und daß ich von Ihm die Kraft erbeten habe, mein trotziges Herz mit Demuth und Frieden zu füllen. ... Ich glaube, wir haben auch beide erfahren, daß der Herr uns hilft, die Ecken abzuschleifen, die in jedem sich neu bildenden Verhältniß zwischen Personen, die nicht mehr in dem leicht sich formenden und schmiegenden Alter der ersten Jugend stehn, abgeschlissen werden müssen, und Er wird uns auch ferner darin helfen." Und zum Schlusse eine Stelle, in der wie in einer Symphonie Glauben, Heimat und Natur zusammenfließen; aus Frankfurt, als er 14 Jahre zurückdenkt an den Sturm und Drang von 1837: „Wie manches Laub mag noch an unserm innern Menschen ausgrünen, schatten, rauschen und werthlos welken, bis wieder 14 Jahre vorüber sind, bis 1865, wenn wir's erleben. Ich begreife nicht, wie ein Mensch, der über sich nachdenkt und doch von Gott nichts weiß oder wissen will, sein Leben vor Verachtung oder Langeweile tragen kann, ein Leben, das dahinfährt wie ein Strom, wie ein Schlaf, gleich wie ein Gras, das bald weit wird; wir bringen unsre Jahre zu wie ein Geschwätz. Ich weiß nicht, wie ich das früher ausgehalten habe; sollte ich jetzt leben wie damals, ohne Gott, ohne Dich, ohne Kinder – ich wüßte doch in der That nicht, warum ich das Leben nicht ablegen sollte wie ein schmutziges Hemde; und doch sind die meisten meiner Bekannten so, und leben. ... Schließe nicht aus diesem Geschreibsel, daß ich grade besonders schwarz gestimmt bin; im Gegentheil, mir ist als wenn man an einem schönen Septembertage das gelbwerdende Laub betrachtet; gesund und heiter, aber etwas Wehmuth, etwas Heimweh, Sehnsucht nach Wald, See, Wiese, Dir und Kindern, alles mit Sonnenuntergang und Beethovenscher Symphonie vermischt."

Es sind ja nur Bruchstücke seines tiefen Innenlebens, die wir gegeben haben; aber sie deuten aus das Ganze: Bismarck war eine tief religiöse Natur. Wahr und klar und wirklichkeitsatmend ist sein Glaube wie seine ganze Art. Solche Naturen stehen niemals im Leeren; auch in ihrem weltlichen Wirken schwingt allezeit ein starker religiöser Rhythmus mit, der auch bei Bismarck in Stunden politischen Ernstes und weltgeschichtlicher Bedeutung mächtig widerhallte wie an jenem 6. Februar 1888, als er der Welt im Geiste und im Namen seines Volkes zurief: „Wir Deutschen fürchten Gott und sonst nichts auf der Welt."

Es gibt religiöse Naturen aus Weltferne und aus Welttrotz. An jenen können wir uns in Feierstunden erbauen; wir können sie lieben. Den glaubensstarken Welttrotz aber müssen wir bewundern und können an ihm uns ausrichten an jedem Werktag in Arbeit, Not und Gefahr, weil solcher Glaube die Kraft in sich birgt, die Welt zu überwinden. Diesen Glauben mußten wir kennen lernen, ehe wir seinen Träger in sein politisches Wirken und in seinen Kampf mit der politischen Welt begleiten. Als er in diese im Jahre 1847 eintrat, kannten ihn die meisten nicht; nur wenige hatten eine Ahnung, was alles in ihm schlummerte, wogte und brandete. Nun, da wir's wissen, haben wir die Pflicht, stets den ganzen Mann im Auge zu behalten und einzuschätzen, wenn wir ihn durch seine politischen Lehr- und Wanderjahre begleiten, die sehr bald zu Meisterjahren wurden.

In der Zeit, da seine politische Entwicklung anhebt, ist seine innere Entwicklung beendet. Die Geschichte seiner Seele, seines Glaubens, seiner Liebe hat einen gewissen Abschluß, da die Geschichte seines geschichtlichen Wirkens beginnt. Er bleibt von nun an in seinen menschlichen Zügen derselbe.

Deshalb hatten wir zuerst tiefgehend Einkehr gehalten bei seinem innersten Wesen, das in Liebe, Heimat und Glauben seine starken Wurzeln hatte.

## 5. Des Parlamentariers erste Kundgebungen. Auf der Wacht vor dem Königsthrone. 1847 und 1848.

Das Jahr 1847 sollte auch für Bismarcks politische Tätigkeit ein wichtiger Lebensabschnitt werden. Zwischen Verlobung und Hochzeit fällt sein erstes parlamentarisches Auftreten.

Durch Königliches Patent vom 1. Februar wurde auf den 11. April der „Vereinigte Landtag" nach Berlin berufen, der sich aus den Mitgliedern der Landtage der acht preußischen Provinzen zusammensetzte. Bismarck war stellvertretendes Mitglied des sächsischen Provinziallandtages; durch besonderes Vertrauen der Magdeburgischen Stände war er, kaum in die Provinz gekommen, an die erste Stelle unter den Vertretern gerückt. Aber zunächst war keine Aussicht. Am 17. Februar tröstete er sich in einem Briefe an seine Braut: „Das Land und der König verlieren ohne Zweifel dabei einen der ausgezeichnetsten Vertreter, und eine Stütze des Thrones im Reichstage, unsre Liebe aber gewinnt." – Der Zufall, vielleicht auch die Rücksicht des „aus Gesundheitsrücksichten" zurücktretenden eigentlichen Abgeordneten v. Brauchitsch auf Bismarck brachten diesen doch noch hinein, der nicht ablehnen wollte, aus Besorgnis, die Magdeburgischen Stände zu verletzen und sich jede Aussicht auf die Zukunft, die sich auf ständische Verbindung gründe, zu verderben. Zwischen der Liebe des Bräutigams und dem Pflichtgefühl des Mannes gab dieses den Ausschlag. Am 18. Mai schreibt er: „Es war mein eifriger Wunsch Mitglied des Landtags zu sein; daß aber der Landtag und Du 50 Meilen auseinander sind, betrübte mich trotz der Erfüllung meines Wunsches." Und besonders betrübte es ihn, daß er Pfingsten nicht kommen kann. „Ich weiß nicht, wie ich es mit meinen Pflichten vereinigen soll, 3 bis 4 Tage für Kniephof frei zu machen, während es sich hier über die wichtigsten Schicksale des Landes oft um Eine Stimme handelt."

Nachdem er am 15. Mai zum ersten Male kurz das Wort ergriffen und in einem Geplänkel sich mit dem westfälischen Liberalen Georg von Vincke auseinandergesetzt hatte, wandte er sich in längerer Rede am 17. Mai gegen den Führer der ostpreußischen Liberalen von Saucken-Tarputschen, der von Mangel an Vertrauen gesprochen hatte, welches zwischen der Verwaltung, der Gesetzgebung und dem Volke bestehen müsse; dieses Vertrauen habe 1806 gefehlt; die Reformen von 1807 hätten dann den Thron mitten in das Volk hineingestellt. Die Begeisterung von 1813 sei nicht eine Folge des Nationalhasses, den ein edles, gebildetes Volk gar nicht kenne, sondern eine Frucht jener geistig und politisch befreienden Gesetzgebungen, „damit der König ausführen könne, was er in weiser Absicht beschlossen habe". Also nicht als Befreiungskrieg vom äußeren Joch, sondern als einen Freiheitskrieg von innerem Zwang und Druck stellte Saucken jenen Krieg hin. Sofort erhob sich Bismarck. Geschildert wird er als ein Mann „von mittelalterlicher Ritterlichkeit, die Hand am Schwerte und den Fuß im Bügel"; er sah aus, „als könne er einige Demokraten zum Frühstück vertilgen", „eine hohe Gestalt von mächtigem Bau, das dichte Haar kurz geschnitten, das gesund gerötete Antlitz von einem starken blonden Vollbart eingerahmt, die blanken grauen Augen etwas vorstehend, *à fleur de tête*, wie die Franzosen sagen". Einen Augenblick schaute er in die Versammlung und „sprach dann schlicht, mitunter stockend, mit einem scharfen, zuweilen schneidenden, nicht eben angenehmen Klang in der Stimme": „Ich fühle mich gedrungen, dem zu widersprechen, was auf der Tribüne sowohl als außerhalb dieses Saales so oft laut geworden ist, als von Ansprüchen auf die Verfassung die Rede war: als ob die Bewegung des Volkes von 1813 anderen Gründen zugeschrieben werden müßte, und es eines anderen Motivs bedurft hätte, als der Schmach, daß Fremde in unserem Lande geboten." Hier unterbrach Murren und lautes Rufen den Redner; dieser zog aber ruhig die Spenersche Zeitung aus der Tasche und las darin, bis der Vorsitzende die Ruhe wiederhergestellt hatte. Dann fuhr er fort, von wiederholtem Murren unterbrochen und am Schlusse mit großem Lärm begleitet: „Es heißt meines Erachtens der Nationalehre einen schlechten Dienst erweisen, wenn man annimmt, daß die Mißhandlung und Erniedrigung, die die Preußen durch einen fremden Gewalthaber erlitten, nicht hinreichend gewesen seien, ihr Blut in Wallung zu bringen und durch den Haß gegen die Fremdlinge alle andern Gefühle übertäubt werden zu lassen."

Diese im Protokoll stehenden Worte scheinen einen noch kräftigeren Wortlaut gehabt zu haben; denn am folgenden Tage schreibt er seiner Braut: „Gestern erregte ich einen unerhörten Sturm des Mißfallens, indem ich durch eine, nicht deutlich genug gefaßte Äußerung über die Natur der Volksbewegung von 1813 die mißverstandne Eitelkeit vieler von der eignen Parthei verletzte, und natürlich das ganze Halloh der Opposition gegen mich hatte. Die Erbitterung war groß, vielleicht grade weil ich die Wahrheit sagte, indem ich auf 1813 den Satz anwandte, daß Jemand (das preußische Volk), der von einem Andern (den Franzosen) solange geprügelt wird, bis er sich wehrt, sich daraus kein Verdienst gegen einen Dritten (unsern König) machen kann. Man warf mir meine Jugend und was sonst noch alles vor. Ich muß jetzt vor der heutigen Sitzung hin, um beim Druck nachzusehen, ob sie meine Worte nicht in Unsinn verkehrt haben." Der Ausdruck „geprügelt werden" wird also wohl gefallen sein; den Freiwilligen von 1813 wird er mißfallen haben. Denn Bismarck ergänzt sich am 21.Mai: „Der Vater wird Dir erzählen, wie ich neulich hier in das Wespennest der Freiwilligen stach, und die entrüsteten Hornissen auf mich hersummten; andrerseits hatte ich die Genugthuung dafür, daß viele ältere und verständige Leute sich mir näherten, die ich gar nicht kannte, und auch versicherten, ich hätte vollkommen die Wahrheit gesagt, das grade habe die Leute so geärgert."

Jedenfalls sehen wir eins: der junge Parlamentarier nahm kein Blatt vor den Mund und machte aus seinem Herzen keine Mördergrube. Mit der Kühnheit, Entschlossenheit, Bestimmtheit, in denen auch wohl erbitterte Schärfe und kühle Geringschätzung wechselten, tritt er am ersten Tage in die Schranken und er steigerte durch diese Eigenschaften den Zorn seiner Gegner, wie er das allezeit getan.

Hinter diesen rednerischen Eigenschaften stand aber auch ein ganzer Mann, der wußte, was er empfand und was er wollte. Vor allem zeigte er schon eine große Selbständigkeit; ein Dutzendmensch war dieser von Preußenstolz, von derber Vaterlandsliebe, von Haß gegen alles Fremde und von robuster Königstreue beseelte Mann nicht. Wie er sein Preußen liebte und seine Pflichten gegen dieses Land auffaßte, das beweist eine Äußerung, die er einmal in Trieglaff getan: er verstehe es nicht, daß 1806 kein Leutnant seinem feigen General eine Kugel vor den Kopf geschossen habe. Das starke Empfinden des nationalen Staatsmannes regte sich schon damals in ihm, wenn er am 15. Juni den Liberalen zurief: „Ich möchte den Herren, die so gerne ihre Ideale jenseits der Vogesen suchen, eines zur Richtschnur empfehlen, was den Engländer und Franzosen auszeichnet: Das ist das stolze Gefühl der Nationalehre, welches sich nicht so leicht und so häufig dazu hergibt, nachahmenswerte und bewunderte Vorbilder im Auslande zu suchen." Und wie er zu seinem König und zum Königtum stand, das zeigte er in seinen ersten Reden in diesem Vereinigten Landtag. Seine auf der historischen Entwicklung Preußens beruhende Überzeugung war, daß die preußischen Monarchen nicht von des Volkes, sondern von Gottes Gnaden im Besitz einer faktisch unbeschränkten Krone seien, von deren Rechten sie freiwillig einen Teil dem Volke verliehen und damit ein Beispiel gegeben hätten, welches in der Geschichte selten sei. Eine authentische, rechtsverbindliche Deklaration seiner Rechte und Versprechungen könne deshalb nur der König selber geben: das liege auch im Rechtsbewußtsein des preußischen Volkes; der alten preußischen Volksmeinung gelte ein Königswort mehr als ein Deuteln und Drehen an dem Buchstaben der Gesetze. Die Majorität dieses Volkes – so entgegnete er dem Abgeordneten Sperling von Königsberg – finde er aber nicht repräsentiert in den Versammlungen auf dem Böttchershöfchen in Königsberg. – Diese Anschauungen klingen ja rücksichtslos und herausfordernd. Aber sie verlieren ihre Rücksichtslosigkeit, wenn man hinzunimmt, daß Bismarck den preußischen Staat für einen christlichen Staat hielt, der ihm nicht eine müßige Fiktion, eine Erfindung neuerer Staatsphilosophen war, sondern ein Begriff, der ihm so alt schien, wie das heilige römische Reich, so alt, wie sämtliche europäische Staaten, daß dieser Begriff gerade der Boden sei, in welchem die Staaten Wurzel geschlagen haben, und daß jeder Staat, wenn er seine Dauer gesichert sehen, seine Berechtigung zur Existenz nachweisen wolle, auf religiöser Grundlage sich befinden müsse. In diesem Geiste hat er später einmal gesagt: „Nehmen Sie mir meinen Glauben und Sie nehmen mir meinen König. Denn warum, wenn es nicht Gottes Gebot ist, soll ich mich sonst diesen Hohenzollern unterordnen? Es ist eine schwäbische Familie und nicht besser als die meine." In diesem Geiste waren ihm auch die Worte „Von Gottes Gnaden" kein leerer Schall, sondern ein Bekenntnis, daß die Fürsten das Szepter, welches ihnen Gott verliehen habe, nach Gottes Willen auf Erden führen wollten. Als Gottes Willen erkannte er aber das an, was in den christlichen Evangelien geoffenbart sei, und er glaubte in seinem Rechte zu sein, wenn er einen solchen Staat einen christlichen nannte, der sich die Aufgabe gestellt habe, die Lehren des Christentums zu verwirklichen und seine Gesetzgebung aus dem Urquell ewiger Wahrheiten neu zu schaffen. Diese Auffassung von Königtum und Staat war jedenfalls großzügig und ideal. Sie hatte nichts an sich von dem Mystisch-Verschwommenen der Ideen der heiligen Allianz; sie erweiterte in Bezug auf Fürstenpflicht mit historischem Feingefühl das Wort Friedrich des Großen: „Ich bin der erste Diener meines Staates" zu dem Bekenntnis: „Ich bin der erste Diener meines Staates und meines Gottes, dessen Wille allezeit geschehen soll."

Wenn wir aus diesem altpreußisch frommen Geiste heraus Bismarcks Wesen beurteilen, so werden wir ihn in seinem Denken und Wirken verstehen, und, auch wenn wir nicht mit ihm ganz gleichgesinnt und gleichgestimmt sind, ihn bewundern lernen. – Vor allem werden wir seine eigene Gewissenhaftigkeit zu würdigen wissen, mit welcher er an der parlamentarischen Arbeit blieb, wo er es doch in seiner Gewalt hatte, den Landtag laufen zu lassen, was ihm in seinem jungen Brautstande niemand verdacht hätte. Aber die Eine Stimme, auf die es ankam, hätte vielleicht die seinige sein können. Und dann hielt er sich verpflichtet die Abgeordneten der sogenannten Hofpartei und starre Konservative von unpolitischem Durchgehen und von ungeschickten Seitensprüngen abzuhalten, was gerade er, nachdem er seine Richtung aufs unumwundeste dargetan hatte, auf das unverdächtigste tun konnte.

Aus seiner preußischen Gesinnung heraus muß man es auch verstehen, daß er alle Parallelen mit dem Auslande, welche die Gegner reichlich heranzogen, als etwas Mißliches hinstellte, daß ihn, der von Haus aus reichliche liberale Anwandlungen gehabt, die Liberalen auf dem ersten parlamentarischen Waffengange geradezu abstießen, weil sie ihm zu unpreußisch und zu unpraktisch zu sein schienen. Geradezu unbehaglich waren ihm die nicht selbst empfundenen und nicht aus heimischen Verhältnissen erwachsenen Ideen, sondern aus Belgien oder Frankreich her eingeführten Phrasen, die nach einem theoretischen Muster zugestutzt waren. Er verachtete es geradezu, wie Abgeordnete „mit schamloser Selbstgefälligkeit ihre nichtssagenden Redensarten einer so großen Versammlung aufzudrängen wagten", wie „25 Redner immer wieder dieselben sentimentalen Salbadereien vorbrachten" und „immer noch langweilige Humanitätsfaseler redeten". Das sagt er besonders im Hinblick auf die Debatten über Emanzipation der Juden und ihre Zulassung zu Staatsämtern, in denen er gegen eine große Majorität stand und nicht in Übereinstimmung mit der Regierung sich befand, nicht etwa aus Unduldsamkeit oder rohem Rassenhaß, sondern auf Grund seiner Auffassung vom christlichen Staate und seiner Erfahrungen als Landedelmann, der es vollauf würdigte, „daß die Judenschaft in größeren Städten fast durchaus aus achtungswerten Leuten bestehe", der aber auch die ländlichen Verhältnisse gründlich kannte: „Ich kenne eine Gegend", so sagte er, „wo die jüdische Bevölkerung auf dem Lande zahlreich ist, wo es Bauern giebt, die nichts ihr Eigentum nennen auf ihrem ganzen Grundstück; von dem Bette bis zur Ofengabel gehört alles Mobiliar dem Juden, das Vieh im Stalle gehört dem Juden, und der Bauer zahlt für jedes einzelne seine tägliche Miete, das Korn auf dem Felde und in der Scheune gehört dem Juden, und der Jude verkauft dem Bauer das Brot-, Saat- und Futterkorn metzenweis.

Von einem ähnlichen christlichen Wucher habe ich, wenigstens in meiner Praxis, noch nie gehört". Wir sehen: manch scharfes und rücksichtsloses Wort mit kraftvollem Wirklichkeitssinn sprach er in den ersten Kampfestagen. Aber es war vielfach nicht sein letztes Wort. Wie er für alle Wirklichkeit und für geschichtliches Sein und Werden reich empfänglich war, so war er auch ein Mann, der sich belehren und bekehren ließ, wo die Sache es von ihm forderte. So war auch nicht sein letztes Wort die unumschränkte Autorität der alten preußischen Königsmacht, die seiner Überzeugung nach auf dem Ersten Vereinigten Landtag staatsrechtlich vorhanden war. Aber Bismarck war schon damals der Meinung, daß die Periodizität, d. h. die regelmäßige Einberufung des Landtags zu einer wahren Lebensfähigkeit dieser Versammlung notwendig sei; er wollte sie nur nicht erzwungen sehen, sondern wünschte die Beschränkung nur als freie Gabe königlicher Machtvollkommenheit. Er war tief davon durchdrungen, daß der Absolutismus in erster Linie Unparteilichkeit, Ehrlichkeit, Pflichttreue, Arbeitskraft und innere Demut der Regierenden bedürfe; auch wenn sie vorhanden, so würden doch männliche oder weibliche Günstlinge, im besten Falle die legitime Frau, die eigene Eitelkeit und Empfänglichkeit für Schmeicheleien dem Staate die Früchte des Königlichen Wohlwollens verkürzen, da der Monarch nicht allwissend sei und nicht für alle Zweige seiner Aufgabe gleiches Verständnis haben könne. Bismarck war schon in seinem ersten politischen Wirken dafür, daß die Möglichkeit öffentlicher Kritik der Regierung im Parlamente und in der Presse erstrebt werde, um den Monarchen vor der Gefahr zu behüten, daß Weiber, Höflinge, Streber und Phantasten ihm Scheukappen anlegten, die ihn hinderten, seine monarchischen Aufgaben zu übersehen und Mißgriffe zu vermeiden oder zu korrigieren. Diese Auffassung prägte sich um so schärfer aus, je weiter er mit den Hofkreisen vertraut wurde und er das Staatsinteresse gegen ihre Strömungen und Ressortengherzigkeit zu vertreten hatte. Schon damals also gehörte Bismarck nicht zu den starren und blinden Fürstendienern; auch war er nicht ein starrer Konservativer, der etwa für ein Adelsregiment eingetreten wäre. Er selbst hat's gesagt, daß ihm niemals die Geburt als Ersatz für den Mangel an Tüchtigkeit gegolten habe und daß er für den Grundbesitz nicht im Interesse besitzender Standesgenossen eingetreten sei, sondern weil er in dem Verfall der Landwirtschaft eine der größten Gefahren für unsern staatlichen Bestand sah. Als Ideal schwebte ihm damals eine monarchische Gewalt vor, welche durch eine unabhängige, ständische oder berufsgenossenschaftliche Landesvertretung soweit kontrolliert wäre, daß Monarch oder Parlament den bestehenden gesetzlichen Rechtszustand nicht einseitig, sondern nur nach gegenseitiger Übereinstimmung ändern könnten, bei Öffentlichkeit und öffentlicher Kritik aller staatlichen Vorgänge durch Presse und Landtag.

Mit solchen Anschauungen bewegte sich Bismarck weiter auf politischer Bahn. Zunächst sollte er als Royalist vor seines Königs Thron in die Bresche treten. In Beziehung zu seinem König kam er wieder im Juni 1847. Et schreibt am 22. an seine Braut: „Vorgestern waren wir bei unserm Freunde dem Könige, und wurde ich von den hohen Herrschaften sehr verzogen, und bin nun so stolz, daß ich immer über Deinen Kopf wegsehn werde, und nur in seltenen Augenblicken der Herablassung mein Auge zu Deinem schwarz-grau-blauen niederschlagen." Auf der Hochzeitsreise traf er den König in Venedig und war wieder am 11. Januar 1848 beim Könige neben Ludwig von Gerlach zu Tisch. Er behielt den Eindruck, bei beiden königlichen Herrschaften in voller Gnade zu stehen.

Dieses Zusammensein war nahe vor dem Sturm: die Nähe des Wetters ahnte damals niemand.

Am 26.Juni 1847 wurde der Landtag ungnädig nach Hause geschickt, weil er nicht bloß eine beratende, sondern eine beschließende Stimme haben und auch in bestimmten Zeitabschnitten regelmäßig berufen werden wollte. Der erste Schritt zum Eintritt Preußens, das bisher unumschränkte Monarchie gewesen war, in die Reihe der verfassungsmäßig regierten Staaten war somit mißlungen. Es war nicht klug vom König gewesen, mit dem Versprechen der periodischen Einberufung, für die auch Bismarck sich ausgesprochen hatte, zurückzuhalten. Nun stellte Friedrich Wilhelm am 6.März 1848, durch die revolutionäre Bewegung, welche Europa erschütterte, gezwungen, diese periodische Einberufung in Aussicht. Es war zu spät. Am 24. Februar hatte man in Paris den König verjagt und die Republik ausgerufen. Der revolutionäre Schrecken breitere sich auch in Deutschland aus; die meisten Regierungen Deutschlands verstanden sich zu Zugeständnissen gegenüber den Liberalen. Diese stellten Forderungen in Bezug auf Deutschlands Einheit und Freiheit. Insgeheim aber hofften die Fürsten auf Preußens Schutz gegenüber der Revolution. Diese Hoffnung wurde zu schanden. Der König wich vor der Bewegung zurück. Am 18. März brach in Berlin die Revolution aus; die Aufrührer bauten Barrikaden, wurden aber von dem Heere unter General von Prittwitz erfolgreich bekämpft. Da befahl der König, aus nicht vollkommen geklärten Gründen, den Kampf abzubrechen und die Truppen zuerst aus dem Schloß, dann in die Kasernen zurückzuziehen, endlich sie ganz aus der Stadt zu führen. Am 21. unternahm er von Prinzen, Generalen, Ministern und Bürgern begleitet, mit den schwarz-rot-goldenen Farben geschmückt, einen Umritt in der Stadt, überall stürmisch begrüßt, und sprach zur Bürgerwehr, zu den Professoren, zu den Stadtverordneten schwungvolle Worte: „Ich trage die Farben, die nicht mein sind. Aber ich will damit nichts usurpieren; ich will keine Krone, keine Herrschaft, ich will Deutschlands Freiheit, Deutschlands Einheit, ich will Ordnung, das schwöre ich zu Gott."

Als Bismarck von diesen Vorgängen in Schönhausen hörte, war er tief erbittert; seiner Meinung nach war dieser Umzug nicht geeignet, das wieder einzubringen, was im Innern und nach außen verloren war; der König stand nicht mehr an der Spitze seiner Truppen, sondern der Barrikadenkämpfer, derselben unlenkbaren Massen, vor deren Bedrohung die Fürsten Deutschlands wenige Tage vorher noch Schutz bei ihm gesucht hatten. Bismarck hielt es für würdelos und weichlich, daß Friedrich Wilhelm IV. unter dem Druck unberufener, vielleicht verräterischer Ratgeber, gedrängt durch die Tränen seiner Frau, das siegreiche Vorgehen seiner Truppen dadurch abzuschließen suchte, daß er auf den gewonnenen Sieg verzichtete und daß er damit die weitere Entwicklung der preußischen Politik zunächst durch den Schaden einer versäumten Gelegenheit stark hemmte.

Aber Bismarck hatte nicht nur feste politische Ansichten in der Theorie, der große Realpolitiker suchte sie auch, soviel er als brandenburgischer Landedelmann das konnte, in Wirklichkeit umzusetzen. Da er hörte, daß der König in der Hand der Aufständischen sei, sah er seine nächste Aufgabe darin, den König zu befreien. Als ihm seine Bauern meldeten, es seien aus dem nahen Tangermünde Männer gekommen mit der Aufforderung, auf dem Turme zu Schönhausen die schwarz-rot-goldene Fahne aufzuziehen, und mit ernsten Drohungen im Weigerungsfalle, fragte er die Bauern, ob sie sich wehren wollten. Sie antworteten ja und vertrieben auf seine Empfehlung, unter eifriger Beteiligung der Weiber, die Städter aus dem Dorfe. Dann ließ Bismarck eine in der Kirche vorhandene weiße Fahne mit dem eisernen Kreuz aufziehen, ließ alles sammeln, was an Waffen und Schießbedarf vorhanden war, und ließ durch reitende Boten von Jerichow und Rathenow Pulver holen. Dann fuhr er mit seiner Frau auf den umliegenden Dörfern umher und fand die Bauern bereit, dem Könige in Berlin zu Hilfe zu ziehen. Nur sein nächster Nachbar erklärte, er werde gegen die Bauern auftreten und abwiegeln. Bismarck: „Sie kennen mich als einen ruhigen Mann, aber wenn Sie das tun, so schieße ich Sie nieder." „Das werden Sie nicht," meinte der Nachbar. „Ich gebe mein Ehrenwort darauf," versetzte Bismarck, „und Sie wissen, daß ich das halte, also lassen Sie das."

Dann fuhr er allein nach Potsdam, kam an einem Biwak der Garde-Infanterie vorbei, sprach mit den Leuten und fand Erbitterung über den befohlenen Rückzug und Verlangen nach neuem Kampfe; dann sprach er die Generale von Möllendorf und von Prittwitz, schilderte ihnen die Stimmung des Landvolkes. Was er von Berlin hörte, bestärkte ihn in dem Glauben, daß der König nicht frei sei. Auf seine Aufforderung, den König aus Berlin herauszuholen, bekam er die Antwort, daß man ohne Befehl nicht angreifen könne.

Unter diesen Umständen kam Bismarck auf den Gedanken, den Befehl zum Handeln, der vom König nicht zu erwarten war, von anderer Seite zu beschaffen. Er hoffte auf den Prinzen von Preußen, der von vornherein die allzu lange Nachsicht des Gouverneurs von Berlin, Pfuel, mit scharfen Worten als Demoralisierung der Truppen bezeichnet und nach dem Befehl zum Rückzuge seinen Degen auf den Tisch geworfen hatte mit den Worten, er könne ihn nicht mehr in Ehren tragen. Den Prinzen fand er nicht, wohl aber dessen Gemahlin, die Auskunft verweigerte über den Aufenthalt des Gemahls und in lebhafter Erregung erklärte, sie habe die Rechte ihres Sohnes zu wahren. Was sie sagte, beruhte auf der Voraussetzung, daß der König und ihr Gemahl sich nicht halten könnten, und ließ auf den Gedanken schließen, während der Minderjährigkeit des Sohnes die Regentschaft zu führen. An Bismarck wurde dann von Georg von Vincke das Ansinnen gestellt, die Rechte für diesen Zweck zu gewinnen. Er erwiderte mit aller Lebhaftigkeit, daß er mit einem Antrage auf gerichtliches Verfahren wegen Hochverrats antworten werde. Von diesem Ansinnen hat Bismarck dem Könige Wilhelm niemals etwas gesagt, wiewohl die Königin ihm viel Gegnerschaft bereitet und seine Nerven oft auf schwere Proben im Leben gestellt hat.

Da er zum Prinzen von Preußen nicht gelangen konnte, machte er sich an den jungen Prinzen Friedrich Karl, auch hier vergeblich. Schließlich bekam er vom Prinzen Karl ein offenes Schreiben als Legitimation mit, um in Berlin zum Könige zu gelangen.

Da er dort zu sehr bekannt war, ließ er sich seinen Bart abscheren und setzte sich einen breiten Hut mit bunter Kokarde auf; dazu trug er wegen der gehofften Audienz einen Frack. In diesem Aufzuge ging er ins Schloß, wurde aber von dem Posten der Bürgerwache abgewiesen. So gab er denn die Hoffnung auf und schrieb einen Brief an den König, der an diesen durch den Fürsten Boguslaw Radziwill gelangte. Es stand unter anderem darin, die Revolution beschränke sich auf die großen Städte; der König sei Herr im Lande, sobald er Berlin verlasse. Der König antwortete nicht, hat aber später Bismarck gesagt, er habe den auf schlechtem Papier schlecht geschriebenen Brief als das erste Zeichen von Sympathie, das er damals erhalten, sorgfältig aufbewahrt.

Da in Berlin nichts zu machen war, begab sich Bismarck wieder nach Potsdam, um die Generale von Möllendorf und von Prittwitz zu veranlassen, auch ohne Befehl zum Angriff überzugehen; sie waren geneigt, wenn Wrangel in Stettin und Hedemann in Magdeburg sich anschlössen. Wrangel wollte alles tun, was Prittwitz tat. Nach Magdeburg ging Bismarck selber. Dort bekam er die Antwort, er möge sofort abreisen, um sich eine Unannehmlichkeit und dem alten General eine Lächerlichkeit zu ersparen; dieser beabsichtigte, ihn als Hochverräter festnehmen zu lassen. Der damalige Oberpräsident von Bonin hatte nämlich eine Proklamation erlassen: „In Berlin ist eine Revolution ausgebrochen. Ich werde meine Stellung über den Parteien nehmen." Diese Stütze des Thrones wurde später Finanzminister und Oberpräsident von Posen.

So kehrte Bismarck nach Schönhausen zurück; er suchte den Bauern begreiflich zu machen, daß ein bewaffneter Zug nach Berlin untunlich sei. Dadurch geriet er in Verdacht, von dem revolutionären Schwindel angesteckt zu sein. Deshalb machte er den Vorschlag, Deputierte sollten mit ihm nach Potsdam gehen, um mit Prittwitz oder dem Prinzen von Preußen selbst zu sprechen. Das wurde ausgeführt. Als man in Potsdam ankam, wurde gerade der König von einer großen Menschenmenge in wohlwollender Stimmung empfangen. Bismarck wollte seine Bauern vorstellen; da wurden sie ängstlich und zogen sich zurück. Er selber begrüßte den König, ohne erkannt zu werden, und folgte dann ins Schloß, wo er die Anrede hörte, welche der König an die Offiziere des Gardekorps richtete. Bei den Worten: „Ich bin niemals freier und sicherer gewesen als unter dem Schutze meiner Bürger," erhob sich Murren und Aufstoßen von Säbelscheiden. Bismarck, dem wir bei Erzählung dieser Ereignisse gefolgt sind, bemerkt dazu: „So etwas wird ein König von Preußen inmitten seiner Offiziere nie gehört haben und hoffentlich nie wieder hören."

Der Zorn und Schmerz über die königliche Politik bewegte sein Herz noch weiter; sie machten sich Luft im Vereinigten Landtage, der am 2. April eröffnet wurde. Der Junker schützt das preußische Königtum vor dem König. Die Adresse an den König, die in den ersten Sitzungen beraten wurde, akzeptiere er nur, insoweit sie ein Programm der Zukunft sei, aus dem alleinigen Grunde, weil er sich nicht anders helfen könne. Als er durch diese Worte Gelächter hervorrief, betonte er noch einmal, daß er es nicht freiwillig tue, sondern dem Drange der Umstände weiche, daß er seine Ansichten nicht gewechselt habe seit den sechs Monaten, die vergangen seien. Gegen die Adresse stimmte er, soweit sie Äußerungen von Freude und Dank enthielt für das, was in den letzten Tagen geschehen sei. „Die Vergangenheit ist begraben, und ich bedaure es schmerzlicher als viele von Ihnen, daß keine menschliche Macht imstande ist, sie wieder zu erwecken, nachdem die Krone selbst die Erde auf ihren Sarg geworfen hat." Mit einer Lüge wolle er nicht scheiden aus seiner Wirksamkeit im Vereinigten Landtag, indem er danke und sich freue über das, was er mindestens für einen irrtümlichen Weg halten müsse. Zum Schlüsse aber kam die tiefe nationale Empfindung zum Durchbruch in den Worten: „Wenn es wirklich gelingt, auf dem neuen Wege, der jetzt eingeschlagen ist, ein einiges deutsches Vaterland, einen glücklichen oder auch nur gesetzmäßig geordneten Zustand zu erlangen, dann wird der Augenblick gekommen sein, wo ich dem Urheber der neuen Ordnung der Dinge meinen Dank aussprechen kann; jetzt aber ist es mir nicht möglich." Er wollte noch mehr sagen, war aber durch innere Bewegung an weiterem Sprechen gehemmt: ein Weinkrampf zwang ihn, die Tribüne zu verlassen. Wo Bismarck in diesen Tagen den Urheber einer neuen Ordnung sah, darf man vermuten; plante er doch eine Rede für den verbannten Prinzen Wilhelm, der gleich ihm abseits von der schwächlichen preußischen Politik der Märztage stand; Bismarck verschmähte es damals, wie zu jeder Zeit, unter „die Kategorie feiler Bürokraten, die ihren Mantel mit verächtlicher Schamlosigkeit nach dem Winde drehten", gerechnet zu werden. Deshalb drückten ihm selbst seine eifrigsten

Gegner nach seiner Erklärung mit erhöhter Wärme die Hand. Was Bismarck in jenen Tagen besonders abstieß, war die Unsicherheit der auswärtigen Politik, der große Abstand zwischen großen Worten und schwächlichem Handeln. Der König hatte das Wort gesprochen, Preußen müsse in Deutschland aufgehen, hatte in einem Briefe an den Herzog von Augustenburg für die Selbständigkeit der Herzogtümer Stellung genommen: die Taten entsprachen nicht den Worten. Bismarck tadelte die auswärtige Politik und fand durch sie die Besorgnis bestätigt, mit der man dem phantastischen Fluge der preußischen Politik nachsehen müsse.

Auch zur Behandlung der polnischen Frage hatte er kein Vertrauen, da man Mißhandlungen der Deutschen nicht mit der nötigen Kraft entgegengetreten war, und er fand es merkwürdig, wie der Berliner in der gutmütigen Einfalt seines Enthusiasmus für alles Ausländische sich jemals einbilden konnte, die Polen könnten etwas anderes als unsere Feinde sein. In einer Zuschrift an die „Magdeburgische Zeitung" äußerte er sich über die auswärtige Politik Preußens in einer Weise, die bewies, wessen Geistes Kind dieser Mann schon damals war und was man von ihm zu erwarten hatte. Eine der bemerkenswertesten Stellen lautete:

„Die Berliner haben die Polen mit ihrem Blute befreit und sie dann eigenhändig im Triumph durch die Stadt gezogen; zum Dank dafür standen die Befreiten bald darauf an der Spitze von Banden, welche die deutschen Einwohner einer preußischen Provinz mit Plünderung und Mord, mit Niedermetzelung und barbarischer Verstümmelung von Weibern und Kindern heimsuchten. So hat deutscher Enthusiasmus wieder einmal zum eignen Schaden fremde Kastanien aus dem Feuer geholt. Ich hätte es erklärlich gefunden, wenn der erste Aufschwung deutscher Kraft und Einheit sich damit Luft gemacht hätte, Frankreich das Elsaß abzufordern und die deutsche Fahne auf den Dom zu Straßburg zu pflanzen. Aber es ist mehr als deutsche Gutmütigkeit, wenn wir uns mit der Ritterlichkeit von Romanhelden vor allem dafür begeistern wollen, daß deutschen Staaten das Letzte von dem entzogen werde, was deutsche Waffen im Laufe der Jahrhunderte in Polen und Italien gewonnen hatten. Das will man jubelnd verschenken, der Durchführung einer schwärmerischen Theorie zuliebe, einer Theorie, die uns ebenso gut dahin führen muß, aus unseren südöstlichen Grenzbezirken ein neues Slavenreich zu bilden, das italienische Tirol den Venetianern zurückzugeben und aus Mähren und Böhmen bis in die Mitte Deutschlands ein von letzteren unabhängiges Czechenreich zu gründen."

Der künftige nationale Staatsmann kündigt sich in solchen Worten an.

Am 10. April wurde der Vereinigte Landtag geschlossen. Seine Ausgabe übernahm die Nationalversammlung, die in Berlin als verfassunggebende preußische tagte und zu unterscheiden ist von der seit dem 18. Mai 1848 in der Frankfurter Paulskirche beratenden deutschen Nationalversammlung. Bismarck gehörte der Berliner Versammlung nicht an. Gleichwohl war er nicht untätig. Und wenn er auch an seine Gattin schreibt, er verbringe den Tag mit Pflastertreten, Rauchen und Intriguieren, so muß man das in besserem Sinne fassen, als er's sagte. Denn er war sehr vielseitig tätig als Journalist. Seine Zeitungsartikel liefen meist unter „Eingesandt"; schade, daß wir sie nicht alle kennen; es würden wertvolle Quellen Bismarckscher Gedanken sein. Was wir kennen, zeigt ihn, wie schon die kleine Probe und andere ähnliche Ausschnitte über aktuelle Fragen des Tages beweisen, als Meister politischer Worte von Dauerwert.

Neben der journalistischen entfaltete Bismarck auch eine nicht minder eifrige agitatorische Tätigkeit. Dem gegen Ende Juni gegründeten „Verein zum Schutze des Eigentums", der die alten Rechte der Rittergüter zu wahren suchte, trat er bei – zugleich mit Kleist-Netzow, von Below-Hohndorf, von Puttkamer-Reinfeld, von Bülow-Cummerow und andern. Gemeinsam mit diesen Männern gründete er am 1. Juli die „Neue Preußische Zeitung" und in dem „Preußenverein" eine Organisation, die bei Hofe Einfluß zu gewinnen suchte. Bismarck stand bei allem an erster Stelle. Bei dem Anfang November gefaßten Beschlusse, der immer wieder ausbrechenden Unordnung in Berlin ein Ziel zu setzen und ein tatkräftiges Ministerium zu berufen, war der König vornehmlich durch ihn beraten, wie er überhaupt in dieser Zeit in nächste Beziehung zum Hofe rückte. Im Juni befand sich Bismarck in Potsdam. Der König hörte das; er sandte seinen Leibjäger zu ihm, da er ihn zu sprechen wünschte. Bismarck bedauerte, dem Befehl keine Folge leisten zu können, er müsse der Gesundheit seiner Frau wegen heimreisen. Da erschien der Flügeladjutant Edwin von Manteuffel mit dringender Einladung zur Tafel. Bismarck konnte nicht weiter ungehorsam sein. Nach der Tafel war er mit dem König allein aus der Terrasse; dieser fragte freundlich: „Wie geht es bei Ihnen?" In der Gereiztheit, die Bismarck seit den Märztagen in sich trug, antwortete er: „Schlecht." Darauf der König, offenbar unter dem Eindrucke irgendwelcher neuerer Anordnungen, die er getroffen: „Ich denke die Stimmung ist gut bei Ihnen." Darauf Bismarck: „Die Stimmung war sehr gut, aber seit die Revolution uns von den königlichen Behörden unter königlichem Stempel eingeimpft worden, ist sie schlecht geworden. Das Vertrauen zu dem Beistande des Königs fehlt." In dem Augenblicke trat die Königin hinzu und sagte. „Wie können Sie so zu dem Könige sprechen?" Der König: „Laß mich nur, Elise; ich werde schon mit ihm fertig werden," und dann zu Bismarck gewandt: „Was werfen Sie mir denn eigentlich vor?" „Die Räumung Berlins." „Die habe ich nicht gewollt", erwiderte der König; die Königin setzte hinzu: „Daran ist der König ganz unschuldig, er hatte seit drei Tagen nicht geschlafen." „Ein König muß schlafen können", versetzte Bismarck. Unbeirrt durch diese schroffe Äußerung sagte der König: „Man ist immer klüger, wenn man vom Rathause kommt; was wäre denn damit gewonnen, daß ich zugäbe ‚wie ein Esel' gehandelt zu haben? Vorwürfe sind nicht das Mittel, einen umgestürzten Thron wieder aufzurichten, dazu bedarf ich des Beistandes und tätiger Hingebung, nicht der Kritik." Die Güte, mit der der König dieses und Ähnliches sagte, überwältigte Bismarck. Er war gekommen in der Stimmung eines Frondeurs, dem es ganz recht gewesen wäre, ungnädig weggeschickt zu werden. Er ging, vollständig entwaffnet und gewonnen. Bismarcks Stimmung im Juni kann man verstehen, wenn man bedenkt, daß nicht der König in Berlin herrschte, sondern die Willkür, und daß in der Hauptstadt Preußens Volksmassen es wagen konnten, in der Nacht vom 15. zum 16. Juni das Zeughaus zu stürmen, um sich die dort aufbewahrten Waffen anzueignen, und daß sie dabei die im Zeughause hängenden Siegesbeutestücke entehrten.

Als man in Potsdam Ende Oktober und Anfang November sich entschloß, dieser Unordnung ein Ende zu machen, finden wir Bismarck wieder zur Stelle. Schon im September hofft er auf energisches Vorgehen. Er schreibt am 23., an einem Sonnabend Abend, an seine Frau: „Am Montag wird der Würfel hier wohl fallen. Entweder zeigt sich das Ministerium schwach wie seine Vorgänger und weicht aus, wogegen ich noch bemüht sein werde zu wirken, oder es thut seine Pflicht, dann zweifle ich keinen Augenblick, daß am Montag Abend oder am Dienstag Blut fließt. Ich hätte nicht gedacht, daß die Demokraten dreist genug sein würden die Schlacht anzunehmen; aber ihr ganzes Auftreten deutet an, daß sie es wollen. Polen, Frankfurter Bummler, Freischärler, alles mögliche Gesindel ist wieder vorhanden. Sie rechnen auf den Abfall der Truppen, wahrscheinlich durch die Reden einzelner unzufriedener Schwätzer unter den Soldaten dazu verleitet; aber ich denke, sie werden sich sehr irren."

Mitte Oktober ist er in Potsdam; er hatte in Berlin bessere Verhältnisse gefunden, nicht die kleinste Emeute mehr, aber bittere Spannung zwischen Bürgerwehr und Arbeitern; diese ließen König und Militär leben.

Ende Oktober fanden Verhandlungen mit dem Grafen von Brandenburg, dem Oheim des Königs, wegen Bildung eines neuen tatkräftigen Ministeriums statt. Bismarck ist Anfang November wieder in Potsdam und Berlin; am 3. ist er den ganzen Tag dort in Staatsgeschäften gewesen; er spottet, daß man in Berliner parlamentarischen Kreisen sich schmeichele mit der Hoffnung, der König werde sich durch Deputationen einschüchtern lassen; zu dem Glauben an etwas Energisches kann er sich aber gleichwohl immer noch nicht aufschwingen. In diesen Tagen wurde auch an seinen Eintritt ins Ministerium gedacht. Der Graf Brandenburg hatte ihn vorgeschlagen. Der König aber schrieb an den Rand des Vorschlages: „Nur zu gebrauchen, wenn das Bajonett schrankenlos waltet." Eine andere Lesart will wissen, der König habe geschrieben: „Roter Reaktionär, riecht nach Blut, später zu gebrauchen." Der König kannte Bismarck genau. Sollte dieser doch dem General von Prittwitz, der auf persönlichen Befehl des Ministers des Innern wütend den Schloßplatz mit seinen Truppen geräumt und Bismarck gefragt hatte, was er denn anders hätte tun können, geantwortet haben: „Ich würde es für zweckmäßiger gehalten haben, einem Unteroffizier zu befehlen: ‚Nehmen Sie diesen Zivilisten in Verwahrung!'" Bismarck selbst hat damals seinen Eintritt ins Ministerium nicht gewünscht. Wohl aber hat er zur Gewinnung Otto von Manteuffels wesentlich beigetragen, indem er bis spät in die Nacht auf ihn einredete und dessen Frau wegen der persönlichen Sicherheit des Gatten beruhigte.

Am 8. November gab der König den Befehl, die Nationalversammlung nach Brandenburg zu verlegen. Auf deren Weigerung rückte der Oberkommandierende der Marken, General von Wrangel, am 10. in Berlin ein. Bismarck bemerkt dazu: „Heut Mittag um 2 rücken alle Truppen von Wrangels in Berlin ein, werden dort wohl die fliegenden Corps entwaffnen, die widerspenstigen Deputirten aus dem Concertsaal bringen, und die Stadt wieder zu einer Kön. Preußischen machen. Ob es dabei Hiebe giebt, ist zweifelhaft; gestern ist wider Erwarten alles ruhig geblieben; die Demokraten scheinen doch sehr bestürzt zu sein." Und am 14. fügt er von Potsdam aus hinzu: „Gestern hieß es, man wolle der Königin (zu ihrem Geburtstag) eine Katzenmusik bringen; eine aufgestellte Compagnie reichte hin, die Verwegnen zum stillschweigenden Abzug zu bringen. Berlin in Belagerungszustand; aber noch kein Schuß abgefeuert. Die Entwaffnung der Bürgerwehr geht zwangsweise und sehr allmählich vor sich. Die Versammlung im

Schützenhause ist gestern durch Soldaten auseinandergesprengt, 6 Mann, die nicht gehen wollten, zur Thür hinausgeworfen. Heut wird drüben das Standrecht proclamirt. ... Die Bauern der Umgegend haben dem König erklärt, wenn er sie brauche, solle er nur rufen, sie kämen mit Waffen und Lebensmitteln seinen Truppen zu Hülfe." Andere charakteristische Äußerungen aus diesen Tagen lauten: „Man erwartet noch etwas Lärm, aber die Leute thun alle mit dem Munde mehr als mit der Flinte; daß es ganz ohne Kugelwechsel abgehen sollte, kann ich mir kaum denken. Die Berliner Stadtverordneten haben ihre Unterwerfung ausgesprochen; das dank ihnen der –." „Von hier giebt es weiter nichts Neues, als daß es in Potsdam und Berlin so ruhig ist, wie unter dem vorigen Könige, und die Waffenablieferung in B. ihren ununterbrochnen Fortgang hat. Es ist möglich, daß es dabei noch beiläufig zu Gewaltscenen kommt, die Truppen brennen innerlich danach, aber im Ganzen scheint mir der ‚passive Widerstand' der Demokraten nur ein zeitgemäßer Ausdruck für das, was man sonst Angst nannte." Dem Könige und der Königin rückte Bismarck trotz seiner scharfen Äußerungen im Juni recht nahe. Er wurde zur Tafel geladen, durfte sich für seine Frau einen Erikazweig vom Nähtisch der Königin pflücken und wurde vom König ins engste Vertrauen gezogen. Dieser äußerte sich dem großen Frondeur gegenüber, er werde zwar seine Versprechungen, richtige und törichte, unverbrüchlich halten, ohne den mindesten Doppelsinn, er werde aber die Rechte der Krone auf dem jetzt betretenen Wege konsequent durchführen, solange er noch einen Soldaten und einen Fußbreit preußischer Erde habe, und wenn auch mancher zweifle wegen dessen, was in den letzten sieben Monaten mit und ohne seine Schuld geschehen sei, so werde seine Versicherung doch Glauben finden, wenn er dabei die innigste Überzeugung ausspreche, daß jeder Versuch zur Umkehr und Vermittlung, jedes Schwanken auf dem für recht erkannten Wege ihn und das Land unrettbar in den Abgrund der Anarchie stürze. Bismarck schied dann von Potsdam mit dem Danke gegen Gott, daß er ihn gewürdigt habe, der guten Sache wieder mehrmals und zuletzt noch erhebliche Dienste zu tun. Wie weit sein Einfluß gegangen, ist im einzelnen kaum zu ermessen. Daß er groß war, wissen wir; daß er noch größer gewesen, als wir heute ermessen können, werden unsre Nachkommen erfahren, wenn sich die geschichtlichen Quellen in Zukunft noch reicher erschließen.

Nachdem am 10. November die Truppen in Berlin eingerückt waren, wurde am 12. das Kriegsgesetz über Berlin verhängt; am 15. faßte die Nationalversammlung den Beschluß, die Steuern zu verweigern; doch ohne jeden Erfolg. Am 5. Dezember wurde die Versammlung, die in nicht beschlußfähiger Zahl in Brandenburg zusammenkam, aufgelöst, zugleich aber vom Könige eine Verfassung erlassen, die den demokratischen Wünschen entsprach. Artikel 110 eröffnete der Volksvertretung überdies die Möglichkeit, auf ihre endgültige Gestaltung noch weiteren Einfluß zu üben.

So ging das Jahr 1848 zu Ende. Bismarck hat sein Urteil über die Revolution in humorvoller Weise zusammengefaßt in einem Briefe an seinen Freund Scharlach. Er geht von der Voraussetzung aus, daß der Grundzug des Preußischen Nationalcharakters die Faulheit sei; der Preuße tue nur, was er müsse; deshalb liefere Preußen sehr gute Subalternoffiziere und Soldaten, mit der Generalität sei es schon schwach, und komme sein Landsmann aus dem regelrechten Zwange, sei es nun des bunten Rocks oder der festen Bureaustunden in die Unabhängigkeit des Privatlebens, so gerate er geistig noch mehr als körperlich in eine stagnierende Trägheit, bis ihn das große offizielle Räderwerk „im Namen des Kehnigs" wieder bei irgend einem Rockzipfel erfasse. „In dieser nationalen Faulheit," so fährt er dann fort, „lag die Möglichkeit, daß sie uns im März 48 durch „Mißverständnisse", durch einfachen Mißbrauch des Königlichen Namens, eine Revolution octroyirten, mit der im Grunde nicht 10000 Menschen im Königreich, von den Polen abstrahirt, einverstanden waren, und der man erst Sympathien schuf, indem man den Bauern und Arbeitern goldene Berge versprach," ein in Bismarckscher Zuspitzung wohl zu scharfes Urteil, aber wohl geeignet, auch jene Revolution im richtigen Lichte zu zeigen.

Bevor wir von dem erregten Jahre scheiden, ist noch einer Zusammenkunft von geschichtlicher Bedeutung zu gedenken. Bismarck hatte in den Märztagen, wie wir gesehen, durch den Prinzen Wilhelm zum Könige gelangen wollen. Die Prinzessin hatte ihm damals den Aufenthalt des Prinzen nicht sagen wollen und hatte das offenbar ihrem Gemahl nach England geschrieben. Als dieser bei seiner Rückkehr einige Minuten auf dem Genthiner Bahnhof verweilte, erkannte er den in der hintersten Reihe des Publikums stehenden Bismarck, bahnte sich zu ihm den Weg, reichte ihm die Hand und sagte: „Ich weiß, daß Sie für mich tätig gewesen sind und werde Ihnen das nie vergessen." Bald nach dieser Begegnung lud er Bismarck nach Babelsberg ein. Bismarck erzählte ihm mancherlei aus den Märztagen, namentlich aber von der Stimmung, in der die Truppen den Rückzug aus Berlin angetreten und die sich in sehr bittern, auf dem Marsche gesungenen Versen Luft gemacht hatte. Er las dem Prinzen das Gedicht vor, von dem der erste und letzte Vers mit Bezug auf die schwarz-rot-goldne Fahne, die dem König bei seinem Umzug durch die Straßen von Berlin als Zeichen der deutschen Einheit und Freiheit vorangetragen war, also lauteten:

> Das waren Preußen, schwarz und weiß die Farben,
> So schwebt' die Fahne einmal noch voran,
> Als für den König seine Treuen starben,
> Für ihren König, jubelnd Mann für Mann.
> Wir sahen ohne Zagen
> Fort die Gefallnen tragen,
> Da schnitt ein Ruf ins treue Herz hinein:
> „Ihr sollt nicht Preußen mehr, sollt Deutsche sein."
> Schwarz, Rot und Gold glüht nun im Sonnenlichte,
> Der schwarze Adler sinkt herab entweiht;
> hier endet, Zollern, deines Ruhms Geschichte,
> Hier fiel ein König, aber nicht im Streit.
> Wir sehen nicht mehr gerne
> Nach dem gefallnen Sterne.
> Was du hier tatest, Fürst, wird dich gereun,
> So treu wird keiner, wie die Preußen, sein.

Als Prinz Wilhelm dieses Gedicht gehört, brach er darüber in heftiges Weinen aus: Ein ergreifendes Doppelbild, diese beiden Männer der Zukunft im Jahre 1848. Bismarck am 2. April die Tribüne verlassend, weil ein Weinkrampf seine Stimme erstickte, die ihm aus Schmerz über den Abschied von den alten Zeiten preußischer Größe brach, und Prinz Wilhelm heftig weinend über die Schmach, die man der ruhmreichen Armee angetan.

## 6. Der preußische „Selbstdenker" in seinem parlamentarischen Wirken. 1849–1852

Im Jahre 1848 war Bismarck wenig parlamentarisch tätig gewesen, im wesentlichen nur in den Tagen vom 2. bis 10. April, während des zweiten Vereinigten Landtags. Im übrigen hatte er politisch als Journalist und vor allem als rühriger Vorkämpfer der Krone und der Macht Preußens agitatorisch und „intriguirend" gewirkt, weil ihn die Einbuße, die diese zu erleiden in Gefahr waren, schmerzlich bewegte.

Anders wurde das im Jahre 1849. Jene stille Tätigkeit spann sich zwar weiter, aber er war nun vor allem der wuchtige Parlamentarier, der vor aller Welt seine von Wirklichkeitssinn strotzende Tätigkeit und Arbeitskraft offenbarte. Die durch das Wahlgesetz vom 6. Dezember 1848 geschaffene zweite Kammer tagte vom 26. Februar bis zum 27. April 1819. Bismarck wurde im Wahlkreis Brandenburg-Westhavelland-Zauch-Belzig mit 161 gegen 129 Stimmen gewählt. Sein Programm lautete: „Anerkennung der Verfassung; Verteidigung gegen Anarchie; Gleichheit vor dem Gesetz, aber keine Abschaffung des Adels, gleiche Verteilung der Steuern nach dem Vermögen, soweit es erreichbar; Wahl nach Interessen; Abschaffung geldwerter Rechte nur gegen Entschädigung; keine Verminderung des stehenden Heeres; strenge Presse und Klubgesetze." Das war nicht das Programm eines hartgesottenen Reaktionärs und schroffen Junkers, sondern eines Konservativen, der dem Volke geben wollte, was seiner Meinung nach des

Volkes war. Dieses Programm muß Bismarck in Brandenburg in guten Formen vertreten haben. Denn die Demokraten und Republikaner hörten seine Rede mit an, und selbst die Schlimmsten verhielten sich so ruhig, daß man die Mücken hörte, und einige von ihnen kamen nachher Bismarck die Hände zu schütteln. Von pöbelhaften Demonstrationen hielt sich alles mit vielem Anstand fern. Für die neue zweite Kammer, die durch Verordnung vom 30. Mai nach dem Dreiklassensystem mit öffentlicher Stimmabgabe gewährt wurde, wurde Bismarck am 28.Juli für denselben Wahlkreis wiedergewählt. Die Tagungen dieser Kammer fanden statt August 1849 bis Februar 1850, November bis Mai 1851 und in derselben Zeit bis 1852. Dazwischen versammelte sich das deutsche Parlament in Erfurt vom 20. März bis 25. April 1850.

An allen diesen Tagungen nahm Bismarck mit einem Fleiß, einer Arbeitskraft, Gewissenhaftigkeit, Eindringlichkeit und Vielseitigkeit der Sachkenntnis teil, die Bewunderung erweckt. Schon die Mannigfaltigkeit der Stoffgebiete, in die er eingreift, setzt in Erstaunen. Und wie er die mannigfachsten Fragen berührte, das hatte alles den kräftigen Zug eines gesunden Wirklichkeitssinnes: nirgendwo tritt uns der öde und langweilige Systematiker entgegen; und alles an ihm atmet Ursprünglichkeit, die ihm der Abgeordnete für Königsberg Dr. Simson bestätigte, indem er sagte, daß der Abgeordnete von Bismarck „hohe Originalität" in Verfassungsanschauungen besitze. Gründlich war er in aller Arbeit; nichts ist ihm widerwärtiger, als wenn über Wichtiges, wie über die Gemeindeordnung (18. Februar 1850), so oberflächlich und rasch beraten wird, und wenn Kommissionsberichte so spät in die Hände der Abgeordneten kommen, daß genaue Kenntnisnahme nicht mehr möglich ist. Wer sich von dieser Gründlichkeit zu überzeugen wünscht, der mache Stichproben, wo er will, und er wird überall die genaueste, bis ins Einzelnste gehende Kenntnis finden. Und dazu der Fleiß und die nie ermattende Rastlosigkeit, die wir aus den Briefen an seine Frau erkennen können. Am 5. Februar 1849, am Tage seiner Wahl, schreibt er: „Es wird doch eine schwere Sache sein, wenn ich gewählt werden sollte, dieß Leben ohne Ruhe im Herzen." Und es war eine schwere Sache. Ein Bild davon gibt eine Stelle aus einem Briefe vom Montag, 20. Januar 1851: „Sonnabend 10 Uhr Ordensfest bis 5 Uhr Nachmittags (wundervolle Musik in der Capelle und jämmerliche Predigt von Neander), um 7 Conferenz mit Seehandlungspräsident, Acten und Rechnungen, bis 10, dann zu Manteuffel, Thee und Intriguen bis 12, zu Hause 2 Briefe in Wahlkreis geschrieben, 2 Uhr zu Bett. Sonntag 6 Uhr auf, 7 Uhr zu Affeburg, wegen Besetzung des Ministeriums in Bernburg bis 9 Uhr verhandelt, dann Büchsel bis 11, Minister des Innern bis 12, Visiten bis 3, um 6 Rendezvous mit Goltz im Auftrage des Prinzen von Preußen, bis 9 Uhr geschrieben in Folge dessen, dann zu Stolberg mit Malle (bei Wartensleben und General Gerlach abgesagt), um i Uhr zu Bett. Heut früh 7 $^1/_2$ Senfft bei mir, blieb bis 9, sehr geheimnißvoll, bis 10 Acten, um 10 Conferenz mit dem Bankpräsidenten bis jetzt (2 Uhr), dann hierher nach der Kammer um zu sehen ob Briefe sind. Vor dem Essen muß ich noch über 100 Seiten Acten lesen und Notizen daraus machen, um 6 Uhr Commissionssitzung die bis 10 dauert (lauter Zahlen und Rechnungen, immer aufpassen), um 10 zu Voß zum *souper* (Du kennst das!)." Und dabei findet dieser arbeitsreiche Mann – solche Naturen haben immer Zeit – noch die Muße, seiner Frau Briefe zu schreiben, die zu den Perlen unserer Literatur gehören: „Alle Tage muß ich nachsitzen wie ein schlechter Schuljunge," schreibt er ein ander Mal. Daß es ihm bei einem solchen Übermaß von Anforderungen passierte in der ersten von drei Kommissionssitzungen, die er an einem Morgen abzusitzen hatte, ungewaschen und ohne Hosenträger zu erscheinen, darf nicht wundernehmen; auch nicht, daß er erst nach zwei Stunden in der zweiten Kommission den Schlaf aus den Augen verlor. An einem solchen Tage steht er denn auch auf einem Hofballe nicht an, seiner geliebten Landesmutter, der Königin Elisabeth, die er auch einmal seine „alte Flamme" nennt, auf deren Liebäugeln der König den tanzenden Bismarck aufmerksam gemacht hatte, auseinanderzusetzen, welch miserables Leben er den Tag über geführt habe, um dadurch eine frühere Bemerkung der Königin gegenüber, daß er nur aus Gesundheitsrücksichten tanze, zu motivieren. Daß dadurch seine daneben stehende Tänzerin, die Herzogin Agnes von Dessau, nicht schmeichelhaft berührt wurde, war nicht angenehm; aber Bismarck schreibt: „*I could not help it.*"

Doch nun zu dem Wertvollsten, was die Bismarcksche Gedankenwelt am Ende der vierziger und am Beginne der fünfziger Jahre bewegte. Er war ja derselbe, der er Zeit seines Lebens war, aber einseitiger, noch im Werden begriffen, deshalb kühner, auch einmal kräftig über die Schnur in seinem Ausdruck hauend und schroffer, sogar bis zum Duell, wenn er nicht mit der Rücksicht behandelt wurde, die er beanspruchte.

Der Grundzug seines Wesens und seines Willens war gegen alles gerichtet, was mit der Revolution von 1848 zusammenhing. Am 2. Februar 1849 zeigte er diese Willensrichtung in der Ansprache an seine Wähler in Rathenow: „Wer es aufrichtig mit dem Vaterlande meint, der muß jetzt die Regierung auf dem von ihr eingeschlagenen Wege unterstützen, um die Revolution, die uns alle bedroht, zu bekämpfen ... Wenn Sie in der Kammer einen Vertreter wünschen, der fest entschlossen ist, die Sache des Vaterlandes zu seiner eigenen zu machen, ihr mit redlichem Willen aus vollem Herzen und ganzen Kräften zu dienen, und dessen nächstes Streben darauf gerichtet sein wird, die alten Bande des Vertrauens zwischen der Krone und dem Volke wieder fester zu knüpfen, damit Gesetz und Ordnung walte, damit der Wohlstand und das Interesse aller friedlichen Bürger gefördert werde, dann richten Sie Ihr Auge auf mich! Das sind meine Ansichten: wenn Sie dahin mit mir einverstanden sind, dann bitte ich um Ihre Stimme."

Wie er sein Versprechen einlösen wollte, zeigte er bei seinem ersten Auftreten als Abgeordneter am 21. März bei der Verhandlung über die Adresse an den König, in welcher man den über Berlin verhängten Belagerungszustand mißbilligen wollte. Die Anhänger dieser Mißbilligung imponierten Bismarck mehr durch die Länge ihrer Reden als durch deren Schärfe. Den gebräuchlichen rhetorischen Schmuck von Kanonen und Bajonetten, General Brennus (so hatte man Wrangel genannt, weil er wie ein Brennus in Rom seinen ehernen Degen in die

Wage der Gerechtigkeit geworfen habe) und Junkerparlament verspottete er, die Vorwürfe gegen das Verbot von radikalen Blättern und von Abhaltung der radikalen Klubs wies er zurück, da das Feuer der Berliner Straßenpolitik im Jahre 1848 durch den Wind der Plakatenpresse und der Klubs angefacht worden sei und Auftritte herbeigeführt habe, die zu den schmachvollsten in der preußischen Geschichte gehörten, gegen welche die Gesetze sich machtlos erwiesen. Ungezügelte Pressefreiheit und ein Versammlungsrecht ohne Kontrolle nötigten jede Regierung zu einem fortwährenden Kriegsfuß gegen den Aufruhr. Er bestritt, daß der Geist des Aufruhrs, wie man behauptete, vollkommen gewichen sei: die Demonstrationen auf dem Kirchhof der Märzgefallenen im Friedrichshain am Jahrestage der Berliner Revolution bestätigten seine Behauptung und Lieder, die am 18. März gesungen seien, wie

„Wir färben echt, wir färben gut,
Wir färben mit Tyrannenblut"

seien noch weniger beruhigender Natur. In diesen Tagen war er im Friedrichshain gewesen und hatte in Anknüpfung an den Gang die Worte gesprochen: „Mein Herz schwillt vor Gift, wenn ich sehe, was sie aus meinem Vaterlande gemacht haben, diese Mörder, mit deren Gräbern der Berliner noch heute Götzendienst treibt."

Die Behauptungen eines Vorredners, das Volk von Berlin wolle die Aufhebung des Belagerungszustandes, bezeichnete er als unrichtig und er wandte sich gegen den Mißbrauch, den man mit dem Worte „Volk" treibe. Jeder verstehe darunter, was in seinen Kram passe, gewöhnlich einen beliebigen Haufen von Individuen, die er für seine Ansichten gewonnen habe. „Das wahre preußische Volk", so sagte er dann, „hat in der letzten Zeit viel Geduld gezeigt und große Leichtgläubigkeit gegen diejenigen, die sich seine Freunde nennen. Aber in der Abstimmung über die Adresse wird das Volk Material genug erhalten, sich darüber aufzuklären, wer zwischen ihm und seinem Frieden, wer zwischen ihm und seinem Recht steht."

Mit großem Nachdruck kämpfte Bismarck gegen das uneingeschränkte Vereinsrecht. Er nannte dieses sogenannte Grundrecht eine Eroberung der Revolution auf Kosten des allgemeinen Grundrechtes des friedlichen Bürgers, des Rechtes auf ungestörten Schutz durch die Obrigkeit; in dem Vereinswesen sah er die gefährlichste Waffe der Geister, die verneinen, gegen jede obrigkeitliche Autorität. Er hielt dieses Vereinsrecht für ein Recht, dessen Mißbrauch den Gebrauch übertreffe. Charakteristisch sagte er: „Gerade in dem Vereinsrechte liegt vorzugsweise die Schneide jener Schere, mit welcher die konstitutionelle Delila dem Simson der Monarchie die Locken verschneidet, um ihn den demokratischen Philistern wehrlos in die Hände zu liefern, mag dieser Prozeß nun 10, oder, wie in Frankreich, 18 Jahre dauern."

Was er hier von der konstitutionellen Delila sagte, sollte keineswegs von der Verfassung allgemein gelten. Bismarck hielt ausdrücklich daran fest, daß es Pflicht sei, die neue Regierungsform, wie alle Gesetze des Landes, welche von seiner gesetzmäßigen Obrigkeit ausgehen, auch dann gewissenhaft zu beobachten, wenn sie dem einzelnen nicht gefielen.

Aber auch die Rechte der Krone wollte er unangetastet wissen; deshalb wandte er sich gegen die Amnestie für alle seit dem 18. März begangenen politischen Verbrechen, nicht aus Unversöhnlichkeit, sondern weil er die Begnadigung als ein Recht der Krone ansehe, dessen Wesen gerade in freier und freiwilliger Ausführung bestehe, und das nicht durch Forderungen oder gar durch Drohungen verkürzt werden dürfe. Gegen die Amnestie wandte er sich auch deshalb, weil wiederholte Amnestie das Rechtsbewußtsein im Volke schädige; das sei der Fall, wenn Abgeordnete die Vorgänge des 18. März so auffaßten, als sei die Obrigkeit von dem, was man das Volk nenne, amnestiert worden, während es doch richtig sei, daß der König die Rebellen amnestiert habe. Es werde dadurch die Meinung verbreitet, als ob das ganze Staatsrecht aus der Barrikade beruhe, als ob ein jeder, dem es gelinge eine Anzahl von Individuen, bewaffnet oder unbewaffnet, zu sammeln, hinreichend eine schwache Regierung einzuschüchtern und ihr zu imponieren, oder wenn sie sich nicht einschüchtern lasse, sie durch Barrikaden über den Haufen zu werfen, vollkommen im Rechte wäre. Damit komme man zum Faustrecht der Barrikaden. Noch eins kam dem Realpolitiker hinzu: „Der Soldat", so schloß er, „faßt es nicht, daß er einen und denselben Aufrührer mehrmals gefangen nehmen soll; ich fürchte also, er wird weniger Gefangene machen, und die weinerliche Sentimentalität unseres Jahrhunderts, welche in jedem fanatischen Rebellen, in jedem gedungenen Barrikadenkämpfer einen Märtyrer findet, wird mehr Blutvergießen herbeiführen, als eine strenge und geschlossene Gerechtigkeit, wenn sie von Anfang an geübt worden wäre, hätte tun können."

Für das Recht der Krone tritt er auch bei der Steuerverweigerungsfrage auf. Die Kommission für den Verfassungsentwurf hatte beantragt, in Artikel 108 den Satz zu streichen „die bestehenden Steuern und Abgaben werden forterhoben". Bismarck trat mit wuchtiger Klarheit gegen diesen Kommissionsantrag auf, zum Teil in Sätzen, die dauernden Wert besitzen und prophetisch schon auf die Konfliktszeit wiesen.

Er weist plastisch hin auf die Folgen eines solchen Beschlusses: Die ganze Staatsgewalt werde von der Krone auf die Kammern übertragen, der Krone bleibe nicht viel mehr übrig, als sich der Vollziehung der Kammerbeschlüsse zu befleißigen. Die Beschlüsse dieser oder jener Kammer könnten die ganze Staatsmaschine zum Stillstand bringen, den keine Macht zu hindern vermöge. Man hatte für diesen Antrag darauf hingewiesen, daß die Konsequenz eines aufrichtigen konstitutionellen Systems ihn fordere. Bismarck wandte dagegen ein: „Das Wort ‚konstitutionell' ist eines der Stichwörter, die in neuester Zeit das Vorrecht haben, an die Stelle jeden Grundes sich einzustellen. Wo Gründe fehlen, stellt zur rechten Zeit das Wort sich ein. Wo es sich um so durchgreifende Anordnungen handelt, sollte man doch wohl fragen, ob sie gerecht oder ungerecht, vernünftig oder schädlich, für Preußen nützlich oder schädlich seien." Ein andermal bezeichnet er die Phrase als den schönsten Schmuck einer konstitutionellen Verfassung, die dem Schleier vor dem Bilde von Sais vergleichbar sei; zerreiße man diesen, so werde man den Augen gar mancher, die in die tieferen Geheimnisse des Konstitutionalismus noch nicht eingeweiht seien, zeigen, daß das Idol, das man im preußischen Abgeordnetenhause verehre, nicht ganz das war, welches sie hinter dem Schleier zu finden hofften. Als Muster wurden von den Liberalen die belgischen und französischen Verfassungen angeführt. Bismarck hielt ihnen den Satz entgegen: „Das preußische Königtum unterscheidet sich dadurch von den konstitutionellen Dynastien in England, Frankreich und Belgien, daß dort die Krone aus den blutigen Händen der Revolution überreicht ist – unter denjenigen Bedingungen, wie sie die Revolution für gut fand, jenen Dynastien aufzulegen." Und die Berufungen auf England wies er zurück mit den Worten: „Diese Berufungen sind unser Unglück; geben Sie uns alles Englische, was wir nicht haben, geben Sie uns englische Gottesfurcht und englische Achtung vor dem Gesetze, die gesamte englische Verfassung, aber auch die gesamten Verhältnisse des englischen Grundbesitzes, englischen Reichtum und englischen Gemeinsinn, besonders aber ein englisches Unterhaus, kurz und gut alles, was wir nicht haben, dann will ich auch sagen, Sie können uns nach englischer Weise regieren." ... „Die Grundlage unserer Verfassung bildet die Gleichberechtigung der Krone, der Ersten und der Zweiten Kammer in der Gesetzgebung. Ändern Sie diese Gleichberechtigung zum Nachteil der Krone, entziehen Sie die Gesetzgebung über Steuern, über deren Einnahme und Ausgabe, dieser allgemeinen Regel, so vernichten Sie die Selbständigkeit der Krone zu Gunsten von Majoritäten, deren Geltung auf der gewagten Voraussetzung beruht, daß ein jeder einzelne der künftigen Abgeordneten in der Lage sein werde, sich über alle Fragen der Politik und Gesetzgebung ein unabhängiges und unbefangenes Urteil zu bilden." Wie hier, wies er auch sonst auf eigenes politisches Wachstum hin und warnte vor allem Ausländischen, das immer einen gewissen vornehmen Anstrich für den Deutschen habe. Europa habe uns immer für ein Volk der Denker gehalten. „Das war früher!", rief er aus; „die Volksvertretungen der letzten zwei Jahre haben uns um diesen Ruf gebracht, sie haben dem enttäuschten Europa nur Übersetzer französischen Makulaturs, aber keine Selbstdenker gezeigt."

Wie für ein starkes Königtum, so trat er auch für den vielgeschmähten Adel ein, der vielfach in der Kammer angegriffen und dem der Vorwurf gemacht war, daß er nicht in dem Grade patriotisch gewesen sei, um den modernen Freiheitsbestrebungen eine Stütze zu gewähren. Er verwahrt sich dagegen, daß der Begriff von Patriotismus und Liberalismus identifiziert werde; und er bittet anzunehmen, daß ein jeder dasjenige Maß der Freiheit für das Volk anstrebt, welches er mit dem Wohle des Vaterlandes verträglich halte. Aber er weist auch hin aus die erheblichen Verdienste des preußischen Adels für die wahre Freiheit, für die politische Unabhängigkeit, ohne welche die Freiheit in Preußen nicht bestehen könne; er weist hin auf die Schlachtfelder, auf denen für den preußischen Ruhm und die Freiheit gestritten sei, von dem Schlachtfelde an der Brücke bei Warschau, wo der große Kurfürst den Grund zur Unabhängigkeit Preußens gelegt habe, bis unter die Mauern von Rastatt, wo überall die Wurzel preußischer Freiheit mit dem Blute seiner edlen Geschlechter getränkt sei. Und wenn auch im Anfange des Jahrhunderts die Vorrechte des Adels, die er durch langjährigen Besitz als seine Rechte zu betrachten gewohnt gewesen sei, durch die Gesetzgebung aufgehoben worden seien – der Adel habe sich dadurch nicht in eine Stellung drängen lassen, wie sie jetzt die Demokratie der Regierung gegenüber einnähme; nicht einmal zu einer mürrischen Fronde hätten ihn die Verluste getrieben, sondern als der König 1813 zu den Waffen gerufen, seien die Söhne des preußischen Adels in den ersten Reihen derer gewesen, welche bereit waren, Gut und Blut einzusetzen für die Erhaltung des Königshauses und des Vaterlandes, deren Gesetzgebung ihnen die großen Opfer angesonnen hatte. In derselben Richtung laufen Bismarcks Gedanken, wenn er die preußische Armee mit ihren Offizieren, Unteroffizieren und Gemeinen verteidigt und zu ihren Gunsten in Wort und Anträgen kämpft. Nicht ohne versteckten, herben Tadel der im Jahre 1848 von der Regierung ergriffenen Maßregeln deutet er darauf hin, daß, wenn sich die leitenden Kreise nicht durch den Lärm der großen und kleinen Parlamente hätten betäuben lassen, sondern sie sich auf die preußische Armee gestützt hätten, wenn Preußens Macht und Einfluß und Deutschlands Glück besser bestellt gewesen wäre; die Ergebnisse zugunsten der Monarchie und nationalen Sache (und hierbei dachte Bismarck wohl an Reich und Kaiserkrone) würden viel erheblicher gewesen sein, wenn nicht Halbheit und Schüchternheit hemmend im Wege gestanden hätten. Er tritt deshalb mit aller Entschiedenheit für materielle Besserstellung der Armee und ihrer Offiziere ein; dieses Offizierkorps, um welches alle kriegführenden Völker Preußen beneideten, sei an der Spitze einer kriegggewohnten und gedienten Armee für jeden Feind unüberwindlich und die alleinige Grundlage einer kühnen und ruhmreichen preußischen Politik. Daß diese Armee in den Tagen der Barrikaden nicht die Rolle gespielt habe, die ihrer würdig gewesen wäre, und daß die Vertreter des Volkes in jenen Tagen mit ihren Sympathien nicht die Stelle getroffen hätten, wo das preußische Militär seine Ehre gesucht, und keinen bessern Balsam für das wunde Soldatenherz gehabt hätten als die kühle Phrase: „Auf beiden Seiten schlagen Heldenherzen," und daß das preußische Heer am 19. März 1848, den Zorn des gereizten Siegers im Herzen, die geladene Waffe in der Hand, lediglich dem Befehle seines Kriegsherrn gehorchend, unter dem Hohn seiner Gegner die Stelle des Besiegten übernommen habe, das beklagte er mit tiefer Wehmut und noch tieferem Manneszorn, der vor dem König selbst nicht halt gemacht hatte, weil dieser Zorn sich berufen fühlte, den Königsthron vor Barrikadenhelden zu schützen. Von der Armee wurde dem tapferen Abgeordneten Gleiches mit Gleichem vergolten. Im September schreibt er aus Potsdam, wo er in militärischen Kreisen ein Gunglsches Konzert gehört hatte, an seine Gattin: „Ich habe meinem Herzen damit wohlgethan, wie diese Soldatennaturen, alt und jung mich lieben, und ihre Damen auch; die verstehen mich besser als diese Kammeramphibien, weil sie warmes Preußenblut im Leibe haben." – Das „warme Preußenblut", das in seinen Adern pulsierte, erklärt denn auch die Sicherheit seiner eigentlich reaktionären Forderungen. So bekämpfte er die Zivilehe als einen sprachlichen und materiellen Gallizismus, er warnte vor ihr, da sie in Preußen der kirchlichen Trauung feindselig und gewissermaßen erobernd in dem Bewußtsein des Volkes gegenübertrete und da sie den kirchlichen Segen als unnützes Zubehör beiseite schieben wolle; er hoffte es noch zu erleben, daß das Narrenschiff der Zeit an dem Felsen der christlichen Kirche scheitern werde, da der Glaube an das geoffenbarte Wort Gottes im Volke fester stehe, als der Glaube an die selig machende Kraft irgendeines Artikels der Verfassung.

In derselben Richtung liegt seine Abneigung gegen die großen Städte, die er als Brutnester der Demokratie bezeichnete, als naturgemäße Heimat der Verbrechen, gegen die er am 20. März 1852 ausrief: „Ich mißtraue der Bevölkerung der großen Städte, so lange sie sich von ehrgeizigen und lügenhaften Demagogen mißleiten läßt, und ich finde dort das wahre preußische Volk nicht. Letzteres wird vielmehr, wenn die großen Städte sich wieder einmal erheben sollten, sie zum Gehorsam zu bringen wissen, und sollte es sie vom Erdboden tilgen." Hier sprach der preußische Landedelmann; dieser sprach auch, wenn er die auf Ablösung der gutsherrlichen Rechte gerichteten und dabei von einer wirklich ausreichenden Entschädigung absehenden Bestrebungen mit dem Satze angriff, daß die Theorie der Revolution immer die Nützlichkeit über das Recht stelle und in Preußen jetzt die Norm gelte: „Das Eigentum ist unverletzlich, aber nicht für alle."

Aus dieser Natur mit warmem Preußenblut, aus dieser revolutionsfeindlichen königstreuen Grundgesinnung, vor allem aber aus seinem staatsmännischen Wirklichkeitssinne, der aller Phantasterei und romantischen Schwärmerei abhold war und alles Erreichbare von Dauerwert höher schätzte als Augenblickswerte, hat man Bismarcks Stellungnahme zur Frage der Frankfurter Kaiserwahl zu beurteilen.

Am 28. März 1849 war in der deutschen Nationalversammlung zu Frankfurt a. M. der König von Preußen zum Deutschen Kaiser gewählt worden von 290 Abgeordneten; 240 hatten sich der Abstimmung enthalten. Am 3. April wurde die aus zweiunddreißig Mitgliedern bestehende Kaiserdeputation unter des Präsidenten Simson Führung von Friedrich Wilhelm IV. im Berliner Schlosse empfangen. Simson überreichte Verfassung und Wahlprotokoll. Der König sprach seinen Dank aus; er lehnte die Krone nicht ab, wünschte aber das freie Einverständnis der gekrönten Häupter, der Fürsten und freien Städte, die in gemeinsamer Beratung zu prüfen haben würden, ob die Verfassung dem Einzelnen wie dem Ganzen fromme, ob die ihm zugedachten Rechte ihn in den Stand setzen würden, mit starker Hand die Geschicke des großen Vaterlandes zu leiten und die Hoffnungen seiner Völker zu erfüllen. Die Deputation ging bestürzt von dannen; sie hatte diese Antwort nicht erwartet.

Am 21. April nahm die zweite Kammer Stellung. Der Abgeordnete von Vincke beantragte namens der Kommission die Annahme der angebotenen Würde eines Oberhauptes des Deutschen Reiches auf dem Grunde der Reichsverfassung unter gewissen Voraussetzungen. Ministerpräsident Graf Brandenburg legte dar, daß das Ministerium dem Könige diesen Antrag nicht empfehlen könne.

Bismarck schloß sich ihm an. Es sei nicht Sache der Kammer, Ansichten und Gefühle über eine Frage auszudrücken, welche verfassungsmäßig ihrer unmittelbaren Entscheidung und Beschlußnahme für jetzt nicht unterliege. Die Erklärung von achtundzwanzig Regierungen (am 14. April hatten achtundzwanzig deutsche Staaten – alle außer den Königreichen – sich für Annahme der Verfassung und Übertragung der Kaiserkrone an Preußen erklärt) mit zusammen vier bis fünf Millionen Untertanen, deren Minister ihre märzerrungenen Stellungen mittels der Frankfurter konstituierten Anarchie unter Dach und Fach bringen wollten, fielen nicht hinreichend schwer ins Gewicht, wo es sich um Preußens Zukunft handle. Auch sei es nicht der Kammer Beruf in Fällen, wo die Regierung Seiner Majestät des Königs von den der Krone reservierten Rechten einen Gebrauch mache, der der Kammer mißfalle, auf die Regierung ein anhaltendes Feuer von Adressen und Mißtrauensvoten zu eröffnen, bis das Ministerium die Flagge streiche. In Bezug auf die Frage der Annahme der Reichsverfassung entwickelte er dann seinen Standpunkt in Sätzen voll realpolitischer Weisheit, die, so viel Widerspruch sie damals auch erregten, heute doch von niemand mehr bestritten werden.

In Preußen und in Deutschland des engeren Bundes könnten, so führte er aus, nicht zwei sich gegenüberstehende Verfassungen für sechzehn Millionen Preußen und außerdem für vier bis fünf Millionen Deutsche aus dem „Reich" Geltung haben, zumal auch die preußische Verfassung das Prinzip anerkenne, daß der Einfluß einer jeden Volksklasse in demselben Maße steigen müsse, in welchem ihre politische Bildung und Urteilsfähigkeit abnehme, und damit ein sicheres Bollwerk gebe gegen die Aristokratie der Intelligenz. Indes habe die Frankfurter Verfassung noch tiefer aus dem Brunnen der Weisheit jener Theoretiker geschöpft, welche seit dem *contrat social* der die Volkssouveränität zum Dogma erhoben habe, nichts gelernt und viel vergessen hätten, – jener Theoretiker, deren Phantome in sechs Monaten des Sommers 1848 mehr an Blut, Geld und Tränen gekostet hätten, als ein dreiunddreißigjähriger Absolutismus.

Die Frankfurter Verfassung wolle den König zwingen, seine bisher freie Krone als Lehen von der Nationalversammlung anzunehmen, und wenn diese Volksvertreter etwas dreimal beschließen, so habe der König, dem nur ein Suspensivveto, ein beschränktes Einspruchsrecht, zustehe, und jeder andere Fürst, der Untertan des engeren Bundesvolkes sei, aufgehört zu regieren. Die Frankfurter Verfassung bringe das Übel der jährlichen Budgetbewilligung. Die Majorität, die aus dem Lottospiel der direkten Wahlen hervorgeht, biete nicht die geringste Garantie der Urteilsfähigkeit und des guten Willens. In die Hände der Majorität sei es gelegt, die Staatsmaschine in jedem Augenblicke zum Stillstehen zu bringen und die königliche wie jede andere Macht im Staate zu neutralisieren.

Die Frankfurter Verfassung verlange von ihrem zukünftigen Kaiser, daß er ihr das ganze Deutschland schaffe. Er werde seine Kommissare nach Österreich oder anders wohin schicken müssen, um die Verfassung und die auf ihrem Grunde gefaßten Beschlüsse durchzusetzen, und die Fürsten, die sich nicht unterwerfen wollten, als Rebellen behandeln müssen. Dahin drängten die Radikalen; dieses Mandat, das dem Kaiser wird, sei die Zauberformel, die die radikale Kammer in eine gut kaiserliche verwandeln werde. Es werde nicht lange dauern, so würden sie vor den Kaiser hintreten mit dem Reichswappen und ihn fragen: „Glaubst Du, dieser Adler sei Dir geschenkt?" Die Schlußfolgerung, die Bismarck aus diesen und aus ähnlichen Gedanken zieht, lautete kurz und bündig: „Ehe ich sehe, daß mein König zum Vasallen solcher Gedanken wird, will ich lieber, daß Preußen Preußen bleibt. Die Frankfurter Krone mag sehr glänzend sein, aber das Gold, welches dem Glanze Wahrheit verleiht, soll erst durch Einschmelzen der preußischen Krone gewonnen werden; und ich habe kein Vertrauen, daß der Umguß mit der Form dieser Verfassung gelingen wird."

Das waren Bismarcks Schlußworte, nicht mehr die Worte eines preußischen Parlamentariers, sondern Gedanken eines Staatsmannes und Propheten deutscher Zukunft, für die es besser war, daß wir die Wanderung durch die Wüste innerer Kämpfe von 1848 bis 1866 wie die Juden, ehe sie ins gelobte Land kamen, noch haben durchmachen müssen. Kriege, wie die von 1866 und 1870 wären Preußen, wenn es damals die Krone annahm, schwerlich erspart geblieben, nachdem die 1848 zusammengebrochenen Nachbarn, Österreich und die Mittelstaaten, sich wieder gekräftigt und zur Selbständigkeit ermannt hatten. Ob aber diese Kriege so siegreich gewesen, wie 1866 und 1870, stand doch als zweifelhaft im Buche des Schicksals geschrieben. Sie hätten schwerlich hingereicht an die Höhe und die Kraft der geschichtlichen Ereignisse, in welchen die preußische Königskrone unter blutigen Opfern Alldeutschlands zur machtvollen deutschen Kaiserkrone umgeschmolzen wurde.

Wie in den Verhandlungen über die Frankfurter Verfassung, so entfaltet sich Bismarck in der Frage des Dreikönigsbündnisses und in der Unionspolitik als weitblickender Staatsmann.

Nachdem Friedrich Wilhelm sich dem Frankfurter Parlament und der Kaiserkrone entzogen hatte, suchte er die deutsche Frage auf anderem Wege zu lösen. Er machte den Versuch einer Union, der Herstellung eines engeren preußischen, auf freiwilligen Eintritt der Mittel- und Kleinstaaten rechnenden Bundes innerhalb des weiteren Bundes. Der engere Bund sollte im Einverständnis mit Österreich, nicht gegen Österreich entstehen und bestehen. Beraten wurde der König dabei von seinem Freunde, dem General von Radowitz. Am 28. April 1849 hatte Preußen zu Konferenzen eingeladen. Am 15. Mai erließ der König eine Proklamation, in welcher er die Ablehnung der Kaiserwürde und die inzwischen erfolgte Abberufung der preußischen Abgeordneten aus der Frankfurter Versammlung begründete und versprach, das in Frankfurt begonnene Werk der deutschen Verfassung im Einverständnis mit den größeren deutschen Staaten wieder aufzunehmen. Am 17.Mai begannen die Verhandlungen, am 26. kam das Dreikönigsbündnis zustande. Sachsen und Hannover traten bei unter der Voraussetzung, daß die vorgeschlagene Verfassung, abgesehen von Österreich, das ganze Deutschland umfasse; Versuche, Bayern und Württemberg zu gewinnen, waren erfolglos. Am 26. Juni trat die Kaiserpartei der Frankfurter Nationalversammlung in Gotha zusammen und sprach ihre volle Zustimmung zu Preußens Vorgehen aus. Am 25. August machte von Radowitz als Kommissar der Regierung in der zweiten Kammer Mitteilung von dem Stande der Verhandlungen. Als meisterhafter Redner riß er Freund und Feind mit sich fort und am Schlusse steigerte sich der Beifall zu einer seltenen Höhe. Bismarck nahm, weil er nicht offen gegen die Politik der Regierung Front machen wollte, in der Kreuzzeitung, ohne seinen Namen zu nennen, Stellung. Er nannte die Rede eine ausgezeichnete deklamatorische Vorstellung, durch welche die Kammer hingerissen, in ihrer Selbständigkeit, vernichtet sei durch das Rührende der Rede, durch glänzende Worte, durch einen ergreifenden, bravoschwangeren Ton der Stimme ... Die Rührung war eine allgemeine, ohne daß wir in der gedruckten Rede gerade die Stelle bezeichnen könnten, über die jeder einzelne weinte ... Die Versammlung merkte wohl kaum, daß nicht ihr Urteil berichtigt, sondern ihr Gefühl zur Begeisterung gesteigert, daß sie nicht überzeugt, sondern hingerissen wurde von dem außerordentlichen Manne. Er hätte von der Kammer alles, auch Millionen, fordern können; es wäre sofort bewilligt worden." Bismarck hatte die Rede angreifen wollen, sich aber zurückgehalten, um den König nicht zu erzürnen; die ironische Parlamentsschilderung konnte er aber nicht unterdrücken; an anderen Stellen steigert diese sich zu hohem Humor, wenn sie berichtet, „daß die Rede bei einem der zentralsten Pfeiler preußischer Gerechtigkeit das Bestreben, die sichtbaren Zeichen der Rührung zu unterdrücken, so ungewöhnliche Konstellationen der Gesichtszüge hervorgebracht habe, daß ein Spaßvogel, dem selbst dieser Moment nicht heilig war, meinte, jener müsse eben das Unglück gehabt haben, Oberschlesier statt Oberungar zu trinken." Seiner Frau schrieb Bismarck in diesen Tagen: „Die deutsche Frage wird überhaupt nicht in unsern Kammern, sondern in der Diplomatie und im Felde entschieden, und alles was wir darüber schwatzen und beschließen, hat nicht mehr Werth als die Mondscheinbetrachtungen eines sentimentalen Jünglings, der Luftschlösser baut und denkt daß irgend ein unverhofftes Ereigniß ihn zum großen Mann machen werde. *Je m'en moque*, und die *farce* langweilt mich oft recht tief, weil ich kein vernünftiges Ziel dieses Strohdreschens vor Augen sehe."

Am 6. September kämpfte Bismarck mit offenem Visier, doch mit zarter Rücksichtnahme auf die Regierung, gegen ihre Politik. Diese machte Mitteilung vom Stand der deutschen Verfassungsangelegenheit und erklärte dazu, daß die preußische Volksvertretung gemäß Artikel 111 der preußischen Verfassung, wenn einmal künftig der Abschluß des deutschen Verfassungswerkes erfolgt sein werde, bloß noch zu befinden habe, ob die vom Könige getroffenen Abänderungen der preußischen Verfassung „mit der deutschen Verfassung im Einklang stehen". Bismarck erklärte zunächst, daß er mit dem Drei-Königs-Vertrage nicht vollkommen einverstanden sei, setzte aber als höflicher Mann hinzu: „Ich kann aber in diesem Umstande keinen Grund finden, einem Ministerium meine Unterstützung zu entziehen, in welchem ich die Vertreter gesellschaftlicher und staatlicher Zivilisation, gegenüber der Demokratie, anerkenne und ehre." Ein demokratisches Blatt, die „Vossische Zeitung" vom 8. September, bemerkte dazu: „Der Abgeordnete von Bismarck hat in der Abstimmung seine preußische Überzeugung der preußischen Regierung zum Opfer in deren Schritten für den Bundesstaat gebracht. Es liegt ein Edelmut, eine Hochherzigkeit hierin, die uns als Muster der Resignation des Sohnes seines Vaterlandes dasteht, wenn wir auch der politischen Ansicht des Herrn von Bismarck schnurstracks entgegen sind." – Bismarck erklärte nun aber weiter: „Ich kann jedoch dabei den Wunsch nicht unterdrücken, daß es das letzte mal sein möge, daß die Errungenschaften des preußischen Schwertes mit freigebiger Hand weggegeben werden, um die nimmersatten Anforderungen eines Phantoms zu befriedigen, welches unter dem fingierten Namen von Zeitgeist oder öffentlicher Meinung die Vernunft der Fürsten und Völker mit seinem Geschrei betäubt, bis jeder sich vor dem Schatten des andern fürchtet und alle vergessen, daß unter der Löwenhaut des Gespenstes ein Wesen steckt, von zwar lärmender, aber wenig furchtbarer Natur."

Dann aber nahm er scharfe Frontstellung gegen den zweiten Teil der Regierungserklärung, daß nämlich die preußischen Kammern die Zukunft des Vaterlandes unwiederbringlich an den Beschluß einer Reichsversammlung binden sollten, deren Zusammensetzung man noch nicht kenne, und an die Entscheidung eines zukünftigen Ministeriums, das man auch noch nicht kenne. Solch einem vorzeitigen Antrag dürfe man nicht zustimmen, weil er kein praktisches Resultat gewähre, wenn er in dieser Form angenommen würde. Auch deshalb betrachte er diesen Antrag als vorzeitig, weil die Existenz des sogenannten Dreikönigsbundes noch nicht soweit gesichert sei, um sein Bestehen den Beschlüssen zugrunde zu legen. Und wie wolle man denn diesen Bund einschachteln, ohne Widersprüche hervorzurufen? Dann weiter die Nachteile für Preußen! Der König von Preußen verliert seine Initiative, sein Veto in der Gesetzgebung; er kann wider seinen Willen genötigt werden, Gesetzen beizustimmen, die er mißbilligt; Preußen verzichtet auf die freie Disposition über sein Heer und seine Finanzen und verpflichtet sich, seine sämtlichen Aktiva aller Art einzuwerfen in den Konkurs der übrigen deutschen Staaten ohne Gewärtigung eines Äquivalents. Alles dieses und noch vieles andere schreckte Bismarck ab. Entschieden aber wies er die Bezugnahme auf Friedrich den Großen zurück, dessen Politik man mit dem Antrage der Kommission gleichgestellt hatte. „Friedrich der Große", so warf er ein, „hätte das Gutachten nicht gemacht, ich glaube vielmehr, daß er sich an die hervorragendste Eigentümlichkeit preußischer Nationalität, an das kriegerische Element in ihr, gewandt haben würde, und nicht ohne Erfolg. Er würde gewußt haben, daß noch heute, wie zu den Zeiten unserer Väter, der Ton der Trompete, die zu den Fahnen des Landesherrn ruft, seinen Reiz für ein preußisches Ohr nicht verloren hat, mag es sich nun um eine Verteidigung unserer Grenzen, mag es sich um Preußens Ruhm und Größe handeln. Er hätte die Wahl gehabt, sich nach dem Bruch mit Frankfurt an den alten Kampfgenossen, an Österreich anzuschließen, dort die glänzende Rolle zu übernehmen, welche der Kaiser von Rußland gespielt hat, im Bunde mit Österreich den gemeinsamen Feind, die Revolution, zu vernichten. Oder es hätte ihm freigestanden, mit demselben Recht, mit dem er Schlesien eroberte, nach Ablehnung der Frankfurter Kaiserkrone den Deutschen zu befehlen, welches ihre Verfassung sein solle, auf die Gefahr hin, das Schwert in die Wagschale zu werfen. Dies wäre eine nationale preußische Politik gewesen. Sie hätte Preußen im ersten Falle in Gemeinschaft mit Österreich, im andern Falle durch sich allein die richtige Stellung gegeben, um Deutschland zu der Macht zu helfen, die ihm in Europa gebührt. Der vorliegende Verfassungsentwurf aber vernichtet das spezifische Preußentum. ... „Was uns gehalten hat, war gerade das spezifische Preußentum. Es war der Rest des verketzerten Stockpreußentums, der die Revolution überdauert hatte, die preußische Armee, der preußische Schatz, die Früchte langjähriger intelligenter preußischer Verwaltung und die lebendige Wechselwirkung, die in Preußen zwischen König und Volk besteht. Es war die Anhänglichkeit der preußischen Bevölkerung an die angestammte Dynastie, es waren die alten preußischen Tugenden von Ehre,

Treue, Gehorsam und die Tapferkeit, welche die Armee, von deren Knochenbau, dem Offizierkorps, ausgehend, bis zu den jüngsten Rekruten durchziehen. Diese Armee hegt keine dreifarbigen Begeisterungen, in ihr werden Sie ebenso wenig, als in dem übrigen preußischen Volke, das Bedürfnis nach einer nationalen Wiedergeburt finden. Sie ist zufrieden mit dem Namen Preußen und stolz auf den Namen Preußen. Diese Scharen, sie folgen dem schwarz-weißen Banner, nicht dem dreifarbigen, unter dem schwarz-weißen Banner sterben sie mit Freuden für ihr Vaterland. Das dreifarbige haben sie seit dem 18. März als Feldzeichen ihrer Gegner kennen gelernt. Unter ihnen sind die Töne des Preußenliedes, des Dessauer und des Hohenfriedberger Marsches wohl gekannt und geliebt, aber ich habe noch keinen preußischen Soldaten singen hören: ‚Was ist des Deutschen Vaterland?'

„Das Volk, aus dem diese Armee hervorgegangen ist, dessen wahrster Repräsentant diese Armee ist, hat kein Bedürfnis, sein preußisches Königtum verschwimmen zu sehen in der fauligen Gärung süddeutscher Zuchtlosigkeit. Seine Treue haftet nicht an einem papiernen Reichsvorstand, nicht an einem Sechstel-Fürstenrat, sie haftet an dem lebendigen und freien Könige von Preußen, dem Erben seiner Väter. Dieses Volk, was es will, das wollen wir auch mit ihm. Alle Redner, welche ich gehört habe, wollen es auch, nur auf verschiedenem Wege. Wir alle wollen, daß der preußische Adler seine Fittiche von der Memel bis zum Donnersberge schützend und herrschend ausbreite, aber frei wollen wir ihn sehen, nicht gefesselt durch einen neuen Regensburger Reichstag, und nicht gestutzt an den Flügeln von jener gleichmachenden Heckenschere aus Frankfurt. Preußen sind wir und Preußen wollen wir bleiben; ich weiß, daß ich mit diesen Worten das Bekenntnis der preußischen Armee, das Bekenntnis der Mehrzahl meiner Landsleute ausspreche, und hoffe ich zu Gott, daß wir auch noch lange Preußen bleiben werden, wenn dieses Stück Papier vergessen sein wird, wie ein dürres Herbstblatt."

Am folgenden Tage kam der Abgeordnete von Beckerath auf diese Worte zurück und bemerkte: „Wo viel Licht ist, da muß auch viel

Schatten sein; das große deutsche Vaterland muß auch einen verlorenen Sohn haben. Der geehrte Abgeordnete ist mir zu meinem Bedauern als ein solcher erschienen, er will kein deutsches Vaterland kennen, er will nichts wissen von dem Vaterlandsgesange, der von den südlichen Alpen bis zu den nordischen Meeren erschallt, ja der noch jenseits des Ozeans unsere ausgewanderten Brüder mit Entzücken und mit Sehnsucht nach dem Heimatlande erfüllt." Bismarck protestierte dagegen: „von Beckerath hat mir Äußerungen untergeschoben, die ich keinesfalls gemacht habe; er meint, ich hätte alle Einheitsbestrebungen für demokratische erklärt. Das ist unwahr. ... Der Redner hat mich nachher einen verlorenen Sohn Deutschlands genannt. Meine Herren! Mein Vaterhaus ist Preußen, und ich habe mein Vaterhaus noch nicht verlassen und werde es nicht verlassen." Die Vossische Zeitung protestierte in dem schon erwähnten Artikel gegen die Intoleranz der staatsmännischen Ansicht von Beckeraths und sagte über Bismarck und seine Gesinnungsgenossen: „Mögen die edlen Männer, die fürs isolierte Preußen aus patriotischen Überzeugungen sind, dieses hochherzigen Vormannes vortreffliches Beispiel befolgen, uns deutschgesinnten Preußen helfen. Sollte das aber schief ablaufen, sollte die Spur eines Mißgriffes sich bei diesem Entschluß zeigen, so sei diesen Herzen im voraus die volle rückhaltlose Umkehr zur alten isolierten Fahne zugesagt."

Das Dreikönigsbündnis hatte keinen Bestand. Schon Anfang 1850 schlossen sich Hannover und Sachsen an Württemberg, Bayern und Österreich an. Die Unionsstaaten beriefen auf Grund des vereinbarten Wahlgesetzes das deutsche Parlament nach Erfurt. Bismarck wurde im sechsten Potsdamer Wahlkreis gewählt; mit großen Erwartungen ging er im März 1850 nicht nach Erfurt. Er kam dorthin, wie er später einmal gesagt, mit denjenigen politischen Anschauungen, die er aus dem Vaterhause mitbrachte, geschärft durch den Kampf gegen die Angriffe der Bewegung von 1848 auf Zustände, die ihm wert waren. Viel beteiligt an den Debatten hat er sich nicht; er hatte sich ja im preußischen Abgeordnetenhause bereits ausgesprochen und gewann bei den Verhandlungen über die Verfassung den Eindruck, daß dieses Parlament mehr und mehr in die Rolle jenes sterbenden Professors von Syrakus – des Archimedes – verfalle, der den auf ihn eindringenden Tatsachen in theoretischer Abstraktion sein *noli turbare circulos meos*– störe meine Kreise nicht – zurief, ohne erheblichen Eindruck auf irgend jemanden zu machen. Der „Mondschein-" und „Professoren-" Politik gegenüber riet Bismarck überall zu Einschränkungen in Inhalt, Form und Namen, damit man nicht „ridikül" werde. Der Ausdruck „Reich" und „Fürstenkollegium" war ihm zu hoch; er riet ihn auf „Union" und „Vereinsrat" herabzusetzen, und er fürchtete, daß von den jetzt verbundenen Staaten noch mehrere „das um sie geschlungene Band deutscher Bruderliebe zerreißen würden". Mit Ironie sah er also die Erfurter Dinge an; wo aber seine Gegnerschaft gegen die Demokratie und sein preußischer Stolz in Frage kam, da ging er über Ironie und Scherz in die Tiefen seines Widerwillens und seiner Liebe. Bei der Beratung des Vereinsrechtes, in die er einzugreifen die Pflicht fühlte, sagte er: „Ich bitte Sie, alles zu tun, was in Ihrer Macht steht, damit dieser Blasebalg nicht in den Händen der Demokratie verbleibe, um die Kohlen unter der Asche anzublasen. Lassen wir uns dadurch nicht täuschen, daß wir unsre Gegner hier nicht unter uns sehen, die Glut dicht unter der Asche ist leicht wieder anzufachen. Ich will die Demokratie nicht gerade das Reich der Geister nennen, aber die Geister, die verneinen, gehören ihr, und wie leicht daran ein Reich aufzuritzen ist, werden wir noch erleben." – Was seine preußische Gesinnung anbetraf, so hatte er seinen Wählern gesagt: „Die Zeit ist vorüber, wo die Meinung Gehör fand, daß man den preußischen Staat schwächen oder auslösen dürfe – er dachte wohl an des Königs Wort: Preußen geht fortan in Deutschland auf –, um Deutschland groß zu machen; die Stärke Preußens hat Deutschland gerettet; die Liebe und Treue zwischen dem preußischen Volke und seinem Königshause hat die Bestrebungen der Partei zu Boden geschlagen, welche in Unordnung und Anarchie die Freiheit und das Glück der Völker sucht." Während der Tagung hielt er es für seine Pflicht, noch einmal zu warnen, daß Preußen nicht zu viel von seiner Eigenart preisgebe. Mit Wehmut sah er die Sitze, auf denen man tagte, mit schwarz-rot-goldenen Farben geschmückt, die niemals die Farben des Deutschen Reiches gewesen seien, die aber wohl seit zwei Jahren die Farben des Aufruhrs und der Barrikaden seien, Farben, die in Preußen neben dem Demokraten nur der Soldat in trauerndem Gehorsam trage, und er rief in dieser Stimmung dem Hause zu: „Wenn Sie dem preußischen, dem altpreußischen Geiste, nennen Sie ihn stockpreußisch, wenn Sie wollen, nicht mehr Konzessionen machen, als bis jetzt in dieser Verfassung geschehen ist, dann glaube ich nicht an eine Verwirklichung derselben, und wenn Sie sich bemühen, diese Verfassung diesem preußischen Geiste aufzuzwängen, so werden Sie in ihm einen Bucephalus finden, der den gewohnten Reiter und Herrn mit mutiger Freude trägt, den unberufenen Sonntagsreiter aber mitsamt seiner schwarz-rot-goldenen Zäumung auf den Sand setzt. Einen Trost gegen diese Eventualitäten finde ich indessen in dem festen Glauben, es wird nicht lange Zeit vergehen, so werden die Parteien zu dieser Verfassung stehen, wie in einer Lafontaineschen Fabel zwei Ärzte zu dem Patienten, dessen Leiche sie verlassen. Der eine sagt: ‚Er ist tot, ich habe es gleich gesagt!' der andere: ‚Hätte er meinen Rat befolgt, so würde er noch leben.'„

Am 15. April sprach Bismarck diese Worte. Am 29. April wurden die Sitzungen geschlossen. Die kommenden Ereignisse trugen gar bald die Erfurter Verfassung zu Grabe. Am 26. April hatte Österreich die deutschen Regierungen auf den 10. Mai zu einer Versammlung nach Frankfurt a. M. eingeladen. Mehrere Regierungen folgten. Preußen berief einen Kongreß nach Berlin, um die Union definitiv zu begründen. Es kam aber nur ein neues Provisorium zustande. Österreich aber proklamierte mit den in Frankfurt versammelten Vertretern am 2. September den alten Bundestag als wieder zu Recht bestehend. Am 21. September sagte dieser trotz Preußens Protest dem aus Anlaß eines Verfassungsbruchs entflohenen Kurfürsten von Hessen seine Hilfe zu. Ein österreichisch-bayerisches Korps rückte von Süden in Hessen ein; zugleich war, da Kurhessen Mitglied der Union war, ein preußisches von Norden her im Anmarsch. In Berlin fanden Anfang November ernste Beratungen statt, bei denen General von Gerlach, Graf Brandenburg und die meisten Minister gegen eine Mobilmachung und gegen den König, den Prinzen Wilhelm und Radowitz waren, der seit dem September Minister des Auswärtigen war. Radowitz nahm seine Entlassung, Manteuffel wurde Minister des Auswärtigen. Gleichwohl wurde, besonders auf Dringen des Prinzen von Preußen, mobil gemacht und am 8. November kam es zu einem Vorpostengefecht bei Bronzell, wo das Pferd eines preußischen Trompeters (der Schimmel von Bronzell) getötet wurde.

Aber gegenüber der Tatsache, daß Preußen nicht nur mit Österreich, sondern zugleich mit Nikolaus von Rußland hätte kämpfen müssen, den der Ministerpräsident Graf Brandenburg in Warschau vergeblich für Preußen zu gewinnen versuchte, gab dieses nach. Manteuffel, nach des Grafen Brandenburg plötzlichem Tode Ministerpräsident, kam mit dem Fürsten Schwarzenberg am 29. November in Olmütz zusammen: Preußen verzichtete auf die Union, gab seine Zustimmung zum Zusammentritt des Bundestages und zur Bundesexekution in Hessen und Holstein, das man zu „pazifizieren" wünschte.

So lagen die Dinge, als der preußische Landtag Ende November zusammentrat. Wie Bismarcks Stimmung in diesem Monat war, erfahren wir vor allem aus seinen Briefen. Am 7. November schreibt er über den Rücktritt Radowitzens an den Kreuzzeitungsredakteur Wagener: „Ich bin vorgestern bei Lesung Ihres Montagsblattes vor Freude auf meinem Stuhl rund um den Tisch geritten, und manche Flasche Sekt ist aus die Gesundheit des Herrn von Radowitz getrunken, zum ersten Male fühlt man Dank gegen ihn und wünscht ihm ohne Groll glückliche Reise. Mir selbst ist das Herz recht frei geworden, und ich fühle ganz mit Ihnen; lassen Sie jetzt Krieg werden, wo und mit wem man will, und alle preußischen Klingen werden hoch und freudig in der Sonne blitzen; mir ist es wie ein Alp vom Herzen gefallen ... Sie glauben nicht, wie stark übrigens der deutsche Schwindel und die Wuth auf Österreich hier selbst in den conservativsten Schichten um sich gegriffen hat." Man sieht, er steht nicht gegen Österreich; aber scharf gegen die deutsche Bewegung, die ihm zu sehr Preußens Grundlagen unterwühlt. Wenn die preußischen Klingen für preußische Interessen in der Sonne blitzen sollen, dann ist's ihm recht, für deutsch-demokratische sind sie ihm zu gut. Um die Mitte des Monats schreibt er an seine Frau, daß die hessische und holsteinische Sache für Preußen und namentlich für die konservative Partei nicht das Interesse habe, daß es deshalb lohne, Menschen, und gar Soldaten zu opfern. Er wünsche einen baldigen ehrenvollen Frieden, der im wesentlichen dahin gehe, daß Preußen und Österreich sich unter voller Gleichberechtigung miteinander auf Kosten der kleinen Staaten versöhnen. Wie wir weiter aus diesen Briefen erfahren, verteidigte er in diesen Tagen vom Morgen bis zum Abend gegen ganz vernünftige Leute mit derselben Heftigkeit die Notwendigkeit des Friedens, mit der er gegen General Gerlach für die Notwendigkeit des Krieges unter gewissen Umständen (d. h. im Falle zu großer österreichischer Impertinenz) zankte. Er glaubte in dieser Zeit (und darin irrte er), Rußland werde alle aus Preußens militärischem Ehrgefühl hervorgehenden Forderungen und Preußens Ansprüche auf Machtvergrößerung stützen, wenn nur Ruhe in Holstein werde und Preußen die parlamentarische Union fallen lasse. Noch am 24. November, wenige Tage vor Olmütz, schreibt er ein kräftiges Wort gegen den Krieg: „Der Krieg wäre jetzt ein vollständiger Unsinn, der von Hause aus die Folge haben würde, daß unsere Regierung noch zwei Meilen weit links rutschen würde ... Es sei undenkbar, daß konservative Armeen, die einander lieben und achten, sich zerfleischen und die Geschicke Deutschlands in die Hände der Fremden gelegt würden, wie es denn bei einem Zwist zwischen Preußen und Österreich nicht anders sein könne ... „Für die Demokraten aller Länder werden wir siegen, wenn wir siegen, und jeder Demokrat wird seine Wunden dem Könige als eine unbezahlte Rechnung vorzeigen, wenn wir mit seiner Hilfe gesiegt haben werden. Ich kann meine Thränen nicht halten, wenn ich denke, was aus meinem Stolz, meiner Freude, meinem Vaterlande geworden ist, das treue, tapfere, ehrliche Preußenvolk, trunken gemacht mit dem Taumelkelch, den sie preußische Ehre nennen. Ich kenne keine Ehre, die darin besteht, daß man den Weg der Revolution mit Worten verdammt und mit Taten geht." Die immer wieder betonte preußische Ehre, läßt doch darauf schließen, daß auch für Bismarck der Pille von Olmütz, die nun einmal zu schlucken war, eine starke Dosis Bitternis beigemischt war.

Am 3. Dezember, wenige Tage nach Olmütz, hielt er seine große Rede in der zweiten Kammer, die staatsmännische Größe atmete und die unter dem Eindrucke stand von Mitteilungen, die er aus dem Kriegsministerium und wohl auch aus dem Auswärtigen Amt bekommen hatte; denn in dieser Rede ist er über Rußlands Stellung genau unterrichtet. Der Kriegsminister Stockhausen hatte ihm als zwingende Gründe für den Frieden oder doch für den Aufschub des Krieges die Unmöglichkeit angegeben, die Armee rechtzeitig oder überhaupt zu mobilisieren, da die Stämme vollkommen verzettelt seien. Er bat Bismarck, auf die Abgeordneten vertraulich im Sinne der Mäßigung einzuwirken. Stockhausen war nicht imstande, die Unterlassungssünden und die Planlosigkeit der preußischen Politik durch plötzliche militärische Leistungen wieder gut zu machen, und er geriet in eine Situation, die selbst der politische Leiter im Ministerium, Graf Brandenburg, nicht für möglich gehalten hatte. Dieser „erlag", wie Bismarck sagt, „der Enttäuschung, welche sein hohes patriotisches Ehrgefühl in den letzten Tagen seines Lebens erlitten hatte." Er starb am 6. November. Ob es legendär ist oder nicht, daß Brandenburg am „gebrochenen Herzen" gestorben sei, auch Bismarcks Mut war in gewissem Sinne gebrochen. Er hätte die preußische Politik mit ähnlichen Worten in der Kammer beurteilen können, wie am 2. April 1848: „Ich akzeptiere die Dinge ohne weiteres, weil ich mir nicht anders helfen kann, nicht freiwillig, sondern durch den Drang der Verhältnisse getrieben". Er tat nun mehr, als Stockhausen von ihm erbeten hatte; er riet nicht nur seinen Freunden zur Mäßigung. Er stellte sich auf die Bresche vor die Regierung und deckte ihre Politik, während er doch noch am 22. November mit General Gerlach für die Notwendigkeit des Krieges bei zu großer österreichischer Impertinenz „gezankt" hatte. In der Kammer sprach er gegen jenen Krieg, der kein Feldzug einzelner Regimenter nach Schleswig oder Baden, keine militärische Promenade durch unruhige Provinzen sein werde, sondern ein Krieg in großem Maßstabe gegen zwei unter den großen Kontinentalmächten – Österreich und Rußland –, während die dritte – Frankreich – beutelustig an der preußischen Grenze rüste und sehr wohl wisse, daß im Dom zu Köln das Kleinod zu finden sei, welches geeignet wäre, die französische Revolution zu schließen und die dortigen Machthaber zu befestigen, nämlich die französische Kaiserkrone. Für einen Staatsmann sei es leicht, im Kabinette oder in der Kammer mit dem populären Winde in die Kriegstrompete zu stoßen und sich dabei an seinem Kaminfeuer zu wärmen oder von der Tribüne der Kammer donnernde Reden zu halten, und es dem Musketier, der auf dem Schnee verblute, zu überlassen, ob sein System Sieg und Ruhm erwerbe oder nicht. „Es ist nichts leichter als das, aber wehe dem Staatsmann, der sich in dieser Zeit nicht nach einem Grunde zum Kriege umsieht, der auch nach dem Kriege noch stichhaltig ist." Und dann setzte er sich, der doch, wie wir aus seinen Briefen wissen, nicht aufrichtig davon überzeugt war, daß die preußische auswärtige Politik volle Ehre eingelegt habe, für diese preußische Ehre mit voller Wucht ein: „Ich habe das volle Vertrauen, und ich glaube, die Mehrzahl der Preußen hat es mit mir, daß das Ministerium, welches im November 1848 die Ehre des Vaterlandes gewahrt hat, daß der General, auf den die ganze Armee mit Achtung sieht und der an der Spitze des Kriegsministeriums steht, daß sie und ihre Kollegen auch wissen, was preußische Ehre ist, und wie sie zu wahren sei. Die preußische Ehre besteht nach meiner Überzeugung nicht darin, daß Preußen überall in Deutschland den Don Quixote spiele für gekränkte Kammerzelebritäten, welche ihre lokale Verfassung für gefährdet halten. Ich suche die preußische Ehre darin, daß Preußen vor allem sich von jeder schmachvollen Verbindung mit der Demokratie entfernt halte, daß Preußen in der vorliegenden wie in allen Fragen nicht zugebe, daß in Deutschland etwas geschehe ohne Preußens Einwilligung, daß dasjenige, was Preußen und Österreich nach gemeinschaftlicher unabhängiger

Erwägung für vernünftig und politisch richtig halten, durch die beiden gleichberechtigten Schutzmächte Deutschlands gemeinschaftlich ausgeführt werde. Man kann sehr darüber streiten, was in diesen Fällen, namentlich in Hessen und Holstein, politisch und vernünftig sei. Darüber aber, glaube ich, ist die Mehrzahl von uns einig, daß es wünschenswert sei, daß in Hessen der Rabulisterei in einem Streite, wo ich für beide Teile nicht einen Schuß Pulver verbrennen mag, ein Ende gemacht werde, und daß der unglückliche Krieg in Schleswig-Holstein, in den uns die unbesonnene und leichtfertige Politik des Jahres 1848 verflochten hat, ebenfalls beseitigt werde. Ich selbst wünsche dringend und bestehe auf Wahrung der wirklichen Rechte der Schleswig-Holsteiner, eines Stammes, der mir durch kriegerische Tapferkeit die Achtung abgewonnen hat, die ich seinem Bestreben jederzeit versagen mußte, seine vermeintlichen oder wahren Rechte gegen den Landesherrn mit revolutionärer Waffengewalt durchzuführen...

„Die Hauptfrage, die Krieg und Frieden birgt, die Gestaltung Deutschlands, die Regelung der Verhältnisse zwischen Preußen und Österreich und der Verhältnisse von Preußen und Österreich zu den kleineren Staaten, soll in wenigen Tagen der Gegenstand der freien Konferenzen – zu Dresden – werden, kann also jetzt nicht Gegenstand eines Krieges sein. Wer den Krieg durchaus will, den vertröste ich darauf, daß er in den freien Konferenzen jederzeit zu finden ist: in vier oder sechs Wochen, wenn man ihn haben will. Ich bin weit davon entfernt, in einem so wichtigen Augenblicke, wie dieser ist, die Handlungsweise der Regierung durch Ratgeben hemmen zu wollen.

„Wenn ich dem Ministerium gegenüber einen Wunsch aussprechen wollte, so wäre es der, daß wir nicht eher entwaffnen, als bis die freien Konferenzen ein positives Resultat gegeben haben; dann bleibt es noch immer Zeit, einen Krieg zu führen, wenn wir ihn wirklich mit Ehren nicht vermeiden können oder nicht vermeiden wollen."

So schob Bismarck mit großer Klugheit die ganzen Schwierigkeiten auf das Gebiet der Verhandlungen, nicht ohne anzudeuten, wie Preußen die Zukunft meistern könne. Mannhaft wußte er als königstreuer

Diener seines Herrn die schmerzlichen Empfindungen über die politischen Niederlagen zu unterdrücken oder mit großer Zartheit zu berühren. Wie ein General handelte er, der den Rückzug so ehrenvoll deckt, daß man die Schlappe darüber zu vergessen versucht ist. Aber nicht nur mannhaft, auch meisterhaft war dieses Auftreten des Parlamentariers, der in seiner Rede den großen Staatsmann zeigte, der bald zu Größerem berufen werden sollte, als in der Kammer zu sitzen, wo „erwachsene Menschen sich über Lappalien stritten", unter „den wäßrigen Konstitutionellen", vor „einem kalt servierten Salat von Opposition aus dem Vereinigten Landtage und Frankfurter Rechten mit einer Sauce von sentimentalen Phrasen". – So viel dürfte zweifellos sein: Bismarcks Rede war ein Ereignis, das auf Preußens Politik und auf Bismarcks Lebensgang einen entscheidenden Einfluß haben sollte; der Mann, der dem Könige schon lange als ein mutiger und kluger Freund galt, hatte sich bei Olmütz als ein solcher erprobt, er mußte deshalb an einer Stelle stehen, wo der preußische Adler seine Fittiche wieder frei ausbreiten konnte dem Ziele zu, das Bismarck ihm bereits im September 1849 gesetzt hatte: „schützend und herrschend von der Memel bis zum Donnersberge, nicht mehr gefesselt durch einen neuen Regensburger Reichstag und nicht gestutzt an den Flügeln von der gleich machenden Heckenschere aus Frankfurt".

## 7. „Herrenleben" am Bundestage in Frankfurt a. M. 1852-1859

Im April 1851 dachte man daran, Bismarck als Bundestagsgesandten nach Frankfurt zu schicken. Manteuffel fragte ihn – Bismarck kam das überraschend; er hatte sich nicht dazu gedrängt –, ob er die Stelle des Bundestagsgesandten annehmen wolle; Bismarck antwortete einfach mit ja. Der König ließ ihn zu sich bescheiden und sagte: „Sie haben viel Mut, daß Sie so ohne weiteres ein Ihnen fremdes Amt übernehmen." Bismarck erwiderte: „Der Mut ist ganz auf Seiten Eurer Majestät, wenn Sie mir eine solche Stellung anvertrauen; indessen sind Eure Majestät ja nicht gebunden, die Ernennung aufrecht zu erhalten, sobald sie sich nicht bewährt. Ich selbst kann keine Gewißheit darüber haben, ob die Ausgabe meine Fähigkeit übersteigt, ehe ich ihr näher getreten bin. Wenn ich mich derselben nicht gewachsen finde, so werde ich der erste sein, meine Abberufung zu erbitten. Ich habe den Mut zu gehorchen, wenn Eure Majestät den haben zu befehlen." Am 11. Mai traf Bismarck in Frankfurt ein, zunächst als Legationsrat.

Die Wahl des noch nicht sechsunddreißig Jahre alten Mannes rief in amtlichen Kreisen allgemeines Staunen hervor; ein Mann ohne die Weihe staatlicher Examina, dessen „vorsündflutliche" Anschauungen im Vereinigten Landtage und in der zweiten Kammer Heiterkeit, Gelächter und Murren hervorgerufen, der ein Verteidiger der Politik von Olmütz gewesen sei, nach Frankfurt, wo es galt Preußens Selbständigkeit Österreich gegenüber zu wahren! Auf den die Zeitungen spottend den Scherz des Dechanten von Westminster über Lord John Russell anwandten: „Der Mensch würde auch das Kommando einer Fregatte oder eine Steinoperation übernehmen." Auch General von Rochow, der nach Petersburg als Gesandter bestimmt und provisorisch Bundestagsgesandter in Frankfurt war, arbeitete gegen Bismarck und suchte ihn als Gesandten nach Darmstadt zu bringen; die Österreicher wühlten in Berlin, weil sein Schwarz-Weiß ihnen nicht gelb genug war. Alle diese Bemühungen hatten aber keinen Erfolg. Am 11. Juli schrieb Manteuffel, der König habe die Ernennung zum Gesandten genehmigt. Herr von Rochow solle aber nicht *brusquement* weggeschickt, sondern mit aller Rücksichtnahme behandelt werden. Bismarck tat das Seinige dazu. Als am 15. Juli seine Ernennung kam und von Rochow, ohne ihn von seiner Abreise zu unterrichten und ihm die Akten zu übergeben, abreiste, ging Bismarck dennoch zur Bahn, um seinen Dank für das ihm bewiesene Wohlwollen auszusprechen. Der neue Aufenthalt behagte ihm; die Stadt war nicht so übel, wie Bismarcks Frau fürchtete. Bismarck mietete eine Gartenvilla, blumig und elegant, vor dem Tore, wo eine abgeschlossene, an das Landleben erinnernde Häuslichkeit möglich war. Sonst war das Leben für ihn zunächst langweilig. Die Natur entschädigte und erquickte ihn. Spaziergänge, auf denen er in reizender Sommernachtluft, Mondschein und Pappelblättergeschwirr den Aktenstaub des Tages abschüttelte. Auch fuhr er wohl nach Rüdesheim, nahm sich einen Kahn, ruderte auf den Rhein hinaus und schwamm im Mondschein, nur Nase und Augen über dem lauen Wasser, bis nach dem Mäuseturm bei Bingen, wo der böse Bischof umkam. „Es ist etwas seltsam träumerisches," schreibt er seiner Frau, „so in stiller warmer Nacht im Wasser zu liegen, vom Strom langsam getrieben, nur den Himmel mit Mond und Sternen, und seitwärts die waldigen Berggipfel und Burgzinnen im Mondlicht zu sehen, und nichts als das leise Plätschern der eigenen Bewegung zu hören; ich möchte alle Abend so schwimmen." Zur Empfänglichkeit für schöne Natur kommt Empfänglichkeit für Geselligkeit und die glückliche Kunst der Charakteristik, die keinem Diplomaten fehlen sollte und bei Bismarck in stilistischen Meisterstücken sich kundgibt. Gleich nach seiner Ankunft fühlt er sich angezogen von Lord und Lady Cowley, der englischen Gesandtenfamilie, sehr guten und angenehmen Leuten; sie eine elegante Frau von gegen vierzig, sehr weltlich, aber wohlwollend und schnell bekannt; Bismarck stellte sich sofort auf Freundschaftsfuß mit ihr, um eine mächtige Stütze für seine Frau an ihr zu haben, wenn diese in das kalte Bad der diplomatischen Gesellschaft steigen mußte. Er verkehrte auch im Salon der Frau von Vrintz, einer Schwester der Frau des russischen Gesandten Meyendorf, wo sich die Diplomatie alle Abend zusammenfand und er die Gräfin Thun sah, eine junge, sehr schöne Frau, deren Art ihn an seine Schwester Malwine erinnerte, dann den Marquis de Tallenay, den französischen Gesandten, einen höflichen Fünfziger, den Grafen Szechenyi, einen lustigen jungen Magyaren, voller Faxen, und verschiedene andere ausländische Erscheinungen. Man spielte dort alle Abende, auch die Frau vom Hause, und nicht ganz niedrig; man schalt Bismarck, daß er das für langweilig erklärte; er erwiderte, seine Rolle würde sein, die Verlierenden auszulachen. – Dazwischen Tanzvergnügungen, von denen er köstliche Schilderungen gibt: „Freitag

Ball bei Lady Cowley, der bis fünf Uhr morgens dauerte; sie tanzen hier alle wie verrückt, die ältesten Gesandten von fünfzig Jahren mit weißem Haar tanzen Cotillon bis zu Ende, im Schweiße ihres Angesichts. Um Mitternacht wurde feierlich *god save the queen* gespielt, weil ihr Geburtstag anbrach, und alles war Transparent von oben bis unten mit englischen Wappen und Farben, und sehr viele sonderbare und steife Ladies, die *„lisp english when they lie"*, wie ich einmal die Übersetzung der betreffenden Stelle im Faust gelesen habe, d. h. sie haben alle eine Wuth schlecht französisch zu sprechen, und ich vergesse mein Englisch ganz wie ich hier mit Schrecken entdeckt habe." – Bismarck findet wenig Gefallen weder an den Herren noch an den Damen. Seine tief angelegte Natur zieht die Gräfin Thun an. „Sie ist eine liebenswürdige Frau, weiblich und fromm (katholisch, sehr), Eigenschaften, die den Weibern hier nicht allgemein beiwohnen; ihr Mann spielt und macht die Cour, ich glaube mehr wie ihr lieb ist ... Die Herren hier sind unausstehlich. Sowie sich einen anrede setzt er ein diplomatisches Gesicht auf und denkt nach was er antworten kann ohne zu viel zu sagen und was er über meine Äußerungen nach Hause berichten kann. Die nicht so sind, conveniren mir noch weniger; sie reden Zweideutigkeiten mit den Damen, und letztre gehn ekelhaft darauf ein. Es macht mir einen weniger verderbten Eindruck, wenn eine Frau einmal gründlich fällt, aber die Scham im Herzen bewahrt, als wenn sie Freude an solchem Gerede findet, und ich schätze die Thun deshalb, weil sie trotz des hier ziemlich allgemeinen Tons dergleichen sehr entschieden von sich fern zu halten weiß." Ganz anderer Art und nicht ohne Humor ist Bismarcks Verkehr beim alten Rothschild, dem „Baron Amschel". Dieser hatte Bismarck schon zehn Tage vorher zum Essen geladen. Bismarck hatte geantwortet, „er werde kommen, wenn er noch lebte". Das hatte den alten Herrn so erschüttert, daß er es allen Begegnenden erzählte: „Was soll er nich leben, was soll er doch sterben der Mann, is er doch jung und stark. ... Bismarck hatte Gefallen an Rothschild, weil er eben ganz Schacherjude sei und nichts anderes vorstellen wollte, dabei ein streng orthodoxer Jude, der bei „seinen *dîners* nichts anrührt und nur gekauschertes ißt". Auch Bismarck gefiel dem Alten; dieser wollte ihm eine Pflanze schenken, die „2000 bare Gülden" gekostet hatte; seine Freigebigkeit begründete er mit den Worten: „Waiß Kott, ich schätze Se aufrichtig, Herr Beraun, Se sind a scheener Mann, e braver Mann."

Über die Bedeutung des Bundestages ist er sich von Anfang an klar. Schon am 18. Mai schreibt er darüber mit vielleicht allzu unbarmherzigem Humor: „Es sind lauter Lappalien mit denen die Leute sich quälen, und diese Diplomaten sind mir schon jetzt mit ihrer wichtigthuenden Kleinigkeitskrämerei viel lächerlicher als der Abgeordnete der 11. Kammer im Gefühl seiner Würde. Wenn nicht äußre Ereignisse zutreten, und die können wir superklugen Bundestagsmenschen weder leiten noch vorherbestimmen, so weiß ich jetzt ganz genau, was wir in 1, 2 oder 5 Jahren zu Stande gebracht haben werden, und will es in 24 Stunden zu Stande bringen, wenn die andern nur einen Tag lang wahrheitsliebend und vernünftig sein wollen. Ich habe nie daran gezweifelt daß sie alle mit Wasser kochen; aber eine solche nüchterne einfältige Wassersuppe, in der auch nicht ein einziges Fettauge von Hammeltalg zu spüren ist, überrascht mich. Schickt Schulzen Filöhr, Stephan Lotke und Herrn von Dombrowsky aus dem Chaussee-Hause her, wenn sie gewaschen und gekämmt sind, so will ich in der Diplomatie Staat mit ihnen machen. in der Kunst mit vielen Worten gar nichts zu sagen mache ich reißende Fortschritte, schreibe Berichte von vielen Bogen, die sich nett und rund wie Leitartikel lesen, und wenn Manteuffel nachdem er sie gelesen hat sagen kann was drin steht, so kann er mehr wie ich. Jeder von uns stellt sich als glaubte er vom anderen daß er voller Gedanken und Entwürfe stecke, wenn er's nur aussprechen wollte, und dabei wissen wir alle zusammen nicht um ein Haar besser was aus Deutschland werden wird und soll, als Dutken Sauer. [Ein Schwachsinniger auf einem Gute Bismarcks.] Kein Mensch, selbst der böswilligste Zweifler von Demokrat, glaubt es, was für Charlatanerie und Wichtigthuerei in dieser Diplomatie steckt."

Was er selbst sich aber in dieser Gesellschaft zu wirken vorgenommen, das wissen wir aus seinen eigenen Worten, die er so ernst nahm, wie alle seine Bekenntnisse, die er an allen Wendepunkten seines Lebens auszusprechen pflegte: „Noch ganz verblüfft davon, wie mich das Rad des Lebens so plötzlich gefaßt, aus allen lieben Sommerträumen gerissen, und in diese Stellung geworfen, muß ich mich nun gewöhnen ein regelmäßiger trockner Geschäftsmann zu sein, viel und feste Arbeitsstunden zu haben, und alt zu werden. Spiel und Tanz sind vorbei, Gott hat mich auf den Fleck gesetzt, wo ich ein ernster Mann sein und dem Könige und dem Lande meine Schuld bezahlen muß. Seinen Willen nach besten Kräften zu thun bin ich entschlossen, und wenn mir Weisheit mangelt, werde ich Ihn bitten, Er giebt reichlich und rückt es Niemand auf." Das war das Bild, das er von sich für die Zukunft entwarf. Wie andre ihn in dieser Zeit sahen, das gibt uns die Frau seines Freundes Scharlach wieder, die mit ihm in der ersten Zeit seiner diplomatischen Laufbahn zusammentraf: „in der Tat kenne ich nur wenige Männer, die mir so den Eindruck der Vollkommenheit gemacht hätten. Die höchste Liebenswürdigkeit und Feinheit des Betragens, Entschiedenheit, Energie, brillanter Verstand und blendender Witz, verbunden mit Gemüt, Treue und Frömmigkeit, schmücken diesen ausgezeichneten Mann." Sie sah tiefer, als die Tagespresse, welche die oben angeführte Bemerkung des Dechanten von Westminster auf ihn anwandte. Es sollte sich bald zeigen, daß Shakespeares Worte des Erzbischofs von Canterbury, die dieser von König Heinrich V. sagt, besser auf ihn passen:

> „Nie ward so schnell ein Zögling noch gebildet...
> Hört ihn verhandeln über Staatsgeschäfte,
> So glaubt ihr, daß er einzig das studiert.
> Bringt ihn auf einen Fall der Politik,
> Er wird desselben gordischen Knoten lösen."

Schon sein persönliches Auftreten im amtlichen Verkehr zeigte ihn den Verhältnissen gewachsen; er besaß trotz seiner Jugend die Formen einer ausgereiften Persönlichkeit. Der österreichische Präsidialgesandte gefiel sich als gemütlicher Lebemann und hochmütiger Aristokrat in saloppen Formen. Wie er die anderen Gesandten behandelte, trat er auch gegen Bismarck auf; Bismarck muß sich mit großer Energie gegen Thun gesetzt haben, wie das aus einer Sitzung der preußischen zweiten Kammer vom 22. März 1852 zu schließen ist. Hier kam es zu einem Wertgefechte, daß schließlich zu einem Duell zwischen dem Abgeordneten von Vincke und Bismarck führte, weil Bismarck dem Gegner Überschreitung der Grenze nicht nur der diplomatischen sondern derjenigen privaten Diskretion vorgeworfen hatte, deren Beachtung von einem Manne von guter Erziehung erwartet werden dürfe. Vincke hatte Bismarck nämlich spöttisch einen namhaften Diplomaten genannt, was Bismarck zurückwies; dem schloß sich Vincke ironisch an, auch er wolle die Äußerung. zurücknehmen, da alles, was er von Bismarcks diplomatischen Leistungen wisse, sich nur auf die bekannte brennende Cigarre beschränke. Von dieser Cigarre wurde damals folgendes erzählt: Bismarck machte dem Präsidialgesandten Grafen von·Thun-Hohenstein seinen·Besuch; Graf Thun empfing ihn mit seiner nicht ganz stilvollen Familiarität, rauchte ruhig seine Cigarre weiter und lud Bismarck nicht einmal zum Sitzen ein. Dieser holte einfach seine Cigarrentasche hervor, nahm eine Cigarre heraus und sagte ganz gemütlich: ‚Darf ich um Feuer bitten, Exzellenz?' Im höchsten Grade verblüfft gab die Exzellenz Feuer, Bismarck rauchte seine Cigarre an und nahm dann ungeniert Platz, kaltblütig, als wenn nichts geschehen sei, das Gespräch beginnend. Eine noch lustigere Cigarrengeschichte, die Vincke gleichfalls im Sinne gehabt haben kann; hat Bismarck selbst erzählt: "Bei den Sitzungen der Militärkommission hatte, als Rochow Preußen beim Bundestag vertrat, Österreich allein geraucht. Rochow hätte es als leidenschaftlicher Raucher gewiß auch gern getan, getraute sich's aber nicht. Als ich nun hinkam, gelüstete mich's ebenfalls·nach einer Cigarre, und da ich nicht einsah, warum nicht, ließ ich mir von der Präsidialmacht Feuer geben, was von ihr und den anderen Herren mit Erstaunen und Mißvergnügen bemerkt zu werden schien. Es war offenbar für sie ein Ereignis. Für diesmal rauchten nun bloß

Österreich und Preußen. Aber die anderen Herren hielten das augenscheinlich für so wichtig, daß sie darüber nach Hause berichteten. Auch nach Berlin muß man's geschrieben haben denn es erfolgte eine Anfrage vom Hochseligen, der selber nicht rauchte und die Sache vermutlich nicht nach seinem Geschmacke fand. Die erfordert nun reifliche Überlegung an den kleinen Höfen, und es dauerte wohl ein halbes Jahr, daß nur die beiden Großmächte rauchten. Darauf begann auch Schrenkh, der bayrische Gesandte, die Würde seiner Stellung durch Rauchen zu wahren. Der Sachse·Nostizs hatte gewiß auch große Lust dazu, aber wohl noch keine Erlaubnis von seinem Minister. Als er indes das nächste Mal sah, dass der Hannoveraner Bothmer sich eine genehmigte, muß er der eifrig österreichisch war – er hatte dort Söhne in der Armee – sich mit Rechberg verständigt haben; denn erzog jetzt ebenfalls vom Leder und dampfte. Nun waren nur noch der Württemberger und der Darmstädter übrig, und die rauchten überhaupt nicht. Aber die Ehre und die Bedeutung ihrer Staaten erforderten es gebieterisch, und so langte richtig das folgende Mal der Württemberger eine Cigarre heraus – ich sehe ihn noch, es war ein langes, dünnes, hellgelbes Ding, Couleur Roggenstroh – und rauchte sie mit mürrischer Entschlossenheit als Brandopfer für das Vaterland wenigstens halb. Nur Hessen-Darmstadt enthielt sich, wahrscheinlich in dem Bewußtsein, zur Rivalität nicht groß genug zu sein."

Jedenfalls litt Bismarck von vornherein keine Rücksichtslosigkeit gegen seine Person, wenn sie ihn als Repräsentanten seines Königs traf; sie trafen ihn allemal wie Schläge gegen seinen König und sein Land. Dessen Interessen vertrat er auch sonst mit Klugheit und Nachdruck, besonders der überheblichen Präsidialmacht Österreich gegenüber, zu dem das Verhältnis, als Bismarck in Frankfurt eintrat, wenn nicht gespannt, doch im gewissen Sinne demütigend war. Man gab von Wien aus guten Rat, auch wo er gar nicht verlangt wurde. Preußen sollte jetzt für Österreich, das sich 1848 das hatte von Rußland besorgen lassen, die Kastanien aus dem Feuer holen.

Nicht nur Preußen in seine Dienste zu stellen war Österreich tätig. Es intriguierte auch in Zollvereinsangelegenheiten. Es versuchte den Verein zu erweitern, indem es verlangte, daß Handels- und Zollfragen Bundessache werden sollten. Geschah das, so verlor Preußen seine günstige Stellung, die es seit zwanzig Jahren in wirtschaftlichen Fragen inne hatte. Österreich ging sogar so weit, die deutschen Mittelstaaten nach Wien einzuladen zu Verhandlungen, die auf Errichtung eines Zollvereins ohne Preußen abzielten; Österreich fand Entgegenkommen. Da starb Schwarzenberg im April 1852 und Manteuffel lud die Zollvereinsstaaten nach Berlin ein und erklärte den Eintritt Österreichs bei der wirtschaftlichen Verschiedenheit Österreichs und des industriell weit mehr entwickelten Deutschland für unmöglich, war aber bereit, zwischen dem Zollverein und Österreich einen Handelsvertrag abzuschließen. Um diese ganze Angelegenheit ins richtige Fahrwasser zu bringen, entschloß sich der König, Bismarck „auf die hohe Schule der Diplomatie nach Wien" als zeitweiligen Vertreter des Wiener Gesandten Grafen von Arnim zu schicken und versprach sich von ihm, daß, wenn nicht unerhörte, lang vorbereitete Mißverständnisse eingewurzelt seien, seine Tätigkeit in Wien wahrhaft segensreich sein werde. Er sollte Verhandlungen nicht suchen, sondern mit Konstatierung seiner Willfährigkeit, es an sich kommen lassen, in der Form so freundlich und eingehend als möglich sein, in der Sache aber allen festen Engagements, allen eigentlichen Verhandlungen entschlüpfen und vor allem alles, was seine Abreise als einen Bruch konnte erscheinen lassen, vermeiden. Bismarck gelang das; die Verhandlungen blieben erfolglos, wie sie es ja sein sollten. Sein erster diplomatischer Feldzug bedeutete aber eben deshalb einen Erfolg.

Der Gegensatz zwischen Preußen und Österreich war ihm in Wien noch deutlicher ins Bewußtsein gerückt. Dieser Gegensatz verschärfte sich zwischen den Vertretern der beiden Staaten, als im Februar 1853 Prokesch Ritter von Osten an des Grafen Thun Stelle trat. Zu dieser Ernennung gratulierte ihm Prinz Wilhelm aus Coblenz ironisch und fügte hinzu: „Sie werden einen schweren und sehr unangenehmen

Stand bekommen, um so mehr, da man Sie forthaben will von F. a./M. als nicht Östreichisch genug. Ich erwarte, daß Sie eben so fest gegen Prokesch sein werden als Sie es gegen Thun waren, und daß Sie sich nicht werden fortschnellen lassen. – Aber was soll man zu dieser Wiener Perfidie sagen, so unmittelbar nach des Kaisers Visite? Es ist völlig Östreichisch *contra* Preußen! Ich möchte wohl wissen, was man in Wien sagte, wenn man jetzt Bernstorff (einen scharfen Gegner der Schwarzenbergschen Politik) an Ihre Stelle setzte?? Man würde es eine Insulte nennen." Bismarck selbst dachte – wohl nicht ganz objektiv – recht schlecht von Prokesch. Er warf ihm vor, daß er mit Ruhe und Leichtigkeit falsche Tatsachen ausstelle, wahre bestreite; dazu gesellte sich in einem überraschenden Grade Kaltblütigkeit im Fallenlassen eines Gegenstandes oder Veränderung der Front, sobald das Falsum, von welchem er ausgehe, unausweichbar zur Anerkennung gebracht werde. Einen solchen Rückzug decke er nötigenfalls durch ein Aufbrausen sittlicher Entrüstung oder durch einen oft sehr persönlichen Angriff, mit welchem er die Diskussion auf ein neues und heterogenes Gebiet übertrage. Dabei gebrauche er gern kleinliche Waffen: verschleppe die Sachen, um dem Gegner die Rolle eines unruhigen und kleinlichen Mahners zuzuschieben; wende auch unbedeutende Übergriffe der Präsidialmacht an, um dem Gegner den Charakter eines silbenstechenden Kritikers anzuheften; berufe sich im Wortgefechte auf „Hunderte" von Präzedenzfällen, von denen er jedoch keinen einzigen namhaft machen könne. Auch mit Prokeschs Nachfolger, Graf Rechberg, verlief der Verkehr zunächst in ähnlicher Weise; schlug aber infolge von Bismarcks Ritterlichkeit zum Besseren um. In Bismarcks Erinnerungen bekommen wir einen interessanten Einblick in dieses Verhältnis. Nach einer Sitzung machte Rechberg, als sie allein waren, Bismarck Vorwürfe über seine Unverträglichkeit, er sei ein *mauvais coucheur* – ein übler Schlafkamerad – und Händelsucher; er bezog sich auf Fälle, in denen sich Bismarck gegen Präsidialübergriffe gewehrt hatte; Dieser erwiderte, er wisse nicht, ob der Zorn nur ein diplomatischer Schachzug oder Ernst sei; die Äußerung desselben sei höchst persönlicher Art. „Wir können doch nicht im Bockenheimer Wäldchen mit der Pistole die Diplomatie unserer Staaten erledigen." Darauf Rechberg mit großer Heftigkeit: „Wir wollen gleich hinausfahren; ich bin bereit, auf der Stelle." Damit war für Bismarck der Boden der Diplomatie verlassen; er antwortete ohne Heftigkeit, die Sache könne ja in einer Viertelstunde im Garten des Bundespalais vor sich gehen. „Ich bitte nur um die Erlaubnis, in wenigen Zeilen die Entstehung des Streites zu Papier zu bringen und erwarte von Ihnen, daß Sie diese Aufzeichnung mit unterzeichnen werden, da ich meinem Könige gegenüber nicht als ein Raufbold erscheinen möchte, der die Diplomatie auf der Mensur führte." Er begann zu schreiben, Rechberg ging mit raschen Schritten auf und ab. Während dessen verrauchte sein Zorn; er wurde ruhiger. Bismarck verließ ihn dann mit der Äußerung, daß er den mecklenburgischen Gesandten, Herrn von Oertzen, als seinen Zeugen zu ihm schicken würde; dieser legte den Streit versöhnlich bei. – Bismarck trat später zu Rechberg in ein geradezu freundschaftliches Verhältnis. Und das kam so: Bei einem geschäftlichen Besuche, den Bismarck ihm machte, verließ dieser das Zimmer, um seinen Anzug zu wechseln, und überreichte Bismarck eine Depesche, die er soeben von seiner Regierung erhalten hatte, mit der Bitte sie zu lesen. Unglücklicherweise hatte sich Rechberg vergriffen; es war ein streng vertrauliches Schriftstück, das zwar dieselbe Sache betraf, aber nur für ihn bestimmt und offenbar von einem zweiten ostensiblen begleitet gewesen war. Als Rechberg wieder eintrat, gab ihm Bismarck die Depesche zurück mit der Äußerung, Rechberg habe sich versehen, er (Bismarck) werde vergessen, was er gelesen habe. Bismarck hat denn auch vollkommenes Schweigen über das Versehen beobachtet und nicht den geringsten, auch nur indirekten Gebrauch davon gemacht. Seitdem war das Verhältnis beider ungetrübt.

Hatte schon die ganze Politik Österreichs und das Gebaren seiner Vertreter Bismarck immer mehr in Gegensatz zu diesem Staate gebracht, so trat ein starker Wendepunkt in seiner Stellung ein, als er in Frankfurt die ihm bis dahin unbekannte Depesche des Fürsten Schwarzenberg vom 7. Dezember 1850 zu lesen bekam, in welcher dieser die Olmützer Ergebnisse so darstellte, als ob es von ihm abgehangen habe, Preußen „zu demütigen" oder großmütig zu pardonnieren. Trotz Olmütz war Bismarck noch gut österreichisch nach Frankfurt gekommen; der Einblick in die Schwarzenbergische Politik „*avilir, puis démolir*" den er dort aktenmäßig gewann, enttäuschte seine jugendliche Illusion. Jetzt war es ihm klar: der gordische Knoten deutscher Zustände ließ sich nicht in Liebe dualistisch lösen, nur militärisch zerhauen; es kam darauf an, den König von Preußen, bewußt oder unbewußt, und damit das preußische Heer für den Dienst der nationalen Sache zu gewinnen, mochte man vom borussischen Standpunkte die Führung Preußens oder vom nationalen die Einigung Deutschlands als die Hauptsache betrachten; beide Ziele deckten einander; das war Bismarck jetzt klar. Wann dieser Wendepunkt eingetreten, läßt sich nicht genau nachweisen. Es wird aber wohl vor dem Krimkriege gewesen sein, denn Bismarcks Politik ging in jener Zeit die Bahn, die auf den Wendepunkt schließen läßt.

Die Schwierigkeiten von Bismarcks Stellung in Frankfurt wurden noch verstärkt dadurch, daß Bismarck beständig von seinem König in Berlin in Anspruch genommen wurde. In einem Jahre hat er auf den Reisen zwischen Frankfurt und Berlin zweitausend Meilen gemacht, stets die neue Cigarre an der vorhergehenden anzündend oder gut schlafend. Und nicht nur über Fragen der deutschen und der auswärtigen Politik erforderte der König seine Ansicht, er beauftragte ihn auch gelegentlich, wenn Entwürfe des Auswärtigen Amts vorlagen, mit der Ausarbeitung von Gegenprojekten. Bismarck besprach diese stets mit seinem Chef, dem Minister von Manteuffel, so daß er nichts hinter dessen Rücken tat. Gleichwohl gab es Verstimmung, da allerhand Einbläsereien und Klatsch hinzukamen, die zur Abkühlung des Verhältnisses beitrugen, so daß Manteuffel ihn nicht mehr zum Wohnen bei sich einlud, wenn Bismarck nach Berlin kam. Auch wurden Bismarck seine nahen Beziehungen zum General von Gerlach verdacht, der das königliche Vertrauen im hohen Maße genoß; und der König brachte ihn noch immer mehr in diese Schwierigkeiten, weil er ihn für Ministerposten in Aussicht nahm, und wenn Bismarck keine Neigung verriet, sich zu Befehlen verstieg wie: „Und wenn Sie sich an der Erde winden, es hilft Ihnen nichts, Sie müssen Minister werden." Bismarck hatte von alle dem den Eindruck, daß der König ihn hauptsächlich zur „Territion" Manteuffels nach Berlin kommen ließ, wenn dieser dem Könige nicht zu Willen sein wollte. Denn der König verlangte gehorsame Minister; er konnte sich nicht in die konstitutionellen Formen gewöhnen, die in der Verantwortlichkeit der Minister die beste Bürgschaft für die Kraft und Dauer dynastischer Rechte bieten. Für einen solchen allergehorsamsten Ministerposten wäre Bismarck nicht geeignet gewesen; er würde, was er sich ja nach einem zehnjährigen Dienst als Gesandter und nach einem ebenso langen Dienst als Minister wünschte, sehr bald genossen haben; er würde schon in den fünfziger Jahren auf dem Lande über das Erlebte nachgedacht und wie sein alter Onkel in Templin bei Potsdam Obstbäume gepfropft haben. Er zog die Unabhängigkeit eines Gesandten dem Ministerium vor; denn er wußte und sagte es: „Der König sah in mir ein Ei, das er selbst gelegt hatte und ausbrütete, und würde bei Meinungsverschiedenheiten immer die Vorstellung gehabt haben, daß das Ei klüger sein wolle als die Henne."

Bismarck hatte also von Frankfurt aus viel Einfluß auf die preußische Politik. Von Interesse ist seine Stellungnahme zu den religiös-kirchlichen Fragen, zu der schleswig-holsteinischen Frage, besonders aber zum Krimkriege und zum Kaiser Napoleon.

In Baden hatte sich der Erzbischof von Freiburg dagegen aufgelehnt, daß der Staat jede Veröffentlichung eines kirchlichen Erlasses ohne staatliche Genehmigung verbot. Bismarck war als Staatsmann und als guter Protestant sich wohl bewußt, dass ein Staat wie Preußen, der der Reformation sein Dasein dankte, niemals zu vollem inneren Ausgleich mit Rom kommen würde und er war auch entrüstet über den unversöhnlichen und anmaßenden Geist, der sich im katholischen Klerus zeigte; aber er war schon zu sehr Realpolitiker, um nicht einzusehen, daß Preußen durch scharfe Maßnahmen die katholische Bevölkerung in die Arme Osterreichs treiben und das Haus Wittelsbach in Bayern mit den Habsburgern enger verbünden würde. Und gerade damals lag doch die Möglichkeit nicht fern, wenn Österreich die Herrschaft in Deutschland mit Preußen nicht teilen wollte, die Führung in Süddeutschland an Bayern zu bringen. Deshalb riet er zur Zurückhaltung in derartigen kirchlichen Streitigkeiten. Er äußerte schon im Februar 1852: „Wenn man sich das Ansehen gibt, die Wichtigkeit Bayerns anzuerkennen, so läßt sich mit Bayern manches ausrichten."

Die schleswig-holsteinische Frage sollte in London endgültig geregelt werden. Preußen verlangte zuvor den Verzicht des Augustenburgers Christian August, dessen Rechte nach dem Tode des kinderlosen Königs Friedrichs VII., wie man in den Herzogtümern mit gutem Rechte glaubte annehmen zu müssen, allen anderen Bewerbern in Schleswig-Holstein vorgingen. Bismarck erhielt den Auftrag, diesen Fürsten gegen Zahlung einer Abfindungssumme zur Verzichtleistung zu bewegen für sich und feine Familie. Das gelang; aber der Erbprinz Friedrich von Augustenburg hielt, trotzdem der Vater für die Familie verzichtet hatte, an seinen Ansprüchen fest.

Demgegenüber einigten sich in London die Großmächte im Londoner Protokoll vom 8. Mai 1852, daß die dänische Monarchie unversehrt erhalten bleibe und daß deshalb der Nachfolger in Dänemark, Prinz Christian von Glücksburg, das Recht habe, in der Gesamtheit der jetzt unter dänischem Szepter stehenden Staaten nachzufolgen, daß aber die Rechte Dänemarks und des Deutschen Bundes hinsichtlich Holsteins und Lauenburgs durch das Londoner Protokoll unberührt blieben. Dieser Vertrag erschien dem Rechtsbewußtsein in Deutschland als ein Gewaltstreich, weil mit dem Prinzen von Glücksburg in Dänemark die weibliche Linie zum Thron gelangte, in Schleswig-Holstein aber nach Landesrecht nur die männliche Linie erbberechtigt war; diese vertrat aber Christian August und der Erbprinz Friedrich. Bismarck versuchte nun die Bundesversammlung zur Annahme des Londoner Protokolls zu vermögen. Aber Bayern und Oldenburg protestierten. Bismarck erlebt einen Mißerfolg; bei der endgültigen Lösung der schleswig-holsteinschen Frage in den Jahren 1863 und 1864 sollte dieser Mißerfolg ihm sehr zustatten kommen; er wußte ihn zu ruhmvollem Erfolge umzuformen.

In der großen Politik trat Bismarck zum ersten Male beim Krimkriege nach allen Seiten hin mit eigener Ansicht, die nicht etwa Parteirücksichten folgte, auf den Plan; die Spuren, die er ging, gruben sich tief ein. England und Frankreich hatten am 28. März 1854 Rußland den Krieg erklärt, das mit der Türkei aus Anlaß der Schutzherrschaft aller griechisch-katholischen Christen in der Türkei im Kriege lag; der tiefere Grund war für Rußland eine Aufteilung der Türkei ähnlich der Teilung Polens. Österreich hatte starke Interessen in den Donaufürstentümern und mußte sich trotz seiner Dankbarkeitsverpflichtungen von den Tagen der Revolution her gegen Rußland stellen. Es versuchte Preußen in diesem Kampf auf seine Seite zu ziehen.

Bismarcks Stellung war von vornherein sicher und fest; sie war gegeben durch Preußens Interessen und weder von Sympathien noch Antipathien parteipolitischer oder gefühlsmäßiger Art beeinflußt. Er war in diesen Tagen viel in Berlin. Hier spielte die sogenannte „Wochenblattspartei", die Fraktion Bethmann-Hellweg, eine große Rolle, deren geschickter „Impresario" Graf Robert von der Goltz, ein Mann von ungewöhnlicher Befähigung, Tätigkeit und großem Einfluß war. Diese Partei verurteilte aufs schärfste die Politik von Olmütz; mit ihr sympathisierte der Prinz von Preußen, in dessen soldatischem Gefühle jene Niederlage einen wunden Punkt bildete und der trotz seiner großen Liebe zu seinen russischen Verwandten die Demütigung nicht verwinden konnte, die Preußen durch den Kaiser Nikolaus erlitten hatte. Der Krimkrieg bot die Möglichkeit zur Auswetzung dieser Scharte. Auch die Liberalen, die den brutalen Absolutismus vor allem treffen wollten, standen auf dieser Seite. Im schroffen Gegensatz dazu verhielten sich die Konservativen (unter ihnen die nächste Umgebung des Königs, vor allem die beiden Gerlach). Aus alter Tradition sahen sie auf Rußland als den starken Hort der konservativen Grundsätze und den alten Waffengenossen gegen Frankreich, den treuesten Verbündeten der heiligen Allianz. Manteuffel stellte sich nicht schroff gegen Rußland; er war aber ein entschiedener Gegner jedes Bruchs mit Österreich. Bismarck stand von der Parteien Haß und Gunst unverwirrt da; er hatte den Grundsatz Cavours, daß es nichts Dümmeres in der Politik als alten Groll gibt. Nicht Groll gegen Österreich leitete ihn, aber er konnte sich eines Gefühls der Beschämung nicht erwehren über das Verhältnis Preußens zu Österreich, das ihn an das zwischen Leporello und Don Juan erinnerte. Für den Diener Leporello gibt es keine Ruhe bei Tag und Nacht; von seinem Herrn wird er in die fatalsten Situationen gebracht, aller möglichen Schandtaten beschuldigt und gerät in die peinlichsten Lagen, in denen es beinahe Prügel setzt. Bismarck war erbittert, daß Preußen auf Kommando Österreichs jede eigene Politik, jede selbständige Ansicht opferte. Er hatte seit vier Jahren genugsam sich gewehrt, an dieser Leporellorolle seinerseits teilzunehmen. Im März war Bismarck in Berlin; Prinz Wilhelm, der Bismarcks Einfluß auf den König sehr hoch einschätzte und ihm gewissermaßen die Rolle eines „Schiedsmanns zwischen den sich entgegenstehenden Ansichten und Parteirichtungen„ zuerkannte, ließ ihn zu sich befehlen und suchte ihn zu bewegen, dem König im westmächtlichen und antirussischen Sinne zuzureden, wobei er für die Stellungnahme Preußens aber nicht sowohl den Wunsch Rußland zu schaden als vielmehr das „richtige Freundesinteresse für Rußland" ins Feld führte. Er wies darauf hin, daß Rußland ganz Europa gegen sich aufrufen und schließlich unterliegen werde. Der Krieg würde damit enden, daß der alte Freund und Bundesgenosse Preußens vernichtet oder in gefährlicher Weise geschädigt werde; es sei Preußens von der Vorsehung gegebene Aufgabe, den Frieden diktatorisch herbeizuführen und Preußens Freund auch gegen seinen Willen zu retten. Um den Prinzen aus diesem Gedankenkreise loszumachen, stellte Bismarck ihm vor, daß Preußen keinen eigenen Kriegsgrund gegen Rußland habe und kein Interesse an der orientalischen Frage, das einen Krieg gegen Rußland oder auch nur das Opfer der langjährigen guten Beziehungen zu Rußland rechtfertige; im Gegenteil, jeder siegreiche Krieg gegen Rußland unter nachbarlicher Beteiligung Preußens belade dieses mit dem dauernden Revanchegefühl Rußlands und mit Schwierigkeiten in der Lösung der polnischen Frage. Preußens eigene Interessen sprächen keinesfalls für, eher gegen einen Bruch mit Rußland. Man würde einen bisherigen Freund und immerwährenden Nachbarn, ohne provoziert zu sein, entweder aus Furcht vor Frankreich oder im Liebesdienste Englands und Österreichs angreifen, und Preußens König würde die Rolle eines indischen Vasallenfürsten übernehmen, der im englischen Patronat englische Kriege zu führen habe oder die des Yorkschen Korps beim Ausmarsch des Krieges 1812, wo die damals berechtigte Furcht vor Frankreich Preußen zu dessen gehorsamen Bundesgenossen zwangsweise gemacht habe. Der Prinz, durch solche Ausdrücke verletzt, unterbrach Bismarck in zorniger Röte mit den Worten: „Von Vasallen und Furcht ist hier gar keine Rede." Er brach aber die Unterredung nicht ab; denn wer einmal sein Vertrauen hatte, schreibt Bismarck in den „Gedanken und Erinnerungen", konnte ihm gegenüber sehr frei von der Leber sprechen, sogar heftig werden.

Trotz Bismarcks Warnungen schloß Preußen am 20. April ein Schutz- und Trutzbündnis mit Österreich, das Preußen verpflichtete, unter Umständen hunderttausend Mann in Zeit von sechsunddreißig Tagen zu konzentrieren, ein Drittel in Ostpreußen, die beiden anderen um Posen oder Breslau, und sein Heer, wenn die Umstände es erheischten, auf zweihunderttausend Mann zu bringen und sich behufs alles dessen mit Österreich zu verständigen. Am 3.Mai wurde Bismarck wieder nach Berlin gerufen, da der König ihn über die Behandlung des österreichisch-preußischen Bündnisses beim Bundestage zu hören wünschte. Bismarck schlug dem König vor, diese Gelegenheit zu benützen, um die preußische Politik aus der sekundären und, wie ihm schien, unwürdigen Lage herauszuheben und eine Stellung einzunehmen, welche Preußen die Sympathie und Leitung der deutschen Staaten verschaffte, die mit und durch Preußen in unabhängiger Neutralität verbleiben wollten. Bismarck hielt es für erreichbar, wenn Preußen, sobald Österreich die Truppenaufstellung verlange, freundlich und bereitwillig darauf erginge, aber die Aufstellung der 66000 und faktisch mehr Mann nicht bei Lissa in Posen, sondern in Oberschlesien machte, so daß Preußens Truppen die österreichische oder die russische Grenze mit gleicher Leichtigkeit überschreiten könnten; namentlich dürfe sich Preußen nicht genieren, die Ziffer 100000 uneingestanden zu überschreiten. Mit 200000 Mann würde Preußens König in diesem Augenblick Herr der gesamten europäischen Situation werden, den Frieden diktieren und in Deutschland eine Preußens würdige Stellung gewinnen können. Denn Frankreich sei nicht imstande bedrohlich an der Westgrenze aufzutreten, Österreich sei festgenagelt durch die russische Armee in Polen und stark geschwächt durch Krankheiten in der Armee. Der König war nicht unempfänglich; der geistreichste, aber tatenärmste aller preußischen Könige lächelte wohlgefällig und sagte im Berliner Dialekt: „Liebeen, das is sehr schöne, aber es is mich zu teuer. Solche Gewaltstreiche kann ein Mann von der Sorte Napoleon wohl machen, ich aber nicht."

Der schwankende König ließ sich nicht zum Kriege gegen Rußland hinreißen. Noch 24 Jahre später (19. Februar 1878) wies Bismarck im Reichstage darauf hin, daß das ein Glück gewesen sei. Er sagte: „Ich weiß, welche Künste der Überredung, der Drohung bei Preußen angewendet wurden, um uns wie einen Hatzhund in einen fremden Krieg hineinzutreiben, und es war nur – was dem hochseligen König nicht genug zu danken ist – der persönliche Widerstand, den der König dagegen geleistet hat, der verhinderte, daß dieser Mißgriff damals begangen wurde, daß wir einen Krieg führten, der von dem Augenblicke an, wo wir den ersten Schuß taten, der unsrige geworden wäre. Alle hinter und neben uns hätten eine gewisse Erleichterung empfunden und uns gesagt, wann es genug war. Der hochselige König hat mich damals in schwierigeren Momenten von Frankfurt rufen lassen, um die Depeschen in seinem Sinn hier zu bearbeiten. ... Nun, ist es nicht dankenswert, daß wir damals der Versuchung, Russland den Krieg zu verbieten oder zu erschweren, widerstanden haben? Es war damals auch das ‚germanische Interesse' in welchem der Krimkrieg geführt wurde, in dessen Namen unser Beistand gefordert: wurde; es war nur das Auffällige, daß der gesamte Deutsche Bund die Ansicht nicht teilte, daß es ein germanisches Interesse wäre. Ich glaube, es war das einzige Mal, wo ich mich in Frankfurt im Bundestage an der Spitze der Majorität befunden habe, und wo Österreich in der Minorität war."

Wie Prinz Wilhelm Bismarck beim Könige auszuspielen bemüht war, so versuchte es auf andere Weise Manteuffel, der zwar auch mehr Entgegenkommen für die Westmächte und die österreichischen Wünsche zeigte, es aber doch vermeiden wollte, den König durch schärferes Auftreten gegen seine Auffassung noch mehr zu verstimmen oder die Westmächte und Österreich durch Eintreten für Bismarcks Auffassung zu reizen und der sich deshalb, wie Bismarcks Paukausdruck lautete, lieber effacierte, d. h. den Körper beim Fechten zurücknahm. Er ließ den französischen Gesandten Marquis Moustier auf Bismarck los, damit dieser sich bekehre zur westmächtlichen Auffassung und zu ihrer Vertretung beim Könige. Bei einem Besuche, den Bismarck Moustier machte, riß diesen die Lebhaftigkeit seines Temperaments zu der bedrohlichen Äußerung hin: *„La politique que vous faites, va vous conduire à Jéna."* Worauf Bismarck antwortete: *„Pourquoi pas à Leipsic ou à Rossbach?"* Moustier war eine so unabhängige Sprache in Berlin nicht gewohnt und wurde stumm und bleich vor Zorn. Nach einigem Schweigen setzte Bismarck hinzu: *„Enfin toute nation a perdu et gagné des batailles. Je ne suis pas venu pour faire avec vous un cours d'histoire."* Die Unterhaltung kam nicht wieder in Fluß. Moustier beschwerte sich über Bismarck bei Manteuffel, der die Beschwerde an den König brachte. Dieser aber lobte seinen Frankfurter Gesandten wegen der richtigen Antwort, die er dem Franzosen gegeben hatte.

Preußens Haltung im Krimkriege hatte die Westmächte und das mit ihnen schließlich (seit Dezember 1854) verbündete Österreich arg verschnupft. Sie rächten sich, indem sie Preußen von den Pariser Konferenzen 1856, die den Frieden berieten, ausschlossen und ihm nur gestatteten, den von den Teilnehmern gefaßten Beschlüssen seine Unterschrift zuzufügen. Bismarck kochte in dieser Zeit vor Wut, er litt stellenweise unter fortwährenden Anfällen gallichten Erbrechens und fand nur in der Erinnerung an den Frühling 1848 ein Gegenstück seiner körperlichen und geistigen Stimmung; er hatte nichts, woran er sein preußisches Ehrgefühl hätte ausrichten können. Er war der Meinung, es wäre gar nichts verloren gewesen, wenn Preußen nicht dabei gewesen wäre, es hätte nur feste Entschlüsse fassen und eine feste Stellung nehmen sollen; es lag gar keine Notwendigkeit vor für Preußen, die damaligen Verträge zu unterschreiben. Aber Manteuffel antichambrierte bei den Großmächten, bis er nachträglich – *quoique moutarde après dîner* meinte der Prinz von Preußen Manteuffel gegenüber – eine Einladung als preußischer Bevollmächtigter erbettelt hatte; das paßte Bismarck nicht. Mochte Manteuffel einen Triumph darin sehen und Friedrich Wilhelm IV. ihm den Orden vom Schwarzen Adler verleihen, Cavour sah darin eine Gnade und Bismarck eine Niederlage, eine Art von Canossa, wie er es selber bezeichnete. Er zog für seine Politik daraus seine ernsten Folgerungen. Immer tiefer grub sich bei ihm der Groll über Preußens schlaffe Politik ins Herz, und kräftiger stieg sein Zorn gegen Österreich in den Adern; immer selbständiger wurde er in den Tagen der Unselbständigkeit preußischer Politik. – In diesen ganzen Gedankenkreis fügten sich seine Beziehungen ein, die er zu Napoleon gegen Österreich suchte.

Im Sommer 1855 lud der damalige Gesandte in Paris Graf Hatzfeldt Bismarck zum Besuche der Industrieausstellung ein. Damals sah der Kaiser ihn mehrere Male und gab nur in allgemeinen Worten seinen Wunsch und seine Absichten im Sinne einer französisch-preußischen Intimität zu erkennen. Er sprach davon, daß diese beiden benachbarten Staaten, die vermöge ihrer Bildung und ihrer Einrichtungen an der Spitze der Zivilisation ständen, aufeinander angewiesen wären. Bismarck hatte das Gefühl, daß Napoleon Preußen die Stellung im Krimkriege nicht nachtrug und daß er für Preußens Sünden im Krimkriege viel nachsichtiger als England und Österreich war, die in gröberer und leidenschaftlicherer Form sich Preußen gegenüber gezeigt hatten.

Bismarcks Besuch in Paris hatte am Hofe mißfallen und die gegen Bismarck schon vorhandene Verstimmung, besonders bei der Königin Elisabeth, gesteigert. Auf einer Rheinfahrt zum Dombaufeste nach Köln, zu welcher der König Bismarck und seine Frau eingeladen hatte, wurde diese von der Königin vollständig ignoriert. Der Prinz von Preußen, der das bemerkt hatte, gab ihr den Arm und führte sie zu Tisch.

Im folgenden Winter fragte der König Bismarck einmal bei Tafel quer über den Tisch in ironischem Tone nach seiner Meinung über Louis Napoleon. Bismarck antwortete: „Ich habe den Eindruck, daß der Kaiser Napoleon ein gescheiter und liebenswürdiger Mann ist, nicht aber so klug, wie die Welt ihn schätzt, die alles, was vorgeht, auf seine Rechnung schreibt, und wenn es in Ostasien zur unrechten Zeit regnet, das aus einer übelwollenden Machination des Kaisers erklären will. Man hat sich besonders bei uns daran gewöhnt, ihn als eine Art *génie du mal* zu betrachten, das immer nur darüber nachdenke, wie es in der Welt Unfug anrichten könne. Ich glaube, daß er froh ist, wenn er etwas Gutes in Ruhe genießen kann; sein Verstand wird auf Kosten seines Herzens überschätzt; er ist im Grunde gutmütig, und es ist ihm ein ungewöhnliches Maß von Dankbarkeit für jeden geleisteten Dienst eigen."

Der König lachte dazu in einer Weise, die Bismarck verdroß und zu der Frage veranlaßte, ob er sich gestatten dürfe die augenblicklichen Gedanken Sr. Majestät zu erraten. Der König bejahte und Bismarck sagte:

„General von Canitz hielt den jungen Offizieren in der Kriegsakademie Vorträge über Napoleons Feldzüge. Ein strebsamer Zuhörer fragte ihn, warum Napoleon diese oder jene Bewegung unterlassen haben könne. Canitz antwortete: ‚Ja, sehen Sie, wie dieser Napoleon eben war, ein seelensguter Kerl, aber dumm, dumm' – was natürlich die große Heiterkeit der Kriegsschüler erregte. Ich fürchte, daß Eurer

Majestät Gedanken über mich denen des Generals von Canitz über Napoleon ähnlich sind."

Der König sagte lachend: „Sie mögen recht haben; aber ich kenne den jetzigen Napoleon nicht hinreichend, um Ihren Eindruck bestreiten zu können, daß sein Herz besser sei als sein Kopf." Daß die Königin mit Bismarcks Ansicht unzufrieden war, konnte er aus den kleinen Äußerlichkeiten entnehmen, durch welche sich bei Hofe die Eindrücke kenntlich machen.

Das Mißvergnügen über Bismarcks Verkehr mit Napoleon entsprang eben aus dem Begriffe der Legitimität, der Anschauung vom Gottesgnadentum der Monarchie.

Man hielt es nicht für angemessen, mit einem solchen Parvenu zu verkehren. Bismarck hielt es aber weder für sündlich noch für ehrenrührig, mit dem von Preußen anerkannten Souverän eines wichtigen Landes in nähere Verbindung zu treten, wenn es der Gang der Politik mit sich bringe. Daß diese Verbindung an sich etwas Wünschenswertes sei, meinte er nicht, er war aber damals der Ansicht, daß alle anderen Möglichkeiten, preußische Politik zu treiben, weniger günstig wären, und daß Preußen, um sie zu bessern, durch die Wirklichkeit oder den Schein intimer Beziehungen mit Napoleon hindurch mußte. Nur durch dieses Mittel noch sei Österreich so weit zur Vernunft und zur Verzichtleistung auf seinen überspannten Schwarzenbergischen Ehrgeiz zu bringen, daß es die Verständigung mit Preußen statt seiner Übervorteilung suchen werde. Nur durch dieses Mittel, so meinte Bismarck, konnte Preußen die weitere Entwicklung der direkten Beziehungen der deutschen Mittelstaaten zu Frankreich, also einen neuen Rheinbund, hemmen. Auch England werde erst dann erkennen, wie wichtig ihm die Allianz Preußens sei, wenn es fürchten müsse, sie an Frankreich zu verlieren. Bei Frankreich müsse man anfangen, um jenes zur Erkenntnis der Notwendigkeit zu bringen, sich mit Preußen gut zu stellen.

Bald bot sich auch für Napoleon eine Gelegenheit Preußen seine Zuneigung zu zeigen. Das Fürstentum Neuchâtel, dessen Beherrscher seit 1707 die Hohenzollern waren, war 1815 der Schweiz als Kanton beigetreten, aber im alten Verhältnis zu Preußen geblieben. 1848 wurde aber dort die Republik erklärt; als im September 1856 die königlich Gesinnten dagegen einen Handstreich versuchten, wurden sie besiegt und gefangen genommen. Es drohte ein Krieg zwischen der Schweiz und Preußen; dabei vermittelte Napoleon, Österreich aber zeigte keine wohlwollende Haltung: die Sache wurde friedlich beigelegt, die Gefangenen wurden freigelassen; Friedrich Wilhelm verzichtete am 8. Juni 1857 auf Neuchâtel.

Bismarck war im Frühjahr 1857 nach Paris geschickt, um über diese Frage zu verhandeln. Es schien ihm, als ob Napoleon voraussetze, daß er dafür auf ein Entgegenkommen Preußens in anderen Dingen zu rechnen habe; der Kaiser setzte Bismarck auseinander, daß es ungerecht sei, ihn zu beschuldigen, daß er nach der Rheingrenze strebe. Das linksrheinische Ufer mit etwa drei Millionen Einwohnern würde für Frankreich eine unhaltbare Grenze sein. Die Natur der Dinge würde Frankreich dahin treiben, auch Luxemburg, Belgien und Holland zu erwerben oder in sichere Abhängigkeit zu bringen. Das würde von Europa für unerträglich befunden werden, eine Koalition würde sich bilden gegen eine solche an Napoleon I. erinnernde Prätension; man würde sagen, Frankreichs Hand sei gegen jedermann, und deshalb würde jedermanns Hand gegen Frankreich sein. Vielleicht werde er unter Umständen zur Befriedigung des Nationalstolzes „*une petite rectification des frontières*"" verlangen – eine kleine „Berichtigung", wie er es harmlos bezeichnete; er könne aber auch ohne eine solche leben. Wenn er wieder eines Krieges bedürfen sollte, würde er denselben eher in der Richtung nach Italien suchen. Dieses Land habe doch in seinem romanischen Charakter eine große Verwandtschaft mit Frankreich.

Als Ergebnis des nächsten Krieges denke er sich ein Verhältnis der Intimität und Abhängigkeit Italiens von Frankreich, vielleicht eine Erwerbung einiger Küstenpunkte. Zu diesem Programm gehöre, daß Preußen ihm nicht entgegen sei; Frankreich und Preußen seien aufeinander angewiesen. Für Preußen sei es wünschenswert durch die Erwerbung Hannovers und der Elbherzogtümer sein Gebiet zu konsolidieren, um damit die Unterlage einer stärkeren preußischen Seemacht zu gewinnen. Es fehle an Seemächten zweiten Ranges, die durch Vereinigung ihrer Streitkräfte mit der französischen das drückende Übergewicht Englands aufhöben. Zunächst wünsche er sich der Neutralität Preußens zu versichern für den Fall, daß er wegen Italiens mit Österreich in Krieg geriete. Bismarck möge den König über dieses alles sondieren.

Was Bismarck nun tat, zeigte des klugen Diplomaten großartiges Geschick, das Richtige zu wählen und zwar mit weitem Blick in die Zukunft. Er antwortete, er sei doppelt erfreut, daß der Kaiser diese Andeutungen gerade ihm gemacht habe, weil er darin einen Beweis seines Vertrauens sehen dürfe, und weil er vielleicht der einzige preußische Diplomat sei, der es über sich nehmen würde, diese ganze Eröffnung zu Hause und auch seinem Souverän gegenüber zu verschweigen. Bismarck bat dringend, der Kaiser möge sich dieser Gedanken entschlagen; es läge außer aller Möglichkeit für den König Friedrich Wilhelm IV., auf dergleichen einzugehen; eine ablehnende Antwort sei unzweifelhaft, wenn ihm die Eröffnung gemacht würde. Dabei bleibe im letzteren Falle die große Gefahr, daß der König einem anderen Fürsten gegenüber eine Indiskretion begehe, welchen Versuchungen er widerstanden habe. Wenn eine andere deutsche Regierung in die Lage versetzt würde, über dergleichen Indiskretionen nach Paris zu berichten, so werde das für Preußen so wertvolle gute Benehmen mit Frankreich gestört werden. *„Mais ce ne serait plus une indiscrétion, ce serait une trahison"*, unterbrach Napoleon Bismarck etwas beunruhigt. „*Vous vous embourberiez* " – Sie würden Sich in den Kot hineinreiten!" – fuhr Bismarck fort. Der Kaiser fand diesen Ausdruck schlagend und anschaulich und wiederholte ihn. Die Unterredung schloß damit, daß er für diese Offenheit dankte und Bismarck ihm Schweigen über seine Eröffnung zusagte.

Bismarck hat dann auch Wort gehalten. Tatsächlich enthalten die amtlichen Berichte nichts von diesem Gespräche.

In Berlin war inzwischen eine Wendung der Dinge eingetreten. Im Juli 1857 machten sich Anzeichen geistiger Ermüdung beim Könige bemerkbar, die sich mehr und mehr verstärkten. Es folgte ein Schlaganfall im Oktober 1857. Am 19. hatte Bismarck eine längere Unterredung mit dem Prinzen von Preußen, dessen Regentschaft oder Regierungsantritt bevorstand. Dieser regte die Frage an, ob er, wenn er zur Regierung komme, die Verfassung unverändert annehmen oder zuvor eine Revision fordern solle. Der sonst als heißsporniger Reaktionär verschriene Junker riet, nicht an die Sache zu rühren, nicht durch solche Maßnahmen eine Unsicherheit der staatlichen Zustände zu veranlassen und nicht die Befürchtung eines Systemwechsels bei jedem Thronwechsel herbeizuführen. Preußens Ansehen in Deutschland und seine europäische Bewegungsfreiheit würden durch einen Zwist zwischen der Krone und dem Landtage gemindert werden, die Parteinahme im liberalen Deutschland gegen den beabsichtigten Schritt würde eine allgemeine sein. Verfassungsfragen seien stets den politischen Bedürfnissen des Landes unterzuordnen; die Machtfrage und innere Geschlossenheit sei die Hauptsache. So war sein Rat. In das damalige Intrigenspiel der Hofkamarilla, die den unbequemen Prinzen gern beiseite geschoben hätte und für eine unter der Kontrolle der Königin geführte Regierung des kranken Königs tätig war, läßt uns Bismarck einen Blick in seinen Erinnerungen tun. Man hatte Bismarck für den Plan zu gewinnen gesucht; aber seine entschlossene Haltung – er bezeichnete das Beabsichtigte als Haremsregierung – war ein Strich durch die Rechnung.

Am 26. Oktober 1858 übernahm Prinz Wilhelm die Regentschaft. Eine seiner ersten Handlungen war die Entlassung Manteuffels und die Berufung des Ministeriums der neuen Ära unter Leitung des Fürsten Anton von Hohenzollern-Sigmaringen. Nach diesen in liberaler Richtung laufenden Veränderungen waren für Bismarck die Tage in Frankfurt gezählt. Im Januar 1859 machte Graf Stillfried auf einem Hofballe eine scherzhafte Anspielung zu Bismarck über die bevorstehende Verwirklichung seiner schon mehrmals geplanten Versetzung nach Petersburg. Am Tage nach dem Balle (26. Januar) ging Bismarck zum Regenten und teilte ihm unter Wahrung der Diskretion mit, was er gehört hatte. Er bedaure die Absicht, weil er glaube, in Frankfurt, in diesem Fuchsbau des Bundestages, dessen Ein- und Ausgänge er bis auf die Notröhren kennen gelernt habe, brauchbarere Dienste leisten zu können, als irgend einer seiner Nachfolger, der die sehr verwickelte Stellung, die auf den Beziehungen zu vielen Höfen und Ministern beruhe, erst wieder kennen lernen müsse, da er seine achtjährigen in bewegten Zuständen erworbenen Erfahrungen nicht vererben könne. Jeder deutsche Fürst, jeder Minister und die deutschen Höfe seien ihm bekannt, er besitze einen erfreulichen Einfluß in der Bundesversammlung. Dieses Kapital werde jetzt zwecklos zerstört. Usedom, sein voraussichtlicher Nachfolger, werde das Vertrauen der deutschen Höfe abschwächen, weil er unklar liberal und mehr anekdotenerzählender Hofmann als Staatsmann sei; Frau von Usedom werde der Regierung durch ihre Exzentrizität Verlegenheiten und unerwünschte Eindrücke in Frankfurt zuziehen. Erst als der Regent die Versetzung als einen Beweis seines hohen Vertrauens hinstellte, beruhigte sich Bismarck, hielt aber seine Sorge über die heimische Situation und über die Unfähigkeit Usedoms nicht zurück.

Am 29. Januar erfolgte die Ernennung; am 6. März verließ er Frankfurt, mit Wehmut im Herzen; denn er war dort gern gewesen. Noch in seiner Altkanzlerzeit schweiften seine Erinnerungen humorvoll dorthin: „Frankfurt ist eine Stadt, in der ich nächst Berlin am längsten und liebsten gewohnt habe; ich war von 1851–59 mit meiner Familie dort und hatte kaum geglaubt, daß ich noch wo anders wohnen würde. Ich hatte mir auf dem Friedhofe schon die Stelle ausgesucht, wo ich einst liegen würde ... Man hatte mit Politik genug zu tun, ohne davon überwältigt zu werden, und dazu kamen noch zwei bis drei Monate Ferien; es war ein rechtes Herrenleben."

Bismarck als Bundestagsgesandter
Photographie nach dem Leben

## 8. „Kalt gestellt" in Petersburg. Pariser Sommerwochen. 1859–1862

Am 23. März 1859 verließ Bismarck Berlin; die Reise war sehr beschwerlich. Bei Königsberg fing das Schneegestöber an; fünf Tage lang fuhr er Tag und Nacht mit acht Kurierpferden; es ging oft durch Schnee, der hoch wie Dünensand lag, oft im Frachtwagenschritt; man blieb auch vollständig im Schnee stecken und mußte zu Fuß gehen, dann wieder meilenweit Galopp, wobei man in der Finsternis, an glatteisigen Bergen und bei gelegentlich stürzenden Pferden seine Seele Gott zu empfehlen alle Ursache hatte. Das Innere des Wagens war Bismarck zu eng; er tauschte deshalb mit seinem Kammerdiener und nahm den Sitz auf einem verdeckten, aber vorn offenen Bock; da die Kälte bis vierzehn Grad stieg, so ging ihm die Haut vom Gesichte; doch lief schließlich alles gut ab. Am 29. traf er in Petersburg ein, plötzlich, wie er scherzte, um zwölf Tage jünger geworden, da man dort noch den 17. schrieb. Seine Stellung trat er gerade an seinem Geburtstage an, dem 1. April, an dem er vierundvierzig Jahre alt wurde, mit Audienz beim Kaiser, die Bismarck durch dessen „liebenswürdige Weise zum Geburtstagsgeschenk wurde". Auch sonst empfingen ihn angenehme Eindrücke, jedermann war freundlich und liebenswürdig zu ihm, und in seinen dienstlichen Geschäften machten die täglichen Zänkereien von Frankfurt wohlwollenden Beziehungen Platz, auch, für damals wenigstens, größeren und interessanteren, als es die gewöhnlichen Vorkommnisse der Bundespolitik waren. Seine deutschen Kollegen waren für ihn ein chronisches Übel, über dessen ärztliche Behandlung er schwer mit sich einig werden konnte. Obschon er ihnen auf Grund von Frankfurter Antezedentien und Verleumdungen keine *persona grata* war, so machten sie doch den landsmannschaftlichen Anspruch, auf ihn in Betreff politischer Mitteilungen angewiesen zu sein, weil sie den Fürsten Gortschakow, den russischen Staatskanzler, fast niemals sahen, und dieser sich auf große Politik nur in den engsten amtlichen Grenzen einließ. Die Dreistigkeit, mit welcher Bismarck unter dieser Rubrik der Landsmannschaft die indiskretesten Fragen *à brûle-pourpoint* – wir sagen „das Messer an die Kehle setzen" – gestellt wurden, überstieg jede Voraussicht eines wohlerzogenen Politikers. Besonders entwickelte der Österreicher Graf Károlyi die rücksichtsloseste Entschlossenheit unter dem Vorwande des bundesfreundlichen Verhältnisses. Mochte nun Bismarck solchen Fragen gegenüber sich verhalten, wie er wollte, er entging doch niemals dem Mißbrauch seiner Antworten. Färbte er seine Auslassungen einigermaßen rücksichtsvoll für den Frager, d. h. im österreichisch-mittelstaatlichen Sinne, so hörte er schon am anderen Tage von Gortschakow, daß ihm durch belgische, englische, griechische Kanäle zu Ohren gekommen sei, Preußen fange doch an, der Mehrheit seiner Bundesgenossen nachzugeben, da sogar Bismarck der Gerechtigkeit ihrer Auffassungen zugänglich geworden sei. Wich Bismarck der Antwort aus, so hieß es, Bismarck lasse sich nur mit Russen, Franzosen und Engländern ein, gegen den deutschen Landsmann spiele er den zugeknöpften Großmachtsvertreter. Vertrat er ehrlich den Standpunkt der preußischen Regierung, der Preußen die Initiative in Deutschland wahrte, bemühte er sich, Illusionen aufzuklären und leidenschaftlichen Hoffnungen keine Ermutigung zu geben, so wurde er in den Petersburger deutschen Kreisen und in Berichten nach Hause als Bonapartist und Verschwörer gegen Deutschland angeklagt mit allen den Übertreibungen und Entstellungen, welche er von Frankfurt her gewohnt war und welche seit acht Jahren so oft ihren Ausdruck in Beschwerden bis in die fürstlichen Privatkorrespondenzen hinein gefunden hatten. Der Übelstand war, daß die Vertreter der kleineren Staaten nichts zu tun hatten, oder sich doch für die Geschäfte, welche der Schutz ihrer Landsleute mit sich brachte, nicht interessierten, sondern aus Klatschereien hin große Politik trieben, wenn ihnen der geschäftliche Anhalt dazu fehlte. So sah Bismarck die kleine Umwelt an, in der er fortan zu wirken hatte.

Jedenfalls aber kam er, so kalt man ihn gleichsam fern an der Newa gestellt hatte, doch sofort mit brennenden Fragen in nächste Berührung und wußte die richtige Stellung zu nehmen. Einen tiefen Einblick tat er in die Stimmung, die in Rußland gegen Österreich herrschte. Sie war feindlichster Natur. Er schreibt am 4. April seiner Frau: „Wie die Östreicher hier drunten durch sind, davon hat man gar keine Idee; kein räudiger Hund nimmt ein Stück Fleisch von ihnen. Man wird es von hier doch dazu treiben oder kommen lassen, daß der Krieg ausbricht, und ihnen dann das Bajonnet in den Rücken rennen; so sehr man auch friedlich spricht, und so sehr ich pflichtschuldigst begütige, der Haß ist ohne Maßen und übersteigt alle meine Vermuthungen. Erst seit ich hier bin glaube ich an Krieg; die ganze russische Politik scheint keinem andern Gedanken Raum zu geben, als dem wie man Österreich ans Leben kommt. Selbst der ruhige, sanfte Kaiser [Alexander II.] geräth in Zorn und Feuer, wenn er davon spricht, auch die Kaiserin, die doch Darmstädter Prinzessin ist, und die Kaiserin Mutter hat etwas Ergreifendes, wenn sie von dem gebrochenen Herzen ihres Mannes spricht und von Franz Joseph, den er als Sohn geliebt, ohne Zorn eigentlich, aber wie von einem der Rache Gottes Verfallenen." Der Kaiserin-Mutter, Nikolaus I. Gemahlin, der Tochter der Königin Luise, stand Bismarck besonders nahe; am Tage vor seinem Eintritt hatte er bei ihr eine lange Audienz gehabt und sich an der graziösen Vornehmheit der alten Dame gefreut.

Bismarcks Stellung Österreich gegenüber neigte mehr zu Rußland als zu seiner eigenen Regierung. Am 19. April schreibt er nach Haus: „Unsere Politik verstimmt mich; wir bleiben Treibholz, auf unsern eignen Gewässern planlos umhergeblasen von fremden Winden; und was für ruppige Winde, übelriechende! Wie selten sind doch Leute von eignem Willen in einer so achtbaren Nation wie die unsrige. Wir lieben die Leporello-Rolle, und Östreich die des Don Juan." Und dieser Don Juan war ebenso wenig verlegen in seinen Mitteln wie der Mozartsche, besonders im geschickten Gebrauch der Presse. Bismarck klagte damals bei seinem Chef, dem Minister des Auswärtigen von Schleinitz, es sei so weit gekommen, dass kaum noch unter dem Mantel allgemein deutscher Gesinnung ein preußisches Blatt sich zu preußischem Patriotismus zu bekennen wage. Die allgemeine Piepmeierei – Piepmeier nannte man in den vierziger Jahren den Typus eines charakterlosen Philisters – spiele dabei eine große Rolle, nicht minder die Zwanziger, die Österreich zu diesem Zwecke niemals fehlten. Die meisten Korrespondenten schrieben für ihren Lebensunterhalt, die meisten Blätter hätten die Rentabilität zum Hauptzwecke, ein erfahrener Leser könne leicht erkennen, ob das betreffende Blatt eine Subvention Österreichs wiederum erhalten habe, sie bald erwarte, oder sie durch drohende Winke herbeiführen wolle. Die Kreuzzeitung tue gratis, was der österreichische Gesandte in Berlin Koller irgend wünschen könne. Die anderen Blätter kombinierten ihre Richtungen nach den Rücksichten, welche sie teils auf die Subvention, teils auf das Abonnement zu nehmen hätten.

Bismarck sollte selbst erfahren, bevor er nach Petersburg ging, mit welchen Mitteln die Diplomatie arbeitete und wie die österreichischen geheimen Fonds auch sonst verwandt wurden. Es erschien bei ihm im Hôtel Royal, wo er logierte, ein Bankier Levinstein, Manteuffels besonderer Vertrauter, mit einem Einführungsschreiben des Freiherrn von Buol, des Nachfolgers Schwarzenbergs. Der Mann versuchte Bismarck zu gewinnen durch eine Zusicherung von zwanzig- bis dreißigtausend Talern Verdienst aus einem Finanzgeschäft, bei dem Einzahlung nicht erforderlich sei, sondern nur Befürwortung der österreichischen Politik mit der preußischen am russischen Hofe. Bismarck wies den Unterhändler zurück und, als dieser auch auf der Treppe noch nicht ging, ließ er den Versucher durch den Hinweis auf die Steilheit der Treppe und seine körperliche Überlegenheit verschwinden, doch nicht ohne die Drohung hören zu müssen: „Sehen Sie Sich vor, es ist nicht angenehm, die kaiserliche Regierung zum Feinde zu haben."

Die Krisis zwischen Frankreich und Österreich verschärfte sich. Es galt ja für das Königreich Sardinien und für dessen König Viktor Emanuel, die Herrschaft Österreichs in Oberitalien zu beseitigen; Graf Cavour, der Minister des Königs, verband damit den Plan, Italien politisch zu einigen. Napoleon unterstützte diese Absichten gegen die Zusicherung, daß ihm nach erfolgreichem Kriege Savoyen und Nizza als

Entschädigung zufalle. Am 14. April war Erzherzog Albrecht in Berlin gewesen, um Preußen zum Kriege gegen Frankreich zu bewegen; in ganz Deutschland war die Stimmung, die von Wien aus stark beeinflußt wurde, kriegslustig, fast wie im Jahre 1813, wiewohl es sich jetzt nicht um eine Befreiung von fremdem Joche handelte, sondern darum, Österreich in seinem außerdeutschen Besitz zu schützen, und wiewohl die Befreiungs- und Einigungssehnsucht diesmal als eine tiefberechtigte das italienische Volk erfüllte. Bismarck ging nicht mit der öffentlichen Meinung; er bot ihr Trotz. Am 8. Mai schrieb er an seinen Bruder über diese Frage; nicht viel Worte sind's, sie enthalten aber die Hauptziele seiner Zukunftspolitik: „Ich bin in großer Sorge, daß wir uns schließlich mit dem nachgemachten 1813er von Oestreich besoffen machen lassen und Thorheiten begehn. Sobald wir uns einmischen, wird natürlich für Frankreich der deutsche Krieg Haupt- und der italiänische Nebensache und die Parteinahme Rußlands für Frankreich unvermeidlich. Dann bricht der Tanz an allen Ecken los, auch im Orient und in Ungarn. Ich glaube, daß wir es in der Hand haben, den Krieg auf Italien einzuschränken und auch Oestreichs deutsche Besitzungen davor zu sichern. Thun wirs nicht, so mag Gott ein Einsehn haben und uns den gesunden Menschenverstand wieder verleihn, der wenigstens unsrer Partei für die Beurtheilung auswärtiger Verhältnisse abhanden gekommen sein muß, wenn die blödsinnigen Elukubrationen der Kreuzzeitung über die europäische „Situation" die Ansichten ihrer Leser ausdrücken sollen. Wenn wir Oestreich zum Siege verhülfen, so würden wir ihm eine Stellung verschaffen, wie es sie in Italien nie und in Deutschland seit dem Restitutionsedict [das (1629) Brandenburg und die protestantischen Länder Deutschlands um großen Landbesitz brachte und die Liga und Wallenstein zu Herrschern in Deutschland machte] im 30jährigen Kriege nicht gehabt hat, dann brauchen wir einen neuen Gustav Adolph und Friedrich II., um uns erst wieder zu emanzipiren. Bisher haben wir uns nicht dumm machen lassen, und ich hoffe, wir bleiben fest. Wir sind nicht reich genug, um unsere Kräfte in Kriegen aufzureiben, die uns nichts einbringen."

Preußen blieb auch zunächst neutral. Nach dem Siege der Franzosen bei Montebello (20. Mai) wäre er bereit gewesen zu bewaffneter Vermittlung, wenn Österreich ihm die alleinige Verfügung über das Bundesheer überlassen hätte. In Wien ging man zuerst darauf ein. Der Prinzregent machte sechs Armeekorps mobil, stellte Mobilisierungsanträge beim Bunde, machte dann die gesamte Armee kriegsbereit und setzte Truppen nach dem Rhein zu in Bewegung. Dann trat am 8. Juli Waffenstillstand ein, drei Tage später kam Franz Joseph mit Napoleon in Villafranca zusammen. Der Frieden wurde geschlossen. Für Österreich bildete das Hauptmotiv Eifersucht auf Preußen und Furcht vor seiner Machtentfaltung.

Bismarck hatte recht behalten. Preußen trug die Unkosten. Seine Mobilisierung brachte ihm nichts ein. Nicht ohne Grund hatte er mit Besorgnis die Entwicklung der Dinge beobachtet; auch er war ja ebenfalls dafür, zu rüsten, aber zugleich Österreich das Ultimatum zu stellen, entweder Preußens Bedingungen in der deutschen Frage anzunehmen oder Preußens Angriff zu gewärtigen. Denn Bismarck sah in der ganzen Stellung zum Bunde ein Gebrechen Preußens, das man früher oder später *ferro et igni*, mit Feuer und Schwert, werde heilen müssen, wenn man nicht beizeiten in günstiger Jahreszeit eine Kur dagegen vornehmen wolle. Wenn lediglich der Bund aufgehoben würde, ohne etwas anderes an seine Stelle zu setzen, so würden schon aus Grund dieser negativen Errungenschaften sich bald bessere und natürlichere Beziehungen Preußens zu seinem deutschen Nachbarn ausbilden als die bisherigen. Ganz besonders klar und deutlich weist er auf die törichten Ansprüche der „Bamberger", d. h. der zu Bamberg zusammengetretenen Mittelstaaten, hin. Wenn diese Staatsmänner so leichtfertig bereit seien, dem ersten Anstoß des Kriegsgeschreis der urteilslosen und veränderlichen Tagesstimmung zu folgen, so geschehe das mit dem tröstenden Hintergedanken an die Leichtigkeit, mit der ein kleiner Staat im Fall der Not die Farbe wechseln könne. Wolle man sich dabei aber der Bundeseinrichtungen bedienen, um eine Macht wie Preußen ins Feuer zu schicken; mute man Preußen zu, Gut und Blut für die politische Weisheit und den Tatendurst von Regierungen einzusetzen, denen Preußens Schutz zum Existieren unentbehrlich sei; wollten diese Staaten, deren gesamter Bestand einem Dritteil von Preußens Armee militärisch nicht gewachsen sei, Preußen den leitenden Impuls geben, solle somit alle Autonomie preußischer Politik aufhören, dann habe sich Preußen zu erinnern, daß die Führer, welche ihm zumuteten, ihnen zu folgen, andern Interessen dienten als preußischen, und daß sie die Sache Deutschlands, welche sie im Munde führten, so verständen, daß sie nicht zugleich die Sache Preußens sein könne, wenn Preußen sich nicht aufgeben wolle. So schrieb der kaltgestellte preußische Staatsmann an der Newa seinem Minister, und wie er über diese Mittelstaaten sonst dachte, das schrieb er einem Freunde nach Frankfurt: „Wenn es uns schlecht geht, so werden diese Bundesstaaten von uns abfallen, wie welke Pflaumen im Winde, und jeder Fürst, dessen Residenz französische Einquartierung bekommt, wird sich landesväterlich auf das Floß eines neuen Rheinbundes retten." Der das schrieb, der war begeistert von echtem 1813er; und aus dieser Begeisterung heraus klang der Ton: „Das Wort „Deutsch" für „Preußisch" möchte ich gern erst dann auf unsre Fahne geschrieben sehn, wenn wir enger und zweckmäßiger mit unsern übrigen Landsleuten verbunden wären, als bisher; es verliert von seinem Zauber, wenn man es schon jetzt, in Anwendung auf seinen bundestäglichen Nexus, abnützt." Und als ihn die Presse, die Augsburger und Co., die im österreichischen Fahrwasser sich bewegte, bonapartistisch-russischer Gesinnungen beschuldigte, so hatte er darauf die stolze Antwort: „Übrigens sind meine politischen Liebhabereien bei Hof und Ministern so genau gesiebt worden, daß man klar weiß, was daran ist, und wie ich gerade in nationalem Aufschwung Abwehr und Kraft gegen Frankreich zu finden glaube. Wenn ich einem Teufel verschrieben bin, so ist es ein teutonischer und kein gallischer."

Mit solchen Grundsätzen mußte er denn auch scharf Front nehmen gegen die Freunde des Preußischen Wochenblatts und gegen die Männer um Bethmann-Hollweg, die für „moralische Eroberungen" tätig waren, und gegen den „Phrasenschwindel", daß Preußen in Deutschland aufgehen müsse und Deutschland nicht „verpreußt" werden dürfe. Er hatte aus Frankfurt die Überzeugung mitgebracht, daß die damaligen Bundeseinrichtungen für Preußen im Frieden eine drückende, in kritischen Zeiten eine lebensgefährliche Fessel bildeten. Daß er dieses und seine gegen Österreich gerichteten Gedanken nicht verschleierte, lässt sich bei seinem lebhaften Temperament erklären. Er war deshalb in manchen Kreisen nicht gern gesehen und er wußte, dass mancherlei gegen seine Person und seine amtliche Wirksamkeit gerichtete Insinuationen an seinen Chef, den Minister des Auswärtigen, gelangten, so daß dieser, als Bismarck einmal unumwunden auf den Busch klopfte, ihn bat – gerade in den kritischen Tagen von Solferino –, Bismarck möge sich auch in seinen außeramtlichen Gesprächen und Beziehungen möglichst dem Standpunkt seiner Regierung konformieren. Da Bismarck – ob mit Recht, sei dahingestellt – seinen Chef politisch als ein Geschöpf der Prinzessin Augusta, als einen abhängigen Höfling und als eine ohne eigene politische Überzeugung und mit Impotenz des Handelns ausgestattete Persönlichkeit ansah, wird der Rüffel nicht tief gesessen haben; jedenfalls hat er seine politischen Überzeugungen nicht gestört und nicht beeinflußt.

Die letzte Hälfte des Jahres 1859 und der Anfang des Jahres 1860 waren für Bismarck böse Tage. Seit dem Januar 1859 war er nie wieder recht gesund gewesen. Im Juni 1859 ging er nach anhaltendem Reiten in einer überheizten Reitbahn ohne Pelz nach Hause und hielt sich auch unterwegs noch auf, um exerzierenden Rekruten zuzusehen. Am folgenden Tage hatte er Rheumatismus in allen Gliedern. Das Übel wurde mit massenhaften Schröpfköpfen, spanischen Fliegen und Senf über den ganzen Leib bekämpft. Es gelang ihm, die Ärzte zu überzeugen, nachdem er „schon halb für eine bessere Welt gewonnen war", daß seine Nerven durch achtjährigen ununterbrochenen Ärger und stete Aufregung geschwächt wären und weiteres Blutabzapfen ihn mutmaßlich typhös oder blödsinnig machen würde. Seine gute Natur half sich jedoch rasch, seitdem man ihm Sekt in mäßigen Quantitäten verordnet hatte. Ein unfähiger Arzt hatte ihm aber in der letzten Zeit mit der Versicherung, die Sache könne auf der Reise, die Bismarck vorhatte, um seine Frau nach Petersburg zu holen, schlimmer werden, ein ungewöhnlich starkes Pflaster in die Kniekehle gelegt, das eine Vene zerstörte, worunter Bismarck Jahre lang gelitten hat. Um bei deutschen Ärzten Hilfe zu suchen, reiste er auf dem Seewege im Juli 1859 über Stettin nach Berlin; heftige Schmerzen veranlaßten ihn, den berühmten Chirurgen Pirogow, der mit an Bord war, zu fragen; dieser wollte ihm das Bein amputieren. Bismarck lehnte aber ab, versuchte in Berlin verschiedene Behandlungen und wurde schließlich in Bad Nauheim soweit wieder hergestellt, daß er gehen, auch reiten und im Oktober den Prinzregenten nach Warschau zur Zusammenkunft mit dem Zaren begleiten konnte, wo es „für amüsable Leute wie in Abrahams Schoß" war. Im November wollte er nach Petersburg zurück und machte unterwegs einen Besuch bei Herrn von Below in Hohendorf; dort bekam er eine Lungenentzündung, die von den Ärzten für tödlich gehalten wurde. Er machte sein Testament und sah seinem Ende mit der Beruhigung entgegen, die unerträgliche Schmerzen gewähren. Die Krankheit wurde aber nach einem Monate langem Siechtum überwunden. Im Februar 1860 faßte er neuen Lebensmut. Er schreibt an seinen Freund Geh. Legationsrat von Wentzel in Frankfurt: „Beim Zeitungslesen befällt mich oft der Trieb, kampflustig in die Sitzungen zu eilen ... Unsere Ansprüche sind zu berechtigt, um nicht schließlich, wenn auch langsam, sich Anerkennung zu verschaffen, und die von des Rheinbundes und der Bundesacte Gnade souveränen Kleinstaaten können ihren Particularismus auf die Dauer gegen den Strom der Zeit nicht halten ... Im Ganzen rückt es vorwärts, so bald wir muthig wollen und uns unsers Wollens nicht mehr schämen, sondern im Bunde, in der Presse und vor allem in unsern Kammern offen darlegen, was wir in Deutschland vorstellen wollen, und was der Bund bisher für Preußen gewesen ist: ein Alp und eine Schlinge um unsern Hals, mit dem Ende in ultramontanen Händen, die nur auf Gelegenheit zum Zuschnüren warten." Im Anfang März 1860 war Bismarck so weit, nach Berlin reisen zu können, wo er, seine Genesung abwartend, an den Sitzungen des Herrenhauses teilnahm und bis in den Mai verweilte.

In jenen Tagen erwog der Prinzregent Bismarcks Berufung zum Minister des Auswärtigen und gab ihm Gelegenheit, in einer Art von Conseil, dem außer dem Prinzregenten und Bismarck noch die Minister von Schleinitz und von Auerswald beiwohnten, sein Programm zu entwickeln. Als die schwächste Seite der preußischen Politik bezeichnete Bismarck in seinem Vortrag ihre Zaghaftigkeit gegen Österreich, von der sie seit Olmütz und besonders in der italienischen Krisis beherrscht gewesen sei. Wäre die deutsche Frage im Einverständnis mit Österreich zu lösen, umso besser. Diese Möglichkeit sei erst da, wenn Österreich wisse, daß Preußen auch den Krieg nicht fürchte. Mit Rußland sei die Fühlung leichter gegen Österreich als mit Österreich. Unmöglich sei aber auch das letztere nicht. Aus dem Krimkriege und den polnischen Verwicklungen habe Preußen dort ein Saldo, das geschickt ausgenützt zur Verständigung mit Österreich führen könne. Er fürchte nur, Österreich überschätze seine eigene Macht und unterschätze Preußen, und es glaube nicht an einen Bruch; es stehe noch auf der in Olmütz errungenen Basis und bedenke nicht, daß damals das Schwergewicht des russischen Einflusses den Ausschlag gegeben habe. Die österreichische Politik sei auch nach 1856 ebenso anspruchsvoll geblieben. Preußen habe sich der österreichischen Illusion in einer Weise unterworfen, welche an das Experiment erinnere, ein Huhn durch einen Kreidestrich zu fesseln. – Nach Bismarck kam der Minister von Schleinitz zum Wort, der an die traditionellen nahen Beziehungen zu Österreich erinnerte und auf die Gefahren einer russisch-französischen Annäherung und auf die öffentliche Meinung verwies, die gegen eine preußisch-russische Verbindung sei. Der Prinzregent trat Schleinitz bei; Bismarck hatte die Empfindung, als ob das Ganze nur eine Veranstaltung gewesen sei, um dem einflußreichen Fürsten von Hohenzollern, der dem Regenten Bismarcks Ernennung vorgeschlagen hatte, zu Willen zu sein; auch die Prinzessin Augusta schien ihm dabei die Hand im Spiele gehabt zu haben; Bismarcks Hinneigung zu Rußland und zu Napoleon machte ihn ihr einigermaßen verdächtig. Bismarck ging nun nach Petersburg zurück und fühlte sich dort wohl. „Weit davon, sei es auch bei den blauen Füchsen, hat sein Beruhigendes" schrieb er seinem Frankfurter Freunde v. Wentzel. Als Beobachter an der Newa behielt er die heimische Politik scharf im Auge. Der Prinzregent kam am 16. Juni 1860 mit dem Kaiser Napoleon in Baden-Baden zusammen; die vier deutschen Könige und andere deutsche Fürsten waren zugegen. Bismarck hätte gewünscht, wie es auch im Sinne Napoleons lag, daß der König allein mit Napoleon verhandelt hätte; statt einer Annäherung Preußens war eine deutsch-nationale Demonstration gegen Frankreich zustande gekommen.

Er schrieb: „Dieses *parterre des Rois* wird Louis Napoleon als eine corporative Aufwartung der deutschen Fürsten schon benützen, um einen durch den andern zu ärgern und uns zu compromittiren, wenn wir die bisherige Haltung gegen ihn, wie er vermutet, später fortsetzen."

Am 26. Juli fand eine Begegnung des Prinzregenten mit dem Kaiser Franz Joseph in Teplitz statt: Bismarck fürchtete, als er von der Zusage an Österreich hörte, die preußischen Truppen an die Verteidigung der italienischen Besitzungen des Kaiserhofes zu setzen, daß die unfruchtbare und gefährliche Politik fortgesetzt werde, vor der er stets gewarnt habe. Ein wohlunterrichteter Korrespondent schrieb ihm aus Berlin: „Wir sind in Teplitz mit Wiener Gemütlichkeit glänzend über den Löffel barbiert, für nichts, nicht einmal ein Linsengericht, verkauft." Bismarck wünschte, Gott möge geben, daß dieser Mann irre.

Im übrigen blieb er im Winter ohne festere Fühlung mit der heimischen Politik. Im März 1861 schreibt er: „Feldjäger scheinen nicht mehr zu reisen, seit Monaten habe ich keine couriermäßigen Mittheilungen vom Ministerium, und was mit der Post kommt, ist langweilig."

Bald sollte diese Stille, die die Ruhe vor dem Sturme war, stärkerer Bewegung weichen. Am 2. Januar 1861 war König Friedrich Wilhelm IV. gestorben. Wilhelm I. wurde Preußens König. Jetzt kam die Arbeit an seinem Werke, der Reorganisation der Armee, in kräftigen Fluß.

Bei der Mobilmachung von 1859 waren die Mängel der preußischen Heeresverfassung grell hervorgetreten. Sie beruhte noch ganz auf dem Gesetze von 1814. Darnach bestand für Preußen die allgemeine Dienstpflicht; 3 Jahre dauerte diese in der Linie, 2 Jahre in der Reserve und je 7 Jahre in der Landwehr I. und II. Aufgebots. Aber wie schon 1814 betrug das stehende Heer auch jetzt noch nur 40000 Mann, während doch die Bevölkerung von 11 auf 18 Millionen gewachsen war. Die allgemeine Dienstpflicht stand also nur auf dem Papier, ein großer Teil der waffenfähigen Jugend war überzählig. Infolgedessen mußte bei jeder Mobilmachung die Landwehr I. Aufgebots, von der etwa die Hälfte verheiratet war, herangezogen werden. 1859 war es vorgekommen, daß in einer Landwehrkompagnie von 250 Mann 242 verheiratet waren; dafür saßen jüngere, unverheiratete Leute, die kriegstüchtig waren, zu Hause. Der Plan der Neuorganisation war nun, jährlich 63000 Mann auszuheben, die drei jüngeren Jahrgänge der Landwehr I. Aufgebots zur Reserve zu ziehen, die älteren aber mit der Landwehr II. Aufgebots zu vereinigen und demgemäß Landwehr und aktive Feldarmee, welch letztere aus Linie und Reserve bestand, organisatorisch schärfer von einander zu trennen; während Linie und Reserve die eigentliche Feldarmee bilden sollten, war die gesamte Landwehr in ihrer neuen Gestalt mehr für den Dienst daheim und in den Festungen bestimmt. Die Mehrkosten der ganzen Neuerung, durch die eine Vermehrung des stehenden Heeres um 39 Infanterie- und 12 Kavallerieregimenter oder 117 Bataillone und 72 Schwadronen gewonnen wurde, betrugen jährlich nur $9^{1}/_{2}$ Millionen Taler ($28^{1}/_{2}$ Millionen Mark). Es handelte sich um ein scharf durchdachtes, militärisch und politisch bedeutungsvolles Werk; die Neuerung war dazu echt demokratisch im vornehmsten Sinne des Wortes, in allen Einzelheiten durchaus vom Geist der Billigkeit getragen.

Seit 1859 war Albrecht von Roon Kriegsminister, der mit dem Prinzregenten zusammen um den neuen Entwurf das Hauptverdienst hatte; Roon war eng befreundet mit Bismarck. Dieser schildert ihn also: „Er war unerreicht in der Treue, Tapferkeit und Leistungsfähigkeit, womit er vor und nach meinem Eintritt die Krisis überwinden half, in die der Staat durch das Experiment der neuen Ära getreten war. Er verstand sein Ressort und beherrschte es, war der beste Redner unter uns, ein Mann von Geist und unerschütterlich in der Gesinnung eines ehrliebenden preußischen Offiziers."

Die liberale Partei billigte den Entwurf im ganzen und großen, glaubte aber wohlfeiler zum Ziele kommen zu können durch Einführung der zweijährigen Dienstzeit für die Linieninfanterie, die von 1833 ab in der Tat schon etwa zwanzig Jahre bestanden hatte. Darin aber, so war des Regenten und Roons unerschütterliche Ansicht, habe ein großer Nachteil des Heeres gelegen. Der äußersten demokratischen Linken sagte die Neuerung auch sonst nicht zu. Ihr wahres Ideal war eine Milizverfassung, jede Verstärkung des stehenden Heeres aber war ihr zuwider. Insbesondere bedeutete in ihren Augen die Verstärkung des Offizierkorps, die Vermehrung der Kasernen, die Ausdehnung der Kadettenhäuser und der Unteroffizierschulen eine unwillkommene Machtvermehrung für die Krone. Waren doch die Anhänger der alten liberalen Ideale damals von der Befürchtung beherrscht, daß eine Stärkung der Machtstellung Preußens ein großes Hindernis für die Einigung der Nation sei. Daß aber gerade eine starke mächtige preußische Armee die Vorbedingung zu deutscher Macht und Herrlichkeit bilde, das war Bismarcks innerste Überzeugung, wie sie uns aus allen seinen Äußerungen jener Tage entgegentritt. Es war ein trauriges Schicksal des Liberalismus, daß er nicht von vornherein dieselbe Stellung einnahm und sich nicht leiten ließ von der weitblickenden Anschauung, daß durch eine mächtige Armee, die dem Volk in Waffen immer näher kam, ein Staatsgebäude so gesichert war, daß man in ihm von einheitlicher Macht geschützt zu freiheitlicher politischer Gestaltung besser gelangen kann, als unter einem Dach, in welches jederzeit ohne viel Schwierigkeit die Kanonen des Auslandes ihre Geschosse werfen können. Der unglückliche Gedanke „von der Freiheit zur Einheit" hat die politischen Kämpfe jener Tage unselig beeinflußt; man hätte ihn mit den Idolen des Jahres 1848 begraben sollen. Der Grundsatz aber „durch Macht und Einheit zur Freiheit" war gesunder, und es ist ein politischer Jammer und ein Unglück für den Liberalismus gewesen, daß er nicht auf dem Wege zur Einheit und Macht von vornherein sich dem Führer anschloß, der nicht wenige Gedanken in seinem Programm hatte, die liberal waren oder doch liberaler Ausgestaltung sehr nahe kamen.

Im Jahre 1860 hatte das Abgeordnetenhaus das Geld für die Organisation auf ein Jahr „einstweilig" bewilligt; ebenso im Jahre 1861; von den Neuwahlen, die im Dezember stattfinden mußten, erwartete man keine günstigen Ergebnisse. Zwischen jenen Tagungen befand sich Bismarck in der Heimat; im Juli 1861 war er beim Könige in Baden-Baden, eben in der Zeit, als der Student Becker auf den König schoß, weil dieser nicht genug für die deutsche Einheit tue. Damals legte Bismarck dem König eine Denkschrift vor, welche die Reorganisation des Bundes betraf und im engen Zusammenhang mit der Reorganisation der Armee stand, da eins ohne das andere nicht gut zu denken war, wenn die Zukunft Deutschlands dauernd gesunden sollte.

Die Grundzüge dieser Denkschrift, die er auf Wunsch des Königs im Herbst noch weiter ausgestaltete, waren etwa diese: Die Zeiten der Heiligen Allianz, unter deren Schutze sich Deutschland sicher fühlen konnte, sind vorbei; Deutschland ist auf sich selbst gestellt und auf seine eigene Stärke angewiesen. Die kleineren Staaten können diese nicht gewährleisten. Österreichs innere Zustände lassen die Bereitschaft des Kaiserlichen Bundeskontingentes in der Stunde der Gefahr als sehr zweifelhaft erscheinen; dann wird Preußen mit seinen achtzehn Millionen unter höchster Anspannung aller Kräfte der Hauptsache nach für Deutschland einzustehen haben. Es ist eine Ungerechtigkeit, daß es dabei in seiner Gesamtheit kein stärkeres Recht am Bunde hat als die kleinen Nachbarstaaten, die es schützt, durch die es aber im Frieden seine materielle Entwicklung beschränkt sieht, während es im Kriege, sobald er unglücklich verläuft, von ihnen verlassen und preisgegeben werden wird. In der gesamten deutschen Bevölkerung steigert sich das Mißvergnügen, daß Deutschland so schwach unter den Völkern dasteht. Preußen muß dahin streben, diese Zustände zu verbessern; als Mittel empfiehlt sich die Errichtung einer nationalen Vertretung des deutschen Volkes beim Bunde, die als Bindemittel dienen kann gegenüber den auseinandergehenden Interessen der Dynastien. Diese Vertretung kann durch Delegationen der Landtage gewonnen werden. Die Kompetenz dieser Volksvertretung sei aber einzuschränken aus die Bestimmungen über die Wehrkraft des Bundes und die Zoll- und Handelsgesetzgebung mit dem Gebiete der verwandten materiellen Interessen; die Regierungsgewalt soll im Inneren jedem Staat unverkümmert bleiben. Dieses Parlament – Bismarck nannte es Zollparlament – sollte keine über den Regierungen stehende Zentralgewalt sein, wie das Frankfurter Parlament es für sich gefordert hatte, sondern es soll neben den Vertretungen der Regierungen beim Bunde stehen. Eine ehrliche Beteiligung Österreichs kann an diesem neuen Bunde nicht stattfinden. – Ehe nun Preußen mit derartigen Bestrebungen außerhalb des Bundes offen hervortrete, würde es sich jedenfalls empfehlen, ähnliche Reformen in Frankfurt auf bundesverfassungsmäßigem Wege zu beantragen.

Die Denkschrift war, wie wir sehen, sehr vorsichtig gefaßt. Um den König für sich zu gewinnen, fiel Bismarck nicht gleich mit der Türe ins Haus. Er sagt nicht, daß die direkte Wahl zur Nationalversammlung vielleicht richtiger sei, auch nicht, daß voraussichtlich Gewalt und Krieg nötig werde, um zur Gesundung zu gelangen; er wollte den König nicht schrecken; die Erklärung beim Bunde aber, daß die Dinge so nicht weiter gingen, forderte er.

In einem Briefe an seinen Freund von Below-Hohndorf gibt er sich bei Besprechung des konservativen Programms unumwundener. Dort sagt er, es sei gar nicht die Pflicht Preußens, den Rechtsschutz fremder

Fürsten und Länder zu übernehmen. „Wir kommen dahin, den ganzen unhistorischen, gott- und rechtlosen Souveränitätsschwindel der deutschen Fürsten, welche unser Bundesverhältnis als Piedestal benutzen, von dem herab sie Europäische Macht spielen, zum Schoßkind der konservativen Partei Preußens zu machen. Unsre Regierung ist ohnehin in Preußen liberal, im Auslande legitimistisch; wir schützen fremde Kronrechte mit mehr Beharrlichkeit als die eignen und begeistern uns für die von Napoleon geschaffenen, von Metternich sanctionirten kleinstaatlichen Souveränitäten bis zur Blindheit gegen alle Gefahren, mit denen Preußens und Deutschlands Unabhängigkeit für die Zukunft bedroht ist, solange der Unsinn der jetzigen Bundesverfassung besteht, die nichts ist als ein Treib- und Conservirhaus gefährlicher und revolutionärer Particularbestrebungen." Er wünscht es in dem konservativen Programm anstatt des vagen Ausfalls gegen die deutsche Republik offen ausgesprochen, was Preußen in Deutschland geändert und hergestellt wünsche, und er sieht nicht ein, warum die Konservativen „vor der Idee einer Volksvertretung, sei es im Bunde, sei es in einem Zollparlament, so zimperlich zurückschrecken". Auch für eine recht konservative Nationalvertretung könne man selbst bei den Liberalen Dank ernten. War das, was Bismarck hier forderte, nicht eine endgültige Kündigung der Metternichschen Politik und der frömmelnden Phrasen über Gottesgnadentum und Legitimität, wie diese Begriffe von der Heiligen Allianz aufgefaßt waren? War es nicht ein Umguß jener Begriffe in geschichtlich tief empfundene wahre Werte, die Bismarck zu Ehren bringen sollte? Und waren es nicht die Grundlinien des zukünftigen Deutschen Reiches, die von Bismarck hier niedergelegt wurden?

Im Oktober 1861 kehrte Bismarck noch einmal nach Petersburg zurück. Daß er nicht lange mehr dort bleiben würde, wußte er; Schleinitz hatte ihm im Juli gesagt, er werde voraussichtlich nach Paris kommen. Bismarck ergab sich darein, ohne Kummer und ohne Freude nach Paris oder London zu gehn, aber auch in Petersburg zu bleiben, wie es Gott und Seiner Majestät gefalle. Der Kohl werde weder für Preußens Politik noch für ihn fetter, wenn das eine oder andere geschehe. Im April

1862 schrieb ihm der neue Minister des Auswärtigen Bernstorff, er sei nach Paris oder London versetzt; wohin von beiden, werde ihm der König in Berlin sagen. Als er im Mai nach Berlin kam, stand Berlin und ein Ministerposten wieder mehr im Vordergrund. Dort war zum Vertreter des Ministerpräsidenten Fürsten Hohenzollern im März Prinz Adolf von Hohenlohe-Ingelfingen ernannt worden, der körperlich und vielleicht auch geistig nicht dem Posten gewachsen war. Er bat Bismarck, ihn von seinem Martyrium zu erlösen. Dieser konnte sich nicht entschließen; ihm fehlte der Glaube an dauernde Festigkeit des Königs unverantwortlichen Einwirkungen gegenüber; er war besorgt, schwierigen und verantwortlichen Geschäften entgegenzugehen und auf die angenehme Stellung eines einflussreichen Gesandten zu verzichten. Dabei konnte er keine sichere Berechnung aufstellen von dem Gewicht und der Richtung des Beistandes, den er im Kampfe mit der steigenden Flut der Parlamentsherrschaft bei dem Könige und der Königin, bei den Kollegen und im Lande finden werde. Und dann – so schrieb er einmal an Motley: „Als Gesandter hatte ich, obschon Beamter, das Gefühl, ein Gentleman zu sein. Als Minister ist man Helot." Seine Lage, in einem Berliner Gasthofe wie ein intrigierender Gesandter im Lichte eines Bewerbers vor Anker zu liegen, widerstrebte seinem Selbstgefühl. Er bat den Minister Bernstorff ihm entweder ein Amt oder seine Entlassung zu verschaffen.

Am 22. Mai 1862 wurde Bismarck zum Gesandten in Paris ernannt. Er freute sich, daß er nicht nach London gekommen war. Das Gesandtschaftshaus dort erschreckte ihn. „Ich werde ganz elend bei dem Gedanken dort eingezwängt zu sein, – danke Gott täglich, daß wir dort nicht hingeriethen." Am 1.Juni übergab er in den Tuilerien sein Beglaubigungsschreiben; er hatte feierliche Audienz mit Ausfahrt im kaiserlichen Wagen und aufmarschierten Würdenträgern. Sonst war der Empfang kurz und erbaulich, ohne Politik, die auf *un de ces jours* verschoben wurde. Ende Juni war Bismarck in Fontainebleau beim Kaiser und hatte mit ihm eine längere Unterredung, in welcher Napoleon auf eine preußisch-französische Allianz zu sprechen kam, die er nicht als ein abenteuerliches Projekt hinstellte, er finde zwischen beiden Staaten eine Konformität der Interessen und darin die Elemente einer *entente intime et durable*; man müsse auf alle Ereignisse gerüstet sein und auf Mittel denken, um Nutzen aus ihnen zu ziehen. Dann eröffnete er Bismarck, daß in Wien offenbar ein panischer Schrecken über die Ernennung Bismarcks herrsche; der österreichische Botschafter Fürst Metternich habe unbegrenzte Vollmachten, sich mit ihm um jeden Preis zu verständigen; er habe aber eine fast abergläubische Abneigung, sich mit den Geschicken Österreichs zu verflechten. Bismarck zog aus dieser Unterredung nicht die Folgerung, daß Preußen ein Bündnis mit Frankreich zu suchen habe, wohl aber die, daß Preußen auf treue Bundesgenossenschaft Österreichs gegen Frankreich nicht zählen könne und nicht hoffen dürfe, die freie Zustimmung Österreichs zur Verbesserung von Preußens Stellung in Deutschland zu erlangen.

Die folgenden Wochen vergingen für Bismarck in Bangen und schwebender Pein. Da das offizielle Paris in den Bädern war, reiste Bismarck nach den Pyrenäen und Südfrankreich in beständigem Zweifel, ob er endgültig in London, Paris oder Berlin landen werde, um hier den Kampf gegen die bedrohten Rechte seines Königs aufzunehmen.

Hier hatte sich der Streit zwischen Regierung und Abgeordnetenhaus immer mehr verschärft. Die Wahlen hatten im Dezember 1861 eine Stärkung der Linken, der Fortschrittspartei, ergeben. Da das Abgeordnetenhaus eine größere Spezialisierung des Etats verlangte und der Heeresorganisation sich abgeneigt zeigte, wurde es am 11. März 1862 wieder aufgelöst. Das Ministerium der „neuen Ära" ging; ein konservatives Ministerium trat an seine Stelle; aus dem alten Ministerium blieben nur Roon und der Finanzminister von der Heydt, ein altliberaler rheinischer Großindustrieller; auch Graf Bernstorff blieb als Minister der auswärtigen Angelegenheiten, aber im beständigen Schwanken, da er lieber nach London gehen wollte, der König aber sein Bleiben wünschte. Roon war die Seele des Ministeriums, er bezeichnete den Wandel der Dinge mit den Worten, das Buhlen und Kokettieren mit der sogenannten öffentlichen Meinung sei nun vorbei. Er hatte beständig seine Blicke auf Bismarck als Helfer in der Not gerichtet; schon im Mai waren ja Versuche gemacht, diesen Helfer zu gewinnen, aber der König konnte sich nicht entschließen. Gleichwohl setzte Roon seine Versuche unaufhaltsam fort. Bismarck weilte in Südfrankreich, mit seinen Gedanken war er in der pommerschen Heimat, wo seine Familie war; seine Möbel standen noch in Petersburg, seine Wagen in Stettin, seine Pferde in Schönhausen, und er selbst wußte nicht, wo er im Winter sein Haupt hinlegen sollte. Da telegraphierte ihm Roon nach Avignon, „die Birne sei reif". Und am 18. September erhielt er nach Paris die Depesche: *Periculum in mora. Dépechez vous. L'oncle de Maurice Henning.* Henning war der zweite Vorname Moritz Blanckenburgs, des Neffen von Roon. Obwohl die Fassung zweifelhaft ließ, ob die Depesche vom Könige veranlaßt war, reiste Bismarck sofort nach Berlin.

Ein Wendepunkt von weltgeschichtlicher Bedeutung in Preußens und Deutschlands Geschicken war eingetreten. „Der Mensch kann den Strom der Zeiten nicht schaffen und nicht lenken, er kann nur auf ihm fahren und steuern, mit mehr oder weniger Erfahrung und Geschick den Schiffbruch vermeiden," so sagte Bismarck an seinem achtzigsten Geburtstag zu den deutschen Studenten. Nun kam er an das Steuerruder des Schiffes, auf dessen Kommandobrücke sein König stand, der in den Septembertagen des Jahres 1862 verzweifelte, ob er zu diesem Kommando noch weiter befähigt und berufen sei.

## 9. Verfassungszwist und Heereserneuerung. Der Fürstentag — das erste staatsmännische Meisterstück. 1862–1863

Am 20. September war Bismarck in Berlin eingetroffen und wurde sofort zum Kronprinzen beschieden. Gefragt, wie er die Lage ansehe, konnte er nur zurückhaltend antworten, weil er in den letzten Wochen keine Zeitungen gelesen, und verärgert und verdrießlich sich über heimische Angelegenheiten nicht unterrichtet hatte. Mit Einzelheiten nicht vertraut, hielt er sein Urteil zurück, auch glaubte er keine Berechtigung zu haben, dem Kronprinzen gegenüber früher sich zu äußern als dem Könige. Wie richtig das war, bewies eine Mitteilung Roons, daß der König von Bismarck gesagt hatte: „Mit dem ist es auch nichts; er ist schon bei meinem Sohne gewesen." Die Tragweite dieser Äußerung war Bismarck nicht sofort verständlich, weil er nicht wußte, daß der König sich mit dem Gedanken trug, die Krone niederzulegen, und der König voraussetzte, er habe davon gewußt und sich deshalb mit dem Nachfolger zu stellen gesucht.

Am 22. September wurde Bismarck in Babelsberg empfangen. Die Sachlage wurde ihm erst klar, als der König ihm sagte, er habe sich entschlossen, abzudanken, die Urkunde sei bereits entworfen, er könne nur regieren, wie er es vor Gott, seinem Gewissen und seinen Untertanen zu verantworten vermöge. Nach dem Willen der heutigen Majorität des Landtags könne er sich aber nicht richten; Minister finde er nicht mehr, die bereit seien, seine Regierung zu führen, ohne sich und ihn der parlamentarischen Majorität zu unterwerfen. Der König zeigte dann das auf dem Tische liegende Aktenstück in seiner Handschrift. Bismarck erwiderte, es sei dem Könige ja schon seit dem Mai bekannt, daß er bereit sei, ins Ministerium einzutreten, Roon werde mit ihm bleiben, die Vervollständigung des Kabinetts ihm gelingen, falls andre Minister durch seinen Eintritt zum Rücktritt bewogen würden. Als Bismarck dann nach einigem Hin- und Herreden auf die Frage, ob er bereit sei, als Minister für die Militärorganisation auch gegen die Majorität des Landtages einzutreten, mit ja antwortete, erklärte der König: „Dann ist es meine Pflicht, mit Ihnen die Weiterführung des Kampfes zu versuchen, und ich abdiziere nicht."

Der König forderte Bismarck auf, ihn in den Park zu begleiten. Auf diesem Spaziergänge gab er ihm ein acht Folioseiten füllendes Schriftstück, das alle Fragen der damaligen Regierungspolitik umfaßte; dadurch wollte er Bismarck an bestimmte Ziele binden. Dieser ging auf

Einzelheiten nicht ein, er erklärte, daß es sich für ihn nicht um konservativ oder liberal in irgend einer Schattierung handle, sondern um königliches Regiment oder Parlamentsherrschaft; auch vor einer Periode der Diktatur schrecke er nicht zurück. Er sagte: „In dieser Lage werde ich, selbst wenn Eure Majestät mir Dinge befehlen sollten, die ich nicht für richtig hielte, Ihnen zwar diese meine Meinung offen entwickeln, aber wenn Sie auf der Ihrigen schließlich beharren, lieber mit dem Könige untergehen, als Eure Majestät im Kampfe mit der Majorität im Stiche lassen." Bismarcks Entschluß war also fest, getrieben war er dazu, weil er die Negation und die Phrase der damaligen Opposition für politisch verderblich hielt im Angesicht der nationalen Aufgaben Preußens, die positives Schaffen verlangten. Dann aber hegte er so starke Gefühle der Hingebung und Anhänglichkeit zu seinem König, daß der Gedanke, in Gemeinschaft mit ihm zugrunde zu gehen, ihm als ein sympathischer Abschluß des Lebens erschien. – Der König zerriß, als er Bismarcks festen Entschluß erkannte, sein Programm, um es dem Feuer zu übergeben. Eine neue Epoche nimmt von dieser Stunde ihren Ausgang. Bismarck wurde zum Ministerpräsidenten und zum Minister des Auswärtigen ernannt. Er stellte sich seinem König wie ein Lehensmann zu Diensten mit Leib und Seele, willensgewaltig, jenseits irgendeines Parteiprogramms. Beim Könige aber beginnt die große Treue, die Bismarcks in gefahrvoller Stunde bewiesener Mut verdiente. Welche Empfindungen Bismarck in diesen Tagen erfüllten, sagt uns ein Brief an seine Frau: „Du wirst aus den Zeitungen unser Elend schon ersehen haben. Ich bin zum Minister mit interimistischem Vorsitz ernannt, bis Fürst Hohenzollern seinen Abschied in Händen hat, dann werde ich definitiv Ministerpräsident und übernehme später auch das Auswärtige ... Das Alles ist nicht erfreulich, und ich erschrecke jedesmal darüber, wenn ich des Morgens erwache. Aber es muß sein ... Ergieb Dich in Gottes Schickung. Leicht ist die Sache mir ohnehin nicht." Auch das „Leben auf dem Präsentirteller", das ihm bevorstand, fand er unbehaglich; zumal auf Reisen schien es ihm lästig, auf jeder

Station angegafft zu werden „wie ein Japanese" oder „wie ein neues Nilpferd im zoologischen Garten".

Am 24. September trat er sein Amt an. Einen Tag zuvor waren im Abgeordnetenhause nach siebentägiger Debatte die Neuausgaben für die Armee mit 273 gegen 68 Stimmen gestrichen worden. Man wollte die Gelder nur weiter bewilligen, wenn die Dienstzeit auf zwei Jahre herabgesetzt würde; der König aber, der Kriegsminister von Roon und der Chef des Generalstabs von Moltke waren der Meinung, daß es ohne die dreijährige Dienstzeit nicht gehe.

In diese Situation trat Bismarck ein. Am 29. September erschien Bismarck zum ersten Mal als Minister in der Kammer. Er erklärte im Namen des Staatsministeriums, daß die Regierung das Budget für 1863 zurückziehe, da „die Ergebnisse einer sofortigen Beschlußnahme über den Etat von 1863 der zukünftigen Erledigung der streitigen Fragen nicht förderlich sein, sondern die Schwierigkeiten derselben erheblich vermehren" würden. Die Regierung beabsichtige „nicht, den Grundsatz aufzugeben, daß die Etats in Zukunft zeitig genug vorgelegt werden, um ihre Feststellung vor dem Beginn des Jahres, für welches sie bestimmt sind, möglich zu machen. Sie halte nur in dem gegenwärtigen Fall für ihre Pflicht, die Hindernisse der Verständigung nicht höher anschwellen zu lassen als sie ohnehin seien". Auch in der Sitzung der Budgetkommission, die infolge dieser Erklärung noch am gleichen Tag abgehalten wurde, erschien Bismarck und erwiderte auf die Frage des zum Berichterstatter ernannten Abgeordneten von Forckenbeck, wann nach seiner Ansicht die neue Sitzungsperiode, in der der Etat für 1863 zu erwarten sei, ihren Anfang nehmen solle: die Regierung sei außerstande schon jetzt hierauf eine Antwort zu geben; sie habe den Etat zurückgezogen, um den staatsrechtlichen Konflikt, „dem wir vielleicht entgegengehen", tunlichst zu mildern; sie betrachte die Frist als eine „Art von Waffenstillstand"; die Zwecke, die sie verfolge, seien „Zwecke des Friedens und der Versöhnung".

Von den Abgeordneten wurde er mit wenig freundlichen Empfindungen empfangen. Die konservativen Kreise, von deren Anschauungen sich Bismarck vielfach entfernt hatte, waren „düsterer Ahnungen" voll. Die Liberalen nahmen den Neuling nicht ganz ernst. Die von diesen beeinflußte Berliner Allgemeine Zeitung charakterisiert ihn also: „Als ein Landedelmann von mäßiger politischer Bildung, dessen Einsichten und Kenntnisse sich nicht über das erheben, was das Gemeingut aller Gebildeten ist, begann er seine Laufbahn. Den Höhepunkt seines parlamentarischen Ruhmes erreichte er in der Revisionskammer von 1849 und im Unionparlamente von 1850. Er trat in seinen Reden schroff und rücksichtslos auf, nonchalant bis zur Frivolität, mitunter witzig bis zur Derbheit – aber wann hätte er einen politischen Gedanken geäußert?" Und Gustav Freytags vortreffliche Wochenschrift „Die Grenzboten" prophezeite, daß er sich kein Jahr werde halten können und daß auch eine größere Kraft als er gegenüber dem Abgeordnetenhaus, dessen besonnene und feste Haltung gelobt wurde, scheitern müsse.

Trotz dieser scharfen Urteile suchte Bismarck zunächst den Weg des Friedens. Daß er nicht reaktionäre Bahnen wandeln wollte, zeigte er, indem er dem Hause einen Handelsvertrag mit Frankreich im freihändlerischen Sinne unterbreitete, bewies er auch dadurch, daß er mit liberalen Führern von Bockum-Dolffs und von Gneist Fühlung nahm, um auch sie versöhnlich zu stimmen, und daß er sogar bereit war, einige altliberale Politiker in das neue Ministerium zu nehmen. Als er am 30. September zum zweiten Male in der Budgetkommission erschien, zeigte er dem neben ihm sitzenden Abgeordneten von Bockum-Dolffs im Verlauf der Sitzung einen Olivenzweig, den er aus seiner Brieftasche herausgenommen hatte, und bemerkte dabei: „Diesen Olivenzweig habe ich in Avignon gepflückt, um ihn der Volkspartei als Friedenszeichen anzubieten; ich sehe jedoch, daß es noch nicht Zeit dazu ist." Versöhnung war zunächst seine Parole, aber eine Versöhnung, die Preußens Macht nicht schädige, sondern stärke. Bezeichnend in dieser Richtung waren die lapidaren Sätze, die damals aus Bismarcks Munde kamen: „Wir haben die Vorliebe, eine zu große Rüstung für unsern schmalen Leib zu tragen; nur sollen wir sie auch nützen. Nicht auf

Preußens Liberalismus sieht Deutschland, sondern auf seine Macht; Bayern, Württemberg, Baden mögen dem Liberalismus huldigen, darum wird ihnen doch keiner Preußens Rolle anweisen; Preußen muß seine Kraft zusammenfassen und zusammenhalten auf den günstigen Augenblick, der schon einige Male verpaßt ist; nicht durch Reden und Majoritätsbeschlüsse werden die großen Fragen der Zeit entschieden – das ist der große Fehler von 1848 und 1849 gewesen – sondern durch Eisen und Blut." – Wenn kein Budget zustande komme, dann sei *tabula rasa*; die Verfassung biete keinen Ausweg, denn da stehe Interpretation gegen Interpretation; *summum ius, summa iniuria*, das Recht, auf die höchste Spitze getrieben, werde zum größten Unrecht; der Buchstabe töte.

Das Wort von Eisen und Blut oder von ,Blut und Eisen', wie es im geflügelten Worte sich wandelte, wurde nun bald aus dem versöhnlichen Zusammenhang gerissen und weiter verbreitet, als habe Bismarck Blut und Eisen über das Recht gestellt. Was er hat sagen wollen, hat er später selber noch einmal betont: „Es handelte sich um militärische Fragen und ich hatte gesagt: Legt eine möglichst starke militärische Kraft, mit anderen Worten möglichst viel Blut und Eisen in die Hand des Königs von Preußen, dann wird er die Politik machen können, die Ihr wünscht; mit Reden und Schützenfesten und Liedern macht sie sich nicht, sie macht sich nur durch Blut und Eisen."

Bismarcks Aperçus vom 30. September machten weithin Aufsehen. Der König weilte in Baden-Baden; auch dahin war die Kunde gedrungen, und Bismarck lag daran, zeitig dem üblen Eindruck entgegenzuwirken, den seine Worte auf den vorsichtigen und gewaltsame Mittel scheuenden König gemacht haben konnten. Er war umso mehr bereit, Mißtrauen zu zerstreuen, als Roon beim Nachhausegehen seine Unzufriedenheit mit Bismarcks Äußerungen ausgesprochen hatte, da solche „geistreichen Exkurse" der Sache nicht förderlich seien.

Bismarck fuhr deshalb dem Könige bis Jüterbog entgegen; er traf ihn in gedrückter Stimmung. Des Königs erste Worte, als Bismarck anfing, die Vorgänge der letzten Tage darzulegen, waren: „Ich sehe genau voraus, wie das alles endigen wird. Da vor dem Opernplatz, unter meinen Fenstern, wird man Ihnen den Kopf abschlagen und etwas später mir." Darauf Bismarck: „Sterben müssen wir früher oder später doch, und können wir anständiger umkommen? Ich selbst im Kampfe für die Sache meines Königs und Eure Majestät, indem Sie Ihre königlichen Rechte von Gottes Gnaden mit dem eigenen Blute besiegeln, ob auf dem Schafott oder auf dem Schlachtfelde, ändert nichts an dem rühmlichen Einsetzen von Leib und Leben für die von Gottes Gnaden verliehenen Rechte. Karl I. wird immer eine vornehme historische Erscheinung bleiben, wie er ungebeugt seine königliche Gesinnung mit seinem Blute bekräftigt, nachdem er für sein Recht das Schwert gezogen und die Schlacht verloren hatte." Je länger Bismarck so sprach, um so mehr belebte sich der König und fühlte er sich in die Rolle des für Königtum und Vaterland kämpfenden Offiziers hinein; äußeren und persönlichen Gefahren gegenüber von einer seltenen und ihm absolut natürlichen Furchtlosigkeit hatte seine Haltung etwas Herzerhebendes und Begeisterndes. Der König fühlte sich, wie Bismarck in seinen Gedanken und Erinnerungen sagt, bei dem Portepee gefaßt und in der Lage eines Offiziers, der die Aufgabe hat, einen bestimmten Posten auf Leben und Tod zu behaupten, ob er darauf umkommt oder nicht. Damit war er mit seinen Gedanken auf einen andern Weg gestellt. Bis dahin war er in Besorgnis befangen gewesen vor der „Manöverkritik", welche von der öffentlichen Meinung, der Geschichte und seiner Gemahlin – und diese verstand sich auf Kritik – an seinen politischen Maßnahmen geübt werden könnte. Jetzt fühlte er sich dieser Sorge überhoben. Matt, niedergeschlagen und entmutigt war er in Jüterbog angekommen. Bei der Ankunft in Berlin erschien er in heitrer, fröhlicher und kampfeslustiger Stimmung, die sich den empfangenden Ministern und Beamten gegenüber auf das Unzweideutigste erkennbar machte. Die Verhandlungen im Abgeordnetenhause liefen weiter, wie sie gelaufen waren. Am 7. Oktober wurde über den Antrag Forckenbeck Beschluß gefaßt, daß die Regierung den Etat für 1863 dem Hause der Abgeordneten zur verfassungsmäßigen Beschlußnahme so schleunig vorzulegen habe, daß dessen Feststellung noch vor dem 1. Januar 1863 erfolgen könne; es sei verfassungswidrig, wenn die Regierung eine Ausgabe verfüge, welche durch einen Beschluß des Hauses der Abgeordneten definitiv abgelehnt worden sei. Bismarck sprach dem gegenüber seine Befürchtung aus, daß die prinzipiellen Gegensätze sich verschärfen würden, und wies nachdrücklich darauf hin, daß das Abgeordnetenhaus allein nicht zu entscheiden habe, sondern auch die Rechte der Krone und des Herrenhauses eine Wahrheit bleiben müßten. Nachdem ein vermittelnder Antrag des Abgeordneten Vincke auf einen vorläufigen Kredit abgelehnt war, obschon Bismarck die Zustimmung der Staatsregierung dazu ausgesprochen hatte, wurde der Antrag Forckenbeck mit 251 gegen 36 Stimmen angenommen.

Am 10. Oktober lehnte das Herrenhaus den Etatentwurf, wie er vom Abgeordnetenhaus beschlossen war, ab und nahm den ursprünglichen Entwurf der Regierung wieder auf. Am 13. Oktober erklärte das Abgeordnetenhaus den Beschluß des Herrenhauses für verfassungswidrig und damit null und nichtig, da das Herrenhaus nur den vom Abgeordnetenhaus genehmigten Etat annehmen oder verwerfen, nicht aber auf den Regierungsvorschlag zurückkommen dürfe. Der Beschluß wurde mit allen abgegebenen 237 Stimmen gefaßt; acht Konservative hatten sich vorher entfernt. Bismarck erhob sich sofort nach der Abstimmung und lud die Herren auf fünf Uhr im Namen des Königs zum Schlusse der Tagung im Weißen Saale des Schlosses ein. Hier gab er die Versicherung ab, daß die Regierung sich einer schweren Pflichtverletzung schuldig machen würde, wenn sie die begonnene Umformung der Heeresverfassung rückgängig machen wollte. Den Schluß der Erklärung bildete die Hoffnung auf eine Ausgleichung der Gegensätze im Geiste der gemeinsamen Hingebung für die Macht und Würde der Krone und für das Wohl des Vaterlandes.

Trotzdem diese Worte die Hoffnung nicht aufgaben – der Konflikt zwischen Regierung und Parlament war da, und kein Mensch glaubte an friedliche Lösung. In diesem Kampfe standen Bismarck und die

Vertreter des Volkes einander immer schroffer und schroffer gegenüber. Bismarck vertrat die Krone und die Armee, zwei Größen, deren machtvolle Erfolge die dunklen Trübsale deutscher Geschichte wie Lichtstrahlen durchzogen, die den Tag verkünden. Aus diesen geschichtlichen Kräften nahm er seinen stützenden Glauben, seine Kraft zum Handeln, seine Siegeshoffnung und seinen unüberwindlichen Mut, der selbst den Tod nicht fürchtete. Dabei kannte er seine Ziele; er hatte sie und die Wege dahin schon in großen Umrissen gezeichnet in dem Programm, das er dem König vorgelegt, und in seinen Freundesbriefen; ganz unverhüllt konnte er aber diese Wege und Ziele in ihren äußersten Konsequenzen selbst seinem Könige nicht sagen. Der großen Welt und der kleinen und kleinlichen Umwelt durfte er sie erst recht nicht klarlegen, wenn er nicht wertvolle Voraussetzungen des Erfolges allzu früh preisgeben wollte oder wenn man ihn nicht, gab er sie preis, für waghalsig oder gar für toll halten sollte.

Auch einem Teile seiner Gegner lag die Macht der Armee am Herzen, aber ihr Liberalismus und der Glaube an die Bedeutung des Parlamentarismus waren Größen, für welche sie aus der deutschen Vergangenheit Erfolge nicht zu nennen vermochten, wohl aber aus fremder Völker Geschichte, deren Vorbilder auf Bismarck mit seinem bodenständigen nationalen Empfinden und Denken keinen all zu tiefen Eindruck machten. Eine Annäherung solcher Gegensätze war schwierig. Bismarck kannte ja seine Gegner; die langen Reden, welche sie hielten, gaben ihm beständig Gelegenheit, genau zu ergründen, wie sie geradezu im Banne ihrer liberalen und parlamentarischen Theorien befangen waren, die zwar Begeisterung weckten, stellenweise aber einen romantisch-weltfremden Zug hatten. Die Gegner Bismarcks – und das war ein Unglück – kannten diesen Mann nicht in der ganzen Tiefe seines persönlichen und politischen Innenlebens; sie hatten keine Ahnung davon, was alles in dieser Seele vorging. Daher ihr Lachen und Murren, ihr Spott und Hohn bei Worten, denen wir heute mit Bewunderung lauschen. Daß die Abgeordneten nicht schon damals stutzig wurden, begreift man kaum. Wenn gerade in den Tagen, da der

Konflikt vollständig wurde, Bismarck, der ihnen ein Verfassungsverächter schien, einen Brief an den Kurfürsten von Hessen richtete, in welchem er sich auf die Seite der hessischen Volksvertretung stellte, Beilegung des Verfassungsstreites forderte und im Weigerungsfalle eine Art von Vormundschaft in Aussicht stellte; wenn er in jenen Tagen – Ende des Jahres 1862 – in die schon von Bernstorff, seinem Vorgänger, aufgenommenen Verhandlungen wegen einer Bundesreform eingriff mit dem Vorschläge, die zukünftige Nationalvertretung, in der Österreich nicht vertreten sein sollte, aus direkten Wahlen hervorgehen zu lassen, so waren das gewiß Vorgänge, die die Frage wachrufen mußten, ob man diesem Staatsmanne nicht doch Entgegenkommen und Vertrauen schenken dürfe. Aber die Vorurteile gegen diesen Mann waren zu stark. „Wann hatte er einen politischen Gedanken gehabt?" lautete der liberale Zweifel. Und seine kraftvolle Art, sich zu geben, in der ein Stück Menschenverachtung lag, trug nicht dazu bei, die vorgefaßte Meinung zu zerstören, zumal Vorurteile so oft mit Eitelkeit im Bunde sind und parlamentarische Eitelkeit die gefährlichste Sorte ist.

So ging nun das verhängnisvolle Jahr zu Ende; das Jahr 1863 begann unter trüben Aussichten. Ein königlicher Brief beleuchtet die ganze Lage. Herr von Vincke hatte ein Glückwunschschreiben an den König gerichtet, das mit den Sätzen schloß: „Das Volk hängt treu an Ew. Majestät, aber es hält auch fest an dem Recht, welches ihm der Artikel 99 der Verfassung unzweideutig gewährt. Möge Gott die unglücklichen Folgen eines großen Mißverständnisses in Gnaden abwenden." Er bekam eine prompte Antwort, in welcher der König nachdrücklich betonte, daß sein Vertrauen zu seinem Volke unerschüttert sei, daß er aber diejenigen verdamme, die ihm die Liebe und das Vertrauen desselben rauben wollten. ... Zu dem Hinweis auf § 99 bemerkte der König: „Ich möchte wohl wissen, wie viel Menschen im Volke den § 99 kennen oder ihn je haben nennen hören. ... Wer aber hat denn die Ausführung des Paragraphen unmöglich gemacht?" Er habe doch verschiedene Konzessionen gemacht, darunter eine von 4 Millionen;

diese erläutert er eingehend und schließt dann mit den lapidaren Worten: „Das Abgeordnetenhaus hat von seinem Recht Gebrauch gemacht und das Budget reducirt. – Das Herrenhaus hat von seinem Recht Gebrauch gemacht und das reducirte Budget *en bloc* verworfen. – Was schreibt die Verfassung in einem solchen Falle vor? – Nichts! – Da, wie oben gezeigt, das Abgeordnetenhaus sein Recht zur Vernichtung der Armée und des Landes benutzte, so muß ich wegen jenes „Nichts" *suppléiren* und als guter Hausvater das Haus weiterführen und spätere Rechenschaft geben. Wer hat also den § 99 unmöglich gemacht??? Ich wahrlich nicht! Wilhelm."

Der erste große Tag des am 14. Januar 1863 wieder zusammentretenden Abgeordnetenhauses war der 27. Januar. Am Morgen machte der König Bismarck in einem Briefe darauf aufmerksam, daß der Geburtstag seines Enkels, seines zweiten Nachfolgers, sei, was vielleicht in einer patriotischen Phrase „bei der heutigen Schlacht" anzubringen wäre. Mit einem: „Nun Glück zu!" wiederholt er in knappen Worten, was er Anfang Januar an Vincke geschrieben hatte.

Beim Eintritt in die Tagesordnung verlas Bismarck eine Allerhöchste Botschaft, in der mitgeteilt wurde, daß der König beschlossen habe, dem nahebevorstehenden Tage (17. März), an welchem vor fünfzig Jahren König Friedrich Wilhelm III. sein Volk zu den Waffen gerufen habe, die Weihe bleibender Erinnerung zu verleihen und vor allem die Schuld der Dankbarkeit einzulösen und den Veteranen jener großen Zeit eine erneute Fürsorge zu widmen. – Dann kam die Adresse zur Beratung, mit welcher die Thronrede beantwortet werden sollte. Diese hatte die Hoffnung ausgesprochen, daß die Reorganisation des Heeres, zu deren Aufrechthaltung die Regierung des Königs sich im Interesse der Machtstellung Preußens einmütig verpflichtet erachte, auch durch die gesetzliche Feststellung der zu ihrer Durchführung erforderlichen Ausgaben nunmehr ihren vollständigen Abschluß finden möge. Die Regierung werde von dem ernsten Bestreben geleitet, das einmütige Zusammenwirken mit den beiden Häusern zu erreichen, das als eine wesentliche Bedingung für die lebensvolle Entwicklung aller staatlichen Verhältnisse erwartet werden müsse.

Dem ruhigen Tone der Thronrede entsprach der Adreßentwurf nicht, der sich vielmehr in scharfer Fassung und heftigen Vorwürfen von Verfassungswidrigkeiten, Angriffen auf das oberste Recht der Volksvertretung, Mißbrauch der Regierungsgewalt, Verletzung der Verfassung durch die Minister erging und in dem Satze gipfelte: „Der Artikel 99 ist keine Wahrheit mehr".

In langer Rede schützte Bismarck die Regierung gegen diesen Vorwurf, nachdem er schon in der Kommissionsberatung betont hatte, daß es eine Grenze dessen gebe, was ein König von Preußen anhören könne. Über den Paragraphen 99 sprach er sich klar und deutlich also aus: „Artikel 99 lautet, wenn ich mich der Worte recht erinnere:

,Alle Einnahmen und Ausgaben des Staates müssen für jedes Jahr im voraus veranschlagt und auf den Staatshaushaltsetat gebracht werden.'

„Wenn darauf folgte: ,Letzterer wird jährlich durch das Haus der Abgeordneten festgestellt', dann hätten Sie in Ihren Beschwerden in der Adresse vollkommen recht, dann wäre die Verfassung verletzt. Es folgt aber im Text: ,Letzterer, der Staatshaushaltsetat, wird jährlich durch ein Gesetz festgestellt! Wie nun ein Gesetz zustande kommt, sagt Artikel 62 mit unwiderleglicher Klarheit. Er sagt, daß zum Zustandekommen eines jeden Gesetzes, also auch des Budgetgesetzes, die Übereinstimmung der Krone und der beiden Kammern erforderlich ist. Daß das Herrenhaus berechtigt ist, ein von der Zweiten Kammer beschlossenes und ihm nicht konvenierendes Budget zu verwerfen, ist außerdem noch in dem Artikel hervorgehoben.

„Jedes dieser drei konkurrierenden Rechte ist in der Theorie unbegrenzt, und das eine so stark als das andere. Wenn eine Vereinbarung zwischen den drei Gewalten nicht stattfindet, so fehlt es in der Verfassung an jeglicher Bestimmung darüber, welche von ihnen nachgeben muß. In früheren Diskussionen ist man freilich über diese Schwierigkeit mit Leichtigkeit hinweggegangen; es wurde nach Analogie von anderen Ländern, deren Verfassung und Gesetze aber in Preußen nicht publiziert sind und keine Gültigkeit haben, angenommen, die Schwierigkeit sei einfach dadurch zu erledigen, daß die beiden anderen Faktoren sich dem Abgeordnetenhause fügen. Auf diese Weise würde allerdings die souveräne Alleinherrschaft des Abgeordnetenhauses hergestellt werden; aber eine solche Alleinherrschaft ist nicht verfassungsmäßiges Recht in Preußen. Die Verfassung hält das Gleichgewicht der drei gesetzgebenden Gewalten in allen Fragen, auch in der Budgetgesetzgebung, durchaus fest; keine dieser Gewalten kann die andere zum Nachgeben zwingen; die Verfassung verweist daher auf den Weg der Kompromisse zur Verständigung. Ein konstitutionell erfahrener Staatsmann hat gesagt, daß das ganze Verfassungsleben jederzeit eine Reihe von Kompromissen ist. Wird der Kompromiß dadurch vereitelt, daß eine der beteiligten Gewalten ihre eigene Ansicht mit doktrinärem Absolutismus durchführen will, so wird die Reihe der Kompromisse unterbrochen und an ihre Stelle treten Konflikte, und Konflikte, da das Staatsleben nicht stillzustehen vermag, werden zu Machtfragen. Wer die Macht in Händen hat, geht dann in seinem Sinne vor, weil das Staatsleben auch nicht einen Augenblick stillstehen kann."

Die vom Könige erbetene „patriotische Phrase" bildete den Schluß der Rede; war aber keine Phrase im Sinne einer hohlen, inhaltsleeren, schön klingenden Redensart, sondern ein inhaltsvolles, wahrhaft schönes Wort:

„Was die Verfassung Ihnen an Rechten zubilligt, soll Ihnen unverkürzt zukommen, was Sie darüber hinaus verlangen, das werden wir ablehnen, und Ihren Forderungen gegenüber die Rechte der Krone mit Ausdauer wahrnehmen. Es ist ein eigentümliches Zusammentreffen, daß die Beratung dieses Manifestes, welches unserem königlichen Herrn überreicht werden soll, gerade zusammenfällt mit dem heutigen Geburtstage des jüngsten mutmaßlichen Thronerben. In diesem Zusammentreffen sehen wir eine verdoppelte Aufforderung, fest für die Rechte des Königtums, fest für die Rechte der Nachfolger Seiner Majestät einzustehen. Das preußische Königtum hat seine Mission noch nicht erfüllt, es ist noch nicht reif dazu, einen rein ornamentalen Schmuck Ihres Verfassungsgebäudes zu bilden, noch nicht reif, als ein toter Maschinenteil dem Mechanismus des parlamentarischen Regiments eingefügt zu werden."

Der König beantwortete die Adresse in einem nicht von den Ministern gegengezeichneten Erlaß vom 3. Februar, um den Abgeordneten zu zeigen, daß seine persönliche Anschauung und Willensmeinung unbeeinflußt und durchaus selbständig dastehe und daß er von seinem Ministerium nicht zu trennen sei. Er stellte sich auf gleichen Standpunkt mit diesem und wies zudem nachdrücklich auf die zahlreichen Kundgebungen hin, die aus allen Volksklassen ihm zugegangen seien, deren Teilnehmer an Treue und Hingebung gegen ihr preußisches Vaterland nicht gegen andere zurückständen.

Die Verhandlungen des Hauses dauerten bis in den Mai. Noch manches harte Wort hüben und drüben, manche gerechte und ungerechte Rede auf beiden Seiten und mancher kräftige Beschluß stammen aus dieser Zeit. Am 17. Februar erklärte das Abgeordnetenhaus mit 274 gegen 45 Stimmen die Minister für verfassungswidrige Ausgaben mit ihrer Person und ihrem Vermögen haftbar. Man riet Bismarck, seinen Grundbesitz zu retten durch Übertragung an seinen Bruder. Das widerstrebte ihm, weil es den Eindruck der Ängstlichkeit und Geldsorge gemacht hätte. Er hatte den Kampf einmal auf sich genommen und wollte ihn durchführen. Sollte das ganze Werk, das ihm vorschwebte, gelingen, so mußte er ganze Arbeit machen und die Waffen gebrauchen, wie sie für den Kampf ihm geeignet erschienen, mochten sie friedlichen Geistern auch zu scharf erscheinen und gerechtem Empfinden Bedenken erregen.

Bismarcks Kampfesstellung mußte sich noch verschärfen, da er mit seinen parlamentarischen Gegnern über eine nationale Frage ernstester Art in Widerstreit geriet. Die polnische Frage wurde brennend und goß Öl ins Feuer. Am 1. Januar 1863 brach in dem unter russischer Herrschaft stehenden Polen ein Aufstand aus. Die Polen versicherten zwar, daß dem Aufstand keinerlei weitere Absichten zugrunde lägen, als die, sich gegen die russische Knutenherrschaft zu wehren; für den, der die Geschichte der polnischen Aufstände und der polnischen Agitationen kannte, lag es auf der Hand, daß der Sieg der polnischen Revolution den Aufruhr im ganzen Umkreis des ehemaligen polnischen Staates entflammen werde. Zur eigenen Sicherung musste nach Bismarcks Meinung Preußen dem gefährdeten Nachbar hilfreiche Hand leisten. In dieser Absicht veranlaßte er eine Konvention mit Rußland, die am 8. Februar 1863 durch den General von Alvensleben in Petersburg abgeschlossen wurde. Nach dieser sollten aus Ersuchen des russischen und des preußischen Oberbefehlshabers oder der Grenzbehörden die beiderseitigen Truppenführer bevollmächtigt werden, sich gegenseitig Hilfe zu leisten und nötigenfalls auch die Grenze zu überschreiten zur Verfolgung der Rebellen, die aus dem einen Lande in das andere flüchteten. Bismarck war der Ansicht, daß es sich nicht nur um das Interesse der Ostprovinzen, sondern auch um die weitergreifende Frage handelte, ob im russischen Kabinen – und das kannte er – eine polenfreundliche oder eine antipolnische Richtung, ein Streben nach panslavistischer antideutscher Verbrüderung zwischen Russen und Polen oder eine gegenseitige Anlehnung der russischen und der preußischen Politik herrschte. Für Preußens deutsche Zukunft war die Haltung Rußlands eine Frage von hoher Bedeutung. Eine polenfreundliche Richtung der russischen Politik mußte die seit dem Pariser Frieden (1856) und schon in den zwanziger Jahren angestrebte russisch-französische Fühlung beleben; ein solches Bündnis hätte Preußen in die schwierigste Lage gebracht. Dieses hatte ein Interesse daran, die im russischen Kabinett tatsächlich vorhandenen polnischen Sympathien zu bekämpfen. Polens Feindschaft war damit unwirksam gemacht, Rußlands Freundschaft für eine Zukunft, in welcher Preußen der Rückendeckung bedurfte, gesichert. Die Konvention war ein gelungener Schachzug, der die Partie entschied, die innerhalb des russischen Kabinetts der antipolnisch-monarchische und der polonisierende panslavistische Einfluß gegeneinander spielten.

Die Liberalen stimmten mit Bismarck auch in dieser Frage nicht überein. Ein Sturm der Entrüstung brach los. Für die Polen zu schwärmen war in jenen und in den fünfziger und vierziger Jahren des deutschen Philisters Lust gewesen. Wer in jene Zeiten zurückdenken kann, wird sich erinnern, daß selbst des väterlichen Hauses Köchin bei ihrer Tätigkeit Holteis Lied Der alte Feldherr: „Denkst du daran, mein tapferer Lagienka", zu singen pflegte. Die früheren Zeiten hatte man damals vergessen, da auf den durch deutsche Kultur zu Zivilisation und Wohlstand gebrachten Ostmarken die polnische Herrschaft mit schwerem Drucke lastete, und da ein brandenburgischer Kurfürst in jenen Gebieten das deutsche Schwert wieder zu Ehren und Geltung brachte. Unpolitische Gefühlsseligkeit bewegte die Liberalen, da jede Einbuße Rußlands als ein Schritt zum Siege des Liberalismus angesehen wurde. So wurde denn Bismarcks Politik verurteilt und bekämpft als eine Schmach und eine Versündigung am Geiste der Menschlichkeit und als eine Art von preußischer Vasallenherrschaft gegenüber Rußland. Im Februar brach auch dieser Sturm gegen Bismarck los; auch ihm wusste er stand zu halten, indem er betonte, daß der unbestrittene Zweck der Bewegung die Herstellung eines unabhängigen polnischen Reiches sei, daß über die Bestrebungen, auch auf preußischem Gebiete den Aufstand vorzubereiten, amtliche Anzeigen vorlägen und daß die Sicherheit des preußischen Staates gefährdet sei. Als aber der Abgeordnete Waldeck von Gendarmendiensten sprach, die Preußen Rußland leiste und die jedem Preußen die Schamröte ins Gesicht treibe, und daß solche Politik nicht der Ehre Preußens entspreche, da entgegnete Bismarck: „Ich glaube, für die Ehre Preußens mindestens genau so viel Sinn zu haben, wie der Abgeordnete Waldeck, und glaube dies durch mein Verhalten in der Gegenwart, durch mein Verhalten in der Vergangenheit in reichem Maße betätigt zu haben." Und dem Abgeordneten Virchow, der geraten hatte, man solle statt militärisch zu intervenieren, lieber die russische Regierung zu einer anderen Regierungsweise in Polen bewegen, erwiderte er unter großer und anhaltender Heiterkeit: „Ich muß darauf aufmerksam machen, daß dergleichen Ratschläge an fremde Regierungen, wie sie im Inneren zu regieren haben, immer etwas Mißliches haben, weil sie sehr leicht zur Gegenseitigkeit führen." Befremdlich aber fand er es, daß die Interpellation der polnischen Fraktion von deutschen Abgeordneten mitunterzeichnet war. Diesen Abgeordneten warf er die Worte ins Gewissen: „Die Neigung, sich für fremde Nationalitäten und Rationalbestrebungen zu begeistern, auch dann, wenn dieselben nur auf Kosten des eignen Vaterlandes verwirklicht werden können, ist eine politische Krankheitsform, deren geographische Verbreitung sich auf Deutschland leider beschränkt." Mit gutem Gewissen aber schloß er zum Schutze eigener Politik unter anhaltender Unruhe und Bewegung des Hauses: „Wir fühlen uns stark in der Überzeugung, die Pflicht erfüllt zu haben, die uns durch die Wahrung der Interessen des Landes auferlegt war, und diese Überzeugung wird dadurch nicht geschwächt werden, wenn Sie uns durch die Annahme Ihres Antrages in die Lage versetzen, vor dem Lande Akt davon zu nehmen, daß Sie Partei ergreifen für die polnische Insurrektion."

So wußte er sich zu wehren mit Worten, die im Kampfe wie Funken dem Stein entsprangen, den man mit Eisen schlägt, und diese Worte wirkten wie preußische Kriegerschwerter, deren Klingen hell in der Sonne blitzen, nicht nur auf die Vertreter des eigenen Volkes, sondern auch auf fremde Diplomaten, die alter Gewohnheit gemäß sich in preußische Dinge mischten. Österreich zunächst freute sich über das scharfe Urteil, das überall gegen Preußen laut wurde. Napoleon sprach sich dem preußischen Gesandten gegenüber sehr ungnädig aus. Als aber der britische Botschafter in Berlin, Sir Andrew Buchanan, Bismarck zur Rede zu stellen suchte und sagte, Europa werde es nicht dulden, daß die Konvention zur Ausführung gelange und preußische Truppen die Grenze überschreiten würden, um Rußland zu helfen, bewahrte Bismarck dem hitzigen Lord gegenüber seine volle Ruhe, indem er kurz fragte: „Wer ist Europa?" Und als der Engländer, schon etwas abgekühlt, sagte: „Verschiedene große Nationen," fragte Bismarck weiter: „Sind sie bereits darüber einig?" Mit diesen schlagfertigen Fragen war der Botschafter auf den Sand gesetzt und England zurückgewiesen. Europa imponierte Bismarck seit den großen Krisen von 1854 und 1859 schon längst nicht mehr.

Außer der polnischen Frage wetterleuchtete auch schon die schleswig-holsteinische in diese Session des Abgeordnetenhauses hinein. Der König Friedrich VII. von Dänemark verstieß mit seinen Maßnahmen in Holstein wider die Vereinbarungen mit den deutschen Mächten vom Jahre 1852, indem er Holstein eine neue Verfassung aufzwang, durch die er ihm Gelder und Rechte entzog, worauf es Anspruch hatte. Dagegen legten Österreich und Preußen Verwahrung ein; von dieser gab Bismarck am 17. April auf eine Anfrage des Abgeordneten Twesten dem Abgeordnetenhause Kenntnis. Einer Äußerung des Abgeordneten, daß Dänemark sich beruhigen könne, da es bei den nach außen und innen zerrütteten Verhältnissen Preußens von diesem keinen Krieg werde zu befürchten haben, setzte Bismarck die Worte entgegen: „Zum Glück ist man im Auslande nicht ebenso leichtgläubig, und ich kann Sie und das Ausland versichern, wenn wir es für nötig finden, Krieg zu führen, so werden wir ihn führen mit oder ohne Ihr Gutheißen." Daß genau nach einem Jahre Preußen am Vorabend seines ersten Schlachtensieges stehen sollte, ahnte damals niemand; wohl aber wußte der, der die Kriegsprophezeiung gesprochen, was er wollte. Die an dramatischen Momenten reiche Wintersession des Landtags sollte noch in besonders starken Gegensätzen erfolglos geschlossen werden. Am 11. Mai mußte der Kriegsminister von Roon heftige Vorwürfe, wie die, er habe Unfrieden ins Land geschleudert, als „eine unberechtigte Anmaßung" zurückweisen. Er wurde vom Vizepräsidenten von Bockum-Dolffs unterbrochen, ließ sich das nicht bieten und blieb bis zum Äußersten aus seinem Recht bestehen. Der Vizepräsident vertagte die Verhandlungen auf eine Stunde, indem er sein Haupt bedeckte. Als die Sitzung wieder eröffnet wurde, nahmen die Minister nicht teil. Noch an demselben Tage ging dem Präsidenten ein Schreiben des Gesamtministeriums zu, worin es über die Beschränkung des ihm von der Verfassung gewährten Rechts, jederzeit das Wort zu ergreifen, Klage führte und Genugtuung forderte; es machte seine Teilnahme an den Sitzungen von der Erklärung des Präsidiums abhängig, daß eine Wiederholung jenes Verfahrens nicht in Aussicht stände. Auf eine sehr vorsichtig abgefaßte Erklärung der Kammer, welche die Frage der Disziplinargewalt über die Minister umging, kam ein zweites Schreiben des Ministeriums, worin der Protest wiederholt wurde und die Forderung einer ausdrücklichen Erklärung, daß eine Beschränkung der Minister durch den Präsidenten ausgeschlossen sei. Der König trat in einer besonderen von allen Ministern gegengezeichneten Botschaft für seine Räte ein. Die Kammer schob, von der Linken beherrscht, in einer Adresse an den König alle Schuld den Ministern zu und erhob sich zu dem Vorwurf: durch ihre Politik nach außen, durch ihr verfassungswidriges Verfahren im Innern hätten sie das Vertrauen der Völker und Regierungen verscherzt. Sie selbst hätten im Hause der Abgeordneten aussprechen müssen, daß Preußen Feinde ringsum habe; daß ihm überall kriegerische Verwicklungen drohten. Preußen stehe fast allein in Deutschland, ja in Europa. Nunmehr erfolgte der entscheidende Schlag; mit allen Zeichen königlicher Ungnade wurde die Session geschlossen. Den vorwurfsvollen Ton vermied aber die Schlußrede, die mit den Worten endigte: „Die Regierung Seiner Majestät erkennt den vollen Ernst ihrer Aufgabe und die Größe der Schwierigkeiten, welche ihr entgegentreten; sie fühlt sich aber stark in dem Bewußtsein, daß es die Bewahrung der wichtigsten Güter des Vaterlandes gilt, und wird daher auch das Vertrauen festhalten, daß eine besonnene Würdigung dieser Interessen schließlich zu einer dauernden Verständigung mit der Landesvertretung führen und eine gedeihliche Entwicklung unseres Verfassungslebens ermöglichen werde." Mit einem schrillen Missklang schloß der Landtag. Das Wort: „Preußen hat Feinde ringsum" fand in verstärktem Maße auf den König und sein Ministerium Anwendung; sie hatten auch die größte Zahl der Vertreter des Volks als Feinde sich gegenüber. An Versöhnung war nicht zu denken. Zu diesen Gegnern trat im Sommer des Jahres auch der Erbe der Krone. Den

Anlaß boten die scharfen Maßregeln, die als Antwort auf die Herausforderungen des Abgeordnetenhauses erfolgten.

Am 1. Juni wurde auf Bismarcks Antrag durch eine Verordnung die Pressefreiheit so gut wie aufgehoben. Es sollten Zeitungen, deren Bestreben dahin ginge, die Einrichtungen des Staates, die öffentlichen Behörden und deren Anordnungen dem Haß und der Verachtung auszusetzen, zunächst zweimal verwarnt, wenn dies nicht helfe, zeitweise oder dauernd verboten werden. Es erhob sich ein Sturm der Entrüstung im ganzen liberalen Lager. Nun konnte eine Sache, die dem Recht nach nur gesetzlich geregelt werden durfte, auf eine Ministerialverfügung hin erledigt werden. Jede Opposition war so gut wie unmöglich gemacht. Neben diesen „Preßordonnanzen", wie man die Verfügung nicht ohne guten Grund nannte, kam es zu Maßregelungen der Beamten seitens der Minister des Innern, des Grafen Friedrich von Eulenburg, und der Justiz, des Grafen zur Lippe. Strafversetzung, Versagung von Alterszulagen und andere Maßnahmen suchten die Beamten, besonders die zahlreichen Kreisrichter und Verwaltungsbeamten, gefügig zu machen und zum Schweigen zu zwingen. Heute, wo die Leidenschaften, von denen jene Zeit tief erregt war, nicht mehr toben, kann man sich solche Gewaltmaßregeln nur aus dem Kampf erklären, der Waffen, und seien sie noch so scharf, nimmt, wo er sie nur finden kann. Zudem beherrschte Bismarck in jener Zeit eine gründliche Verachtung seiner Gegner. Intime Äußerungen sagen uns das. An demselben Tage (17. April), als er das Ausland und die Abgeordneten versicherte, daß Preußen den Krieg nicht fürchte, schrieb er seinem Freunde Motley einen Brief, in welchem es also heißt: „Ich habe niemals geglaubt, daß ich in meinen reifen Jahren genötigt sein würde, ein so unwürdiges Gewerbe, wie das eines parlamentarischen Ministers, zu betreiben. Als Gesandter hatte ich, obschon Beamter, doch das Gefühl, ein Gentleman zu sein. Als Minister ist man Helot. Ich bin heruntergekommen und weiß doch selber nicht wie. – April 18. Soweit schrieb ich gestern ... Heute früh kaum gefrühstückt, da saß mir Károlyi schon gegenüber; ihn lösten ohne Unterbrechung Dänemark, England, Portugal, Rußland, Frankreich ab, dessen Botschafter ich um ein Uhr darauf aufmerksam machte, daß es für mich Zeit sei, in das Haus der Phrasen zu gehen. In diesem sitze ich nun wieder, höre die Leute Unsinn reden, und beendige meinen Brief; die Leute sind alle darüber einig, unsere Verträge mit Belgien gutzuheißen, und doch sprechen zwanzig Redner, schelten einander mit der größten Heftigkeit, als ob jeder den andern umbringen wollte; sie sind über die Motive nicht einig, aus denen sie übereinstimmen, darum der Zank; echt deutsch, leider, Streit um des Kaisers Bart; *querelle* d'Allemand; etwas davon habt Ihr *Anglo-Saxon Yankees* auch. ... Eure Gefechte sind blutig, unsere geschwätzig; diese Schwätzer können Deutschland wirklich nicht regiren, ich muß dem Widerstand leisten, sie haben zu wenig Witz und zu viel Behagen, dumm und dreist. Dumm in seiner Allgemeinheit ist nicht der richtige Ausdruck; die Leute sind, einzeln betrachtet, zum Theil recht gescheit, meist unterrichtet, regelrechte deutsche Universitätsbildung, aber von der Politik über die Kirchthurmsinteressen hinaus wissen sie so wenig, als wir Studenten davon wußten, ja noch weniger, in auswärtiger Politik sind sie auch einzeln genommen Kinder; in allen übrigen Fragen aber werden sie kindisch, sobald sie *in corpore* zusammentreten, massenweise dumm, einzeln verständig." Also wie Schiller dachte Bismarck:

> Jeder, sieht man ihn einzeln, ist leidlich klug und verständig;
> Sind sie in corpore, gleich wird euch ein Dummkopf daraus.

Und wie Schiller dachte er, daß im Vaterlande die starken Wurzeln seiner Kraft seien und daß der Starke am mächtigsten allein sei; daß er aus der Gemeinschaft solcher Männer, wie er sie schildert, keine Kraft zum Handeln schöpfen könne. Nur kämpfen konnte er mit ihnen.

Daß in diesem Kampf der Erbe der Krone zu den Gegnern trat, schlug dem Könige eine tiefe Wunde. Am 31. Mai reiste der Kronprinz zu einer militärischen Inspektion nach der Provinz Preußen ab, nachdem er den König noch schriftlich gebeten, eine Verfügung ohne den Landtag zu vermeiden. Am 2. Juni folgte ihm seine Gemahlin. Die königliche Verordnung war inzwischen bekannt geworden. Am 4. Juni richtete der Kronprinz an seinen Vater ein Schreiben, in welchem er sich mißbilligend über die Presseverordnung aussprach, sich beschwerte, daß er nicht zugezogen sei und sich über die Pflichten äußerte, die ihm nach seiner Meinung als dem Thronfolger oblägen. Am 5. Juni antwortete der Kronprinz in Danzig auf eine Begrüßungsrede des Oberbürgermeisters von Winter. In dieser Antwort hieß es: „Auch ich beklage, daß ich in einer Zeit hergekommen bin, in welcher zwischen Regierung und Volk ein Zerwürfnis eingetreten ist, welches zu erfahren mich in hohem Grade überrascht hat. Ich habe von den Anordnungen, die dazu geführt haben, nichts gewußt. Ich war abwesend. Ich habe keinen Teil an den Ratschlägen gehabt, die dazu geführt haben. Aber wir alle und ich am meisten, der ich die edlen und landesväterlichen Intentionen und hochherzigen Gesinnungen Seiner Majestät des Königs am besten kenne, wir alle haben die Zuversicht, daß Preußen unter dem Zepter Seiner Majestät des Königs der Größe sicher entgegengeht, die ihm die Vorsehung bestimmt hat."

Die Worte des Kronprinzen machten im In- und Auslande gewaltiges Aufsehen. Am 7. Juni erfolgte eine sehr ernste Zurechtweisung des Vaters. Daraufhin bat der Kronprinz den König um Verzeihung wegen eines Schrittes, den er um seiner und seiner Zukunft willen habe tun müssen; er bat um Entschuldigung, wenn er gefehlt habe, schloß aber: „Ich werde mit demselben Mute für meine Überzeugung eintreten, wie Du für die Deine. Ich kann nichts zurücknehmen, werde aber schweigen." Der König war noch heftig erregt. Bismarck aber tat alles, um zu verhindern, daß er dieser Erregung durch offene Maßregelung Folge gebe; vor allem hielt er ihn von Schritten ab, die an Friedrich Wilhelm I. und Küstrin erinnert hätten, indem er darauf hinwies, daß in diesem Konflikte die Sympathien der Zeitgenossen und der Nachwelt dem großen Sohne gehört hätten und es nicht ratsam sei, den Kronprinzen zum Märtyrer zu machen. „Verfahren Sie fein säuberlich mit dem Knaben Absalom" sagte Bismarck unter Hinweis auf die Bibelstelle (Sam.2, 15, 3 u. 4), die Geistliche des Landes schon zum Predigttexte gewählt hatten. Es gelang ihm – auch die Königin übte ihren Einfluß aus –, den König zu besänftigen, am 11. gewährte dieser dem Sohne Verzeihung, überging die Beschwerden und machte ihm Schweigen zur Pflicht.

Die Angelegenheit hatte noch ein unerquickliches Nachspiel. Zunächst nahm sich ihrer in indiskretester Weise die Times an; es wurde klar, daß weibliche Einflüsse auf den Kronprinzen eingewirkt hatten. Dann aber erhielt Bismarck ein aus Stettin datiertes Schreiben vom Kronprinzen, das seine Politik in starken Ausdrücken verurteilte. Sie sei ohne Wohlwollen und Achtung für das Volk und stütze sich auf sehr zweifelhafte Auslegungen der Verfassung; er werde den König bitten, sich, so lange das Ministerium im Amte sei, der Teilnahme an den Sitzungen enthalten zu dürfen. Das Schreiben schloß mit den Worten: „Sie werden so lange an der Verfassung deuten, bis dieselbe ihren Werth in den Augen des Volkes verliert. Sie werden dadurch einerseits anarchische Bestrebungen, die über die Verfassung hinausgehen, wachrufen. Sie werden andrerseits, mögen Sie es wollen oder nicht, von einer gewagten Interpretation zur anderen, bis zu dem Anrathen des nackten unverschleierten Verfassungsbruchs getrieben werden. Diejenigen, welche Seine Majestät den König, meinen allergnädigsten Herrn Vater, auf solche Wege führen, betrachte ich als die allergefährlichsten Rathgeber für Krone und Vaterland."

Zu den letzten Worten hat Bismarck in dem Original die Randbemerkung gesetzt: „Ich nicht" und „Leicht fertig ist die Jugend mit dem Worte."

Bismarck antwortete am 10. Juli in voller Ruhe; eines Eingehens auf die Urteile enthält er sich in Ehrerbietung; die Frage könne beim Könige ohne Beeinträchtigung der nötigen Schonung nicht zur Sprache gebracht werden. Daraufhin ersuchte der Kronprinz Bismarck auf das Entschiedenste, dem Könige keine Mitteilung zu machen; er werde selber zu gelegener Zeit mit dem Könige sprechen. Wie tief ergriffen dieser war, erfahren wir aus einem Briefe Bismarcks an seine Frau vom 22. Juli aus Salzburg: „Dem Könige geht es gut, doch nagt ihm die kronprinzliche Geschichte am Herzen. Seit dem Tage als ich Carlsbad verließ, und wo ihm durch Zufall eine Zeitung mit den Dingen die wir ihm sorgfältig verborgen hatten, in die Hände gerathen ist, scheint die gute Laune fort; er ist still und in sich gekehrt, forcirt sich heiter zu sein! Es thut einem das Herz weh ihn zu sehen wie er sein Gefühl niederkämpft, aber die Einsamkeit liebt."

Im August lenkte der Kronprinz ein und besuchte Bismarck in Gastein; doch im September schlug die Stimmung wieder um, als der König angeordnet hatte, daß der Sohn an den Sitzungen des Staatsministeriums teilnehmen solle. Dann verlief die Sache sich in umfangreiche Schriftstücke und schließlich im Sande.

Fragen, die von weltgeschichtlicher Bedeutung werden sollten, drängten zur Entscheidung. Starkes Wetterleuchten zog die Blicke der politisch interessierten Welt dem aufsteigenden Gewitter zu.

Das Machtverhältnis Österreichs und Preußens innerhalb des deutschen Bundes bedurfte endgültiger Erledigung. Aufzuschieben war diese Frage nicht mehr. Das hatte Bismarck bei den schweren europäischen Krisen von 1854 und 1859 klar erkannt. Und wo bei ihm klare Erkenntnis herrschte, da setzte sein Wille zur Tat ein. Anfang Dezember 1862 hatte er bereits dem österreichischen Botschafter Grafen Károlyi gegenüber mit offenen Karten gespielt. Er hatte ihm gesagt: „Unsere Beziehungen müssen entweder besser oder schlechter werden, als sie sind. Ich bin bereit zu einem gemeinschaftlichen Versuche, sie besser zu machen. Mißlingt derselbe durch Östreichs Weigerung, so rechnen Sie nicht darauf, daß wir uns durch bundesfreundliche Redensarten werden fesseln lassen. Sie werden mit uns als europäische Großmacht zu tun bekommen; die Paragraphen der Wiener Schlußakte [vom 8. Juni 1815, durch welche der deutsche Bund errichtet war] haben nicht die Kraft, die Entwicklung der deutschen Geschichte zu hemmen."

Das hatte nicht viel genutzt. In Wien hatte man seit den Olmützer und Dresdener Verhandlungen der Jahre 1850 und 1851, welche ohne Ergebnis blieben und den alten Deutschen Bund wieder herstellten, und seit den Tagen Schwarzenbergs, der die krasse Vorherrschaft Österreichs vertrat, eine irrige Ansicht gewonnen. Man hatte sich gewöhnt, Preußen für schwächer und furchtsamer zu halten, als es zu sein brauchte. Es war Torheit, mit dieser alten preußischen Schüchternheit noch im Beginne der sechziger Jahre zu rechnen, seitdem Wilhelm I. den Thron bestiegen hatte und Bismarck sein Minister war. Friedrich Wilhelm IV. hätte sich ja schwerlich zum Kriege entschlossen. Auch bei Wilhelm I. war die Abneigung, mit den väterlichen Traditionen von 1813 bis 1815 und mit den Familienbeziehungen – Kaiser Franz Josef war ein Neffe der Königin Elisabeth – zu brechen, ebenso stark wie bei seinem Bruder. Aber wenn Empfindlichkeiten wachgerufen wurden, die aus seiner Offiziersehre und seinem monarchischen Bewußtsein hervorgingen, so war Bismarck sicher, von ihm in keiner Gefahr im Stiche gelassen zu werden. Mit diesem Wechsel der Dinge rechnete man in Österreich nicht und vertraute zuviel auf die Macht der augenblicklichen öffentlichen Meinung, wie sie durch Presseagenten und Presseunterstützungen geschickt beeinflußt wurde.

Außerdem überschätzte man damals, wie alle Welt es tat, eingeschlossen die Linke des Abgeordnetenhauses, den inneren Konflikt und dessen abschwächende Wirkung auf Preußens auswärtige Politik und militärische Leistungsfähigkeit. Auch in Preußen war die Abneigung gegen den Krieg weitverbreitet, sogar in den höfischen Kreisen war sie noch im Anfange des Kriegs von 1866 sogar in allerhand diplomatischen Zettelungen tätig, denen der Hausminister von Schleinitz, der frühere Minister des Auswärtigen, nahe stand, aber in die preußischen Regimenter und deren Feuergefecht auf dem Schlachtfelde reichte sie nicht hinein.– Hätte man sich in Österreich entgegenkommender gezeigt, eine gemeinsame Politik wäre möglich gewesen, und Bismarck hat sie auch versucht. Zweifelhaft wäre es immer geblieben, ob diese Politik von Dauer gewesen wäre; denn der Glaube an Österreichs militärische Überlegenheit war dort und in den Mittelstaaten zu stark eingewurzelt; Preußen wäre bei friedlicher Lösung stets der geringeren Einschätzung ausgesetzt geblieben.

Es wurde nun überhaupt nicht vor eine Wahl gestellt; Österreich ging über die Anregung von 1862 zur Tagesordnung über mit dem geradezu entgegengesetzten Vorstoß zur Berufung des Frankfurter Fürstentages, durch die König Wilhelm im Anfang August in Gastein überrascht wurde: der Zerklüftung und Zerfahrenheit Deutschlands wollte es ein Ende machen durch Schaffung eines Bundesdirektoriums und eines Parlaments aus Abgeordneten der einzelnen Landtage; ein Parlament aber aus direkten Wahlen lehnte es ab.

Bevor Bismarck den König gesprochen, hatte schon eine Unterredung zwischen diesem und dem Kaiser Franz Josef in Gastein stattgefunden. König Wilhelm nahm zunächst keinen Anstoß daran, daß diese Einladung „mit kurzer Verfallfrist *(à courte échéance)*" wie der Versuch einer Überrumpelung aussah. Der Vorschlag gefiel ihm wohl auch wegen der darin liegenden Aussicht auf fürstliche Gemeinsamkeit, die gewahrt werden sollte durch häufige Zusammenkünfte, und wegen des damit verbundenen Zurückdrängens des parlamentarischen Einflusses, den der König zurzeit sehr drückend empfand. Auch die Königinwitwe Elisabeth stand dem ganzen Plane von vornherein freundlich gegenüber; als der König auf der Reise von Gastein nach Baden-Baden sie in Wildbad im württembergischen Schwarzwalde begrüßte, drang sie in Bismarck, doch mit dem König nach Frankfurt zu gehen. Bismarck antwortete: „Wenn der König sich nicht anders entschließt, so werde ich hingehen und dort seine Geschäfte machen, aber nicht als Minister nach Berlin zurückkehren". Daraufhin hörte die Königin auf, Bismarcks Auffassung beim Könige zu bekämpfen.

Was Bismarck bewog, dem König auf das Entschiedenste abzuraten, waren sehr ernste Erwägungen, die weit hinaus in Deutschlands Zukunft blickten. Wenn man nach Frankfurt gegangen wäre, um auf dem Fürstenkongreß die preußisch-österreichische Rivalität in eine gemeinsame Bekämpfung der Revolution und des Konstitutionalismus zu verwandeln, so wäre Preußen äußerlich geblieben, was es vorher war, hätte freilich unter dem österreichischen Präsidium durch bundestägliche Beschlüsse die Möglichkeit gehabt, seine Verfassung in derselben

Weise, wie Österreich, in rückschrittlicher Weise abändern zu lassen, hätte damit aber den nationaldeutschen Weg verlassen, d. h. den Weg zu einem Deutschland ohne ein starkes und selbständiges Preußen und zu einem aus direkten Wahlen hervorgehenden Parlament. Es wäre der Weg des Rückschrittes, der Reaktion gewesen; so scharf Bismarck augenblicklich auftrat gegen die heimische Opposition, den unhistorischen Gedanken, die Verfassung zu ändern, hat er keinen Augenblick gehegt; wo er nach der Meinung der Gegner gegen die Verfassung verstieß, handelte er immer in dem Bewußtsein, dass zweifelhafte Bestimmungen in der Verfassung und der Gegensatz der nicht miteinander in Einklang stehenden Paragraphen ihm das Recht gäben, zunächst zu handeln, wie er zu handeln es als vaterländische Pflicht ansah.

Es wurde Bismarck nicht leicht, den König zum Fernbleiben zu bestimmen. Auf der Fahrt von Gastein nach Baden-Baden glaubte er ihn überzeugt zu haben. Da kam in Baden-Baden ein neuer Ansturm auf den Monarchen. Der alte König Johann von Sachsen erneuerte am 19. August im Auftrage aller Fürsten die Einladung nach Frankfurt. Diesem Schachzuge zu widerstehen kostete den König große Überwindung. „Dreißig regierende Herren und ein König als Kurier!" wiederholte er mehrmals; und dabei liebte und verehrte er den feinsinnigen und klugen sächsischen König mehr als irgend jemanden unter den Fürsten. Es war keine leichte Arbeit, die Bismarck an diesem Tage hatte, erst um Mitternacht gelang es ihm, die Unterschrift des Königs an den König von Sachsen zu erhalten. Als er seinen Herrn verließ, waren beide infolge der nervösen Spannung der aufregenden Entscheidungsstunden krankhaft erschöpft. Die sofortige mündliche Mitteilung an den sächsischen Minister von Beust, den schärfsten Gegner preußischer Führung im Bunde, trug auch den Stempel tiefer Erregung an sich. Von Bismarck erzählt man, er habe, nachdem er „im Schweiße seines Angesichts" seinem Herrn die Absage zum Fürstentage abgerungen, ein Service von Gläsern zerschlagen, um seiner Erregung Luft zu machen und dann dem Adjutanten gesagt: „Jetzt ist mir wieder wohl." Jedenfalls war damit die Krisis überwunden. Der König von

Sachsen reiste ab, ohne, wie Bismarck befürchtet hatte, den König nochmals aufzusuchen.

Wie Bismarck über den Fürstentag dachte, sagt ein Schreiben aus dem Monat August an den preußischen Bundestagsgesandten in Frankfurt: „Ich betrachte das östreichische Reformprojekt als eine Schaumwelle, mit welcher Ministerpräsident Schmerling mehr noch ein Manöver der inneren östreichischen Politik, als einen Schachzug antipreußischer Diplomatie beabsichtigt. Er arrangirt dem Kaiser eine glänzende Geburtstagsfeier mit weißgekleideten Fürsten und fingirt ihm Erfolge der konstitutionellen Ära Östreichs. Von dem Dampf der Phrasen entkleidet, ist des Pudels Kern ein so dürftiger, daß man dem Volke lieber nicht practisch vordemonstriren sollte, wie nicht einmal das zu Stande kommt. Einen Einfluß auf die Verhandlungen zu erhalten, empfiehlt sich jetzt noch nicht; wir müssen die Weisheit der Reformen sich erst ungestört offenbaren lassen."

Und diese Weisheit war dann auch nicht weit her. Der Fürstentag wurde am 16. August eröffnet. Noch einmal strömten in der alten Kaiserstadt fast alle deutschen Fürsten zusammen. Festesjubel durchtönte die Straßen; glanzvolle Ausfahrten erfreuten das Auge der Frankfurter, die von jeher schaulustig gewesen. Aber König Wilhelm fehlte, „weil er seine Entschließungen erst feststellen könne, wenn durch geschäftsmäßige Bearbeitung der Angelegenheiten seitens seiner Räte die zu erörternden Abänderungen der Bundesverfassung in ihrem Verhältnisse zu der berechtigten Machtstellung Preußens und zu den berechtigten Interessen der Nation geprüft sein würden." Preußen hatte seinerseits bereits am 22. Januar 1863 eine aus direkten und allgemeinen Wahlen hervorgehende Volksvertretung und Beteiligung dieser an der Gesetzgebung gefordert.

Unter dem Vorbehalt, daß die Beschlüsse erst bindend sein sollten, wenn Preußen für die neue Verfassung gewonnen sei, unterzeichneten vierundzwanzig deutsche Fürsten die Reformakte. Bismarck erklärte dazu, „es entspreche nicht der Würde seines Monarchen, Vorschläge entgegenzunehmen, über die dieser vorher nicht gehört worden sei."

Das preußische Staatsministerium sprach sich in einem Gutachten gegen die Reformakte aus und forderte noch einmal eine aus direkter Beteiligung der ganzen Nation hervorgehende Nationalversammlung.

König Wilhelm, dem es anfangs schwer geworden, den Kongreß nicht zu besuchen, hielt jetzt fest und treu zu dem Manne, der sein erstes Meisterstück gemacht hatte. Denn das war es. Nicht Österreich, sondern Preußen hatte zu Frankfurt einen vollen Sieg errungen. Der Erfolg war bald nach allen Seiten hin sichtbar. Als der König auf der Rückreise von Baden-Baden (31. August) nach Berlin so nahe an Frankfurt vorüberfuhr, daß sein entschlossener Wille, sich nicht zu beteiligen, aufs klarste zutage trat, da wurden die meisten, jedenfalls die mächtigeren deutschen Fürsten von Unbehagen erfasst bei dem Gedanken an den Reformentwurf, der sie, wenn Preußen fern blieb, Österreich auslieferte in einem Verbande, in dem sie nicht, wie bisher, durch die Rivalität der beiden Großmächte gedeckt waren. Das Wiener Kabinett hatte gehofft, die übrigen Bundesfürsten würden auch ohne Preußen zu ihm stehen. Diese aber wollten an Österreich gegen Preußen und an Preußen gegen Österreich eine Stütze haben und als eigentliches inneres „Deutschland" ein „Schiedsamt" zwischen den Großmächten ausüben, Deutschland würde also zum Sklaven des ganzen mittelstaatlichen Elends, der sogenannten „Bamberger" und „Würzburger" geworden sein; und als Häuptling dieser Bamberger wäre Graf Beust gerade der rechte Mann gewesen. Die deutsche Trias – Österreich, Preußen, die Mittelstaaten – war dieser Leute Ideal. Mit diesem war's vorläufig zu Ende.

Die vorgeschlagene Organisation des Bundes lehnte Preußen ab. Am 15. September erstattete das Staatsministerium an den König Bericht, in dem die Gedanken aus Bismarcks Badener Denkschrift aus dem Jahre 1861 wiederkehrten. Sie liefen darauf hinaus, daß die Frankfurter Vorschläge die wahren Bedürfnisse und Interessen der deutschen Nation nicht berücksichtigten, sondern partikularistischen Bestrebungen dienten; es müßten andere Grundlagen auf dem Wege von Ministerkonferenzen gesucht werden. Volle Parität Österreichs und Preußens sei Vorbedingung; ebenso ein Vetorecht Preußens gegen Kriegserklärung; die Berufung „einer wahren, aus direkter Beteiligung der ganzen Nation hervorgehenden Nationalversammlung müßten den Grundpfeiler der zukünftigen Verfassung des Bundes bilden. – Dieser Bericht wurde an die Bundesregierungen gesandt und in den Zeitungen veröffentlicht. Er atmete Kraft, jedes Wort war wohlerwogen und wahrte Preußens künftige Machtstellung im Bunde. Die Gedanken fanden Widerhall in Abgeordnetenkreisen, von denen schon im August dreihundert in Frankfurt unter Bennigsens Führung sich versammelt hatten und im Einklang mit dem allgemein verhaßten Bismarck für die direkte Nationalvertretung als unerläßliche Vorbedingung eintraten.

Am 21. Oktober versammelten sich in Nürnberg die Minister von elf der dreiundzwanzig Staaten, die in Frankfurt getagt hatten, unter des Grafen von Rechberg Vorsitz und des sächsischen Ministers von Beust kräftiger Unterstützung und verwarfen die preußischen Bedingungen und besonders das direkt gewählte Parlament als unannehmbar. Für einen besondern Bund unter Österreich war aber ebenfalls gar keine Stimmung vorhanden. Österreichs Vasallen zu werden, hatten die Mittelstaaten keine Neigung. Darob war Graf von Rechberg erzürnt und er wies darauf hin, daß der Weg nach Berlin für Österreich nicht weiter und nicht schwieriger sei als für die Mittelstaaten. Preußen wurde damit zur umworbenen Braut, die jeder der beiden Bewerber heimzuführen hoffte.

Daß Österreich auch den Beziehungen Preußens zu Frankreich einen großen Dienst geleistet hatte, fiel als wertvolle Nebenfrucht noch ab. Graf Goltz, der preußische Gesandte in Paris, berichtete an Bismarck, er sei mit Cäsar ein Herz und eine Seele. Napoleon hoffte, Preußen, das nunmehr selbständiger als je dastand, zu seiner Verfügung zu bekommen. Von Österreich fühlte er sich verletzt, weil er es darauf hinarbeiten sah, ganz Deutschland unter sich zu vereinigen; am Rhein wären ihm damit die Traditionen des Rheinbundes zerronnen und in Italien wäre sein Einfluß durch ein mächtiges Österreich untergraben.

Er hoffte auf Preußen und auf Bismarck, der es in dieser Zeit sehr geschickt verstand, diese Hoffnungen warm zu halten.

Alle Welt empfand den Sieg; nur die preußischen Liberalen blieben in ihrer Kampfesstellung, trotzdem daß „Europa" jetzt nicht mehr so verächtlich auf Preußen schaute.

Um nun auch der preußischen Volksvertretung und ihren Wählern Gelegenheit zu geben, zu der doch wesentlich veränderten Sachlage der preußisch-nationalen Politik Stellung zu nehmen, empfahl das Staatsministerium dem Könige die Auflösung des Abgeordnetenhauses. Diese wurde vollzogen am 2. September. In dem Auflösungsvorschlage hatte das Staatsministerium – und das war Bismarck – folgendes gesagt: „Es sind auf dem Gebiete der deutschen Bundesverfassung Bestrebungen zutage getreten, deren unverkennbare Absicht es ist, dem preußischen Staate diejenige Machtstellung in Deutschland und in Europa zu verkümmern, welche das wohlerworbene Erbteil der ruhmvollen Geschichte unserer Väter bildet, und welche das preußische Volk sich nicht streitig machen zu lassen jederzeit entschlossen gewesen ist."

„Unter diesen Umständen wird es für Ew. Majestät Untertanen zugleich ein Bedürfnis sein, bei den bevorstehenden Neuwahlen der Tatsache Ausdruck zu geben, daß keine politische Meinungsverschiedenheit in unserm Lande tief genug greift, um gegenüber einem Versuche zur Beeinträchtigung der Unabhängigkeit und der Würde Preußens die Einigkeit des Volkes in sich und die unverbrüchliche Treue zu gefährden, mit welcher dasselbe seinem angestammten Herrscherhause anhängt."

Die Neuwahlen brachten keine wesentliche Veränderung. Mißtrauen und Parteifanatismus ließen keine Annäherung an die Regierung aufkommen, trotzdem diese bei der Eröffnung des Landtags sich in einer Weise vernehmen ließ, die ernste Beachtung verdient hätte: „Es ist Mein dringender Wunsch," – so lautete die Stelle in der königlichen Thronrede – „daß den zwischen Meiner Regierung und einem Teile der Landesvertretung entstandenen Zerwürfnissen ein Ende gemacht werde. Meine königliche Pflicht gebietet Mir, die Macht und die Rechte meiner Krone nicht minder wie die verfassungsmäßigen Befugnisse der Landesvertretung hochzuhalten und zu schützen." Für die schleswig-holsteinische Frage wurde Lösung in bestimmte Aussicht gestellt: „Der Deutsche Bund hat beschlossen, im Wege der Exekution diejenigen bundesrechtlichen Forderungen zur Geltung zu bringen, welchen die Regierung Seiner Majestät des Königs von Dänemark in Betreff der Herzogtümer Holstein und Lauenburg bisher nicht genügt hat oder bis zum Eintritt der Exekution nicht genügen wird. Im Falle eines den Exekutionstruppen überlegenen Widerstandes ist die Mitwirkung preußischer und österreichischer Streitkräfte in Aussicht genommen. Sollte dieser Fall eintreten und die Verwendung außerordentlicher Mittel erheischen, so wird Meine Regierung dem Landtage deshalb die erforderlichen Vorlagen machen." Die Bundesreform und der ernste Wille Preußens, sie zu fördern, wurde nachdrucksvoll betont: „Ich habe die Mängel der bestehenden Bundesverfassung niemals verkannt, aber zu ihrer Umgestaltung weder den gegenwärtigen Moment noch die eingeschlagenen Wege für richtig gewählt halten können. ... Eine Bürgschaft kann nur solchen Reformen beiwohnen, welche, in gerechter Verteilung des Einflusses nach dem Verhältnisse der Macht und der Leistungen, dem preußischen Staate die ihm in Deutschland gebührende Stellung sichern. Dies gute Recht Preußens und mit ihm die Macht und Sicherheit Deutschlands zu wahren, sehe Ich als Meine heilige Pflicht an." Auf die weltgeschichtliche Bedeutung des Augenblicks wurde nachdrücklich mit den Worten hingewiesen: „Wir stehen in einer bewegten Zeit, vielleicht an der Schwelle einer bewegteren Zukunft. Umso dringender richte Ich an Sie die Aufforderung, an die Lösung unserer inneren Fragen mit dem ernsten Willen der Verständigung heranzutreten. Das Ziel kann aber nur dann erreicht werden, wenn die für die preußische Monarchie unentbehrliche Macht des königlichen Regiments ungeschwächt erhalten wird und Ich von Ihnen bei Ausübung Ihrer verfassungsmäßigen Rechte in der Erfüllung Meiner landesherrlichen Pflichten unterstützt werde. Gemeinsam haben wir für die Ehre und das Wohl des Vaterlandes zu wirken. Dieser Aufgabe sind meine Bestrebungen unwandelbar und ausschließlich gewidmet, und in unerschüttertem Vertrauen auf die Treue Meines Volkes hoffe Ich, dieselbe so zu lösen, wie Ich es vor Gott verantworten kann."

Alle diese bedeutsamen Worte machten aber keineswegs den Eindruck auf die Versammlung, den sie auf uns heute ausüben, die wir das nationale Wollen und die nationalen Erfolge Bismarckscher Politik überschauen können. Der Abstand zwischen ihm und der Vertretung des Volkes wurde zunächst eher größer als geringer. Erst der Siegeszug der großen Gedanken Bismarcks sollte die Kluft füllen. Daß der Kampf, der im Jahre 1863 mit Bundesreform und schleswigholsteinscher Frage einsetzte, um die deutsche Einheit und Kraft ging, ahnten damals nur wenige. Bismarck erkannte das Ziel in voller Klarheit. Seine Gedanken, aus großer geschichtlicher Ahnungskraft geboten, waren des Erfolges von vornherein gewiß, und ihr Gang zur Verwirklichung sollte vom Glücke der geschichtlichen Entwicklung segensreich begünstigt werden; ein solches Glück pflegt nicht blind zu sein, wenn das Genie es lenkt, das scharf in die Zukunft zu schauen vermag, die kleinen Geistern, deren Blick durch die Grenzen der Partei beschränkt ist, verschlossen bleiben muß.

## 10. Schleswig-Holstein – das zweite Meisterstück. 1863–1865

Am 15. November 1863 starb Friedrich VII. von Dänemark kinderlos. Nach der Besiegung der Herzogtümer Ende der fünfziger Jahre war im Londoner Protokolle 1852 die schleswig-holsteinische Frage durch die Großmächte im allgemeinen dahin geregelt worden, daß der unverkürzte Bestand der dänischen Monarchie als im europäischen Interesse liegend erklärt wurde; die Erbansprüche der in Dänemark erbberechtigten weiblichen Glücksburger Linie waren auch für die Herzogtümer aufrecht erhalten, diesen blieben jedoch ausdrücklich ihre sonstigen überlieferten Rechte gesichert. Jenes Protokoll war aber weder vom Deutschen Bunde noch von den schleswig-holsteinischen Ständen anerkannt worden. Die in Schleswig-Holstein erbberechtigte männliche Augustenburgische Linie hatte zwar in der Person des Herzogs Christian August verzichtet; der Erbprinz Friedrich hatte seine Ansprüche aber aufrechterhalten. Im Jahre 1854 und 1855 erließ nun die dänische Regierung eine Gesamtverfassung für die ganze Monarchie, welche auf die Sonderrechte der Herzogtümer keine Rücksicht nahm; dieser Gewaltstreich und die Behandlung der Schleswiger, deren deutsche Nationalität man nicht schonte, veranlaßten den Bund, die dänische Gesamtverfassung für ungültig zu erklären, soweit deutsches Bundesgebiet in Frage komme.

Daraufhin wurde in Kopenhagen ein neuer Verfassungsentwurf beraten, der die Gesamtverfassung für das deutsche Bundesgebiet Holstein und Lauenburg aufhob, die alten Lasten an Geldzahlungen aber aufrecht erhielt. Dagegen legten Österreich und Preußen Verwahrung ein im April 1863, Bismarck betonte auch ausdrücklich, daß Dänemark nach dem Ergebnis der Verhandlungen von 1851/52 kein Recht zur völligen Einverleibung Schleswigs habe. Im Abgeordnetenhause kamen diese Dinge, wie wir gesehen, am 17. April zur Sprache.

Am 1. Oktober beschloß der Deutsche Bund für sein Gebiet – Holstein und Lauenburg – die Bundesexekution. Gleichwohl nahm der dänische Reichstag zwei Tage vor dem Tode Friedrichs VII. den Verfassungsentwurf an. Am 18. November erhob der neue König von Dänemark, Christian II., den Beschluß zum Gesetz. Damit war der Konflikt gegeben.

Bismarck wußte von vornherein, was er wollte. In einem Conseil sprach er sich für die Erwerbung durch Preußen aus, indem er den König erinnerte, daß jeder seiner Vorfahren für den Staat einen Zuwachs gewonnen habe, und er zählte diesen auf bis zu Hohenzollern und dem Jahdegebiet, das der friedliche Friedrich Wilhelm IV. erworben habe. Während seines Vortrags hatte Bismarck das Gefühl, als ob der König geglaubt habe, sein Minister stände unter dem bacchischen Eindruck eines Frühstücks. Der Kronprinz habe, so erzählt er, während er gesprochen, die Hände zum Himmel erhoben, als zweifle er an seinen gesunden Sinnen. Die Minister schweigen. Wenn dieses höchste Ziel nicht erreichbar war, so konnte man Bismarcks Meinung nach trotz aller Verzichtleistung der Augustenburger auf die Einsetzung dieser Dynastie und Herstellung eines neuen Mittelstaates eingehen, falls die preußischen und deutsch-nationalen Interessen sichergestellt würden durch eine Militärkonvention mit Kiel als Bundeshafen und durch den Nordostseekanal.

War auch das nicht zu erreichen; hätte die europäische Situation es verhindert, wäre Preußen durch alle Großmächte, Österreich eingeschlossen, isoliert worden, dann stand für ihn zur Frage, auf welchem Wege für die Herzogtümer, sei es in Form einer Personalunion mit Dänemark, sei es in einer anderen Gestaltung ein vorläufiger Abschluß erreichbar blieb; eine Verbesserung der Lage der Herzogtümer müsse jedenfalls zu erreichen sein. Doch über den beiden letzten Möglichkeiten behielt er die Annexion unverrückt im Auge. Gänzlich ausgeschlossen für ihn war ein Krieg Preußens zum Zwecke der Errichtung eines neuen Großherzogtums im Bunde mit den Zeitungen, den Vereinen, den Freischaren und den Bundesstaaten außer Österreich und ohne die Sicherheit, daß der Bund die Sache aus jede Gefahr hin durchführe. Kindlich erschien ihm das Vertrauen der öffentlichen Meinung und maßgebender Personen auf den Beistand Englands. Schon eher glaubte er an eine französische Genossenschaft, wenn man dieser den Preis hätte zahlen wollen, den sie gekostet hätte. Aber ein Krieg gestützt auf die soeben gekennzeichneten Waffen und Genossen von 1848 hätte unten den großen Mächten nur Feinde gefunden. Sobald aber Österreich mit Preußen ging, so schwand die Möglichkeit und Gefahr eines Bündnisses der anderen Mächte.

Bismarck hatte mit seinen höchsten Zielen zunächst alles gegen sich; aber gerade in solchen Schwierigkeiten fühlte er sich wohl und zeigte er sich der Lage und den Ereignissen gewachsen.

Diese verliefen vorerst gegen ihn. Friedrich von Augustenburg machte seine Erbansprüche geltend und kam im Gefolge der Sachsen und Hannoveraner nach Holstein, wo er von der Bevölkerung jubelnd als Landesherr ausgerufen wurde. Das preußische Abgeordnetenhaus stand zu Friedrich VIII. und gegen Bismarck. Die Stimmung der Volksvertretung war umso erregter, als Bismarck sich zunächst sehr reserviert verhielt und es völlig vermied, auf die Erbfolgefrage jetzt schon einzugehen. Er erklärte es als ein Gebot der Klugheit, an Preußens Vertragstreue keinen Zweifel zu lassen und an die Bestimmungen des Londoner Vertrages sich zu halten. Die Gültigkeit des Londoner Vertrages stehe und falle mit der Erfüllung der Zusagen Dänemarks, die jenem zur Voraussetzung dienten. – Man suchte nun zunächst von Seiten der Großmächte alles zu vermeiden, was einen europäischen Krieg heraufbeschwören konnte; denn England sah mit wachsamem Auge auf die Erfüllung der Bestimmungen jenes Vertrags. Daher schieden Preußen und Österreich zunächst die Thronfolgefrage aus und betonten immer kräftiger vor allem die Regelung der Verfassung. Dieses Heranziehen Österreichs an die preußische Politik war ebenso ein Meisterstück Bismarcks, wie die Abkehr von Österreich beim Fürstentage.

Trotzdem Bismarck wiederholt erklärt hatte, Preußen werde nach Maßgabe seiner Stellung als europäische Macht und als Bundesglied sowohl für das deutsche Recht in den Herzogtümern als für das eigene Ansehen im Rate der Großmächte mit besonnener Festigkeit einstehen, und es werde kein Fuß breit deutscher Erde verloren gehen und kein Titel deutschen Rechtes geopfert werden, lehnte man gleichwohl im Abgeordnetenhause die für etwaige militärische Maßnahmen nötige Anleihe ab, beschloß aber gleichzeitig eine Adresse, worin man den König bat, sich vom Londoner Vertrage loszusagen und den Erbprinzen als Herzog anzuerkennen. Die Volksvertretung brachte also, wie Bismarck ihr am 18. Dezember vorhielt, Preußen dahin, daß es „bei ausbrechendem Kriege dem kleinen Dänemark gegenüber in der Rolle des Minderstarken erschien, und verschaffte der dänischen Landarmee eine numerische Übermacht, indem sie die Mittel verweigerte, die Armee rechtzeitig zu verstärken". Sie nahm damit sowohl vor dem Lande als vor den eigenen Wählern eine schwere Verantwortung auf sich. Diese schob Bismarck zum Glücke für Preußen und Schleswig dadurch beiseite, daß er nicht lange mehr redete, sondern zu handeln sich entschloß, erforderlichenfalls, wie er am Sylvestertage durch die Antwort des Königs auf die Adresse der Abgeordneten erklärte, mit den Waffen in der Hand.

Auf diesem mit Ruhe und Klarheit verfolgten Wege zum Ziele wurde Bismarck von dem Spott der Führer der Opposition begleitet, deren gefährlicher Irrtum, wie er ironisch sagte, es war, daß in der Politik dasjenige, was kein Verstand der Verständigen sieht, dem politischen Dilettanten durch naive Intuition offenbar werde.

In dieser naiven Intuition hatte Virchow orakelt, Bismarck habe eigentlich keine Politik, er stürme ohne Kompaß in das Meer der äußeren Verwicklungen und ihm fehle jedes leitende Prinzip; und Loewe-Bochum hatte nach seiner unzünftigen Meinung geäußert, Bismarcks Politik habe sich so erwiesen, daß er sich immer den Knüppel zwischen die Beine geworfen habe und in einem Stolpern und Stützen geblieben sei.

Es verdient Bewunderung und wirkt geradezu herzergreifend, wie solchen Angriffen gegenüber Bismarck, der kein Ziel haben sollte, ruhig und zielbewußt blieb und auch noch im eigensten diplomatischen Hause sich zur Wehr setzen mußte gegen Mitarbeiter, die ihm den besagten Knüppel zwischen die Beine zu werfen suchten.

Am Heiligen Abend sah er sich genötigt, an den Grafen von der Goltz, den Gesandten in Paris, der in der entscheidenden Tagesfrage eine der ministeriellen entgegen gesetzte Politik durch Immediatberichte an den König vertrat, ein nachdrückliches Schreiben zu richten. Als alter Führer der Bethmann-Hollwegschen Koterie besaß Graf von der Goltz einen großen Einfluß bei Hofe und war als Gegner nicht zu unterschätzen. Bismarck stellte ihm die Unmöglichkeit vor Augen, daß der König zwei auswärtige Minister habe und daß die schon übermäßige Friktion der Staatsmaschine noch dadurch gesteigert werde, dass dem Könige die entgegen gesetzte Richtung von derjenigen Politik empfohlen werde, welche dieser mit dem gesamten Ministerium selbst beschlossen und seit vier Wochen befolgt habe. Solche kreuzende Auffassung schade, weil sie Zögerungen und Unentschiedenheiten hervorrufe; nichts aber sei gefährlicher, als eine schwankende Politik. Wie wenig das bei Bismarcks Politik der Fall war, das mögen seine lapidaren Worte selber sagen, mit denen er sie in ihren Grundzügen entrollte: „Die Frage ist, ob wir eine Großmacht sind oder ein deutscher Bundesstaat, und ob wir, der ersteren Eigenschaft entsprechend, monarchisch oder, wie es in der zweiten Eigenschaft allerdings zulässig ist, durch Professoren, Kreisrichter und kleinstädtische Schwätzer zu regieren sind. Die Jagd hinter dem Phantom der Popularität ‚in Deutschland', die wir seit den vierziger Jahren betrieben, hat uns unsere Stellung in Deutschland und in Europa gekostet, und wir werden sie dadurch nicht wieder gewinnen, dass wir uns vom Strome treiben lassen in der Meinung, ihn zu lenken, sondern nur dadurch, daß wir fest auf eigenen Füßen stehen und zuerst Großmacht dann Bundesstaat sind. Das hat Österreich zu unserem Schaden stets als richtig für sich anerkannt, und es wird sich von der Komödie, die es mit deutschen Sympathien spielt, nicht aus seinen europäischen Allianzen, wenn es überhaupt solche hat, herausreißen lassen."

Und nun stellt er die österreichische und preußische Politik des letzten Jahres einander gegenüber: „Unsere von Ihnen im Frühjahr sehr lebhaft bekämpfte Politik hat sich in der polnischen Sache bewährt, die Schmerlingsche bittere Früchte für Österreich getragen. Ist es denn nicht der vollständigste Sieg, den wir erringen konnten, daß Österreich zwei Monate nach dem Reformversuch froh ist, wenn von demselben nicht mehr gesprochen wird, und mit uns identische Noten an seine früheren Freunde schreibt, mit uns seinem Schoßkinde, der Bundestagsmajorität, drohend erklärt, es werde sich nicht majorisieren lassen? Österreich hat unser Programm adoptiert, was es im Oktober vorigen Jahres öffentlich verhöhnte; es hat die preußische Allianz statt der

Würzburger (in der sich die Mittelstaaten gegen Preußen 1859 zusammenfanden) gesucht, empfängt seine Beihilfe von uns, und wenn wir ihm heute den Rücken kehren, so stürzen wir das Ministerium. Es ist noch nicht dagewesen, dass die Wiener Politik in diesem Maße *en gros et en détail* von Berlin aus geleitet wurde. Dabei sind wir von Frankreich gesucht, Fleury (der außerordentliche Gesandte Napoleons, der im Dezember 1863 in Berlin vorsprach) bietet mehr, als der König mag; unsere Stimme hat in London und Petersburg das Gewicht, was ihr seit zwanzig Jahren verloren war; und das acht Monate, nachdem Sie mir die gefährlichste Isolierung wegen unserer polnischen Politik prophezeiten. Wenn wir jetzt den Großmächten den Rücken drehen, um uns der in dem Netze der Vereinsdemokratie gefangenen Politik der Kleinstaaten in die Arme zu werfen, so wäre das die elendeste Lage, in die man die Monarchie nach innen und außen bringen könnte. Wir würden geschoben statt zu schieben; wir würden uns auf Elemente stützen, die wir nicht beherrschen und die uns notwendig feindlich sind, denen wir uns aber auf Gnade

und Ungnade zu ergeben hätten. Sie glauben, daß in der deutschen öffentlichen Meinung, Kammern, Zeitungen usw. irgendetwas steckt, was uns in einer Unions- oder Hegemoniepolitik stützen und helfen könnte. Ich halte das für einen radikalen Irrtum, für ein Phantasiegebilde. Unsere Stärkung kann nicht aus Kammern- und Pressepolitik, sondern nur aus waffenmäßiger Großmachtspolitik hervorgehen, und wir haben nicht nachhaltige Kraft genug, um sie in falscher Front und für Phrasen und Augustenburg zu verpuffen."

Von der Goltz hatte den Satz aufgestellt, Österreich und Preußen-Deutschland zusammen sollten als Staatenbund Europa trotzen. Dabei sollte Preußen in Deutschland die Hegemonie haben, was doch Österreich gutwillig nie zugegeben hätte. Auf diesen schweren Widerspruch erwidert Bismarck: „Sie sprechen von dem Staatenkomplex von siebzig Millionen mit einer Million Soldaten, der in kompakter Weise Europa trotzen soll, muthen also Österreich ein Aushalten aus Tod und Leben bei einer Politik zu, die Preußen zur Hegemonie führen soll, und trauen doch dem Staate, der fünfunddreißig dieser siebzig Millionen hat, nicht über den Weg. Ich auch nicht; aber ich finde es für jetzt richtig, Östreich bei uns zu haben; ob der Augenblick der Trennung kommt und von wem, das werden wir sehn."

Wenn der „Bierhaus-Enthusiasmus", wie Bismarck sich ausdrückte, den Herren in London und Paris imponierte, so freute ihn das; es paßte ganz in „seinen Kram"; aber deshalb imponierte er ihm noch lange nicht, weil er in dem Kampfe, der bevorstand, keinen Schuß und wenig Groschen lieferte.

Wir sehen: Gings mit Österreich und mit ehrlicher Teilung der Macht in Deutschland, Bismarck wars recht; gings nicht so, so wußte Bismarck auch, was er zu tun hatte. Er schloß seinen Brief in geradezu künstlerischer Form: „Ich kann selten so viel schreiben, wie heut in der Nacht am Heiligen Abend, wo alle Beamte beurlaubt sind, und ich würde an niemanden als Sie den vierten Theil des Briefes schreiben. Ich thue es, weil ich mich nicht entschließen kann, Ihnen amtlich und durch die Bureaus in derselben Höhe des Tones zu schreiben, bei welchem Ihre Berichte angelangt sind. Ich habe nicht die Hoffnung, Sie zu überzeugen, aber ich habe das Vertrauen zu Ihrer eigenen dienstlichen Erfahrung und zu Ihrer Unparteilichkeit, daß Sie mir zugeben werden, es kann nur Eine Politik auf einmal gemacht werden, und das muß die sein, über welche das Ministerium mit dem Könige einig ist. Wollen Sie dieselbe und das Ministerium zu werfen suchen, so müssen Sie das hier in der Kammer und in der Presse an der Spitze der Opposition unternehmen, aber nicht von Ihrer jetzigen Stellung aus; und dann muß ich mich ebenfalls an Ihren Satz halten, daß in einem Conflict des Patriotismus und der Freundschaft der Erstre entscheidet. Ich kann Sie aber versichern, daß mein Patriotismus von so starker und reiner Natur ist, daß eine Freundschaft, die neben ihm zu kurz kommt, dennoch eine sehr herzliche sein kann."

Diese Worte vom Christabend 1863, die der hohe Ton großzügiger Politik durchklingt, und die Worte vom Sylvestertage vom Handeln mit den Waffen in der Hand muß man zusammenhalten, um zu erkennen, wie gut der Kompaß war, der Bismarck in das Meer der äußeren Verwicklungen geleitete. Er beobachtete alles, was um ihn her im Weiteren und im Engeren vor sich ging; er hörte die großen Reden in Geduld an; aber, mochten sie noch so eindrucksvoll klingen, er betrachtete sie immer nur als *hors d'oevre* seiner Politik; sie waren ihm in gewissem Sinne sogar willkommen, da er seine großen Ziele hinter diese Kulisse schieben konnte; es wäre ihm vielleicht nicht gelungen, Österreichs Gefolgschaft in der schleswig-holsteinschen Frage zu erreichen, wenn man dort nicht von der vermeintlichen Zerrissenheit Preußens auf seine innere Schwäche spekuliert und Preußen als einen ungefährlichen Bundesgenossen angesehen hätte. Der Staatsmann aber, der diesen Bundesgenossen vertrat, fühlte sich nicht schwach. Das Jubeljahr, das nun zur Neige ging, gemahnte ihn an das große Erbe gesunder Hohenzollernpolitik. Den diplomatischen Aufmarsch mit Österreich hatte er bereits vollendet, jetzt schaffte er dem militärischen Aufmarsch freie Bahn. Und dabei hörte er nicht auf die leeren Phrasen des Pariser Gesandten oder auf die großen Reden selbstbewußter Parlamentarier, sondern auf das Flattern der Fahnen von Fehrbellin, auf den Trommelwirbel von Leuthen und die Kanonen vom Leipziger Schlachtfelde.

Am 16. Januar überreichten die Gesandten Preußens und Österreichs in Kopenhagen das Ultimatum ihrer Regierungen, daß binnen 48 Stunden Dänemark die Einverleibung Schleswigs in die Gesamtmonarchie rückgängig zu machen habe; beim Bunde hatten sie die Erklärung abgegeben, daß sie trotz entgegenstehenden Bundesbeschlusses die Besetzung Schleswigs in ihrer Eigenschaft als europäische Großmächte ausführen würden. Gegen dieses Vorgehen legte das preußische Abgeordnetenhaus am 21. Januar feierlichste Verwahrung ein, da die Regierung durch einen solchen Schritt Preußen von dem deutschen Bunde gerade in dem Augenblicke trenne, wo die Mehrzahl der deutschen Regierungen das Recht und das Interesse Deutschlands zu wahren bestrebt sei. Die Regierung ziehe dadurch, daß sie eine rein deutsche Sache als europäische behandle, die Einmischung des Auslandes herbei und fordere durch die angedrohte Vergewaltigung den berechtigten Widerstand der übrigen deutschen Staaten und den Bürgerkrieg in Deutschland heraus.

Bei dieser Verwahrung bekämpfte Abgeordneter Aßmann als Referent die preußische Politik, die allein durch die persönlichen Antipathien und Parteiinteressen des Ministerpräsidenten bestimmt werde. Die Gesinnung wie die Befähigung Bismarcks gebe keinen Anlaß, der weiteren Entwickelung einer als verderblich erkannten Aktion mit Zuversicht entgegenzusehen. Dabei fielen die scharfen Worte: „Mag Deutschland wissen, daß wir in dieser Frage zu ihm und nicht zu unserem Ministerium stehen, daß das preußische Volk mit der Politik dieses Ministeriums nichts gemein hat, und daß wir alle uns zuständigen Mittel anwenden werden, um dieser verwerflichen Politik entgegenzutreten. Sagen wir uns deshalb von jeder Gemeinschaft mit der Politik dieses Ministeriums los, verwahren wir uns vor jedem seiner Schritte, und geben wir dieser Verwahrung und Lossagung die erste praktische Folge durch die Verwerfung der Anleihevorlage!" Im Laufe der Debatte fügte Virchow noch hinzu, die von Bismarck vertretene Politik schädige in gewalttätiger und verderblicher Weise die heiligsten Interessen Preußens und Deutschlands. Der Ministerpräsident sei jetzt nicht mehr der Mann, wie er hier eingetreten sei mit dem Gefühle, er werde durch eine energische äußere Politik etwas ausrichten. Er sei jetzt dem Bösen verfallen, und er werde von ihm nicht wieder loskommen!

Bismarck erwiderte in längerer, sehr vorsichtiger Rede, in der er sein letztes Ziel, die Annexion Schleswigs, nicht enthüllen konnte, aber schon andeutete, wohin die „verderbliche" preußische Politik des Weges ging. Gegen die Einwürfe und Vorwürfe der Abgeordneten ließ er seiner Schlagfertigkeit und seinem Humor freien Lauf. Einiger dieser Kernworte erinnern wir uns, zunächst einer Stelle aus einer an die deutschen Regierungen gerichteten Depesche, die Bismarck verlas: „Welcher Art aber auch die internationalen Verhandlungen sein mögen, durch welche ein schließliches Ergebnis festgestellt werden kann, ob sie mit Dänemark allein oder auf einer allgemeinen Konferenz geführt werden: die königliche Regierung erachtet es für ebenso unzweifelhaft, daß Deutschland auf einer viel vorteilhafteren Grundlage in dieselben eintreten wird, wenn zuvor entweder durch die ausdrückliche Zurücknahme der Verfassung vom 18. November 1863 wenigstens der widerrechtlich in Schleswig eingeführte Zustand beseitigt, oder in der Okkupation dieses Landes durch Truppen der beiden deutschen Großmächte ein Status quo gewonnen ist, von welchem ohne Nachteil für Deutschland ausgegangen werden kann."

Dem Abgeordneten Virchow erwiderte er: „Der Herr Vorredner kam aus den Umstand, daß ich meine politische Stellung seit meinem Eintritt in das Ministerium wesentlich geändert, daß ich sie, um mich trivial auszudrücken, nach rechts hinübergerückt habe. Wenn das in dem Sinne zuträfe, und wenn ich bei seiner Auffassung des ‚Bösen', dem ich verfallen wäre, stehen bleibe, so glaube ich, ihm meine Gedanken von seinem Standpunkte aus mundgerecht zu machen, wenn ich sage, ich habe nach dem Satze gehandelt: *Flectere si nequeo superos, Acheronta movebo!* – Wenn mich der Himmel nicht hört, dann ruf ich zu Hilfe die Hölle -. Ich habe, als ich herkam, allerdings die Hoffnung gehegt, daß ich noch bei anderen als bei mir die Neigung finden könnte, den Parteistandpunkt unter Umständen dem allgemeinen vaterländischen Interesse zu opfern. Ich will nicht näher hervorheben, um niemand zu verletzen, inwieweit und bei wem ich mich darin getäuscht habe; getäuscht aber habe ich mich, und natürlich wirkt das auf meine politische Stellung und Beziehungen ein."

Den Vorwurf verschiedener Redner, die Regierung wolle von Deutschland nichts wissen, parierte er mit der Entgegnung: „Es muß ein eigentümlicher Zauber in diesem Worte deutsch liegen. Man sieht, daß jeder das Wort für sich zu gewinnen sucht, und jeder das deutsch nennt, was ihm nützt, was seinem Parteistandpunkt Vorteil bringt, und damit nach Bedürfnis wechselt. So kommt es, daß man in manchen Zeiten es deutsch nennt, gegen den Bund sich aufzulehnen, in anderen Zeiten das für deutsch gilt, für den fortschrittlich gewordenen Bund

Partei zu nehmen. So kann es leicht geschehen, daß uns vorgeworfen wird, daß wir von Deutschland nichts wissen wollen aus Privatinteressen. Ich kann diesen Vorwurf Ihnen mit vollem Rechte zurückgeben. Sie wollen von Preußen nichts wissen, weil es Ihrem Parteistandpunkte, Ihrem Parteiinteresse nicht konveniert, weil es Ihnen konveniert, Preußen entweder nicht oder als Domäne des Nationalvereins bestehen zu lassen."

Sehr nachdrücklich aber ging er gegen das Bestreben des Abgeordnetenhauses an, die auswärtige Politik unter seine Zensur zu nehmen: „Sie verlangen, daß die Regierung des Königs nicht bloß den Willen habe, das Recht und die Ehre des Landes zu schützen, sondern auch die Maßregeln, welche im gegebenen Falle zur Lösung dieser Aufgabe erforderlich sind, der Erwägung des Abgeordnetenhauses entsprechend auswähle. Hier trifft also der Eingriff in die Exekutive nicht nur ihre Gesamtrichtung, sondern auch die Details in den einzelnen Maßregeln. Sie setzen sich ein, meine Herren, als den diplomatischen Hofkriegsrat, von dessen Zustimmung die Aktion der Krone abhängt, dessen Genehmigung die Regierung selbst für die einzelnen Maßregeln in jedem gegebenen Falle notwendig bedarf, wenn sie handeln will ... Sie fordern, dass der König auf Ihr Geheiß einen Eroberungskrieg führe, um Schleswig für den Herzog von Augustenburg zu gewinnen. Mit einem Worte, meine Herren, wenn man Ihr Vertrauen erwerben soll, so muß man sich Ihnen in einer Weise hingeben, wie es für die Minister des Königs von Preußen nicht möglich ist. Wir würden dann nicht königliche Minister, wir würden Parlamentsminister, wir würden Ihre Minister sein, und dazu, das hoffe ich zu Gott, werden wir nicht kommen. ... Sie kommen mir vor wie Archimedes mit seinem Zirkel, der es nicht merkte, daß die Stadt erobert war! Meine Herren! fühlt das preußische Volk wie Sie, so müßte man einfach sagen, der preußische Staat habe sich überlebt, und die Zeit sei gekommen, wo er anderen historischen Gebilden Platz zu machen habe. So weit sind wir aber noch nicht! Ich erinnere Sie an eine Anekdote, die in früheren Zeiten bei der Grundsteuerverhandlung in diesen Räumen häufig zitiert wurde. Es ist das Schreiben König Friedrich Wilhelms I. an ein Mitglied der ostpreußischen Stände bei Einführung der Grundsteuer; er sagt darin, wenn ich mich der Worte richtig erinnere: Was Ich ruiniere, das ist das *nie pozwalam* (das Einspruchsrecht) der Junker; Ich etabliere die *souveraineté comme un rocher de bronze*. Meine Herren! Der *rocher de bronze* steht noch heute fest; er bildet das Fundament der preußischen Geschichte, des preußischen Ruhmes, der preußischen Großmacht und des verfassungsmäßigen Königtums! Diesen ehernen Felsen werden Sie nicht zu erschüttern vermögen durch Ihren Nationalverein, durch Ihre Resolution und Ihr *liberum Veto!*"

Das *liberum veto*, das Einspruchsrecht, das jeder polnische Adlige mit den Worten: *nie pozwalam* ausüben und damit jeden Entschluß ungültig machen konnte, wies Bismarck zum Schutze der Krone weit von sich. Das Abgeordnetenhaus, das die Kriegsanleihe abzulehnen beschlossen hatte, wurde, um den Gang der Geschichte nicht weiter zu stören, am 25. Januar entlassen. Dieses Mal aber nicht mit versöhnlichen Wendungen, sondern in kriegerischem Ton und kampfesfreudiger Stimmung und in der Hoffnung, daß die Maßnahmen der Regierung im Patriotismus des Landes Widerhall finden würden, im Gegensatz zu den Beschlüssen des Abgeordnetenhauses. Die Worte der Schlußrede lauteten: „Der feindselige Charakter dieser Beschlüsse, in welchen sich das Bestreben ausdrückt, die auswärtige Politik der Regierung einem verfassungswidrigen Zwange zu unterwerfen, ist durch Resolutionen erhöht worden, durch welche die Mehrheit des Hauses der Abgeordneten in der von ihr willkürlich aufgestellten Voraussetzung kriegerischer Verwickelungen zwischen Preußen und anderen deutschen Staaten im voraus gegen das preußische Vaterland Partei nimmt. Ein solches Auftreten des Hauses der Abgeordneten kann auf die Befestigung und Entwickelung unserer Verfassungszustände nur verderblich einwirken, und es muß einstweilen auf die Hoffnung einer Verständigung verzichtet werden. Die Regierung Seiner Majestät wird sich aber unter allen Umständen für verpflichtet halten müssen, mit ganzer Kraft und in voller Ausübung der königlichen Rechte für die Erhaltung des Staates und für das Wohl und die Ehre Preußens einzustehen. Sie hält an der Überzeugung fest, daß sie hierbei in der patriotischen Gesinnung des Landes eine ausreichende und wachsende Unterstützung finden werde."

Inzwischen war Dänemark auf die im Ultimatum vom 16. Januar gestellten Forderungen nicht eingegangen. Daraufhin verließen die Gesandten Österreichs und Preußens Kopenhagen, und am 1. Februar rückten die Truppen beider Mächte gegen die Eider vor.

In wenigen Tagen wurden die Dänen in die Düppelstellung und nach Alsen gedrängt. Die Verbündeten überschritten die jütische Grenze. Düppel wurde am 18. April von den Preußen im Sturm genommen, die Halbinsel bis nach Skagen von den Österreichern und Preußen besetzt. Dann trat ein längerer Waffenstillstand ein, da die Großmächte zu einer Konferenz in London zusammentraten, um die dänische Frage zu lösen. Die Einzelheiten der Verhandlungen sind vielverschlungen; das Interessanteste aber an ihnen war, daß Bismarck durch die Art seiner Vorschläge, die sogar keinen Anstand nahmen, den Augustenburger mit Schleswig-Holstein zu bedenken, es meisterhaft verstand, die Dänen immer halsstarriger zu machen und so schließlich Ende Juni die ganze Konferenz mit Dänemark matt zu setzen, da Frankreich und Rußland Preußen zuliebe Dänemark fallen ließen. In der Nacht vom 28. auf 29. Juni wurde auch die Insel Alsen von den Preußen genommen. Bismarck schreibt zwei Tage darauf (1. Juli) an seine Frau von Karlsbad: „Dem König geht es sehr gut, der Alsener Schluck aus dem Siegesbecher bekommt ihm noch besser als der Sprudel. Wir sind mit Östreich, Frankreich und Rußland ein Herz und eine Seele und werden mit Glückwünschen getränkt, bei denen das Lächeln mitunter etwas ‚gelblich' ist, wie der Franzose sagt."

Und das Lächeln Frankreichs suchte man sich zu erhalten. Roon ging mit einigen Offizieren zu den französischen Manövern. Politische Gespräche sollte er vermeiden; nur wenn der Kaiser davon anfange, möge Roon den Nutzen einer größeren Annäherung und intimer Beziehungen betonen, aber nichts sagen, was nicht auch ein Österreicher hören könne. Und wenige Wochen später, im Oktober, war Bismarck selbst in Frankreich, in Biarritz; es war nicht nur die schöne Luft und herrliche Gegend, die ihn anzog; den Österreichern sollte bemerklich gemacht werden, daß man mehrere Eisen im Feuer habe. Zu dieser Annäherung an Frankreich mochte die Zusammenkunft König Wilhelms mit Franz Joseph in Schönbrunn am 20. August das Ihrige beigetragen haben. Hier war Bismarck auch auf die deutsche Frage zu sprechen gekommen, hatte dabei aber ebenso wenig wie im weiteren Verlauf der Entwicklung der schleswig-holsteinischen Sache das Entgegenkommen gefunden, auf das man in Berlin im Hinblick auf die Erfolge rechnen zu können glaubte, die die beiden Staaten bei ihrem gemeinsamen diplomatischen und militärischen Vorgehen in der ersten Hälfte des Jahres erzielt hatten.

In diesen Tagen wurde Bismarck vom Grafen Rechberg in Wien ein Diner gegeben. Dabei wies er im scheinbar harmlosen Gespräch mit einigen Diplomaten auf die Zukunft Österreichs hin: „Ich glaube der Ort ist schlecht gewählt, um Ihnen „ein Glaubensbekenntnis abzulegen. Aber man gewinnt nichts, wenn man seine Augen den offenkundigen Tatsachen verschließt. Es ist augenscheinlich, daß die österreichische Monarchie wenig deutsch ist. Sie täten also besser, sich auf Ihre wirkliche Kraft, die im Bunde Ihrer zahlreichen Völkerschaften besteht, zu stützen, als dem Traum einer Oberherrschaft in Deutschland nachzulaufen, die wir Ihnen streitig machen, und auf die Sie keinen Anspruch haben. Was deutsch ist, wird früher oder später zu Deutschland zurückkehren. Es ist nicht schwieriger Wien von Berlin aus zu regieren, als Pest von Wien. Es würde sogar leichter sein." Mit schweigendem Erstaunen hörte man ihm zu. Kurz nachher nahm er in fröhlichem Tone Abschied von seinem Gastgeber. Als ein guter Prophet hatte er gesprochen.

Nachdem Dänemark besiegt war, mußte es im Wiener Frieden vom 30. Oktober Schleswig, Holstein und Lauenburg an Österreich und Preußen abtreten. An demselben Tage schreibt Bismarck von Berlin nach Reinfeld: „Der Friede mit Dänemark ist heut unterzeichnet, nun aber gehn die Verhandlungen darüber, was mit den Herzogthümern werden soll, erst recht los. Dazu die Zollgeschichte, über die ich mit einigen Collegen schwer an einander gerathe, vielleicht aus einander, und alle Vorbereitungen für die liebe Kammer. Sie finden mich hier sehr gesund geworden, dünner und kräftiger, aber sie werden es mir bald wieder austreiben."

Am 14. November bekam Bismarck den Schwarzen Adlerorden mit einem von der schlichten Größe seines Königs zeugenden Schreiben: „Anliegend übersende ich Ihnen die Insignien des hohen Ordens vom schwarzen Adler, dessen Verleihung ich Ihnen heute aussprach, als ich den Friedens Tractat mit Dänemark in Ihrem Hause unterzeichnet hatte.

„Die seltene Umsicht, Ausdauer und Energie, mit welcher Sie seit 2 Jahren die Regierung unter meiner Leitung führen, vor allem aber die erfolgreiche Thätigkeit, welche Sie seit einem Jahre bei Behandlung des nun vollbrachten großen Werkes entwickelten, – giebt Ihnen das volle Anrecht auf die Verleihung dieses hohen Ordens.

Durch Ihre Unterstützung ist es mir gelungen, Preußen politisch und militärisch in der Stellung zu befestigen, die ihm die Vorsehung angewiesen hat. Ohne Kampf ist kein Sieg! Diese Erfahrung haben auch wir in vielen Beziehungen gemacht. Kämpfe wird es immer geben, möge unser stets der Sieg sein!

Möge der schwarze Adler Ihnen meinen Dank bringen und er immer hoch schweben. Ihr treuergebener Wilhelm."

In gleich schlichter Weise schreibt Bismarck an seine Frau: „Ich war heut eben sehr guter Dinge, da der Friede wirklich zu Stande gebracht; der König hatte mich grade verlassen, den Frieden bei mir unterschrieben, mir den schwarzen Adler gegeben und, was mir noch lieber war, mich herzlich umarmt."

Am Christabend schenkte der König seinem Minister einen Stock mit einem Lorbeerkranze, damit er sich beim Anblick jenes Kranzes stets erinnere, daß er es gewesen, welcher jene Lorbeern gepflanzt habe. Bismarck dankte sofort und schloß mit den Worten: „Angesichts des Weihnachtsfestes habe ich das Bedürfniß, Eurer Majestät zu versichern, daß meine Treue und mein Gehorsam gegen den Herrn, den Gott mir auf Erden gesetzt hat, auf derselben festen Grundlage beruhe, wie mein Glaube." – So ging das an Ereignissen reiche Jahr zu Ende; erhebendere Gefühle erfüllten den Mann, der sie vor allem gelenkt, als im Jahre zuvor, da er einen meinungsverschiedenen und unbotmäßigen Gesandten von Einfluß belehren mußte über gesunde Politik, die jener ebenso wenig zu würdigen wußte wie die Opposition des Landtages, der zum Teil außer dem Verständnis auch der gute Wille dazu fehlte. Am 25. Januar 1864 war dieser Landtag auseinander gegangen. Am 14. Januar 1865 trat er wieder zusammen: die geschichtlich bedeutsamen Ereignisse hatten ihn in Berlin nicht vermissen lassen. Die Thronrede verkündete sie ihm und sie deutete an, daß die zur Größe und Macht führende Entwicklung Preußens noch nicht abgeschlossen sei. Wir erinnern uns der eindrucksvollsten Stellen:

„Ein ereignisreiches Jahr liegt hinter uns. In demselben ist es Mir gelungen im Bunde mit Seiner Majestät dem Kaiser von Österreich eine Ehrenschuld Deutschlands durch die siegreiche Tapferkeit der vereinten Heere vermittelst eines ehrenvollen Friedens einzulösen. ... Nach einer halbhundertjährigen, nur durch ehrenvolle Kriegszüge von kürzerer Dauer unterbrochenen Friedensperiode haben sich die Ausbildung und Mannszucht Meines Heeres, die Zweckmäßigkeit seiner Verfassung und seiner Ausrüstung in dem vorjährigen, durch Ungunst der Witterung und durch den tapferen Widerstand des Feindes denkwürdigen Kriege glänzend bewährt.

Der Friede mit Dänemark hat Deutschland seine bestrittenen Nordmarken und diesen die Möglichkeit der lebendigen Beteiligung an unserem nationalen Leben zurückgegeben. Es wird die Ausgabe Meiner Politik sein, diese Errungenschaft durch Einrichtungen sicher zu stellen, welche uns die Ehrenpflicht des Schutzes jener Grenzen erleichtern und die Herzogtümer in den Stand setzen, ihre reichen Kräfte für die Entwickelung der Land- und Seemacht wie der materiellen Interessen des gemeinsamen Vaterlandes wirksam zu verwerten ...

Es ist Mein dringender Wunsch, daß der Gegensatz, welcher in den letzten Jahren zwischen Meiner Regierung und dem Hause der Abgeordneten obgewaltet hat, seine Ausgleichung finde. Die bedeutungsvollen Ereignisse der jüngsten Vergangenheit werden dazu beigetragen haben, die Meinungen über das Bedürfnis der verbesserten Organisation des Heeres, die sich in einem siegreich geführten Kriege bewährt hat, aufzuklären. Die Rechte, welche der Landesvertretung durch die Verfassungsurkunde eingeräumt worden sind, bin Ich auch ferner zu achten und zu wahren entschlossen. Soll aber Preußen seine Selbständigkeit und die ihm unter den europäischen Staaten gebührende Machtstellung behaupten, so muß seine Regierung eine feste und starke sein, und kann sie das Einverständnis mit der Landesvertretung nicht anders als unter Aufrechterhaltung der Heereseinrichtungen erstreben, welche die Wehrhaftigkeit und damit die Sicherheit des Vaterlandes verbürgen."

Der Hoffnung der Thronrede entsprach nicht die Haltung des Abgeordnetenhauses. Im Lande und wo man jenseits der preußischen Grenzen national und liberal dachte, war man an vielen Stellen schon schwankend, ob die theoretische Halsstarrigkeit der Volksvertreter den Erfolgen gegenüber richtig sei und den Forderungen praktischer Politik entspreche. Aber auf die große Masse der Abgeordneten blieben die ruhmvollen Ereignisse des Jahres 1864 ohne Wirkung; diese Männer standen gleichsam neben der Geschichte. Alle Geldforderungen des Ministeriums wurden glattweg zurückgewiesen. Am 22. Januar 1864 hatte das Abgeordnetenhaus mit 275 gegen 51 Stimmen die zu Zwecken des dänischen Krieges verlangte Anleihe von zehn Millionen Talern abgelehnt. Ebenso erging es in der Session vom 14. Januar bis 17. Juni 1865 allem, was die Regierung forderte für Gesandtschaftsposten, zur Herstellung und Befestigung zweier Kriegshäfen in der Kieler Bucht und in der Jahde, für Anschaffung von Panzerfregatten und schweren Gußstahlkanonen und schließlich auch der Vorlage, welche neunzehn Millionen Taler aus den Verwaltungsüberschüssen und dem Staatsschatz zur Bestreitung der Kriegskosten forderte.

Zwischen all diesen schmerzlichen Schlägen, welche der Regierung zuteil wurden, erklang Bismarcks Stimme wie die eines Predigers in der Wüste. Vergeblich war seine Mahnung, dass die Basis des konstitutionellen Lebensprozesses überall der Kompromiß sei und daß die Verfassung nicht einer der drei Gewalten das Recht beilege ein *Sic volo sic jubeo* – ich will's, also befehl ich's – zu sprechen, dem die andern sich zu beugen hätten, soweit sogar sich zu beugen hätten, daß der König nur Ministern sein Vertrauen schenke, die dem Abgeordnetenhause zu Wunsche seien. „Und das alles" – so hielt er ihnen drastisch vor – „Um eine Pression auf die Krone auszuüben, daß sie ihre Minister entlasse, daß sie Ihre Auffassung des Budgetrechts annehme. Meine Herren, Sie kommen dadurch genau in die Lage der falschen Mutter im Urteile Salomons, die lieber will, daß das Kind zu Grunde gehe, als daß damit anders als nach ihrem Willen geschehe." Vergeblich war seine Versicherung, daß in den schwebenden Verhandlungen die preußischen Interessen mit Festigkeit vertreten würden und das preußische Blut nicht umsonst geflossen sei. Vergeblich war es auch, wenn er bat, von der Zukunft noch mehr zu erwarten, als er jetzt enthüllen könne, und seine Bitte, daß man sich von der Nützlichkeit des österreichischen Bündnisses überzeugen solle, welche die Zukunft noch in ein helleres Licht stellen werde, als die bisherigen Ereignisse, soweit sie zutage traten, es getan hätten, und als er selbst im Augenblicke imstande sei, es zu tun. In den Wind geredet waren auch alle die herrlichen Worte, die Bismarck über den Kieler Hafen und die Flotte schon damals sprach und über seine Stellung zur schleswig-holsteinischen Frage. – Ein Abgeordneter hatte die Behauptung aufgestellt, Preußen sei zu schwach, um die Ausgaben zu tragen für einen Kriegshafen und für eine Flotte. Daraufhin entrollte Bismarck seine Anschauungen über die Flottenfrage, die dem zukunftssicheren Blick des großen Staatsmannes und seiner Beurteilung der damaligen liberalen Philister alle Ehre machen. Er sagte am 1. Juni:

„Im Allgemeinen ist die Existenz auf der Basis der Phäaken bequemer als aus der Basis der Spartaner. Man läßt sich gern schützen, aber zahlt nicht gern, und am allerwenigsten gibt man das geringfügigste Hoheitsrecht zum Besten der allgemeinen Interessen auf. Ich hatte nicht geglaubt, daß der maritime Ehrgeiz der preußischen liberalen Partei insoweit reduziert sei, wie ich aus dem Munde des Herrn Vorredners gehört habe, und daß wir in dem Maße der Unterstützung der übrigen deutschen Staaten bedürften, um nur mit ihrer Hilfe unseren eigenen Handel schützen zu können. Ich glaubte, wir würden nicht genug gefordert haben, Sie würden das Bedürfnis haben, noch bestimmter und schneller die maritimen Unternehmungen zu fördern, ich war nicht darauf gefaßt, in dem Bericht der Kommission eine indirekte Apologie Hannibal Fischers zu finden, der die deutsche Flotte unter den Hammer brachte. Auch diese deutsche Flotte scheiterte daran, daß in den deutschen Gebieten, ebenso in den höheren, regierenden Kreisen, wie in den niederen, die Parteileidenschaft mächtiger war als der Gemeinsinn. Ich hoffe, daß der unserigen dasselbe nicht beschieden sein wird.

„Ihre Zweifel, ob es mir gelingen wird, Kiel zu erwerben, berührt mein Ressort näher. Wir besitzen in den Herzogtümern mehr als Kiel; wir besitzen die volle Souveränität in Gemeinschaft mit Österreich, und ich wüßte nicht, wer uns dieses Pfand nehmen könnte anders, als durch einen für Preußen unglücklichen Krieg. Fassen wir aber diese Eventualität ins Auge, so können wir jeden in unserem Besitz befindlichen Hafen ebenso gut verlieren. Unser Besitz ist ein gemeinsamer, das ist wahr, mit Österreich. Nichtsdestoweniger ist er ein Besitz, für dessen Aufgebung wir berechtigt sein würden, unsere Bedingungen zu stellen. Eine dieser Bedingungen, und zwar eine der ganz unerläßlichen, ohne deren Erfüllung wir diesen Besitz nicht ausgeben wollen, ist das künftige alleinige Eigentum des Kieler Hafens für Preußen ... Die Bedingungen, welche wir zu stellen beabsichtigen, sind so gemäßigt, daß wir wohl die Hoffnung hegen dürfen, sie auf friedlichem Wege verwirklicht zu sehen. Sie sind bekannt. Wir fordern nichts, als die Möglichkeit, Deutschland zur See wehrhaft zu machen in dem

Umfange, in dem uns dies mit den Mitteln der Herzogtümer erlaubt sein wird, und gegen die Wahrscheinlichkeit, Düppel in nicht gar zu langer Zeit noch einmal belagern und stürmen zu müssen, diejenige Garantie zu gewinnen, die die Hilfsquellen der Herzogtümer geben können. Wir wollen die Stände der Herzogtümer nicht vergewaltigen, aber auch uns nicht vergewaltigen lassen; wir wollen mit ihnen unterhandeln. Kommen wir und Österreich mit ihnen zu friedlicher Verständigung in der Sache, so wird dies ein allerseits, auch für Preußen erwünschtes Ergebnis sein; gelingt es nicht, so werden keine Beschlüsse, keine Proklamationen der Stände, kein einseitiges Vorgehen imstande sein, Preußen aus den Herzogtümern herauszumaßregeln.

„Zweifeln Sie dennoch an der Möglichkeit, unsere Absichten zu verwirklichen, so habe ich schon in der Kommission ein Auskunftsmittel empfohlen: limitieren Sie die Anleihe dahin, dass die erforderlichen Beträge nur dann zahlbar sind, wenn wir wirklich Kiel besitzen, und sagen Sie: „Kein Kiel, kein Geld!" Ich glaube, daß Sie anderen Ministern als denen, die jetzt die Ehre haben, sich des Vertrauens Seiner Majestät des Königs zu erfreuen, eine solche Bedingung nicht abschlagen würden. Sie zweifeln an unserer Befähigung und an unserem Beruf, Staatsgeschäfte zu treiben. Ich bin nicht unbescheiden genug, daß mir nicht selbst mitunter solche Zweifel beikämen; ich bin überzeugt, daß jeder der Herren, die diese Phrase unterschrieben haben, die Sache an meiner Stelle besser gemacht haben würde; aber den Beweis davon haben Sie noch nicht gegeben. Haben Sie mit der Verweigerung der Anleihe, die wir damals von Ihnen verlangten, Düppel erobert und Alsen, dann, meine Herren, habe ich auch die Hoffnung, daß aus Ihrer Verweigerung der jetzigen Anleihe auch eine preußische Flotte hervorgehen werde.

Wir hätten vielleicht, wenn Sie uns mit der Entschlossenheit beigestanden hätten, die ich von Ihrem preußischen Patriotismus, sobald Sie die Richtung erkannten, in der wir gingen, erwartete, vielleicht mehr erreicht; es ist möglich. Aber Sie haben Ihren Beistand verweigert. Jedenfalls ist das, was damals Ihr Ideal war, jetzt für die preußische

Regierung das Minimum des Erreichbaren. Wir können das, was Sie vor einundeinhalb Jahren als Höchstes erstrebten, in jeder Viertelstunde ins Werk setzen: einen unabhängigen schleswig-holsteinischen Staat, sogar mit einigen mäßigen, uns aber nicht genügenden Vorteilen für Preußen – es bedarf nur einer in einer Viertelstunde auszusetzenden Erklärung der königlichen Regierung, und der Staat wäre geschaffen."

An demselben Tage, da Bismarck seine großen Ziele andeutete, bezeichnete der Abgeordnete von Bunsen Bismarcks Politik als „in wesentlichen Punkten erfolglos, leidlich inkonsequent und springend, und leidlich schroff und im Dunklen tappend." Mit Recht konnte Bismarck humorvoll erwidern: „Ja, meine Herren, wenn Worte Geld wären, dann hätten wir der Freigebigkeit, mit der Sie die Regierung behandeln, nur unsere dankbare Bewunderung zu zollen." Und mit ebenso gutem Rechte durfte er dem Abgeordneten Virchow, der die Erfolge, die groß und anerkennenswert seien, nicht als Bismarcks Verdienst anerkannte, sondern nur für einen Zufall hielt, mit ironischer Verachtung erwidern: „Der Referent hat einen großen Teil seiner langen Rede der Kritik meines persönlichen Verfahrens gewidmet. Ich will ihm auf dieses Gebiet nicht in seiner ganzen Breite folgen. Ich bin der Anerkennung in sehr geringem Maße bedürftig und gegen Kritik ziemlich unempfindlich. Nehmen Sie immerhin an, daß alles, was geschehen ist, rein zufällig geschah, daß die preußische Regierung daran vollständig unschuldig ist, daß wir der Spielball fremder Intrigen und äußerer Einflüsse gewesen sind, deren Wellenschlag uns zu unserer eigenen Überraschung an der Küste von Kiel ans Land geworfen hat. Nehmen Sie das immerhin an, mir genügt es, daß wir da sind, und ob Sie uns dabei ein Verdienst zuschreiben oder nicht, das ist mir vollständig gleichgültig."

Ein längerer Streit mit einer Opposition, von der nichts mehr zu erwarten war, hätte den Gang der politischen Verhandlungen nur gestört. Am 17. Juni wurde deshalb der Landtag geschlossen. Das Haus der Abgeordneten mußte sich sagen lassen, daß es sich von den glänzenden Taten und Erfolgen der Armee losgesagt habe, indem es, wie früher die geforderte Anleihe, so jetzt die nachträgliche Genehmigung der verausgabten Kriegskosten verweigert habe. Dieser traurigen Tatsache gegenüber klang es wie ein Siegeston am Schlusse der Rede in eine große Zukunft hinein: „Die Regierung lebt der Zuversicht, daß der Weg, den sie bisher inne gehalten, ein gerechter und heilsamer gewesen ist, und daß der Tag nicht mehr fern sein kann, an welchem die Ration, wie bereits durch Tausende aus freier Bewegung kund gewordener Stimmen geschehen, so auch durch den Mund ihrer geordneten Vertreter ihrem königlichen Herrn Dank und Anerkennung aussprechen werde."

Neben diesen fruchtlosen Verhandlungen des Abgeordnetenhauses liefen nun die Ereignisse her, die Bismarck dem Ziele, das er vor Augen hatte, zuzulenken unablässig bestrebt war; womöglich im Einverständnis mit Österreich, wenn nicht, gegen Österreich.

Zunächst galt es, die Mittelstaaten, die überall der großen Politik Bismarcks hindernd im Wege standen, beiseite zu schieben. In Österreich hatten sich die Verhältnisse nicht zugunsten Preußens gestaltet. An dem Tage, an welchem mit Dänemark die Friedensurkunde unterzeichnet wurde, erhielt Graf Rechberg, der Preußen und Bismarck geneigt war, seinen Abschied. Die preußische Regierung war nicht ganz unschuldig daran; sie hatte trotz der Warnung Bismarcks bei der Erneuerung des Zollvereins sich nicht so entgegenkommend zu Österreich gezeigt, wie es im Interesse weiteren Zusammengehens wünschenswert gewesen wäre. Der Nachfolger Rechbergs Graf von Mensdorff-Pouilly sollte die Politik im Geiste Rechbergs weiterführen; doch die weiteren Verhandlungen drängten ihn von Preußen ab und den Mittelstaaten zu. Diese standen noch immer für den Augustenburger ein, vor allem Sachsen und dessen ehrgeiziger Minister Beust. In einer Note vom 29. September 1864 verlangte Bismarck die Zurückziehung der hannoverschen und sächsischen Exekutionstruppen, da durch den Wiener Frieden Österreich und Preußen und nicht der Bund Besitzer von Schleswig und Holstein waren. Beust machte Miene zum Widerstand, indem „er mit der Einberufung sämtlicher Beurlaubten drohte. Aber Österreich stand, wie Beust gehofft haben mochte, nicht zu Sachsen. Am Bunde wurde am 5. Dezember der Beschluß gefaßt, die Exekutionstruppen zurückzunehmen. Beust mußte sich dadurch zum Rückzug bequemen.

Nun hatte Bismarck mit Österreich allein zu tun. Die gemeinschaftliche Verwaltung Schleswig-Holsteins durch Preußen und Österreich führte aber zu allerhand Unklarheiten und Reibungen zwischen den österreichischen und preußischen Kommissaren. Jene behandelten den Augustenburger wie einen erbberechtigten Fürsten, diese als einen Privatmann, jene begünstigten die Augustenburgischen Agitationen, diese ließen Agitatoren verhaften und ausweisen. Dagegen protestierte wiederum Österreich. Schließlich schlug Gras Mensdorff vor, die Herzogtümer dem Augustenburger zu übergeben. Bismarck schob die Entscheidung hinaus und berief die preußischen Kronsyndici zu einem Gutachten über die Erbfolge. Es fiel sehr ungünstig für den Angustenburger aus und sprach Preußen und Österreich das alleinige Recht zu, gesetzliche Verfügungen in den Herzogtümern zu treffen. Nun regte Bismarck am 13. Dezember vertraulich die Annexion der Herzogtümer an. Mensdorff erwiderte am 21. Dezember, daß der österreichische Botschafter in Berlin, Graf Karolyi, ermächtigt gewesen sei, dem Könige zu erklären, daß Österreich nur gegen eine Vergrößerung seines deutschen Gebietes die Herzogtümer abtreten könne. Dazu konnte Bismarck seinem Könige nicht raten. Die Österreicher wurden nun immer nervöser, Graf Mensdorff meinte im Gespräch mit dem preußischen Gesandten Werther in Wien, die „schreckliche Herzogtümerfrage" schließe die Keime unabsehbarer Verwicklungen in sich. Dagegen erklärte Bismarck am 8. Februar mit größter Gemütsruhe: „Sehen Sie, wir stehen da vor der Frage der Herzogtümer wie zwei Gäste, die ein treffliches Gericht vor sich haben; der eine aber, welcher keinen Appetit hat und es nicht verzehren will, verbietet energisch dem andern, welchen der Leckerbissen reizt, zuzulangen und zu schmausen. So warten wir denn, bis der Augenblick kommt; einstweilen befinden wir uns leidlich wohl in unsrer Lage und werden sie erst ändern, wenn man uns befriedigende Bedingungen anbietet." Die Einmischung des Bundestages schloß er unbedingt aus; sie bedeute den Konflikt, den Preußen nicht fürchte, bei dem es sein ganzes Volk hinter sich habe. Wenn das auch nicht ganz so war, die Stimmung schlug doch schon um. An beachtenswerten Stellen verlangte man eine enge Verbindung der Herzogtümer mit Preußen im nationalen Interesse. Zu solcher Ansicht bekannte sich der grundliberale Theodor Mommsen, Roms berühmter Geschichtsschreiber, selbst ein Schleswig-Holsteiner; dazu bekannte sich eine Adresse von einer Anzahl meist der Ritterschaft Angehöriger Schleswig-Holsteiner, an deren Spitze Baron Scheel-Plessen stand, und die „nationale Partei", die sich am 12. Februar 1865 zu Rendsburg aus Betreiben des Grafen Reventlow bildete. In dieser Richtung bewegten sich die Forderungen voll bewußter Stärke, die Bismarck an Károlyi stellte und dieser am 22. Februar nach Wien depeschierte. Die Anerkennung des Augustenburgers sollte, so forderte Bismarck, unter folgenden Bedingungen stattfinden: Anschluß der Herzogtümer an den Zollverein, Überlieferung des Post- und Telegraphenwesens an Preußen, Oberaufsicht über den zukünftigen Nordostseekanal, Abtretung einiger militärisch wichtiger Plätze und Unterstellung der Flotte und des schleswig-holsteinschen Heeres unter Preußens unbedingten Oberbefehl. Die Depesche schloß damit, daß Preußen seine Herrschaftsrechte keinem Landesherrn in den Herzogtümern übertragen werde, ehe diese Bedingungen gesichert seien.

Österreich lehnte diese Forderungen ab und mußte sie ablehnen; denn in den bisherigen Bund paßte ein so bedeutungsloser Vasall nicht hinein; ganz anders wäre die Lage gewesen, wenn nicht Preußen, sondern eine neue deutsche Gemeinschaft die beiden Staaten einverleibt und Preußen in diesem neuen Bunde die Führung gehabt hätte. So aber waren die Forderungen verfrüht; aber es zeigte sich schon jetzt: die schleswig-holsteinsche Frage war ohne die deutsche Frage nicht zu lösen.

Am 5. März wies Österreich die Forderungen Preußens zurück und schwenkte dann ab zu den Mittelstaaten, indem es am 19. März ein

Zirkular an diese erließ, in welchem es dem von Beust und dem bayerischen Minister von der Pfordten an den Bundestag gerichteten Antrag zustimmte, die Einsetzung des Augustenburgers der Entscheidung. des Bundestages zu übergeben. Diese fiel am 6. April. Österreich stimmte mit der Majorität, bei der sich Sachsen und die süddeutschen Staaten befanden, auf bedingungslose Einsetzung des Augustenburgers. Der Beschluß hatte bei dem Widerstande Preußens keine weiteren Folgen. Die Machtlosigkeit des Bundestags war schon vorher in recht helles Licht getreten. Denn Preußen hatte seine Marinestation von Danzig nach Kiel verlegt, und als Österreich protestierte, erklärt, diesem stehe als Miteigentümer dasselbe Recht zu; ein jeder der beiden könne die Buchten und Häfen des Landes für seine Schiffahrt benutzen, soweit er dadurch die gleiche Befugnis des Genossen nicht verkümmre; wenn Österreich durch seine geographischen Verhältnisse den Kieler Hafen zu benützen nicht in der Lage sei, so sei das kein Grund dafür, daß Preußen ihn ebenfalls tot liegen lasse. Preußen befinde sich mit den Verträgen nicht in Widerspruch, wohl aber Österreich, das den Bund in Verhältnisse hineinzöge, die nicht des Bundes seien.

Die Verhältnisse spitzten sich immer mehr zu. Am 29.Mai wurde ein Ministerrat abgehalten, an dem der Kronprinz und der Chef des Generalstabs von Moltke teilnahmen. Es wurde die Frage eines Krieges gegen Österreich erörtert. Moltke erklärte sich „auch im Namen des Offizierkorps" für Krieg und Einverleibung Schleswig-Holsteins; den Sieg hielt er für möglich, die ziffernmäßige Überlegenheit für wahrscheinlich. Die Minister, mit Ausnahme des Finanzministers von Bodelschwingh und des Ministers des Inneren Grafen Eulenburg, waren für Einverleibung und Krieg. Der Kronprinz war gegen den Krieg und für den Augustenburger. Der König behielt sich die Entscheidung vor.

Vier Tage nachdem der preußische Landtag heimgeschickt war – am 21. Juni –, reiste Bismarck mit seinem Könige nach Karlsbad. Von dort schrieb er an seine Frau am 11. Juli: „In der Politik sieht es kraus aus, und ich kann keine Pläne über Carlsbad hinaus machen ... Arbeit über

Kopf." Wiederholt klagt er weiter über Hitze und Arbeit. Von Karlsbad ging Bismarck mit dem Könige nach Gastein. Auf der Reise dorthin hielt dieser in Regensburg ein Kabinettskonseil ab, das sich mit der durch Österreich geschürten Bewegung für den Augustenburger beschäftigte. Wie groß die Spannung war, zeigte die Äußerung, die Bismarck am 23. Juli in Salzburg dem bayrischen Ministerpräsidenten von der Pfordten gegenüber machte, daß nach seiner Überzeugung der Krieg zwischen Österreich und Preußen sehr wahrscheinlich sei; sein Ausbruch stehe unmittelbar bevor; ein einziger Stoß, eine Hauptschlacht – und Preußen werde in der Lage sein, die Bedingungen zu diktieren. Zugleich machte er den Versuch, Bayern durch die Aussicht auf die Führung im Süden zu gewinnen und so die Hoffnungen auf den Sieg zu steigern.

Doch noch einmal sollte der blutige Waffengang verschoben werden. Am 14. August schreibt Bismarck aus Gastein an seine Frau, daß der österreichische Gesandte in München Graf Blome wieder in Gastein sei und daß sie eifrig an der Erhaltung des Friedens und an der Verklebung der Risse im Bau arbeiteten. An demselben Tage wurde von ihm und dem Grafen Blome der Gasteiner Vertrag abgeschlossen, der keine Lösung, aber doch eine Vertagung der Frage brachte. Mit großem Geschick ging Bismarck bei diesen Verhandlungen zu Werke. Es kam ihm darauf an, den leichtlebigen und frivolen Grafen, den er als einen passionierten Spieler kannte, vom Ernst der Situation zu überzeugen. Ganz gegen seine Gewohnheit und Grundsätze nahm er nach Tische eine Einladung zum Spiel an und spielte so tollkühn und waghalsig, daß auf Blomes Gesicht der Ausdruck zu lesen war: Das muß ja ein ganz rabiater Kerl sein. Bismarck folgerte daraus: „Er hielt mich für waghalsig und gab nach." Noch in späteren Zeiten war er überzeugt, dass dieser Eindruck den Gasteiner Vertrag sehr gefördert habe.

Auf Grund dieses Vertrages ging das Herzogtum Lauenburg gegen eine Zahlung von 2500000 dänischer Taler in Preußens Besitz über; die Herzogtümer Schleswig und Holstein wurden zwischen beiden

Mächten in der Verwaltung geteilt. Schleswig erhielt Preußen, Holstein Österreich. Der Kieler Hafen wurde Bundeshafen, Rendsburg Bundesfestung; Preußen wurde das Recht zugesprochen, den Nordostseekanal durch Holstein zu führen sowie Eisenbahnen und Telegraphen dort anzulegen. – Bismarck hatte definitive Teilung gewünscht; aber das war Österreich zu einschneidend; ein neuer Frontwechsel zu den Mittelstaaten und zum Augustenburger wäre dann nicht mehr möglich gewesen. Bismarck stellte sich wieder aus den bewährten Grundsatz seiner Politik; er akzeptierte aus dem alleinigen Grunde, weil er sich nicht anders helfen konnte, und er hatte die Empfindung, wie er seinem Könige schrieb, daß dieser in einen Krieg mit Österreich mit einem anderen Gefühle und mit freierem Mute hineingehen werde, wenn die Notwendigkeit dazu sich aus der Natur der Dinge und aus seinen monarchischen Pflichten ergebe.

In des Königs Stimmung, das glaubte Bismarck wahrzunehmen, war nach dieser ersten Mehrung des Reichs ein psychologischer Wandel eingetreten, er fand Geschmack an Eroberungen, aber doch mit vorwiegender Befriedigung darüber, daß dieser Zuwachs: die Erwerbung Lauenburgs, der Hafen von Kiel – der doch im Grunde preußisch wurde, da Österreichs Schiffe im adriatischen Meere lagen –, die militärische Stellung in Schleswig, das Recht, einen Kanal durch Holstein zu bauen, in Friede und Freundschaft mit Österreich gewonnen war. Der Ausdruck dieser freudigen Empfindungen war die Erhebung Bismarcks in den Grafenstand am 15. September, dem Tage der Besitzergreifung Lauenburgs, die der König als eine Folge seiner, von Bismarck mit so großer und ausgezeichneter Umsicht und Einsicht befolgten Regierung bezeichnete und dem hinzufügte: „Preußen hat in den vier Jahren, seit welchen ich Sie an die Spitze der Staatsregierung berief, eine Stellung eingenommen, die seiner Geschichte würdig ist und demselben auch eine fernere glückliche und glorreiche Zukunft verheißt."

Daß Bismarck in Holstein den Verhältnissen Rechnung trug und die Hälfte mehr als das Ganze sein ließ, hatten auch die Nachrichten aus

Paris und aus Florenz veranlaßt, die nicht günstig für Preußen lauteten. Napoleon war jede Annäherung Preußens an Österreich unsympathisch; ebenso wie jede Rückendeckung Österreichs durch Preußen nicht in Italiens Politik paßte.

So nahm Bismarck den Gedanken, den er mit Napoleon schon wiederholt besprochen, Preußens Stärkung in Norddeutschland und seine Abkehr von den Ostmächten und Annäherung an Frankreich, wieder auf und ließ in diesem Sinne durch den Gesandten Goltz vorarbeiten durch die Andeutung, dass die traditionelle Annahme, Preußen und Frankreich seien geborene Gegner, doch vielleicht nur eine Fiktion bilde. Er setzte es beim Könige durch, daß er selbst das gefährliche Terrain in Frankreich sondiere: die angegriffene Gesundheit der Frau von Bismarck galt als Vorwand. Am 30. September reiste Bismarck mit seiner Familie nach Biarritz, wo auch Napoleon bis zum 12. Oktober weilte, am 31. Oktober nach Paris und von dort nach einigen Tagen Aufenthalt nach Berlin zurück. Bismarck war in dieser Zeit mit dem Kaiser Napoleon, mit den französischen Ministern Rouher und Drouyn, sowie mit dem Gesandten Italiens am französischen Hofe zusammengetroffen. Was er verhandelt hat, läßt sich nicht genau erkennen. Von seinem Könige hatte er die Weisung, keine Verpflichtungen mit Frankreich einzugehen; das nicht zu tun, war er selber klug genug; jedenfalls bildeten die deutschnationale Frage und Schleswig-Holstein den Gegenstand der Gespräche. Wenn die deutsche Frage Österreich von Preußen trennte, konnte diese Isolierung der beiden Westmächte nur erwünscht sein. Dem italienischen Gesandten gab Bismarck zu verstehen, daß der Krieg mit Österreich unvermeidlich sei; den Handelsvertrag des Zollvereins mit Italien, der gar nicht recht hatte vorankommen können, trieb er jetzt energisch zum Abschluß; im Dezember war's soweit; die Verleihung des Schwarzen Adlerordens an Viktor Emanuel kennzeichnete die Lage.

Mit Napoleon hatte Bismarck ebenfalls Glück; die offiziöse Presse ließ schon im Oktober verlauten, daß Bismarck in Biarritz Bürgschaften für die unveränderte Fortdauer der erfreulichen Beziehungen zwischen Preußen und Frankreich erhalten habe. Man geht wohl nicht fehl, wenn man annimmt, daß seine diplomatische Überlegenheit schon hier sich Napoleon gegenüber geltend gemacht hat, indem er dessen lüsterne Blicke nach Belgien nicht gerade ablenkte.

Jedenfalls merkte Österreich, daß der Wind ihm zuungunsten umgeschlagen sei und stellte auch sein Steuerruder wiederum in der Richtung auf die Mittelstaaten und den Augustenburger ein. Die alten Umtriebe zugunsten alles dessen, was preußenfeindlich war, begannen von neuem in Holstein und in der Presse. Der Vorschlag Preußens, den Bismarck im Einverständnis mit Napoleon Österreich machte, mit einer Geldentschädigung für Holstein sich abfinden zu lassen, goß nur Öl ins Feuer; jedenfalls erklärte General Gablenz, der österreichische Gouverneur in Holstein, dem preußischen Gouverneur in Schleswig von Manteuffel am 14. Dezember, sein Herr müsse den Herzog von Augustenburg unterstützen, weil er in seinen Ansprüchen einen Damm gegen Preußens deutsche Pläne besitze; man fürchte den Krieg nicht mehr, nachdem es sich um Behauptung der deutschen Stellung Österreichs handle.

So standen die Dinge Ende Dezember 1865. Der Beginn des Jahres 1866 stand nicht mehr allein im Zeichen der schleswig-holsteinischen Frage, sondern der gewichtigeren deutschen Frage, die zur Entscheidung drängte.

Der Landtag wurde am 15. Januar eröffnet; er sollte nur von kurzer Dauer sein. Die Eröffnungsrede war nicht in so entgegenkommendem Tone gehalten, wie sonst; sie war aber ruhig gestimmt und hatte jedenfalls nichts Herausforderndes. Nach einem Hinweis aus die Erfolge der Regierung im Inneren wie nach außen, besonders auf den Gasteiner Vertrag, verweilte die Rede mit feierlichem Nachdruck bei den Erinnerungen an die große Zeit von 1815 und den Feierlichkeiten, die in Anknüpfung daran im vergangenen Jahre stattgefunden hatten. Sie äußerte von neuem die Zuversicht, daß bei Erwägung der betreffenden Vorlagen die Meinungsverschiedenheiten über innere Fragen und die Parteistellungen sich der Pflicht gegen das gemeinsame Vaterland unterordnen, und daß beide Häuser des Landtags der Krone einmütig und rechtzeitig die Hand bieten würden, um die Lösung der nationalen Aufgaben fördern zu helfen, welche dem preußischen Staate vermöge seiner Beziehungen zu den Elbherzogtümern in verstärktem Maße oblägen, und schloß mit der stolzen Wendung des Pflichtbewußtseins und mit einem ernsten Blick auf die Beratungen des Hauses: „Die Regierung Seiner Majestät trägt das Bewußtsein in sich, daß ihr der Wille nicht fehlt, ihrem königlichem Herrn nach diesem Seinem Sinne zu dienen. Sie lebt der Überzeugung, daß bei einer unbefangenen, leidenschaftslosen und rein sachlichen Prüfung dessen, was ihr zu erreichen vergönnt gewesen, wie dessen, was sie mit Hilfe der Landesvertretung noch erstrebt, genug der Zwecke und Ziele gefunden werden müßten, in denen alle Parteien sich eins wissen. Werden Sie, meine Herren, von dem Wunsche getragen, diese Einigungspunkte zu suchen und festzuhalten, so wird Ihren Beratungen Segen und Erfolg nicht fehlen."

In schroffem Gegensatz zu der Eröffnungsrede standen die ersten Worte des Präsidenten des Abgeordnetenhauses. Er hielt sich nicht auf hoher Warte über den Parteien, sondern er machte den Präsidentenstuhl zum Richterstuhl der Opposition. Er betonte unter Zustimmung der Parteigenossen, daß das in der letzten Session bereits aufgerollte düstere Bild sich seither noch mehr verfinstert habe. Nach einem Hinweis auf den Verfassungskonflikt und nach Zurückweisung des Vorwurfs, durch Verwerfung von Gesetzen und durch Verweigerung von Geldmitteln das materielle Wohl des Landes geschädigt und Rechte sich angemaßt zu haben, die es nicht besitze, schloß diese Rede mit einer ernsten Mahnung an die Regierung, einen freisinnigen Entwicklungsgang unverweilt einzuschlagen. – Bei solchen Gegensätzen war auf fruchtbare Verhandlungen nicht mehr zu rechnen. Das Abgeordnetenhaus protestierte auch gegen die Vereinigung Lauenburgs mit Preußen, da die Zustimmung des Landtags nicht erfolgt sei. Die Regierung aber war der Meinung, daß nach der Verfassung nur dann das Abgeordnetenhaus zuständig sei, wenn durch diese Erwerbung dem Staate Lasten auferlegt seien; das sei aber nicht der Fall, da die vertragsmäßige Entschädigungssumme aus der königlichen Schatulle gezahlt sei.

Die Dinge im Abgeordnetenhause spitzten sich immer mehr zu. Die Regierung sah in dem Beschlusse über Lauenburg einen Eingriff in ihre Rechte sowie in zwei anderen Beschlüssen eine Einmischung in die Rechtspflege und die dem Könige allein zustehenden Befugnisse der vollziehenden Gewalt und gab deshalb diese Beschlüsse zurück, da sie über rechtswidrig gefaßte Beschlüsse des Hauses keine amtliche Mitteilung vom Präsidium entgegenzunehmen vermöge. Daraufhin stellte Forckenbeck am 22. Februar den Antrag, über dieses Schreiben zur einfachen Tagesordnung überzugehen; Virchow schloß sich an, da „dieser Gegenstand überhaupt nicht würdig sei, von dem Hause behandelt zu werden". Der Abgeordnete Reichensperger dagegen wollte eine vermittelnde Adresse an den König angenommen wissen. Sobald diese abgelehnt war, trat Bismarck ein und machte die große Überraschung hervorrufende Mitteilung, daß der König ihn beauftragt habe, die Session zu schließen. Am folgenden Tage – dem 23. Februar – verlas er im Weißen Saale des Königsschlosses die Schlußrede, deren bedeutsamste Stellen also lauteten:

„Die erste Kundgebung, welche aus dem Hause der Abgeordneten erfolgte, war eine Rede seines Präsidenten, in welcher derselbe der feindseligen Stimmung der Mehrheit des Hauses durch grundlose und herausfordernde Vorwürfe gegen die Regierung Seiner Majestät des Königs Ausdruck gab."

„Diesem Vorgange entsprach die fernere Tätigkeit des Hauses; sie war nicht dem Frieden, sondern dem Streite zugewandt, nicht den Gesetzesvorlagen, sondern dem Bestreben gewidmet, zu Angriffen auf die Regierung den Anlaß auf solchen Gebieten zu suchen, welche die Landesverfassung dem Wirkungskreise der Volksvertretung nicht überwiesen hat und auf welchen die Tätigkeit der Abgeordneten deshalb eine unfruchtbare bleiben mußte."

„Angesichts dieser Übergriffe mußte die Staatsregierung sich die Frage vorlegen, ob von der Fortsetzung der Verhandlungen des Landtags gedeihliche Ergebnisse für die Wohlfahrt und den inneren Frieden des Landes überhaupt zu erwarten ständen ... Der Verlauf dieser Beratungen hat bei der Staatsregierung die Besorgnis nicht zu heben vermocht, daß auf dem vom Hause der Abgeordneten eingeschlagenen Wege das Land ernsteren Zerwürfnissen entgegengeführt und die Ausgleichung der bestehenden auch für die Zukunft erschwert werden würde."

Zu so plötzlicher Schließung des Landtages hatte außer der Zuspitzung des inneren Konflikts der Stand der auswärtigen Politik beigetragen, der von Tage zu Tage unhaltbarer wurde und nicht auch noch die Schwierigkeiten ertragen konnte, welche die Mehrheit der Politik Bismarcks dadurch bereitete, daß sie in Fühlung trat mit den in Berlin beglaubigten fremden Botschaftern und – wie Bismarck später im deutschen Reichstage einmal gesagt hat – am Vormittag etwa dieselben Einwände gegen dessen Politik erhob, welche die Botschafter ihm am Nachmittage vortrugen. Dazu die langen Reden von Leuten, die im Grunde die Zeit tot schlugen. Wer solche breiten Ergüsse im Leben pflichtgemäß mit hat anhören müssen, kann es Bismarck nachfühlen, wenn er am 3. Februar unter Seufzen sprach: „Was hilft es, daß ich in die Kommissionen komme? Ich habe kein anderes Resultat davon, als daß nachher auf der Tribüne hier jeder Satz damit anfängt: der Herr Ministerpräsident hat gesagt – und dann kommt etwas, was ich nicht immer glaube gesagt zu haben, oder wenigstens ist es so aus dem Zusammenhange herausgerissen und entstellt, daß stundenlange Reden dazu nötig wären, wenn ich alles durchgehen und berichtigen wollte, und dazu, meine Herren, ist mir meine Zeit und meine Lunge zu lieb."
Und nicht nur Zeit und Lunge Bismarcks kamen durch die Reden in Gefahr, bedenklich waren auch die Anfragen und Anträge, die nicht verhandelt werden konnten, ohne unzeitgemäße und gefährliche Enthüllung der letzten Ziele preußischer Politik. Sollten diese erreicht werden, so durfte die ungeschickte, vielleicht auch von Fremden beeinflußte Neugierde der Opposition sich nicht weiter als

Hemmnis geltend machen. „In der auswärtigen Politik", so sagte Bismarck am 3. Februar, „gibt es Momente, die nicht wieder kommen." Diese durfte er nicht verpassen, wie der Liberalismus es leider tat durch seine unleidliche Verranntheit Virchowscher Art, die schon so viel unserm politischen Leben geschadet hat. „Die Zeit befiehlts, ihr sind wir Untertan" war Bismarcks Grundsatz. Wer einen Meisterschuß tun will, kann Auge und Hand nicht beirren lassen durch eine unruhige Umgebung, welche nicht in der Ziellinie steht und das Ziel nicht klar vor sich sieht.

Und im Anfang des Jahres 1866 war die Zeit erfüllt, die so günstig kaum wiederkehren konnte.

Im Januar stand die Sache zum Bruch mit Österreich. Bismarck hielt deshalb Ausschau nach Bundesgenossen für den Krieg. Am 13. erging ein Schreiben an den preußischen Gesandten in Florenz Usedom: die österreichischen Umtriebe in Holstein gäben den natürlichen Beziehungen Preußens zu Italien freien Raum; der Zeitpunkt der Krisis sei nahe gerückt; ein durchgreifendes Vorgehen Preußens in der deutschen Frage stehe bevor. Die Haltung Frankreichs werde voraussichtlich nicht feindselig sein; sei es doch der Fall, so biete das umso mehr Anlaß, sich auf die tiefe nationale Basis zurückzuziehen und die dort vorhandenen Kräfte Preußens zu sammeln. Am 30. Januar erhielt der preußische Gesandte in Wien, Werther, ein Schreiben von Bismarck, in welchem gefordert wurde, Österreich solle in den Herzogtümern gemeinsame Rechte nicht verletzen und revolutionäre Bestrebungen nicht unterstützen. Von Wien erfolgte eine ruhige und selbstbewußte Ablehnung. Inzwischen hatte eine Versammlung in Altona stattgefunden, in welcher an die viertausend Menschen dem Augustenburger geradezu eine Huldigung unter Ausfällen gegen die preußische Regierung dargebracht hatten. Das veranlaßte eine neue warnende Note nach Wien: Jetzt sei das Verhalten des Wiener Kabinetts geradezu aggressiv; werde das nicht anders, so müsse Preußen für seine ganze Politik volle Freiheit gewinnen und von dieser den Gebrauch machen, der Preußens

Interessen entspreche. Eine abweisende Antwort vom 7. Februar, in welcher betont wurde, daß Österreich über die Verwaltung in Holstein keine Rechenschaft zu geben habe, veranlaßte Bismarck am 9. Februar zu der kühlen Bemerkung an den Grafen Károlyi, nun seien also Preußens bisher so intime Beziehungen zu Österreich wieder auf den Standpunkt zurückgeführt, den sie vor dem dänischen Kriege gehabt hätten, nicht schlechter, aber auch nicht besser als zu jeder anderen Macht.

Da nunmehr alles zur Entscheidung drängte, wurde am 28. Februar unter dem Vorsitz des Königs eine ernste Beratung seiner Minister abgehalten. Goltz war dazu aus Paris, Manteuffel aus Schleswig gekommen. Der Chef des Generalstabes von Moltke und der Kronprinz sowie General von Alvensleben nahmen daran teil. Bismarck gab einen geschichtlichen Rückblick, der die Notwendigkeit des Krieges erwies; diesen in der jetzigen günstigen Lage zu unternehmen sei klüger, als Österreich die Wahl der Stunde zu überlassen. Moltke forderte für einen sicheren Erfolg das Zusammengehen mit Italien. Der Kronprinz war gegen einen Krieg; der König entschied, daß der Besitz Schleswig-Holsteins eines Krieges wert sei; doch solle er nicht übereilt werden; wünschenswerter sei es, im Frieden die Herzogtümer zu erlangen. Goltz bekam den Auftrag, Verhandlungen mit Napoleon zu beginnen, wie sie Bismarck in der Richtung auf Annäherung eingeleitet hatte; Moltke wurde für die Sendung nach Florenz in Aussicht genommen.

## 11. Das Vorspiel des Krieges. Der Krieg 1866

Bevor Moltke nach Florenz entsandt wurde, begann das Vorspiel des Krieges mit Angriffsvorbereitungen von österreichischer Seite. Da Preußen auf die Note vom 7. Februar nicht antwortete, so war man sich in Wien klar, daß Bismarck nicht ruhen werde, die ganze Lage zu seinem Vorteil zu gestalten. Man dachte deshalb an die Mobilmachung, die in Österreich sich nicht so rasch vollzog wie in Preußen. Vom 7.–

13. März fanden Marschallkonferenzen in Wien statt, in welchen über die Mobilmachung beraten und gegen Mensdorff beschlossen wurde, die Truppen in Böhmen und Mähren zu verstärken. – Bismarck drängte auf Gegenmaßregeln; als sie nicht erfolgten, erkrankte er am 23. März; am 27. gesundete er, als der Gegenzug Preußens erfolgte, nämlich der Beschluß des Ministerrats vom 27. März, die schlesischen Festungen in Kriegszustand zu versetzen und mit den Pferdeankäufen für die Artillerie zu beginnen. Daraufhin erfolgte am 7. April eine Aufforderung Mensdorffs in ziemlich hohem Tone, die über die Mobilisierung, die Preußen zugestanden: hatte, Aufklärung erbat, aber den Wunsch nach Abrüstung durchblickeu ließ. Daraus entwickelten sich Verhandlungen, und am 18. April kam ein Entwaffnungsvorschlag Österreichs, daß man Zug um Zug beiderseits die Rüstungen vom 25. an rückgängig mache. So war denn wiederum der Fortgang gehemmt, Bismarck erkrankte wieder und schrieb in stark gedrückter Stimmung an seinen König am 22. April unter Beifügung eines Briefes Manteuffels, der mit der Entwaffnung nicht einverstanden war, daß Friede mit Österreich nach seiner sechzehnjährigen Erfahrung nicht möglich sei, und dieses nur dahin strebe, die Verhältnisse in Italien und Frankreich für sich günstiger zu gestalten; vielleicht aber sei Haß, Kampflust und Geldverlegenheit schon jetzt zu groß, um auf Preußens Entgegenkommen einzugehen. Dann habe der König jedenfalls die Genugtuung, für den Frieden getan zu haben, was mit Ehren tunlich gewesen sei. Die Worte „mit Ehren" brachten den König in Harnisch. Er stellte in der Antwort diese Worte voran und schrieb dazu: „Das ist mein Leitstern in dieser ganzen Crisis gewesen." Und da Manteuffel in seinem Briefe auf die Lage von Olmütz hingewiesen hatte, so fragte er, wer denn jetzt, wie damals, preußische Ansprüche habe fallen lassen, er möge Manteuffel sagen, daß wenn ein Preuße jetzt ihm, dem Könige, Olmütz in die Ohren raune, er sofort die Regierung niederlege; andere, d. h. seine Feinde, würden Olmütz rufen, Preußen dürften nicht darin einstimmen.

Glücklicherweise kam gerade in diesen Tagen eine neue Wendung der Dinge, die Bismarck wieder gesund machte und aus seiner verzweifelten Stimmung befreite, in der er vorher in ostentativer Weise sich auf eine Reise nach Hamburg und Kiel begeben hatte. Auf, wie es scheint, übertriebene Alarmnachrichten über italienische Rüstungen mobilisierte Österreich seine Südarmee am 26. April, der ein kritischer Tag erster Ordnung werden sollte. Mensdorff depeschierte an demselben Tage an den Berliner Botschafter, es bleibe auch jetzt noch trotz der Mobilisierung der Südarmee bei dem Entwaffnungsvorschlage, falls Preußen seine Abrüstung vollziehe. Es folgte dann eine zweite Wiener Depesche, die Preußen noch einmal kleine Vorteile in den Herzogtümern anbot, aber zugleich damit drohte, die Frage dem Bunde zur Entscheidung vorzulegen und die schleswig-holsteinischen Landstände einzuberufen. Zugleich aber traf von dem italienischen Ministerpräsident Lamarmora bei dem Botschafter Graf Barral in Berlin die Anfrage ein: „Sehen Sie, was die preußische Regierung von alle dem denkt und was sie zu tun beabsichtigt." Barral antwortete sofort: „Bismarck sagt, er wisse, daß die östreichischen Rüstungen nicht bloß in Venetien, sondern allenthalben beschleunigt würden; der preußische Gesandte Werther solle in Wien erklären, daß dann auch Preußen nicht abrüsten und gegenüber einem Angriff auf Italien nicht gleichgültig bleiben könne, da man Italien zur Erhaltung des europäischen Gleichgewichts notwendig erachte." Noch an demselben Tage erging von Florenz aus unter dem Jubel der Bevölkerung der Mobilmachungsbefehl der italienischen Armee. So war die Lage Ende April.

Neben den militärischen Mobilisierungen waren diplomatische Rüstungen hergelaufen.

Kurze Zeit nach dem wichtigen Ministerrat vom 28. Februar kam – am 14. März – der italienische General Govone im Auftrage Lamarmoras nach Berlin, um über ein Bündnis Preußens mit Italien zu beraten. Nach dem ersten Zusammentreffen mit Bismarck schrieb er nach Hause: „Das ist Cavour, wie er leibt und lebt." Er sollte recht haben. Bismarck leitete die Verhandlungen mit der Meisterschaft des italienischen Staatsmannes. Zunächst kam man nicht recht von der Stelle. Govone hatte es leicht: Volk und Monarchie und Regierung standen einmütig hinter ihm. Nicht so glücklich war Bismarck; er mußte seinen königlichen Herrn erst vollkommen gewinnen; um Schleswig-Holstein allein konnte er den Krieg nicht führen; das sei, so meinte er, ein zu geringer Siegespreis, mit dem er das deutsche Volk nicht auf seine Seite bringen könne; die Neugestaltung Deutschlands müsse als Ziel und Ideal hingestellt werden; dazu sei Zeit nötig; die müsse Italien ihm gönnen; jedenfalls könne schon jetzt, wenn Italien sich zur Hilfe verpflichte, die Lösung der venetianischen Frage zugleich mit der deutschen von Preußen zugesichert werden.

Diese Verzögerung machte – mit Recht – den Italiener stutzig; er fürchtete, daß Preußen Italien benutze, um den Österreichern die Herzogtümer ohne Krieg zu entreißen. Aber auch Bismarck – ebenfalls nicht ohne Grund – war vorsichtig, da er von Verhandlungen Italiens mit Frankreich wußte; denn Italien konnte ja auch Preußen als Druck benutzen, um Venetien ohne Opfer zu gewinnen. Bismarck überwand schließlich alle Bedenken; am 23. März kam er mit dem Grafen Barral überein, daß man einen Eventualbündnisvertrag auf drei Monate schließe; während dieser Zeit sollte Preußen losschlagen, und Italien ihm so lange zur Verfügung stehen. Am 8. April wurde der Vertrag wirkungskräftig; bis zum Juli also waren die beiden Staaten gegenseitig gebunden. König Wilhelm hatte sich dazu entschlossen, weil auch Bayern, auf das Bismarck Ende Februar noch gehofft hatte, sich zu Österreich geschlagen hatte, und dann – behielt er ja trotz dieses Vertrages die Entscheidung in der Hand und konnte noch immer für Krieg oder Frieden das Schwert in die Wagschale werfen.

Als dieses Bündnis bekannt wurde, rief der Franzose Thiers aus: „Das ist das größte Ereignis der europäischen Politik." So war es. Mit diesem Vertrage waren die beiden großen Völker, die trotz reicher innerer Kräfte Jahrhunderte lang zerrissen und geschwächt und ein Raub und Spott fremder Völker gewesen waren, zusammengetreten in gemeinsamem Vormarsch zu Einigkeit, Kraft, selbständigem Schaffen und künftiger nie geahnter Größe. Und daß das so war, das ist allein das Werk Bismarcks, dessen Ruhm er mit niemandem zu teilen braucht. In einsamer Größe stand er da, als er die Tat vollbrachte. Nicht wie Cavour hatte er sein Volk hinter sich; das preußische Volk mit dem Kronprinzen an der Spitze sprach von Bruderkrieg. Der König war nur sehr schwer zum Bündnis zu bewegen. Die eigenen Parteifreunde – die seinem Herzen nahegestanden, wie Ludwig von Gerlach – warnten vor dem ‚unheilvollen' Krieg, der, auch den Sieg vorausgesetzt, die Zerrüttung des Vaterlandes, des preußischen und deutschen, in Aussicht stelle. Die Herrschaft des Auslandes – des Bonaparte und des italienischen Revolutionswesens – und, was das allerschlimmste, die Befleckung des Gewissens des greisen Königs und des gesamten Landes seien Gefahren und Resultate, die in nächster Nähe drohten. Dabei war Bismarck umgeben von übelgesinnten Diplomaten. Wohin Govone hörte, als er nach Berlin kam, überall warnte man ihn, mit dem unzuverlässigen Preußen sich einzulassen; so dachte der Graf Barral, so der englische Botschafter, Lord Loftus, so der französische, Graf Benedetti. Und ganz im Hintergründe der gefährlichste Gegner, der überall in Europa die Hand im Spiel hatte: Napoleon. Gerade in den kritischen Tagen gegen Ende April fanden Verhandlungen zwischen Österreich und Napoleon statt, die auf Abtretung Venetiens zielten. Gab Österreich dieses preis, so bekam es die Hände frei gegen Preußen, seinen gefährlichsten Gegner in Deutschland. Es wurde der geheime Vorschlag in Paris gemacht, Österreich wolle Venetien an Napoleon abtreten; dieser könne es dann weiter an Italien geben. Wie Napoleon damals zu Preußen stand, liegt nicht klar zutage; jedenfalls übermittelte er am 4. Mai den Vorschlag an Italien. Doch Italiens vornehmer König lehnte die Zumutung eines Vertragsbruches ab.

Inzwischen wurde die militärische Spannung größer und größer. Am 1. Mai war Govone bei Bismarck erschienen und hatte gefragt, was Preußen tun werde, nachdem Österreich gegen Italien mobil mache, ob es an Österreich den Krieg erklären werde, wenn es in Italien zum Kampfe komme. Bismarck stellte sich auf den Boden des Vertrages. Für seine Person gab er die bindendsten Zusicherungen, da es ja auch im Interesse Preußens liege, zu Italien zu halten. Auf Konzessionen

Österreichs werde man sich schwerlich einlassen, da diese kaum den Vorteil der bisherigen Lage aufwiegen könnten. Daß man wisse, was in Paris vorginge, ließ er durchblicken.

Eine Antwort durch die Tat erfolgte am 3. Mai mit der Mobilmachung. Über die Beratungen, die zu diesem entscheidenden Schritte führten, haben wir urkundliche Quellen, die zu den interessantesten jener Zeit gehören: Am 1.Mai berichtet Bismarck dem König, daß er das Land seines Königs nicht länger in der Gefahr belassen könne, der es nach seiner Überzeugung angesichts der überlegenen und trotz aller Friedensbeteuerungen täglich größere Dimensionen annehmenden Rüstungen Österreichs ausgesetzt sei. Der Kriegsminister werde folgenden Tages einen Bericht des Staatsministeriums und Anträge auf weitere Vorsichtsmaßregeln unterbreiten. Bismarck spricht am Schluß des Schreibens als Ergebnis seiner berechtigten Besorgnis die Bitte aus um Beschleunigung der zu treffenden Vorkehrungen.

Vom 2. Mai liegt ein weiteres Schreiben Bismarcks an den König mit einer aus Wien eingegangenen telegraphischen Mitteilung vor, die keine Aussicht gewähre, daß Österreich entwaffnen werde, wohl aber, daß es Preußen zur Vervollständigung seiner Rüstungen hinhalten wolle, um einen Vorsprung zu gewinnen, den Preußen nicht einholen könne. Er fügt hinzu, daß sowohl die Börse und die Berliner Kaufmannschaft die Untätigkeit der Regierung unbegreiflich und für das Land im höchsten Grade beunruhigend und gefährlich finde. Dem Schreiben war eine von ihm verfaßte Denkschrift beigegeben, die für die Beratungen des Ministerrats als Unterlage dienen konnte.

Der König hatte um $^1/_2$ 1 Uhr nachts vom 2. auf den 3.Mai zu diesem Briefe die für Bismarck bestimmte Randbemerkung gemacht: „General Mutius meldet, daß bestimmt 12000 M. zwischen Troppau und Jägerndorff also unmittelbar an der Grenze stehen. Dies, mit Werthers Télégramm zusammen, zeigt, daß der letzte Moment für uns gekommen ist, um große Rüstungen anzuordnen, was also um 3 Uhr zu berathen ist. Haben Sie meinen Sohn avertirt? Er ist zum Exerciren hier."

Die entscheidende Beratung fand statt; Bismarcks Denkschrift bildete den leitenden Faden. Der erste Punkt betraf ein der Form nach nicht beglaubigtes Anerbieten von Wien zum Abschluß eines Vertrages, nach welchem der König unter Ausschluß der Vereinigung der Herzogtümer mit der Krone Preußen seine Souveränität auf einen preußischen oder andern Prinzen zu übertragen berechtigt sein solle, dergestalt, daß Preußen in dem unmittelbaren Besitz des Kieler Hafens, wahrscheinlich auch der Befestigungen von Düppel und der sonst von Österreich angebotenen Vorteile verbleiben solle; unter dem Titel Kriegskosten sollten fünfundzwanzig Millionen Taler seitens der Herzogtümer an Österreich gezahlt und die Bundesreform in dem Sinne angestrebt werden, daß die norddeutschen Kontingente sich Preußen anzuschließen hätten, die Süddeutschen ausschließlich zur Disposition Österreichs blieben. – Dieses nicht beglaubigte Anerbieten hatte der Bruder des Gouverneurs von Holstein, Freiherr Anton von Gablenz, der auch in Preußen angesessen war, gemacht. Graf Mensdorff hatte ihn wohlwollend empfangen, und Preußens Botschafter, Herr von Werther, gab ihm ein Einführungsschreiben für Bismarck mit. Auch dieser nahm den Unterhändler freundlich auf, offenbar um gegen Napoleons Intrigen einen Gegenschlag führen zu können.

Die anderen Punkte betrafen ein Telegramm aus Florenz, wonach Viktor Emanuel darauf rechnete, daß Preußen mit Italien gleichzeitig losschlagen werde, eine Depesche des Grafen Goltz, nach welcher der Kaiser Napoleon den Zeitpunkt einer Verständigung mit Preußen für gekommen halte, im Falle des Mißlingens aber sich den von Österreich gemachten Anerbietungen nicht glaube verschließen zu können. Was Napoleon mit Österreich meine, sagt die Denkschrift, sei nicht ersichtlich; in Bezug auf Preußen beschränke sich der Kaiser auf die Andeutung, daß die Augen Frankreichs nach dem Rhein gerichtet seien. Weiter habe der französische Botschafter tags zuvor angefragt, wie Preußen über einen Kongreß denke. Einen Hauptpunkt aber bildeten die Berichte von der ununterbrochen wachsenden Menge kriegsbereiter österreichischer Truppen unmittelbar an der preußischen Grenze und die Befürchtung ihres sofortigen Einmarsches in Preußen. „Unter diesen Umständen", so schließt Bismarck, „dürste es zunächst unerläßlich sein gegen die augenblickliche Gefahr sofort die kräftigsten militärischen Vorkehrungen zu treffen. Diese Maßregel dürfte ganz unabhängig von den diplomatischen Verhandlungen, zu welchen die übrigen Puncte Anlaß geben ins Werk zu setzen sein. Sie präjudicirt keiner unsrer politischen Entschließungen, giebt vielmehr derselben erst die unentbehrliche Grundlage der momentanen Sicherheit im eignen Hause."

Der Befehl, fünf Armeekorps mobil zu machen, erging nun sofort; bis zum 12.Mai wurde in rascher Folge die ganze Armee in Kriegsbereitschaft gesetzt. Die Anerbietungen des Freiherrn von Gablenz zerschlugen sich trotz Bismarcks Entgegenkommen am 25. Mai. Denn Kaiser Franz Josef erteilte an diesem Tage in einer Audienz den Bescheid, es sei zu bedauern, daß diese Vorschläge nicht vor sechs bis acht Wochen gemacht worden seien; jetzt sei es zu spät; das Mißtrauen sei auf beiden Seiten schon zu groß. Abermals erschien Österreich als der Friedensstörer. In denselben Tagen scheiterte der Kongreßgedanke, zu dem Preußen sich freundlich stellte, an dem Widerstände Österreichs; es stellte die Bedingung, daß keine Macht einen Gebietszuwachs erlange; das war für Italien und auch für das hoffende Frankreich unannehmbar. Napoleon machte Mitteilung von der Ablehnung; Österreich trage jetzt allein die Verantwortung für den Krieg; Frankreichs wohlwollende Neutralität sei Preußen nunmehr gesichert. Bismarck konnte damit zufrieden sein. Er war in allen Fällen der klug Entgegenkommende gewesen.

Mitten in diese ereignisvollen Tage, deren Sorgen und Mühen Bismarck so belasteten, daß er zeitweise an der Grenze seiner Körper- und Geisteskräfte angelangt war, fiel am 7. Mai ein Angriff auf sein Leben, der um eines Haaresbreite ihm den Tod gebracht hätte. Am Abend dieses Tages gegen halb sechs Uhr kehrte er nach einem Vortrage beim Könige zu seiner Wohnung in der Wilhelmstraße zurück. Als er ‚Unter den Linden' entlang ging, hörte er in der Nähe der russischen Gesandtschaft hinter sich zwei Schüsse fallen. Er sah sich um und gewahrte in nächster Nähe einen jungen Menschen von einigen zwanzig Jahren, der zum dritten Male den Revolver auf ihn anlegte. Bismarck sprang auf ihn zu; da ging der dritte Schuß los, der abermals fehlte. Nun faßte er den Menschen an der Brust und am rechten Handgelenk; sofort nahm der Mordgesell den Revolver in die linke Hand und feuerte rasch noch zwei Schüsse auf Bismarck ab. Beim letzten Schuß ging dem Attentäter infolge der Umklammerung seines Halses durch Bismarcks Faust die Luft aus. In diesem Augenblicke eilte der Buchbindermeister Bannewitz hinzu, entwaffnete gemeinsam mit Bismarck den Verbrecher und lieferte ihn einigen Soldaten des gerade vorübermarschierenden ersten Bataillons des zweiten Garderegiments als Gefangenen aus. Bismarcks Paletot hatte die Kraft der Kugeln geschwächt, so daß nur eine einzige unbedeutende Verletzungen der Rippe hervorbrachte. Der Paletot war vom Pulver der Schüsse versengt und von den Kugeln durchlöchert. Bismarck begab sich nach dem Mordversuch heim. Dort ging er zuerst in sein Arbeitszimmer, um dem Könige mit wenigen Worten den Vorgang zu melden und trat dann in das Speisezimmer, wo er die Seinigen beim Essen traf. Er sagte: „Es ist eben auf mich geschossen worden; aber ich bin unversehrt." Dann zergliederte er bei Tisch den Fall, als ob er in Kniephof auf Jagd gewesen. „Als Jäger sagte ich mir, die beiden letzten Schüsse müssen gesessen haben. Ich konnte aber zu meiner Verwunderung bequem nach Hause gehen. Es kommt bei Rotwild vor, daß eine Rippe elastisch federt, wenn die Kugel aufschlägt." Der Mordgesell hieß Karl Cohen-Blind. Er war der Stiefsohn des in London lebenden badischen Flüchtlings Karl Blind, ein Schüler der landwirtschaftlichen Akademie in Hohenheim (Württemberg), den bei seinem von Haus aus verdrehten Wesen die maßlosen Angriffe der Gegner Bismarcks um allen Verstand gebracht hatten. Während der Untersuchungshaft schnitt er sich in der auf den Mordversuch folgenden Nacht mit einem Taschenmesser die Adern auf und starb an Verblutung.

Unmittelbar nach der Untat erschien der König, um seinen Minister zu beglückwünschen, und unterhielt sich kurze Zeit mit ihm allein. Dann kamen Prinz Karl, der alte Feldmarschall Wrangel, Generale, Minister, Freunde und Verehrer, am Abend auch der Kronprinz. Eine Anzahl von Glückwunschadressen, Depeschen und Briefe trafen aus ganz Deutschland ein. Am 8. Mai fand eine erhebende Kundgebung vor Bismarcks Amtswohnung in der Wilhelmstraße statt. Das zweite Garderegiment, das den Mörder verhaftet hatte, stellte die Musik; Tausende von Menschen hörten auf ihre Klänge. Es wurden gespielt ‚Lobet den Herrn' und das Preußenlied. Dann richtete Bismarck an die Menge die Worte: „Nehmen Sie meinen Dank für diesen Beweis Ihrer Teilnahme. Seien Sie versichert, daß ich mein Leben für unsern teuern König und für unser Vaterland stets bereit bin hinzugeben, sei es auf dem Felde, sei es auf dem Straßenpflaster. Ich verlange nichts Besseres und erflehe als eine besondere Gnade von Gott, daß mir ein solcher Tod vergönnt sei. Sie werden dieses patriotische Gefühl mit mir teilen; darum ersuche ich Sie, daß Sie mit mir ausrufen: Seine Majestät, unsrer teurer Herr und König, er lebe hoch." Daß nicht nur die Tausende in der Wilhelmstraße, sondern tausend und aber tausende in Preußen und jenseits der schwarz-weißen Grenzpfähle in den Dank gegen Gott einstimmten, das wissen wir, die wir diese Tage gewaltigen Ernstes mit Bewußtsein miterlebt haben. Es ging doch in diesen Maitagen durch die Seele der Deutschen, die geschichtlich zu denken und zu empfinden wußten, ein weltgeschichtlicher Zug; man empfand es wie eine wunderbare Fügung, daß Bismarck von keiner Kugel getroffen war, und wie einen Richterspruch weltgeschichtlichen Glückes zum Segen des großen Mannes und des nach Einheit und selbstbewußter Kraft sich sehnenden deutschen Volkes. Am Abend des 7.Mai begegneten sich zum ersten Male Freunde und Feinde Bismarckscher Politik eines Herzens und einer Seele.

Die großen Ereignisse gingen nun schnell ihrer Lösung entgegen. Am 1. Juni stellte Österreich den Streit um die Herzogtümer der Entscheidung des Bundestages anheim, zugleich berief es die holsteinischen Stände nach Itzehoe. Damit waren die Verträge zwischen Österreich und Preußen zerrissen. Man stand wieder auf dem Boden des Wiener Friedens vom 30. Oktober 1864. Bismarck hatte völlig freie Hand. In einer Note nach Wien erklärte er, der König werde den General von Manteuffel mit der Wahrung der Preußen aus jenem Frieden zustehenden Souveränitätsrechte aus Holstein beauftragen; nach der Lossagung vom Gasteiner Vertrag habe Österreich kein Recht, die holsteinischen Stände einseitig zu berufen; dazu gehöre Preußens Zustimmung. Zugleich aber trat er ebenso energisch für die Lösung der schleswig-holsteinischen Frage in engster Verknüpfung mit der deutschen Frage ein. Am 9. Juni ließ er in Frankfurt durch Savigny eine dahinzielende Erklärung abgeben, die mit den Worten schloß: „Preußen erwartet auch jetzt nur den Augenblick, wo es diese Frage mit einer Bundesgewalt verhandeln kann, in welcher die Mitwirkung der nationalen Vertretung dem Einfluss partikularer Interessen das Gegengewicht hält und die Bürgschaft gewährt, daß die von Preußen gebrachten Opfer schließlich dem gesamten Vaterlande und nicht der dynastischen Begehrlichkeit zugute kommen." Am 10. Juni sandte dann Preußen den deutschen Regierungen – Österreich ausgenommen – die Grundzüge der neuen Bundesverfassung, die den Oberbefehl über die Nordarmee dem König von Preußen, den über die Südarmee dem Könige von Bayern, die Ausübung der gesetzgebenden Gewalt dem Bundestag in Gemeinschaft mit einer Nationalvertretung übertrug, wobei zur Gültigkeit der Beschlüsse die Übereinstimmung der Mehrheit des Bundestages mit der Mehrheit der Volksvertretung erforderlich sein sollte. Hinsichtlich des allgemeinen Wahlrechts sollte es bei den in dem früheren preußischen Bundesreformentwurfe gegebenen Grundsätzen bleiben.

Das Bemerkenswerteste und auch wohl am meisten Umstrittene ist die Forderung allgemeiner Wahlen. Man hat versucht, diese der verzweifelten Verlegenheit oder der Popularitätshascherei oder aber einer gewissen diplomatischen Unehrlichkeit Bismarcks zuzuschieben. Er selbst hat solche Vorwürfe von sich abgewehrt in jenen Tagen, als er die Vorschläge beim Bunde machen ließ. Am 4. Juni sagte er zu dem französischen Journalisten Vilbort, daß er bereits in Frankfurt den Plan gefaßt habe, Deutschland von Österreichs Joche zu befreien, und er fügte mit jenen ‚großen, tiefen und sanften Augen, die aber schrecklich werden können, wenn sie in Zornesfeuer aufblitzen' hinzu: „Niemand ist berechtigt, mir die Beleidigung zuzufügen, ich dächte daran, Deutschland mit meinem Parlamentsprojekte zu mystifizieren." Und wer das Schreiben, das Bismarck gerade am 9. Juni an den Herzog Ernst von Sachsen Coburg-Gotha richtete, mit gewissenhafter Prüfung liest, der muß sich überzeugen, daß es ihm sehr ernst war mit diesem Geschenk, das er vertrauensvoll dem deutschen Volke machte mit bester Hoffnung auf die Zukunft. „Es ist unbillig zu verlangen, daß eine Generation oder sogar ein Mann, sei es auch mein Allergnädigster Herr, an einem Tage gut machen soll, was Generationen unserer Vorfahren Jahrhunderte hindurch verpfuscht haben. Erreichen wir jetzt, was in der Anlage feststeht, oder Besseres, so mögen unsre Kinder und Enkel den Block handlicher ausdrechseln und polieren."

Man würde nun fehlgehen, wenn man annähme, Bismarck habe aus liberalen Anwandlungen das allgemeine Stimmrecht gewünscht. Auf den liberalen Bourgeois ist er niemals gut zu sprechen gewesen. Er hat das allgemeine Stimmrecht vielmehr gegeben, weil er, wie im Jahre 1848, so auch im Jahre 1868 das Vertrauen hatte, daß das Volk monarchischer sei, als das liberale Bürgertum; er wollte mit diesem Wahlrecht die elementare Kraft der Nation aufrufen als Bundesgenossen gegen Österreich, er wollte zeigen, daß man da, wo es sich um Errichtung eines nationalen Staates handelte, es nicht nur mit einem Könige und seinem Minister, sondern mit einem ganzen Volke zu tun habe. Felsenfestes Vertrauen auf nationale Pflichterfüllung des Volkes hat Bismarck diese Waffe in die Hand gegeben, um sie dem Volke zu schenken. Hat er sich in diesem Vertrauen getäuscht, so ist das nicht seine Schuld; doch braucht man an Deutschlands Entwicklung nicht zu verzweifeln, so lange noch nicht aller Tage Abend ist. Wir wissen doch, daß nicht allein Bismarck, daß auch die Generation nach ihm an republikanischen Ideen gekrankt haben, daß mancher, der heute monarchisch gesinnt ist bis auf die Knochen, in seiner frühen Jugend anders dachte, daß überhaupt in unserem Liberalismus in monarchischer Richtung sich eine starke Umwandlung – dank Bismarcks Wirken – vollzogen hat durch Blut und Eisen der nationalen Kämpfe von 1864 bis 1871. Sollte nicht – nach Bismarcks oben erwähntem Wunsche – die Zukunft den „Block" des Deutschen Reiches weiter ausdrechseln und polieren? Und war denn nicht die Hoffnung gerechtfertigt, daß dereinst, vielleicht in einer Zeit, wo wiederum mit Blut und Eisen das deutsche Volk um sein Bestehen zu kämpfen hätte, ein neuer Hohenzoller und ein neuer großer Staatsmann das deutsche Volk des Vertrauens würdig finden würden, das Bismarck zu ihm gehegt hat, als er ihm das allgemeine Wahlrecht schenkte? Gerade der Krieg, in dessen Mitte wir heute stehen, der das noch vor kurzem scheinbar in Parteien hoffnungslos zerklüftete deutsche Volk mit einemmal in einer wunderbaren Einigkeit voll begeisterter Hingebung an Kaiser und Reich sich erheben sah, hat es ja bewiesen und wird es noch weiter beweisen, daß Bismarck in seinem felsenfesten Vertrauen zu des deutschen Volkes großem Geist und gesundem Sinn sich nicht getäuscht hat.

Am 7. Juni überschritt Manteuffel die Eider und besetzte, wozu ihm der Wiener Friede ein Recht gab, Holstein, rücksichtsvoll aber nur die von den Österreichern nicht besetzten Orte. Am 12. Juni verließ General von Gablenz mit den österreichischen Truppen Holstein und ging nach Böhmen. Am 14. Juni stellte Österreich den Antrag beim Bunde auf schleunige Mobilmachung des Bundesheeres mit Ausnahme des preußischen Teiles. Die Majorität stimmte mit Österreich. Damit war der Krieg erklärt. Was in Bismarcks Seele vorging, sagte die Provinzialkorrespondenz mit Worten, deren Urheberrecht in seinem Herzen und Verstande wohnte: „Der 14. Juni ist in der Geschichte Deutschlands fortan ein Tag von dauernder Bedeutung. An diesem Tage ist der Bund in seiner bisherigen Gestalt vernichtet worden. Östreich gedachte den Bund gegen Preußen ins Feld zu führen: daran ist er zu Grunde gegangen. Statt des alten machtlosen Bundes soll eine neue Verbindung deutscher Fürsten und Völker auf den Grundlagen wahrer Macht und echter Freiheit errichtet werden. Preußen soll in diesem Bunde die Stellung einnehmen, welche ihm nach seiner wirklichen Bedeutung und nach seinen Leistungen für Deutschland gebührt." Und als Bismarck um Mitternacht am 14. Juni mit dem englischen Botschafter Lord Loftus im Garten des Ministeriums sich erging, sagte er: „Wenn wir geschlagen werden, kehre ich nicht hierher zurück. Ich werde beim letzten Angriff fallen. Man kann nur einmal sterben, und es ist auch besser zu sterben als geschlagen zu sein."

Bismarck sollte heimkehren. Die preußische Armee entsprach der Siegeszuversicht, die General Gustav von Alvensleben äußerte, als Bismarck ihn über den Ausgang einer ersten Hauptschlacht fragte: „Wir laufen sie über, daß sie die Beine gen Himmel kehren." Der Waffengang war kurz und siegreich. Hannover, Sachsen und Kurhessen, von denen Bismarck nur Neutralität, nicht Waffengenossenschaft gegen Österreich verlangt hatte, standen trotzdem gegen Preußen; sie wurden mit einer Geschwindigkeit besetzt, die Wiener Blätter damals als eine ‚affenartige" bezeichneten. Bismarcks Geist war mit diesem Ansturm; denn am 17. Juni schrieb er an Roon: „Ist denn Manteuffel in Harburg durch irgend welchen Militärbefehl festgenagelt? Ich hoffte, er würde fliegen!" Am 28. und 29. Juni kam Siegesnachricht auf Siegesnachricht von Böhmen nach Berlin. Große Volksmassen versammelten sich vor dem Palais des Königs, des Kronprinzen und des Prinzen Friedrich Karl. Als Bismarck aus dem Königlichen Palais kam, wurde er von begeisterten Massen empfangen; vor seiner Wohnung setzten sich ähnliche Szenen fort. Er mußte auf seinem Balkon erscheinen und sprach zu der Menge: „Gott hat uns gestern und vorgestern Siege gegeben. Nächst Gott verdanken wir diese Siege unserm Allerhöchsten Kriegsherrn, dem Könige. Er hat von Jugend aus sich bemüht, uns eine tapfre Armee zu schaffen; als er sie hatte, hat es ihn viel Mühe und Kampf gekostet, sie zu erhalten. Jetzt sehen Sie, daß er Recht gehabt hat. Ohne des Königs Pläne wäre es nicht möglich gewesen, solche Siege zu erstreiten. Darum danken wir Gott, und lassen Sie uns den König, den Schöpfer dieses Kriegsheeres loben – der Himmel gebe seinen Segen dazu!" Nach dem von ihm ausgebrachten und stürmisch erwiderten Hoch auf den König und die Armee mahnte Bismarck, noch der Verwundeten und der Zurückgebliebenen, der Witwen und Waisen zu gedenken, und als der Donner eines heraufziehenden Gewitters seine Worte begleitete, rief er: „Der Himmel schießt Salut!" – Am 30. Juni in der Frühe reiste der König nach Böhmen ab, mit ihm Bismarck, Roon und Moltke, „alle drei vereint in ersprießlicher Waffenbrüderschaft wirkend", wie Roon später schrieb. Am 1. Juli war man in Sichrow in Böhmen. Von dort schrieb Bismarck an seine Frau: „Wir sind heut von Reichenberg aufgebrochen, eben hier eingetroffen. Die ganze Reise war eine gefährliche und ich bin froh keine Verantwortung dafür zu haben. Die Östreicher konnten gestern, wenn sie Cavallerie von Leitmeritz geschickt hätten, den König und uns alle aufheben ... Wir begegnen überall Gefangnen, es sollen schon über 15000 sein nach den hier vorliegenden Angaben. Gitschin ist gestern von uns mit Bajonett genommen, Frankfurter Division, Gen. Tümpling an Hüfte schwer verwundet, nicht tödtlich. Hitze furchtbar, Zufuhr von Proviant schwer. Unsre Truppen leiden von Mattigkeit und Hunger. Im Lande bis hier nicht viel Spuren des Krieges, außer zertretnen Kornfelden. Die Leute fürchten sich nicht vor den Soldaten, stehn mit Frau und Kind im Sonntagsstaat vor den Thüren und wundern sich."

Am 3. Juli folgte der Sieg von Königgrätz. Bismarck befand sich den ganzen Tag in unmittelbarer Nähe seines Königs und der Generale in der Uniform des Landwehrmajors auf seinem riesigen Fuchs, unerschrocken wie sein König. Legationsrat Keudell schildert ihn also: „Wie er im grauen Mantel hochaufgerichtet dasaß und die großen Augen unter dem Stahlhelme glänzten, gab er ein wunderbares Bild, das mich an kindliche Vorstellungen von Riesen aus der nordischen Urzeit erinnerte." Der König schrieb an seine Gemahlin: „So avancierte die Infanterie bis zum Thalrande der Elbe, wo jenseits dieses Flusses noch sehr heftiges Granatfeuer, in das ich auch geriet, aus dem mich Bismarck ernstlich entfernte." Wie das geschah, und über die Schlacht berichtet dieser also an seine Frau: „Der König exponirte sich am 3. allerdings sehr, und es war gut, daß ich mit war, denn alle Mahnungen Anderer fruchteten nicht, und niemand hätte gewagt, ihn so hart anzureden wie ich es mir beim letzten Male, welches half, erlaubte, nachdem ein Knäuel von 10 Kürassieren und 15 Pferden vom 6. Kür. Reg. sich neben uns blutend wälzte, und die Granaten den Herrn in unangenehmster Nähe umschwirrten. Die schlimmste sprang zum Glück nicht. Er kann mir noch nicht verzeihen daß ich ihm das Vergnügen getroffen zu werden verkümmerte; an der Stelle, wo ich auf allerhöchsten Befehl wegreiten mußte' sagte er gestern noch mit gereiztem Fingerzeig auf mich. Es ist mir aber doch lieber so, als wenn er die Vorsicht übertriebe. Er war enthusiasmirt über seine Truppen, und mit Recht, so exaltiert daß er das Sausen und Einschlagen neben sich gar nicht zu merken schien, ruhig und behaglich wie am Kreuzberg, und fand immer wieder Bataillone denen er danken und ‚Guten Abend, Grenadiere' sagen mußte, bis wir dann richtig wieder ins Feuer hineingetändelt waren. Er hat aber so viel darüber hören müssen, daß er es künftig lassen wird, und Du kannst ganz beruhigt sein; ich glaube auch kaum noch an eine wirkliche Schlacht." Ergänzend fügt er einige Tage später hinzu: „Was König und Granaten anbelangt, schrieb ich Dir schon. Die Generäle hatten alle den Aberglauben, sie, als Soldaten, dürften dem Könige von Gefahr nicht reden, und schickten mich, der ich auch Major bin, jedesmal an ihn ab. Sie trauten sich nicht in dem ernsten Tone, der schließlich half, zu der verwegnen Majestät zu reden. Schließlich weiß er es mir doch Dank, und die spitzen Reden ‚wie Sie mich das erste Mal wegjagten' etc. sind die Anerkennung, daß ich Recht hatte. Niemand kannte die Gegend, keiner führte den König, der nach Belieben grade ausritt, bis ich mich zum Wegweiser aufwarf." Daß Bismarck nicht nur feinen Willen, sondern auch seine Sporen an des Königs Pferd heranbrachte, damit dieses rascher aus dem Feuer kam, wissen wir aus späterer Erzählung Bismarcks. Jedenfalls ein erhebendes Bild: der König und sein Minister nicht nur vereint gegen den inneren Gegner, sondern auch vereint vor dem Feinde im Feuer der Feldschlacht.

Was ihnen hier zum Siege verhalf, das sagte Roon am Abend des Tages: „Bismarck, diesmal hat uns der brave Musketier noch einmal herausgerissen." Wie groß aber der Sieg war, das bestätigte Moltke an demselben Abend: „Eure Majestät haben nicht bloß die Schlacht, sondern den Feldzug gewonnen." Und Bismarck setzte auf der Höhe des Erfolges mit kluger weitausschauender Mäßigung hinzu: „Die Streitfrage ist also entschieden; jetzt gilt es die alte Freundschaft mit Östreich wieder zu gewinnen." Daß es ihm ernst mit dieser weisen Maßhaltung war, erfahren wir aus einem Briefe an seine Frau vom 9. Juli: „Uns geht es gut, trotz Napoleon; wenn wir nicht übertreiben in unsren Ansprüchen sind und nicht glauben die Welt erobert zu haben, so werden wir auch einen Frieden erlangen der der Mühe werth ist. Aber wir sind ebenso schnell berauscht wie verzagt, und ich habe die undankbare Aufgabe Wasser in den brausenden Wein zu gießen und geltend zu machen daß wir nicht allein in Europa leben, sondern mit noch 3 Mächten die uns hassen und neiden."

Mit Napoleon aber stand es also: Nach der Schlacht von Königgrätz traf in der Nacht vom 4./5. Juli beim Könige ein Telegramm ein, in welchem Louis Napoleon mitteilte, daß der Kaiser Franz Josef ihm Venetien abgetreten und seine Vermittlung erbeten habe. Am 5. Juli erschien eine Note im Moniteur, die folgenden Inhalt hatte: „Ein wichtiges Ereignis hat sich zugetragen. Nachdem der Kaiser von Östreich in Italien die Ehre seiner Waffen gewahrt hat, schließt er sich den vom Kaiser Napoleon in dem Briefe vom 11. Juni an seinen Minister des Äußeren niedergelegten Ideen an, tritt Venetien an den Kaiser der Franzosen ab und nimmt seine Vermittlung an, um zwischen den streitenden Mächten den Frieden anzubahnen. Der Kaiser Napoleon hat sich beeilt, diesem Anruf zu entsprechen, und hat sich sofort an die Könige von Preußen und Italien gewendet, um einen Waffenstillstand herbeizuführen." Es war klar, der glänzende Erfolg der preußischen Waffen kam Napoleon unerwartet und unerwünscht, und er sah sich im Hinblick auf die nationale Empfindlichkeit, die der preußische Sieg bei

„Sadowa" in ganz Frankreich hervorgerufen hatte, genötigt, aus seiner Zurückhaltung herauszutreten.

Auf den König und seinen Minister machte die Depesche Napoleons einen tiefen Eindruck; jener rief aus ‚unglaublich!' und Bismarck fügte zornig hinzu, das wolle er dem Gallier vergelten, wenn sich Gelegenheit fände. Gleichwohl mahnte die Lage zur Ruhe und Vorsicht. Wenn Italien die Vermittlung annahm, hatte Preußen eine neue österreichische Armee gegen sich und die Gefahr eines französischen Angriffs dazu. Und wie sich Rußland der ungeahnten Machtentfaltung Preußens gegenüber verhielt, war nicht vorauszusehen. Bismarck riet deshalb dem Könige Napoleon hinzuhalten, aber mit Ablehnung jedes Waffenstillstandes ohne Friedensbürgschaften. Man erklärte sich also bereit, über die Mittel zur Herstellung des Friedens sich zu verständigen. Der König werde durch seinen Gesandten die Bedingungen angeben, unter welchen die militärische Lage und Preußens Verpflichtungen gegen den König von Italien es erlauben würden, einen Waffenstillstand zu schließen.

Da Bismarck dem Könige in diesen Tagen kriegerischen Dranges nicht eingehend Vortrag halten konnte, so gab er am 9. Juli, zum Teil auf eigene Gefahr hin, dem Pariser Gesandten, Grafen Goltz, nur allgemeine Gesichtspunkte zur Behandlung der Frage an die Hand. Diese gingen dahin, daß die öffentliche Meinung in Preußen die Einverleibung Sachsens, Hannovers und Hessens verlange, was gewiß für alle Beteiligten die zweckmäßigste Lösung wäre, wenn sie sich ohne Abtretung anderen preußischen Gebietes erreichen ließe. Seinerseits finde er den Unterschied zwischen einer für Preußen hinreichend günstigen Bundesreform und dem unmittelbaren Erwerb jener Länder nicht groß genug, um das Schicksal der Monarchie von neuem aufs Spiel zu setzen. Preußens politisches Bedürfnis beschränke sich auf die Verfügung über die Kräfte Norddeutschlands in irgendeiner Form. Hier gebraucht Bismarck zum ersten Male den Ausdruck ‚Norddeutscher Bund', und bemerkt dazu, er spreche das Wort ganz unbedenklich aus, weil er es, wenn die nötige Konsolidierung des Bundes gewonnen werden solle, zur Zeit noch für unmöglich halte, auch Süddeutschland heranzuziehen. Am Schlusse ersucht Bismarck den Gesandten festzustellen, welchen Eindruck diese Stellungnahme Preußens bei Napoleon hervorgerufen habe und welche außerdeutschen Kompensationen Frankreich verlangen würde, wenn Preußen die Annexion von Sachsen, Hannover, Kurhessen und Nassau fordere. Jedenfalls solle Goltz, ohne zu drohen, durchblicken lassen, dass Preußen einen im Verhältnis zu seinen Erfolgen unehrenvollen Frieden nicht anzunehmen fest entschlossen sei. Für den Fall, daß Frankreich eine drohende Haltung annehme, stellt Bismarck eine nationale Erhebung Deutschlands auf der vollen Grundlage der Reichsverfassung von 1849 und die Anwendung jedes Mittels ohne Rücksicht auf irgendeinen Parteistandpunkt zur Kräftigung des Widerstandes der Nation in Aussicht.

Diese Anweisung vom 9. Juli ist ein Meisterstück. Bismarck konnte nicht wissen, was wir heute wissen, daß Frankreichs Heereskraft so schwach war, wie es sich bei den Beratungen in St. Cloud in diesen Tagen Kaiser Napoleon von seinem Minister Lavalette sagen lassen mußte; er konnte ebenso wenig einen klaren Einblick haben, wie schwach überhaupt die ganze Position in Paris war, wo man planlos hin und her schwankte auf unruhigen Wogen des Zweifelns und der Bedenklichkeiten. Dem Ungewissen gegenüber war also klärende Hinhaltung das beste Mittel. Bismarck war übrigens auch dadurch gehemmt, daß seine Ziele von den Wünschen seines Königs stark abwichen. Dieser hatte, als das Napoleonische Telegramm am 4. Juli wie eine Bombe ins preußische Feldlager siel, die Friedensbedingungen also skizziert: „Bundesreform unter preußischer Leitung, Erwerb Schleswig-Holsteins, Österreichisch-Schlesiens, eines böhmischen Grenzstrichs, Ostfrieslands, Ersetzung der feindlichen Souveräne von Hannover, Kurhessen, Meiningen, Nassau durch ihre Thronfolger."

In der Nacht vom 11. zum 12. Juli erschien nun in Zwittau in Böhmen urplötzlich der französische Botschafter in Berlin, Graf Benedetti, vor Bismarcks Bette, um mit ihm zu verhandeln. Bismarck erkannte bald, daß dieser ohne bestimmte Instruktionen war und selber nicht recht wußte, was er sollte; mit großem Geschick holte er deshalb den Franzosen soweit aus, als überhaupt etwas auszuholen war. Er bewegte sich in den Forderungen, die er Goltz mitgeteilt hatte, und mischte, ohne Verbindlichkeiten einzugehen, Klagen und Drohungen durcheinander. Benedetti erklärte für die Grundlinie der napoleonischen Politik, daß eine Vergrößerung Preußens um höchstens vier Millionen Seelen in Norddeutschland – welcher Art diese Seelen sein dürften, verriet er nicht – unter Festhaltung der Mainlinie als Südgrenze, keine französische Einmischung nach sich ziehen werde. Er hoffte also wohl, wie Bismarck vermutete, auf einen süddeutschen Bund als Zweiggeschäft der französischen Hauptfirma. Am 15. Juli verließ Benedetti das Hauptquartier in Brünn, um über Wien nach Paris zu gehen. Er erhielt aber Gegenbefehl, kehrte zurück und begleitete das Hauptquartier weiter, im Wesentlichen als Zuschauer.

In diesem Hauptquartier, in dem militärischer und politischer Generalstab gleichsam vereinigt waren, ereigneten sich sehr ernste Dinge. Der König und Bismarck waren nicht eines Sinnes und eines Zieles. Gegen den 20. Juli – bestimmt läßt sich der Tag nicht feststellen – fand unter dem Vorsitze des Königs in Nikolsburg eine Art von Kriegsrat statt, in dem zur Entscheidung stand, ob und unter welchen Bedingungen Friede zu machen oder ob der Krieg fortzusetzen sei. Verschiedentlich hatte Bismarck mit dem österreichischen Unterhändler Grafen Károlyi die Bedingungen für den Frieden beraten und vereinbart, daß Preußen sich befriedigt gebe, wenn Österreich aus dem Deutschen Bunde austrete und die Einrichtungen, die der König in Norddeutschland treffen werde, vorbehaltlich der Unversehrtheit Sachsens, anerkenne.

Bismarck litt in diesen Tagen an großer Abspannung, auch wohl an Nervenschmerzen. Deshalb mußte die Beratung in seinem Zimmer abgehalten werden. Er trug seine Überzeugung vor, daß auf die genannten, von Österreich bewilligten Bedingungen hin der Friede geschlossen werden müsse; blieb aber mit seinen Vorschlägen allein; der König trat der militärischen Mehrheit bei, die für weiteres Vorrücken war. Das hielten des Mannes Nerven nicht aus, der Tag und Nacht unter angreifenden Eindrücken gelebt; er stand schweigend auf, ging in sein anstoßendes Schlafzimmer und wurde dort von einem Weinkrampf befallen. Währenddessen brachen die im Nebenzimmer Versammelten auf.

Bismarck brachte nun die Gründe, die für den Friedensschluß sprachen, zu Papier und bat den König, wenn er diesen seinen verantwortlichen Rat nicht annehmen wolle, ihn seiner Ämter als Minister bei Weiterführung des Krieges zu entheben. Er war, wie er in den „Gedanken und Erinnerungen" es ausdrückt, „der einzige im Lager, dem eine politische Verantwortlichkeit als Minister oblag und der sich notwendig der Situation gegenüber eine Meinung bilden und einen Entschluß fassen mußte, ohne sich für den Ausfall auf irgendeine andere Autorität in Gestalt kollegialischen Beschlusses oder höheren Befehles berufen zu können". Er war von dem Bewußtsein durchdrungen, daß dieser Krieg im Wesentlichen eine Etappe zur deutschen Einheit sei und daß nach historischer Konsequenz ein Krieg mit Frankreich folgen werde. Er konnte zwar die Gestaltung der Zukunft und das von ihr abhängige Urteil der Welt ebenso wenig voraussehen wie irgendein anderer, aber er war gleichwohl bereit, die Meinung, die er sich in sorgsamer Überlegung der Zukunft von Preußens Stellung in Deutschland und seiner Beziehungen zu Österreich gebildet hatte, zu verantworten und bei dem Könige zu vertreten. Daß man ihn im Generalstabe den ‚Questenberg im Lager' nannte, wußte er; schmeichelhaft war für ihn der Vergleich mit jenem unsympathischen Diplomaten nicht; aber was hatte er in dieser Beziehung nicht schon alles auf sich nehmen müssen!

Er ging also mit seinem Schriftstücke zum Könige. Dort entwickelte er seine Gründe, die ihn bestimmten, zum Frieden zu raten. Österreich schwer zu verwunden, dauernde Bitterkeit und Revanchebedürfnis mehr als nötig zu hinterlassen, müsse Preußen vermeiden, vielmehr müsse es die Möglichkeit, mit dem heutigen Gegner sich zu befreunden, wahren und jedenfalls den österreichischen Staat als „einen Stein im europäischen Schachbrett" und „die Erneuerung guter Beziehungen mit ihm als einen für Preußen offen zu haltenden Schachzug" ansehen. Würde Österreich schwer geschädigt, so würde es der Bundesgenosse Frankreichs. Eine längere Fortsetzung des Krieges verspreche nicht mit Sicherheit Erfolge, wie die bisher erkämpften glänzenden Siege; Frankreichs Einmischung diplomatischer oder militärischer Art käme man am besten durch den Frieden zuvor.

Des Königs Ansprüche waren seit dem 4. Juli offenbar gewachsen, der Hauptschuldige, so meinte er, könne doch nicht ungestraft ausgehen; die verführten kleineren deutschen Staaten dürfe man dann leichter davon kommen lassen; er bestand auf der Forderung von Gebietsabtretungen seitens Österreichs. Daraus erwiderte Bismarck, ein Richteramt habe Preußen nicht zu üben; Österreichs Rivalitätskampf gegen Preußen sei nicht strafbarer als der preußische gegen Österreich; Preußens Aufgabe sei Herstellung oder Anbahnung deutsch-nationaler Einheit unter Leitung von Preußens König. Dann kam der König auf Erwerbungen von den deutschen Staaten durch Beschneidung der Länder verschiedener Gegner. Bismarck wiederholte, dass Preußen auch hier nicht vergeltende Gerechtigkeit, sondern Politik zu treiben habe; es müsse vermieden werden, durch verstümmelte Besitze sich unzuverlässige Bundesgenossen zu schaffen. Die Anbahnung zukünftiger eng geschlossener Einheit und Einmütigkeit also wollte Bismarck unter keinen Umständen preisgeben. Der König aber beharrte bei seinen Absichten; vor allem zeigte er eine starke Abneigung gegen die Unterbrechung des Siegeslaufes seiner Armee. Und hier hatte er seine militärischen Berater fast geschlossen hinter sich.

Eine Verlängerung der Erörterung war somit unmöglich; Bismarck hatte den Eindruck, seine Auffassung sei abgelehnt. Er verließ deshalb das Zimmer mit dem Gedanken, den König zu bitten, daß er ihm erlauben möge, in seiner Eigenschaft als Offizier in sein Regiment einzutreten und damit den Ministerposten dranzugeben. In sein Zimmer zurückgekehrt, war er in der Stimmung, daß ihm der Gedanke nahe trat, ob es nicht besser sei, aus dem offenstehenden, vier Stock hohen Fenster zu fallen; und er sah sich nicht um, als er die Tür öffnen hörte, obwohl er vermutete, daß der Eintretende der Kronprinz sei, an dessen Zimmer Bismarck auf dem Korridor vorübergegangen war. Bismarck fühlte des Kronprinzen Hand aus seiner Schulter; dieser sagte: „Sie wissen, daß ich gegen den Krieg gewesen bin, Sie haben ihn für notwendig gehalten und tragen die Verantwortlichkeit dafür. Wenn Sie nun überzeugt sind, daß der Zweck erreicht ist und jetzt Friede geschlossen werden muß, so bin ich bereit, Ihnen beizustehen und Ihre Meinung bei meinem Vater zu vertreten." Der Kronprinz begab sich dann zum Könige, kam nach einer kleinen halben Stunde zurück in derselben ruhigen und freundlichen Stimmung mit den Worten „Es hat sehr schwer gehalten, aber mein Vater hat zugestimmt." Diese Zustimmung fand ihren Ausdruck in einer vom Könige mit Bleistift an den Rand einer der letzten Eingaben geschriebenen Bemerkung ungefähr des Inhalts: „Nachdem mein Ministerpräsident mich vor dem Feinde im Stiche läßt und ich hier außer stande bin, ihn zu ersetzen, habe ich die Frage mit meinem Sohne erörtert, und da sich derselbe der Auffassung des Ministerpräsidenten angeschlossen hat, sehe ich mich zu meinem Schmerze gezwungen, nach so glänzenden Siegen der Armee in diesen sauren Apfel zu beißen und einen so schmachvollen Frieden anzunehmen."

So etwa lauteten nach Bismarcks Erinnerung die scharfen Ausdrücke des Königs, die indes den Diener seines Herrn nicht zur Empfindlichkeit reizten; er wußte es nachzufühlen, wie schwer es dem alten Soldaten fiel, seine glänzende Siegeslaufbahn aus politischen Erwägungen unterbrechen zu müssen; und noch bis in sein höchstes Alter blieb es für ihn als schmerzliche Erinnerung zurück, daß er seinen alten Herrn, den er persönlich so sehr liebte, in heftige Gemütsbewegung hatte versetzen müssen, die aber im Interesse des Vaterlandes nicht zu vermeiden war, wenn Bismarck verantwortlich bleiben wollte für die preußische Politik.

Die Hauptsache war: er hatte erreicht, was erreichbar und was von Segen war; und er wußte, weshalb es der Eile bedurfte. Es zogen drohende Wolken von Osten und Westen herauf. Am 24. Juli hatte von

Petersburg ein Telegramm gemeldet, Kaiser Alexander wünsche lebhaft den Zusammentritt eines Kongresses, da die in Nikolsburg schwebenden Fragen nicht ohne Zustimmung Europas erledigt werden könnten. Die amtliche Anzeige dieser Forderung konnte jeden Augenblick eintreffen. Dann war Preußen womöglich dem Schiedsgericht seiner Nachbarn im Osten und Westen preisgegeben und der Siegespreis wie in den Jahren 1813 und 1815 gefährdet. Und gerade als Bismarck am 26. Juli die Präliminarien unterzeichnen wollte, erschien Benedetti mit den kleinen französischen Entschädigungsforderungen auf dem linken Rheinufer, die aber von Bismarck mit den Worten zurückgewiesen wurde: „Machen Sie mir heute keine amtliche Mitteilung dieser Art." Das hieß soviel wie: „Halten Sie mich nicht auf mit Kleinigkeiten, wo die Geschichte ihre gerechten Folgerungen aus Jahrhunderten zieht." Die Präliminarien wurden also unterzeichnet, ohne Frankreich und Rußland zu beteiligen. Am 28. vollzog sie der König. Roon schreibt darüber an seine Gattin: „Die Friedens-Präliminarien sind heute unterzeichnet worden in unserer Gegenwart. Als er – der König – dies vollbracht, sprang der Herr auf, umarmte und küßte dankend und weinend, mit viel beweglichen Worten zuerst Bismarck, dann mich und Moltke, indem er diesem und mir den Schwarzen Adler-Orden, Bismarck das Großkreuz des Hohenzollern verlieh." So herzerwärmend war das Verhältnis des großen Königs zu seinen großen Helfern.

Am 4. August kehrte der König nach Berlin zurück, da am folgenden Tage der Landtag zusammentrat. Am Morgen dieses Tages traf ein Schreiben Benedettis bei Bismarck ein mit Kompensationsforderungen, weil Napoleon nicht zugunsten Österreichs eingegriffen habe. Verlangt wurden die Grenzen von 1814, ganz Rheinbayern und Rheinhessen mit Mainz, die Lösung des zwischen dem Deutschen Bunde und Luxemburg bestehenden Bundesverhältnisses und die Aufhebung des preußischen Garnisonrechtes in der Festung Luxemburg. Benedetti hatte diese Forderungen schriftlich aufgestellt, weil er es mit Rücksicht auf den Charakter Bismarcks lieber vermeiden wollte, dem ersten Eindruck beizuwohnen, den seine Eröffnungen voraussichtlich hervorrufen würden. Er hatte nicht unrecht. Als er am folgenden Tage mit Bismarck zusammentraf, sagte ihm dieser, die Forderungen seien der Krieg; um diesen zu verhüten, tue er gut, selbst nach Paris zu gehen. Benedetti aber gab nicht nach und bat Frankreichs Bedingungen – Bismarck hatte das verweigert – dem Könige mitzuteilen. Am 7. August gab ihm Bismarck auch des Königs Bescheid: Kein Zoll breit deutschen Landes. Bestehe Frankreich auf seinen Forderungen, so mache Preußen mit Österreich auf jede Bedingung hin sofort Frieden, gehe dann vereinigt mit seinem Bundesgenossen mit 800000 Mann über den Rhein und nehme den Elsaß. Bismarck schloß mit der Warnung, ein solcher Krieg werde unter gewissen Umständen ein Krieg mit revolutionären Donnerschlägen sein (*à coups révolutionaires*) und daß angesichts solcher revolutionären Gefahren die deutschen Dynastien doch wohl eine größere Festigkeit bewahren würden, als die des Kaisers Napoleon. Das wirkte. Alles wurde von Paris aus als Mißverständnis zurückgezogen. Der Minister des Auswärtigen Drouyn de l'Huys trat von seinem Amte zurück. Die Politik Bismarcks hatte einen neuen glänzenden Erfolg mehr zu verzeichnen.

Nun war noch mit den kleineren Gegnern abzurechnen. Am 28. Juli schon hatte Roon an seine Gattin geschrieben: „Jetzt kommen die Büßenden alle." Ihr Wunsch gemeinsamer Verhandlungen wurde abgewiesen, sie selber zunächst auch. Beim Abschluß des Waffenstillstandes standen preußische Truppen in Bayreuth und Nürnberg auf München zu mit Ausstrahlungen nach Heidelberg, Mannheim und Darmstadt. Hannover und Hessen waren schon im Juni unschädlich gemacht. Daß sie ebenso wie Hessen-Nassau annektiert würden, erschien Bismarck aus politischen Gesichtspunkten selbstverständlich; diese Staaten lagen zwischen preußischen Gebieten; der Gefahr, daß sie nach dem jedesmaligen Ermessen des Souveräns für oder gegen Preußen ins Feld zogen, konnte sich Preußen nicht aussetzen; mit Hessen-Nassau in unmittelbarer Nähe von Coblenz stand es ebenso; die Nassauer erschienen auch bei König Wilhelm mit Deputationen, deren stehende Rede war: „Schütze Se uns vor dem Fürste und sei' Jagdknechte." Bei diesen Staaten lag die Sache also klar; nach Zerstückelungen und Teilabtretungen wären weder Hessen noch Hannoveraner zufriedene Teilnehmer des Norddeutschen Bundes geworden.

Die Verhandlungen mit den übrigen Bundesstaaten sind zum Teil Kabinettsstücke kluger und auch humorvoller Bismarckscher Politik. Württemberg kam zuerst dran. Sein Minister von Varnbüler hatte sich beim Ausbruch des Krieges schroff gegen Preußen gestellt und wenig deutsch national gezeigt. Als der Tübinger Professor Römer in der zweiten Kammer sich für Preußens Integrität im Falle seiner Niederlage ausgesprochen hatte, antwortete Varnbüler mit einem *vae victis* den Preußen. Jetzt mußte er mit seiner ‚beweglichen Empfänglichkeit für die politischen Eindrücke jeder Situation' bei den Berliner Verhandlungen die Folgerungen ziehen; er war, weil er diplomatische Sünden auf dem Konto hatte, der geeignetste Unterhändler für Bismarck. Dieser verstand sich dazu, die Vergangenheit zu vergessen, und er gewann durch den Vorgang Württembergs im Abschluß des Bündnisses den Weg zu den andern. Denn ein Bündnis war es, nicht nur ein Frieden. Dem Friedensvertrage (Unversehrtheit des Landes, Kriegskosten, Erneuerung des Zollvereins) wurde nämlich ein Schutz- und Trutzbündnis beigefügt, nach welchem im Kriegsfall die Truppen Württembergs unter den Oberbefehl Preußens treten sollten. Das geschah am 13. August; am 17. folgte Baden, dann kamen die nicht ganz leichten Verhandlungen mit Bayern. Hier trat Bismarck zunächst grob und hart auf; von der Pfordten hatte nach Königgrätz mit Wien und Paris angeknüpft. Als er in Nikolsburg erschien, um mit Preußen zu verhandeln, hatte ihm Bismarck, der von der Pfordten früher geschätzt hatte, barsch zugerufen: „Wissen Sie, daß ich Sie als Kriegsgefangenen verhaften lassen könnte?" Ebenso barsch waren die Friedensforderungen: Sehr hohe Kriegsentschädigung und Abtretung der nördlich vom Main gelegenen Hälfte von Oberfranken (200000 Einwohner). Als von der Pfordten außer sich geriet und von *finis Bavariae* sprach, zeigte Bismarck, der im Gegensatz zu seinem König nicht für Gebietsabtretungen war, einen anderen Weg, den der Versöhnung und des Bündnisses.

Er legte Benedettis Forderungen vom 5. August vor und fragte, ob Bayern bereit sei, mit Preußen, der Deutsche mit dem Deutschen, gegen jeden äußeren Feind zusammenzustehen. Da gehorchte der Bayer der gebietenden nationalen Stunde. Die beiden Männer umarmten sich: Am 22. August wurde auch dieses Bündnis geschlossen. Am 23. August kam der Friede mit Österreich in Prag zustande. Hessen-Darmstadt und Sachsen blieben noch übrig. Am 3. September schloß Preußen mit jenem Staate ab; was von Hessen-Darmstadt nördlich vom Main lag, sollte dem Norddeutschen Bunde beitreten. Eines besonderen Schutz- und Trutzbündnisses bedurfte es hier also nicht; Bismarck traute auch dem Minister von Dalwigk wegen seiner Franzosenfreundlichkeit nicht; er wünschte die Schutz- und Trutzbündnisse geheim zu halten. Dalwigk aber hätte sie wahrscheinlich an Napoleon verraten.– Sachsen schloß erst am 21. Oktober den Frieden ab. Es sollte anfänglich die Selbständigkeit seines Heerwesens gänzlich dran geben; schließlich wurde der Friede auf derselben Grundlage wie mit den andren deutschen Staaten geschlossen, nur daß Sachsen dem Norddeutschen Bunde beitrat. Bismarck war an diesem Abschluß nicht beteiligt; in den Herbstmonaten lag er krank darnieder.

Denn außer den Friedensverhandlung mit all den Gegnern nahmen ihn die Mühen um den inneren Frieden so in Anspruch, daß seine Kräfte des Geistes und Gemüts und sein Körper schließlich den Gehorsam versagten.

Dieser innere Friede war für ihn eine nationale Frage ersten Ranges. Es durfte dem Auslande keine Spur von vorhandenen oder bevorstehenden Hemmnissen der nationalen Kraft durch die innere Lage gezeigt werden, sondern nur die einige nationale Stimmung zur Anschauung kommen, zumal da sich gar nicht voraussehen ließ, wann und mit welchen Bundesgenossen das gereizte Frankreich losschlagen würde.

Während bei Königgrätz gekämpft wurde, wählte man zum neuen Abgeordnetenhause in der Heimat. Fast die Hälfte der neuen Männer bestand aus überzeugten Anhängern Bismarcks; gemäßigte Liberale waren in stärkerer Zahl gewählt. Schon vor dem Kriege hatte sich Bismarck stark mit Gedanken der Versöhnung getragen. Am 20. Juni hatte er in heller Sommernacht im Garten seiner Ministerwohnung ein Gespräch mit dem Liberalen von Unruh, in welchem sich sehr deutlich der Gedanke der Versöhnung kund tat. Diese Grundstimmung blieb in ihm. Am 3. August befand er sich mit dem Könige in Prag. Von dort schreibt er an seine Frau: „Großer Zwist im Ministerium über die Thronrede; Lippe führt das große Wort im conservativen Sinne gegen mich, und Hans Kleist hat mir einen aufgeregten Brief geschrieben. Die Leutchen haben alle nicht genug zu thun, sehn nichts als ihre eigne Nase und üben ihre Schwimmkunst auf der stürmischen Welle der Phrase. Mit den Feinden wird man fertig, aber die Freunde! Sie tragen alle Scheuklappen und sehn nur Einen Fleck von der Welt." In diesen Tagen trafen Abgeordnete der konservativen Fraktion beim. Könige ein, die Versuche machten, den günstigen Augenblick dem ungeschickten und ehrgeizigen Eigensinn der Führer der Opposition gegenüber zu ergreifen, um die Verfassung zeitweilig außer Kraft zu setzen und einer Durchsicht zu unterziehen. Eine Unterlage war geboten durch einen Artikel der Verfassungsurkunde, der zur Unterordnung der preußischen unter eine neu zu schaffende deutsche Verfassung berechtigte. Bismarck setzte sich sehr stark in Gegensatz zu solchen Bestrebungen. Irgendwelche absolutistische Versuche verschütteten seiner Meinung nach die Bahn deutscher Politik, schwächten die durch den Sieg erreichte nationale Kraft Preußens. Vor diesem Siege hätte er nie von „Indemnität" gesprochen; jetzt verlangte er diesen Ausdruck als versöhnenden Einschlag in der Thronrede. Was er darunter verstanden wissen wollte, legte er seinem Könige auf der Fahrt von Prag nach Berlin dar. Das Verlangen nach Indemnität, nach Freisprechung von jeder Schuld, sei kein Eingeständnis begangenen Unrechts; in der Gewährung der Indemnität liege nichts weiter als die Anerkennung der Tatsache, daß Regierung und König, wie die Dinge lagen, richtig gehandelt hätten; die Regierung habe eben den Spielraum, der in der Verfassung liege, benützt; Bismarck wollte dem Gegner jetzt eine goldene Brücke bauen. Er hat das dann auch den Abgeordneten gegenüber am 1. September in klar verständlicher Weise also ausgedrückt: „Je aufrichtiger die königliche Regierung den Frieden wünscht, um so mehr fühlen ihre Mitglieder die Verpflichtung, sich jedes Eingehens auf retrospektive Kritik zu enthalten, sei es Abwehr, seien es Angriffe. Wir haben in den letzten vier Jahren unsern Standpunkt von beiden Seiten häufig mit mehr oder weniger Bitterkeit oder Wohlwollen vertreten, keiner hat es in den vier Jahren vermocht, den andern zu überzeugen, jeder hat geglaubt, recht zu handeln, wenn er so handelte, wie er es tat. Ein Friedensschluß würde auch in den auswärtigen Verhältnissen schwerlich zustande kommen, wenn man verlangte, daß ihm von einem von beiden Teilen das Bekenntnis vorhergehen sollte: ‚Ich sehe jetzt ein, ich habe unrecht gehandelt.' – Wir wünschen den Frieden, nicht weil wir kampfunfähig sind in diesem innern Kampf; im Gegenteil, die Flut fließt in diesem Augenblick mehr zu unsern Gunsten als vor Jahren; wir wünschen ihn auch nicht, um einer etwaigen künftigen Anklage auf Grund eines künftigen Verantwortlichkeitsgesetzes zu entgehen, ich glaube nicht, daß man uns anklagen wird, ich glaube nicht, daß, wenn es geschieht, man uns verurteilen wird, und wie dem auch sein möge: – man hat dem Ministerium viel Vorwürfe gemacht, den der Furchtsamkeit noch nicht!

„Wir wünschen den Frieden, weil unsrer Meinung nach das Vaterland ihn im gegenwärtigen Augenblicke in höherem Grade bedarf als früher; wir wünschen ihn und suchen ihn namentlich deshalb, weil wir glauben, ihn im gegenwärtigen Moment zu finden, wir hätten ihn früher gesucht, wenn wir früher hätten hoffen können, ihn zu finden; wir glauben ihn zu finden, weil Sie erkannt haben werden, daß die königliche Regierung den Aufgaben, welche auch Sie in Ihrer Mehrzahl erstreben, nicht so fern steht, wie Sie vielleicht vor Jahren gedacht haben, nicht so fern steht, wie das Schweigen der Regierung über manches, was verschwiegen werden mußte, Sie zu glauben berechtigen konnte."

Es gelang Bismarck seinen König zu überzeugen Daß er es fertig brachte, ist einer seiner vornehmsten Erfolge und ein Akt politischer und moralischer Selbstüberwindung, die er deshalb sich abgewinnen konnte, weil sein Genie ebenso mächtig war wie sein Mannesstolz.

Am 5. August, einem Sonntag, hatten die Mittagsglocken den Frieden eingeläutet, als des Königs majestätisch-ehrwürdige Gestalt an der Spitze der Prinzen seines Hauses den Weißen Saal des königlichen Schlosses betrat und Bismarck dem Könige die Thronrede überreichte. Erwärmend und ergreifend wirkten schon die kurzen Worte, die von den Siegen und dem Heldentod der Kämpfer sprachen; reicher Beifall aber durchtönte den Saal, als die schlichten Worte fielen: „Ich hege das Vertrauen, daß die jüngsten Ereignisse dazu beitragen werden, die unerläßliche Verständigung insoweit zu erzielen, daß Meiner Regierung in Bezug auf die ohne Staatshaushaltsgesetz geführte Verwaltung die Indemnität, um welche die Landesvertretung angegangen werden soll, bereitwillig erteilt und damit der bisherige Konflikt für alle Zeit zum Abschluß gebracht werden wird."

Der im Weißen Saale bei dieser Stelle sich erhebende Jubel zitterte in vielen tausend Herzen in Preußen und jenseits der preußischen Grenzpfähle nach; denn nunmehr war eine schwere Sorge um Deutschlands Gegenwart und Zukunft von ihnen genommen.

Die Verhandlungen des Landtags verliefen erfreulich. Bismarcks berechtigte Mahnung am 1. September wirkte heilsam; er fügte ihr noch hinzu, sonst habe man wohl gesagt: ‚Was das Schwert gewonnen hat, hat die Feder verdorben"; er habe das Vertrauen, daß man nicht hören werde: was Schwert und Feder gewonnen haben, ist von dieser Tribüne vernichtet worden. – Daß noch Mißtöne erklangen, ist im politischen Leben unvermeidbar; sie gingen von unversöhnlichen, im Grunde recht kleinlichen Persönlichkeiten aus, die nichts vergessen und nichts vergeben konnten; aber auch aus Bismarcks alter konservativer Freundschaft kamen schon Mißklänge, denen er die Mahnung entgegenstellen mußte, man möge die Diskussion in dieser Zeit doch nicht zur Ablagerung von mehr oder weniger feindseligen Parteiansichten benützen, sondern den Blick nur nach außen richten und die Notwendigkeit im Auge behalten, Rücken an Rücken gegen das Ausland dazustehen. Jene Mißklänge trugen jedoch nur dazu bei, die Harmonie, die jetzt in der Entwicklung lag, schöner zum Ausklang zu bringen und dem hellen Licht den natürlichen Schatten zu geben. Am 20. September ritt Bismarck beim feierlichen Einzuge des siegreichen Heeres zwischen Roon und Moltke vor seinem König; er war zum Generalmajor und Chef des 7. schweren Landwehr-Reiterregiments ernannt. Der König hatte dazu geschrieben: „Sie haben nicht allein als Staatsmann Ihren Namen für alle Zeiten auf die Ehrentafeln Unserer Geschichte geschrieben, sondern Sie haben Mir auch als Soldat treu zur Seite gestanden, und will Ich bei der heutigen militärischen Feier besonders dessen gedenken, daß Sie mir überall das Herz und den Sinn eines Soldaten gezeigt haben." Von nun an brauchte Bismarck nicht mehr im steifen Zivil dem Könige Vortrag zu halten. Dieser hatte von dem Widerwillen Bismarcks gegen diese Tracht gehört und gestattete ihm in seiner feinen Art, er solle nur immer in der Uniform kommen, die er an seiner Seite bei Sadowa getragen. Das war Bismarck höchst willkommen; er hatte die Hoftracht stets verabscheut und, wenn er sie tragen mußte, hatte das stets seine eigene Heiterkeit erregt. Zu dem Ritterkreuze des Hohenzollernordens, den Bismarck besaß, verlieh der König ihm die Schwerter und das schwarz-weiße Band als Erinnerung an die historische Granate. Am 25. September erwarb Bismarck sich ein glänzendes Vertrauensvotum im Abgeordnetenhause; es bewilligte die durch den Krieg veranlaßten Ausgaben bis zur Höhe von sechzig Millionen Talern und bezeugte dadurch, was Bismarck erbeten hatte, daß die Versöhnung der Geister, daß die Absicht, gemeinschaftlich das Wohl des engeren und weiteren Vaterlandes zu fördern eine aufrichtige und tiefgreifende sei.

Schon am Einzugstage war er bleich und angegriffen wie von einem Krankenlager erstanden dahergeritten; lieber hätte der Erschöpfte sich ganz zurückgezogen. Daher mußte er bald die Arbeit aufgeben, da seine Kräfte gänzlich versagten. Er nahm einen Erholungsurlaub; kaum hatte er ihn begonnen, da erkrankte er am 6. Oktober in Putbus an heftigen Schmerzen des Magens, denen man mit Opiumeinspritzungen nur wenig Linderung schaffte. Seine Frau schreibt während der Krankheit: „Er liegt so blaß, so matt, so traurig da, trotz allem Pflegen und Sorgen und Beten sieht er so jämmerlich aus, wie seit 1859 nicht. Ach, das ist so traurig, daß man stundenlang weinen möchte." Erst Anfang Dezember war er einigermaßen genesen.

Im November bewilligte das Abgeordnetenhaus für die Helden von 1866 Dotationen. Bismarck erhielt 400000 Taler, die ihm durch ein ehrendes königliches Handschreiben am 7. Februar 1867 überwiesen wurden. Er kaufte dafür das gräflich Blumenthalsche Gut Varzin in Hinterpommern, wohin er in Zukunft aus überwältigender Arbeit, aus Sorgen und Mühen und dem Arger des Tages flüchten konnte, um an der Natur mit empfänglichem Blick und Gemüt sich zu erfreuen und Geist und Körper zu neuen Mühen zu stärken.

## 12. Der Kanzler des Norddeutschen Bundes. 1867–1870

Nach den Mühen der letzten vier Jahre wäre es Bismarck zu gönnen gewesen, wenn er hätte dem Rate seiner Freunde folgen und längere Zeit der Ruhe pflegen können; aber er wollte, wie er sagte, das Eisen schmieden, so lange es glühe; für ihn heiße es, wie die Frauen in Pommern sagten, wenn ihre Stunde herannahe: „jetzt muß ich meiner Gefahr stehen." Ihm galt ja Zeit seines Lebens das Goethewort:

Der Lorbeerkranz ist, wo er Dir erscheint,

Ein Zeichen mehr des Leidens als des Glücks.

Schon auf dem Krankenlager in Putbus waren seine Gedanken bei dem schweren Werke, das ihm zu errichten oblag, und er diktierte mancherlei seiner Frau in die Feder. Dann hatte er sich von den Geheimen Räten Hepke, Max Dunker und Lothar Bucher Entwürfe einer Bundesverfassung senden lassen. Ihr Ideal war ein straff vereinheitlichter Bundesstaat mit einem verantwortlichen Ministerium, einem Oberhaus, in dem die Fürsten vertreten sein sollten, und einem Unterhaus. Bismarck sagten die Vorschläge nicht zu. Ein das Ganze zusammenfassendes Ministerium werde die Rechte der Einzelstaaten zu sehr beengen und ihren Widerspruch wachrufen; ein aus den Mitgliedern der Dynastien gebildetes Oberhaus würde von partikularistischen Strömungen erfüllt sein; das Ganze überhaupt zu umständlich sich gestalten. Er wollte – eine durch und durch historische Natur – seinen eigenen Ideen, die aus den deutschen Verhältnissen erwachsen waren und die er seit seiner Denkschrift von 1861 bis zu den beim Bundestage am 10. Juni 1866 eingereichten Grundzügen einer Bundesreform sich ausgebildet hatte, treu bleiben. Er knüpfte, wie das auch sonst seine Art war, praktisch an das Gegebene an und ließ den Bundestag unter dem Namen Bundesrat fortbestehen, setzte mit kühnem und glücklichem Griff diesen an die Stelle des Reichsministeriums und machte ihn zur Regierungsbehörde des neuen Bundesstaates. Auch die Stimmenverteilung übernahm er vom Bundestage; wenn Preußen dabei mit 17 unter 43 Stimmen verhältnismäßig schlecht wegkam, so hatte es dafür einen wertvollen Ersatz durch das Präsidium des Bundes, das der König übernahm; dieser war betraut mit der vollen Vertretung nach außen, mit dem Recht der Entscheidung über Krieg und Frieden, mit der Überwachung der Ausführung der Bundesbeschlüsse, der Ernennung aller Bundesbeamten, der Exekutive gegen widerspenstige Bundesglieder, dem Oberbefehl im Krieg und Frieden über das Bundesheer; außerdem stand die Flotte direkt unter preußischem Kommando.

Diesen Entwurf diktierte Bismarck, als er wieder in sein Amt eingetreten war, in wenigen Stunden am Nachmittage des 13. Dezember; in der folgenden Nacht arbeitete Lothar Bucher das Diktat aus. Bismarck zeigte sich hier wieder als der große Realist. Er hielt für jede Frage stets mehrere Lösungen bereit. Die jeweilig mögliche, die am meisten Verwirklichung versprechende benutzte er im gegebenen Fall. Als er in diesem Jahre einmal im Parlament angegriffen wurde, bekennt er, es wäre nicht seine Absicht, „ein theoretisches Ideal einer Bundesverfassung herzustellen, in welcher die Einheit Deutschlands auf ewig verbürgt werde. Eine solche Quadratur des Zirkels um einige Dezimalstellen weiter zu rücken, ist nicht die Aufgabe der Gegenwart." – Nicht: Was können wir allenfalls wünschen? sondern: Was müssen wir unbedingt haben? Was können wir sicher erreichen? war immer und immer wieder seine Fragestellung. Am 15. Dezember traten die Bevollmächtigten der einzelnen Bundesstaaten zusammen und konnten ihre Beratungen auf Grund des Bismarckschen Entwurfs beginnen. Am 7. Februar 1867 verständigten sie sich, nachdem schon am 18. Januar der Krone Preußens, dem Präsidium, das Recht übertragen war, den Norddeutschen Reichstag einzuberufen.

Die Wahlen ergaben eine nationale Mehrheit; sogar die Wahlkreise, die bisher unbestrittener Besitz der Opposition gewesen waren, gingen dieser verloren. Die Fortschrittspartei zählte nur noch 19 Mitglieder. Die konservative Partei war im Reichstag mit 60, die nationalliberale mit 80 Abgeordneten vertreten. Die neuen preußischen Provinzen, die zur Verjüngung Altpreußens wesentlich beitrugen und die treuesten Anhänger Bismarcks lieferten, und die kleineren Staaten und Hansastädte wählten im Geiste dieser Partei.

Am Sonntag, dem 24. Februar, trat der neue Reichstag in Berlin zusammen. Die Worte der Thronrede entsprachen dem Inhalt der großen Zeit und trugen keine Spur von Phrase und Hohlrednerei an sich, die tatenarmer Zeit eigen zu sein pflegen. Der König sagte: „Es ist ein erhebender Augenblick, in welchem ich in Ihre Mitte trete; mächtige Ereignisse haben ihn herbeigeführt, große Hoffnungen knüpfen sich an denselben. Daß es mir vergönnt ist, in Gemeinsamkeit mit einer Versammlung, wie sie seit Jahrhunderten keinen deutschen Fürsten umgeben hat, diesen Hoffnungen Ausdruck zu geben, dafür danke ich der göttlichen Vorsehung, welche Deutschland dem von seinem Volke ersehnten Ziele auf Wegen zuführt, die wir nicht wählen oder voraussehen. ... Einst mächtig, groß und geehrt, weil einig und von starken Händen geleitet, sank das Deutsche Reich, nicht ohne Mitschuld von Haupt und Gliedern, in Zerrissenheit und Ohnmacht. Des Gewichtes im Rate Europas, des Einflusses auf die eigenen Geschicke beraubt, ward Deutschland zur Walstatt der Kämpfe fremder Mächte, für welche es das Blut seiner Kinder, die Schlachtfelder und die Kampfpreise hergab. Niemals aber hat die Sehnsucht des deutschen Volkes nach seinen verlorenen Gütern aufgehört, und die Geschichte unserer Zeit ist erfüllt von den Bestrebungen, Deutschland und dem deutschen Volke die Größe seiner Vergangenheit wieder zu erringen. Wenn diese Bestrebungen bisher nicht zum Ziele geführt, wenn sie die Zerrissenheit, anstatt sie zu heilen, nur gesteigert haben, weil man sich durch Hoffnungen oder Erinnerungen über den Wert der Gegenwart, durch Ideale über die Bedeutung der Tatsachen täuschen ließ, so erkennen wir daraus die Notwendigkeit, die Einigung des deutschen Volkes an der Hand der Tatsachen zu suchen und nicht wieder das Erreichbare dem Wünschenswerten zu opfern. Der Ihnen vorzulegende Verfassungsentwurf mutet der Selbständigkeit der Einzelstaaten zugunsten der Gesamtheit nur diejenigen Opfer zu, welche unentbehrlich sind, um den Frieden zu schützen, die Sicherheit des Bundesgebietes und die Entwicklung der Wohlfahrt seiner Bewohner zu gewährleisten. ... Nur von uns, von unsrer Einigkeit, von unsrer Vaterlandsliebe hängt es daher in diesem Augenblicke ab, dem gesamten Deutschland die Bürgschaften einer Zukunft zu sichern, in welcher es, frei von Gefahr wieder in Zerrissenheit und Ohnmacht zu verfallen, nach eigener Selbstbestimmung seine verfassungsmäßige Entwicklung und seine Wohlfahrt zu pflegen und in dem Rate der Völker seinen friedliebenden Beruf zu erfüllen vermag. Ich hege das Vertrauen zu Gott, daß die Nachwelt im Rückblick aus unsre gemeinsamen Arbeiten nicht sagen werde, die Erfahrungen der früher mißlungenen Versuche seien ohne Nutzen für das deutsche Volk geblieben, daß vielmehr unsre Kinder mit Dank auf diesen Reichstag als den Begründer der deutschen Einheit, Freiheit und Macht zurückblicken werden. Möge durch unser gemeinsames Werk der Traum von Jahrhunderten, das Sehnen und Ringen der jüngsten Geschlechter der Erfüllung entgegengeführt werden."

Wer dieser Thronrede seinen Geist eingeflößt und die Form gegeben hatte, zeigte Bismarcks erste Rede, mit der er die Bundesverfassung dem Hause vorlegte (4. März). Nach den Bundesverträgen lief am 18. August 1867 die Frist ab, zu welcher die Verfassung fertig sein mußte; bis dahin hatte das norddeutsche Parlament und zweiundzwanzig Landtage der Verfassung zuzustimmen. Beschleunigung war nötig. Bismarck kannte seine Volksgenossen, als er ihnen mahnend zusprach:

„Es liegt ohne Zweifel, meine Herren, etwas in unserem Nationalcharakter, was der Vereinigung Deutschlands widerstrebt. Wir hätten die Einheit sonst nicht verloren oder hätten sie bald wieder gewonnen. Wenn wir in die Zeit der deutschen Größe, die erste Kaiserzeit, zurückblicken, so finden wir, daß kein anderes Land in Europa in dem Maße die Wahrscheinlichkeit für sich hatte, eine mächtige nationale Einheit sich zu erhalten, wie gerade Deutschland. Blicken Sie im Mittelalter von dem russischen Reiche der Rurikschen Fürsten bis zu den westgotischen und arabischen Gebieten in Spanien, so werden Sie finden, daß Deutschland vor allen die größte Aussicht hatte, ein einiges Reich zu bleiben. Was ist der Grund, der uns die Einheit verlieren ließ und uns bis jetzt verhindert hat, sie wieder zu gewinnen? Wenn ich es mit einem kurzen Worte sagen soll, so ist es, wie mit scheint, ein gewisser Überschuß an dem Gefühle männlicher Selbständigkeit, welcher in Deutschland den einzelnen, die Gemeinde, den Stamm veranlaßt, sich mehr auf die eigenen Kräfte zu verlassen, als auf die der Gesamtheit. Es ist der Mangel jener Gefügigkeit des einzelnen und des Stammes zugunsten des Gemeinwesens, jener Gefügigkeit, welche unsere Nachbarvölker in den Stand gesetzt hat, die Wohltaten, die wir erstreben, sich schon früher zu sichern. Die Regierungen, meine Herren, haben Ihnen, glaube ich, im jetzigen Falle ein gutes Beispiel gegeben. Es war keine unter ihnen, die nicht erhebliche Bedenken, mehr oder weniger berechtigte Wünsche dem bisher erreichten Ziele hat opfern müssen. Liefern auch wir den Beweis, meine Herren, daß Deutschland in einer sechshundertjährigen Leidensgeschichte Erfahrungen gemacht hat, die es beherzigt, daß wir – und alle, die wir hier sind, wir haben es selbst erlebt – die Lehren zu Herzen genommen haben, die wir aus den verfehlten Versuchen von Frankfurt und von Erfurt ziehen mußten. Das Mißlingen des damaligen Werkes hat in Deutschland einen Zustand der Unsicherheit, der Unzufriedenheit herbeigeführt, der sechzehn Jahre lang gedauert hat, und der schließlich durch eine Katastrophe, wie die des vorigen Jahres – nach irgend einer Seite hin, wie es Gott gefiel – seinen Abschluß finden mußte. Das deutsche Volk, meine Herren, hat ein Recht, von uns zu erwarten, daß wir der Wiederkehr einer solchen Katastrophe vorbeugen, und ich bin überzeugt, daß Sie mit den verbündeten Regierungen nichts mehr am Herzen liegen haben, als diese gerechten Erwartungen des deutschen Volkes zu erfüllen."

Was Bismarck gefürchtet hatte, trat ein: Bedenken, Wünsche, Einwürfe, Widerstand von vielen Seiten anstatt kräftiges Zugreifen nach der unter den jetzigen Umständen erreichbaren Gabe deutscher Einheit und Kraft bis zur Mainlinie. Wir sind heute gewohnt, die Zeit zwischen 1866 und 1870 in hellem Lichte zu sehen, weil der Kriegs- und Siegesglanz beider Jahre für den späteren Betrachter ihre Sonnenstrahlen über die Zwischenzeit werfen. Diese hatte aber sehr starke Schatten. Und ihrer empfindlichen Kühle stand Bismarck am nächsten, weil er die Pflicht hatte, die Schatten zu bannen. Die Kleinigkeiten und die kleinlichen Nörgeleien übergehen wir, nur die großen Fragen seien berührt.

Die erste Schwierigkeit, bei der Bismarck gegen eine neue Gattung parlamentarischer Sondertümlerei anzukämpfen hatte, betraf die Begründung einer starken Bundesarmee und die damit zusammenhängende, den parlamentarischen Partikularisten unsympathische Verkürzung des Budgetrechtes der Einzellandtage durch den Reichstag. Die Forderung der verbündeten Regierungen ging dahin, die Ausgaben für das Bundesheer ein für allemal gesetzlich festzulegen; nur so glaubten sie der Zukunft sicher entgegengehen zu können; dieser Sicherheit wegen wollten sie vertrauensvoll dem Bundesfeldherrn, dem Könige von Preußen, eine starke Waffe in die Hand geben. Der Reichstag sollte ein für allemal für jeden bei der Fahne dienenden Soldaten jährlich 225 Taler als Pauschalsumme bewilligen, und ein Prozent der Bevölkerung sollte unter der Fahne gehalten werden. Dagegen erhoben sich nicht nur die Linke sondern auch die Nationalliberalen, in deren Namen der Abgeordnete Twesten erklärte, daß ohne eine Änderung dieses Punktes der preußische Landtag schließlich die Verfassung auf jede Gefahr hin verwerfen müsse. Darauf setzte Bismarck mit kräftigen Worten ein, um die Gefahr zu zerstören, die seinem Werke drohte. Er erinnerte an die Versuche von Frankfurt und Erfurt, Deutschland oder einen Teil davon zu einigen; wie dieses Werk gescheitert sei, weil Hannover und Sachsen zu der österreichischen Armee, die hinter Olmütz stand, mehr Vertrauen gehabt hätten als zu dem Bündnis mit Preußen. Er wies darauf hin, wie man damals der preußischen Junkerpartei die Verantwortung für das Nichtzustandekommen aufgeladen habe, wie man kein Wort habe finden können, das stark genug gewesen wäre, um diesen „unwürdigen Mangel an Vaterlandsliebe" zu brandmarken, der dahin geführt habe, „aus Standesinteressen lieber einen Junkerstaat von der Größe der Mark Brandenburg zu gründen" und wie man auf diese Partei Schmach und Vorwurf gehäuft habe, weil sie gehindert hätte, was sie zustande zu bringen gar nicht in der Lage gewesen wäre.

Und dann fuhr er fort: „Ich habe, als hier das Recht, zu unsern Vereinbarungen nein zu sagen, für den preußischen Landtag in Anspruch genommen wurde, in der ganzen Versammlung keinen Ausruf des Erstaunens gehört, außer dem, den ich in meinem Innern unterdrückte. Ich glaube, meine Herren, diejenigen, die dieses Wort aussprachen, unterschätzen denn doch den Ernst der Situation, in der wir uns befinden. Glauben Sie wirklich, daß die großartige Bewegung, die im vorigen Jahre die Völker vom Belt bis an die Meere Siziliens, vom Rhein bis an den Pruth und den Dnjestr zum Kampf führte, zu dem eisernen Würfelspiele, in dem um Königs- und Kaiserkronen gespielt wurde, – daß die Millionen deutscher Krieger, die gegeneinander gekämpft und geblutet haben auf den Schlachtfeldern vom Rhein bis zu den Karpathen, – daß die Tausende und Abertausende von Gebliebenen und der Seuche Erlegenen, die durch ihren Tod diese nationale Entscheidung besiegelt haben, mit einer Landtagsresolution *ad acta* geschrieben werden können, – meine Herren, dann stehen Sie wirklich nicht aus der Höhe der Situation! Was würden Sie wohl einem Invaliden von Königgrätz antworten, wenn der nach dem Ergebnisse dieser gewaltigen Anstrengung fragt. Sie würden ihm etwa sagen: ja freilich, mit der deutschen Einheit ist es wiederum nichts geworden, die wird sich wohl bei Gelegenheit finden, sie ist ja leicht zu haben, eine Verständigung ist ja alle Tage wieder möglich; aber wir haben das Recht des Abgeordnetenhauses gerettet, das Recht, jedes Jahr die Existenz der preußischen Armee in Frage zu stellen; darum haben wir mit dem Kaiser von Österreich um die Mauern von Preßburg gerungen – und damit soll der Invalide sich trösten über den Verlust seiner Glieder, damit die Witwe, die ihren Mann verloren hat?

„ … Sie müssen doch die Regierung nicht in Verdacht haben und keine der zweiundzwanzig Bundesregierungen, dass sie sich von der historischen konstitutionellen Entwickelung Deutschlands lossagen, daß sie nun dieses Parlament etwa benutzen wolle, um den Parlamentarismus im Kampf der Parlamente gegeneinander aufzureihen. Was hätten wir denn davon? Ist denn eine Regierung aus die Dauer denkbar, namentlich eine solche, die sich zur Aufgabe gestellt hat, eine Einheit in Feuer oder gar in kaltem Metall, wenn das Feuer erkaltet sein wird, zu schmieden, eine Einigung, die nicht überall in Europa mit Wohlwollen gesehen wird, daß diese Regierung es sich gewissermaßen zur systematischen Aufgabe stellt, die Rechte der Bevölkerung auf die Teilnahme an ihren eigenen Geschäften zu unterdrücken, abzuschaffen, auf ein wildes Reaktionswesen sich einzulassen, sich in Kämpfen mit der eigenen Bevölkerung aufzuhalten – meine Herren, das können Sie von einer Dynastie, wie sie über Preußen regiert, das können Sie von keiner der Dynastien, die augenblicklich in Deutschland regieren, erwarten, daß sie an ein nationales Werk mit dieser Heuchelei – ich kann es nicht anders nennen – herangeht."

„Wir wollen den Grad von Freiheitsentwickelung, der mit der Sicherheit des Ganzen nur irgend verträglich ist. Es kann sich nur handeln um die Grenze: wie viel, was ist mit dieser Sicherheit auf die Dauer verträglich? Was ist jetzt mit ihr verträglich? Ist ein Übergangsstadium nötig, wie lange muß dies dauern?"

Für den Augenblick wußte dann Bismarck seinen Worten nichts weiter hinzuzufügen als die nochmalige Aufforderung „Meine Herren, arbeiten wir rasch! Setzen wir Deutschland, so zu sagen, in den Sattel! Reiten wird es schon können!" Diese Worte verfehlten ihren Eindruck nicht. Es kam, vornehmlich durch die Vermittlung des nationalliberalen Führers Bennigsen, ein Ausgleich zustande, wonach die Friedensstärke des Heeres bis zum 31.Dezember 1871 auf ein Prozent der Bevölkerung und ein Pauschquantum von 225 Talern für jeden Kopf festgestellt wurde. Damit war die Macht des jungen Bundes sicher gestellt.

Einen weiteren Streitpunkt bildete die Frage, ob ein verantwortliches Ministerium der Verfassung eingefügt werden sollte. Im Bismarckschen Entwurfe stand es nicht, und Bismarck wollte es nicht. Er hatte andere Gedanken. Der Vorsitzende des Bundesrates, der Bundeskanzler sollte dem preußischen Minister des Auswärtigen untergeordnet sein, wie am Bundestage; er habe abhängig zu bleiben von seiner Regierung und im Bundesrat so zu verfahren, als ob der preußische Ministerpräsident den Vorsitz einnähme. Auch alle weiteren Organe, die sich an den Kanzler angliederten, sollten in derselben Abhängigkeit stehen.

Diese Gedanken stellte Bismarck dem Anträge Bennigsens auf Einsetzung von verantwortlichen Bundesministern entgegen und er erklärte, diese Grenze hätte sich Preußen in den Ansprüchen an die Opfer gesetzt, die von den übrigen Regierungen zu bringen seien; es sei nur gefordert, was unentbehrlich sei zur Führung eines nationalen Gemeinwesens, mehr aber nicht. Dieses zu erreichen sei nicht leicht gewesen; es sei deshalb nicht richtig, wenn sich der Reichstag um alles, was getan und erreicht sei, nicht kümmere, und keine Notiz von dem in der Geschichte unerhörten Fall nehme, daß die Regierungen von dreißig Millionen Deutschen sich nicht bloß dem Wortlaute, sondern auch dem Geiste nach über den Entwurf geeinigt hätten. Auch hier wieder schloß er mit ernster Mahnung: „Wir haben den größten Teil des Werkes getan, wir haben den Block nahe an den Gipfel gehoben, und mit tiefem patriotischen Schmerze werde ich ihn wieder dem Abgründe zurollen sehen. Aber Deutschland wird sich dann ewig erinnern, wer die Verantwortung für das Mißlingen trägt – wir nicht. Wenn Sie auf kleinlichen untergeordneten Änderungen, die für die Regierungen unannehmbar sind, bestehen, selbst auf die Gefahr hin, das ganze Werk zum Scheitern zu bringen, dann wird sich die Nation Ihrer Namen wohl erinnern, meine Herren!"

Das verantwortliche Ministerium wurde durch den Reichstag abgelehnt; dafür die Verantwortlichkeit des Bundeskanzlers in den Entwurf gebracht mit folgendem harmlosen Wortlaut: „Die Anordnungen und Verfügungen des Bundespräsidiums werden im Namen des Bundes erlassen und bedürfen zur Gültigkeit der Gegenzeichnung des Bundeskanzlers, welcher dadurch die Verantwortlichkeit übernimmt."

Einen weiteren Streitpunkt bildete bei der Beratung des Wahlrechts die Frage, ob Diäten oder nicht, ob die Wahl öffentlich oder geheim sein sollte.

Wie Bismarck über das allgemeine und direkte Wahlrecht dachte, bleibt interessant für alle Zeiten. Ob er und andere mit ihm sich getäuscht haben in der Wirkung dieses Rechtes, wird heute noch vielfach umstritten. Erst die Zukunft unseres Reiches wird zeigen, ob der kühne Griff Bismarcks auch ein glücklicher Griff gewesen ist. In der Stunde der größten Gefahr, als der Weltkrieg über uns kam, hat der deutsche Reichstag im Bismarckschen Geiste sich ebenso bewährt, wie in den Tagen, da es sich um die Annahme des großen Wehrbeitraggesetzes handelte. Das Vertrauen, das Bismarck auf sein Volk gesetzt, hat er also keinem Unwürdigen geschenkt, als er am 28. März seine denkwürdigen, viel angeführten und oftmals angefochtenen Worte also sprach:

„Das allgemeine Wahlrecht ist uns gewissermaßen als ein Erbteil der Entwickelung der deutschen Einheitsbestrebungen überkommen; wir haben es in der Reichsverfassung gehabt, wie sie in Frankfurt entworfen wurde; wir haben es im Jahre 1863 den damaligen Bestrebungen Österreichs in Frankfurt entgegengesetzt, und ich kann nur sagen: ich kenne wenigstens kein besseres Wahlgesetz. Es hat ja gewiß eine große Anzahl von Mängeln, die machen, daß auch dieses Wahlgesetz die wirklich besonnene und berechtigte Meinung eines Volkes nicht vollständig photographiert und *en miniature* wiedergibt, und die verbündeten Regierungen hangen an diesem Wahlgesetz nicht in dem Maße, daß sie nicht jedes andere akzeptieren sollten, dessen Vorzüge vor diesem ihnen nachgewiesen werden. Bisher ist diesem kein einziges gegenübergestellt worden. Ich habe nicht einmal kursorisch im Laufe der Reden ein anderes Wahlgesetz diesem gegenüber rühmen hören; ich will damit nur motivieren, daß ‚verbündete Regierungen', die gewissermaßen eine republikanische Spitze, die in dem Worte ‚verbündete Regierungen' liegt, bilden, keineswegs ein tief angelegtes Komplott gegen die Freiheit der Bourgeosie in Verbindung mit den Massen zur Errichtung eines cäsarischen Regiments beabsichtigt haben können. Wir haben einfach genommen, was vorlag, und wovon wir glaubten, daß es am leichtesten annehmbar sein würde, und weitere Hintergedanken nicht dabei gehabt. Was wollen denn die Herren, die das anfechten, und zwar mit der Beschleunigung, deren wir bedürfen, an dessen Stelle setzen? Etwa das preußische Dreiklassensystem? Ja, meine Herren, wer dessen Wirkung und die Konstellationen, die es im Lande schafft, etwas in der Nähe beobachtet hat, muß sagen, ein widersinnigeres, elenderes Wahlgesetz ist nicht in irgend einem Staate ausgedacht worden, ein Wahlgesetz, welches alles Zusammengehörige auseinanderreißt und Leute zusammenwürfelt, die nichts miteinander zu tun haben, in jeder Kommune mit anderem Maße mißt, Leute, die in irgend einer Gemeinde weit über die erste Klasse hinausreichen, diese allein ausfüllen würden, in einer benachbarten Kommune in die dritte Klasse wirft ... Wenn der Erfinder dieses Wahlgesetzes sich die praktische Wirkung desselben vergegenwärtigt hätte, hätte er es nie gemacht. Eine ähnliche Willkürlichkeit und zugleich eine Härte liegt in jedem Census, eine Härte, die am fühlbarsten wird, wo dieser Census abreißt, wo die Ausschließung anfängt; wir können es dem Ausgeschlossenen gegenüber doch wirklich schwer motivieren, daß er deshalb, weil er nicht dieselbe Steuerquote wie sein Nachbar zahlt – und er würde sie gern bezahlen, denn sie bedingt ein größeres Vermögen, das hat er aber nicht – er gerade Helot und politisch tot in diesem Staatswesen sein solle. Diese Argumentation findet überall an jeder Stelle Anwendung, wo eben die Reihe derer, die politisch berechtigt bleiben sollen, abgebrochen wird."

„Ich habe schließlich stets in dem Gesamtgefühl des Volkes noch mehr Intelligenz als in dem Nachdenken des Wahlmannes bei dem Aussuchen des zu Erwählenden gefunden, und ich appelliere an die ziemlich allgemeine Erscheinung – ich weiß nicht, ob die Herren meine Wahrnehmungen alle teilen, aber ich habe den Eindruck, daß wir bei dem direkten Wahlrechte bedeutendere Kapazitäten in das Haus bringen, als bei dem indirekten. Um gewählt zu werden bei dem direkten Wahlrechte, muß man in weiteren Kreisen ein bedeutenderes Ansehen haben, weil das Gewicht der lokalen Gevatterschaft bei dem Wähler nicht so zur Hebung kommt in den ausgedehnten Kreisen, auf die es bei direkter Wahl ankommt."

Bismarcks Anschauung deckte sich im Ganzen mit der des Reichstags. Die Bestimmungen über das Wahlgesetz wurden angenommen mit dem Zusatze, daß die Wahlen geheim sein sollten. Diäten wurden nicht bewilligt.

Der Antrag auf geheime Wahl wurde von den Liberalen gestellt. Sie schwärmten gerade nicht für allgemeine und direkte Wahlen; sie fürchteten, daß diese Form unter einer so mächtigen Regierung und einem so gewalttätigen Minister gegen sie wirksam sein könne; deshalb suchten sie sich gegen Mißbrauch zu schützen durch die Forderung der geheimen Wahl. Bismarck gab nach, nicht aus voller Überzeugung, er hat es stets betont, daß er an der geheimen Wahl unschuldig sei. Aber entgegengetreten ist er der Wahlform nicht. Wohl aber hat er sich gegen Diäten gewehrt und es als ausgeschlossen erklärt, daß die Regierung diese annehmen werde. Er wollte nicht wie im Abgeordnetenhaus von soviel Männern des Schreibpultes und des Katheders, nicht von soviel Kreisrichtern und nicht im Übermaß von ‚Denkenden der Nation' umgeben sein, er wollte mehr Männer, die von großem sozialem Einfluß und mit dem praktischen Leben und dem Wirtschaftsleben inniger verwachsen waren. In der Wirkung der Diätenlosigkeit hat er sich getäuscht. Ob Diäten oder keine Diäten, hat wenig Einfluß auf die Zusammensetzung des Reichstags ausgeübt.

Schließlich bewegten sich die Verhandlungen des Reichstages schneller ihrem Ziele zu. Am 17. April konnte er geschlossene werden, indem der König mit aufrichtiger Genugtuung die Erfüllung der Hoffnungen betonte, die man auf diese Beratungen gesetzt hatte, und den Dank des Vaterlandes damit verband.

Daß die Verfassung des Norddeutschen Bundes so rasch unter Dach und Fach kam, war Bismarcks Mahnungen zu danken; zu Hilfe kamen ihm dabei die nationale Erregung, welche durch auswärtige Gefahren erhöht war. Der durch die Siege von 1866 enttäuschte Napoleon ruhte nicht durch ‚Stöckern im Ameisenhaufen' die deutsche Frage rege zu erhalten. Jetzt nahm er die Luxemburger Frage in seine Hand, um eine Entschädigung zu gewinnen als *Revanche pour Sadowa*.

Luxemburg hatte bis 1866 zum deutschen Bunde gehört; in der Festung Luxemburg lag nach früheren Verträgen preußische Besatzung. Beim Ausbruch des Krieges hatte die großherzoglich luxemburgische Regierung, der König von Holland, auf Seiten der Gegner Preußens gestanden, lag also juristisch genommen auch mit Preußen im Kriege; Bismarck hatte aber die Sache nicht zu ernst genommen und in einer Auseinandersetzung mit dem niederländischen Gesandten humorvoll bemerkt, daß man beiderseitig kein Interesse habe, Krieg zu führen; sie „glaubten sich beide aufs Wort, daß sie nicht aufeinander schießen würden". Am 18. März wurde nun Bismarck von einem demokratischen und von einem altliberalen Abgeordneten im Reichstage wegen

Luxemburgs interpelliert; er gab eine vorsichtige und ausweichende Antwort, die Bennigsen in einem Briefe an seine Frau als „oberfaul" bezeichnete und die tatsächlich auch nicht gehauen und gestochen war. Bismarck wollte offenbar der Frage zunächst ausweichen. Sie wurde aber von Napoleon akut gemacht. Schon am 28. Februar hatte der französische Minister des Auswärtigen Marquis de Moustier dem französischen Gesandten im Haag gemeldet, Preußens Recht, Garnison in Luxemburg zu halten, sei hinfällig geworden; die Aufrechterhaltung dieses preußischen Besatzungsrechtes würde nur eine Drohung gegen Frankreich bedeuten und einen durchaus offensiven Charakter haben. An demselben 18. März aber, als die Interpellation im Reichstage stattfand, verlangte Kaiser Napoleon, daß der König von Holland gegen eine Geldentschädigung Luxemburg an Frankreich abtrete. Dieser ließ am 28. März nach Paris telegraphieren, er sei bereit, Luxemburg abzugeben; doch möge sich Frankreich mit Preußen ins Benehmen setzen. Die Nachricht von diesen Verhandlungen rief eine gewaltige Bewegung in weiten Kreisen Deutschlands hervor. Am 26. März hatte Holland Preußen von dem Ergebnis der Verhandlungen in Kenntnis gesetzt. Nun konnte Bismarck die Frage nicht mehr in der Schwebe lassen, er mußte zugreifen so oder so.

An seinem Geburtstage, dem 1. April, kam die nationale Bewegung zu mächtigem Ausdruck in einer Rede Rudolf von Bennigsens. Sie sollte eine von siebzig Abgeordneten unterstützte Interpellation begründen und gipfelte in den Fragen, ob der Regierung Preußens die Verhandlungen wegen Luxemburg bekannt seien und ob sie entschlossen sei, die Verbindung Luxemburgs mit Deutschland dauernd sicher zu stellen. Bennigsens Rede schloß mit den Worten: „Meine Herren! Lassen Sie uns also darüber keinen Zweifel, daß, wie unter uns alle Parteien, auch das deutsche Volk einig sein wird, jede kräftige Politik der Regierung auf jede Gefahr hin zu unterstützen diesem und allen etwaigen späteren Versuchen des Auslandes gegenüber." Ein langdauernder jubelnder Beifall folgte von allen Seiten des Hauses den Worten Bennigsens, der in seiner edlen Mannhaftigkeit an diesem Tage dem

Schöpfer des Reiches nahe rückte und auch dem Herzen des deutschen Volkes, das ihm zujubelte, weil er den Empfindungen der Nation und ihrem Willen, Deutschlands Recht und Ehre und jeden Fußbreit deutscher Erde zu behaupten, so herrlichen Ausdruck gab. Und hinter diesem Volke standen die hohen Militärs. Der Generalstab war für Krieg, weil er den Augenblick für günstig hielt, da die Franzosen weder mit der Armeereorganisation noch mit ihren neuen Waffen fertig waren. Bismarck aber, der das Steuer führte, mußte alles beobachten, was an innerer und äußerer Politik in Frage kam; er war weder auf Krieg noch auf die Vollendung der deutschen Einheit im Sturme dieser nationalen Begeisterung bedacht; er war vor allem besorgt um die Durchführung des Baus, an dem man jetzt arbeitete, um die Vollendung und die Befestigung des Norddeutschen Bundes und um das festere militärische Zusammenwachsen zwischen Nord und Süd. Wenn man ohne Schaden an deutscher Ehre aus der ganzen Sache herauskam, so war er zufrieden. Zu seinem Freunde Keudell sagte er in diesen Tagen: „Man darf nicht Krieg führen, wenn es mit Ehren zu vermeiden ist; die Chance günstigen Erfolges ist keine gerechte Ursache, einen großen Krieg anzufangen." Und daß es ein großer Krieg werden würde, wenn es mit Frankreich zur Entscheidung kam, das wußte er; wenn auch Moltke den Krieg mit Frankreich schnell zu führen hoffte, da es für die Offensive wenig Kräfte habe, die Defensive, so ahnte Bismarck, werde im Lande selbst bald stark genug werden, um den Krieg in die Länge zu ziehen. Daß er Recht gehabt bewies 1870/1871. Dann aber war nicht abzusehen, wie Österreich sich stellte. So sehr er nun den Krieg zu vermeiden wünschte, in keinem Augenblicke fürchtete er ihn. Am 20. März schon hatte er durch den Staatsanzeiger die Verträge mit Bayern und Baden und einige Tage später auch den mit Württemberg veröffentlichen lassen: das war an die Adresse der französischen Kriegstreiber gerichtet. Dann hatte er in Bayern angefragt, ob der Bund auf Bayerns Hilfe mit Sicherheit rechnen könne; er hatte dort wissen lassen, daß man eher den Krieg wagen als Frankreich das Land überlassen werde. „Die Auffassung der Nation", so setzte er hinzu, „deren Ehrgefühl ins Spiel gezogen, ist das Entscheidende."

In seiner Antwort auf Bennigsens Rede nun verband sich staatsmännische Ruhe und Vorsicht mit sicherem Machtbewußtsein ohne jede Phrase. Er legte die Verhältnisse, wie sie gerechtes Urteil ansah, in aller Schlichtheit dar und ließ den beherrschenden Grundton in den letzten Worten ausklingen: „Die verbündeten Regierungen glauben, daß keine fremde Macht zweifellose Rechte deutscher Staaten und deutscher Bevölkerungen beeinträchtigen werde; sie hoffen imstande zu sein, solche Rechte zu wahren und zu schützen aus dem Wege friedlicher Verhandlungen und ohne Gefährdung der freundschaftlichen Beziehungen, in welchen sich Deutschland bisher zur Genugtuung der verbündeten Regierungen mit seinen Nachbarn befindet. Sie werden sich diesen Hoffnungen um so sicherer hingeben können, je mehr das eintrifft, was der Herr Interpellant vorher zu meiner Freude andeutete, daß wir durch unsere Beratungen das unerschütterliche Vertrauen, den unzerreißbaren Zusammenhang des deutschen Volkes mit seinen Regierungen und unter seinen Regierungen betätigen werden."

Aus Bismarcks Worte folgte lebhafter Beifall. Die nationale Erregung erwiderte weithin im deutschen Volke mit gleicher Zustimmung. Gestärkt durch diese Bewegung und gestützt auf das energische Auftreten Bismarcks zog der König von Holland seine Zusage an Napoleon zurück. Eine Konferenz in London, die auf Österreichs Vorschlag zusammentrat, erklärte am 11.Mai Luxemburg für alle Zeiten neutral; Preußen gab gleichzeitig sein Besatzungsrecht in Luxemburg auf und willigte ein in die Schleifung der Festung.

Damit war der Handel begraben und die beiden Gegner konnten in Ehren darauf zurückblicken. Für Deutschland ergab sich der Segen, daß die Verfassung des neuen Bundes im Feuer nationaler Begeisterung fertig geschmiedet wurde und daß diese Mobilmachung deutscher Kraft und Einmütigkeit sich bewährt hatte und für den Ernstfall volles Vertrauen schuf.

Am 1.Juli trat die Verfassung des Norddeutschen Bundes in Kraft, am 14. Juli wurde Bismarck zum Bundeskanzler ernannt. Seine nächste Sorge war nun das Verhältnis des neuen Bundes zu den Südstaaten. Gleich nach dem Kriege war in Süddeutschland die Stimmung für Preußen günstig; in Baden hatte sich der Umschwung schon während des Kriegs mit Österreich vollzogen; dieser Umschwung befestigte sich so stark, daß der badische Ministerpräsident Mathy es dahin brachte, im Namen des kerndeutschen Großherzogs Friedrich im November 1867 den Eintritt Badens in den Norddeutschen Bund anzubieten. Bismarck lehnte dies ab; er hielt sich an den Nikolsburger Frieden. In Württemberg war man schwäbisch-eigenköpfig, dort wollte man in demokratischen und klerikalen Kreisen nichts von Preußen wissen, neigte vielmehr, besonders am Hof und in der Regierung, zu Österreich. In Bayern äußerte sich, zumal in den protestantischen Landesteilen, gleich unmittelbar nach dem Kriege eine lebhafte Bewegung für den Anschluß an den Norddeutschen Bund; wir wissen das auch aus den Denkwürdigkeiten des nachmaligen Reichskanzlers Fürsten Hohenlohe, der am 31. Dezember 1866 als Nachfolger von der Pfordtens zum bayerischen Ministerpräsidenten ernannt worden war. Bald aber schlug die Stimmung um; das starke Übergewicht Preußens im Norddeutschen Bunde, vereinzelte Ungeschicklichkeiten des Preußentums in den neuen Provinzen, das reaktionäre Gebaren der preußischen Konservativen einschließlich der Minister, abgesehen von Bismarck, vor allem aber die Wühlarbeit der Preußen-feindlichen altbayerischen Presse, die zumal der katholischen Bevölkerung das drohende Gespenst der „Verpreußung" in allen Farben vor Augen malte, hatte in Bayern ein beträchtliches Anwachsen der klerikal-partikularistischen Richtung bewirkt, so daß man in der bayerischen Reichsratskammer ebenso wie im württembergischen Landtag sogar daran dachte, das Schutz- und Trutzbündnis mit Preußen fallen zu lassen. Hier legte sich Bismarck aber kräftig ins Mittel. Am 26. Oktober 1867 bemerkte er im norddeutschen Reichstag, als dort die mit den süddeutschen Regierungen am 8. Juli vereinbarten neuen Zollvereinsverträge zur Genehmigung standen, diese seien in der Voraussetzung abgeschlossen, daß die Bündnisverträge ehrlich gehalten würden; die Zollvereinsverträge hätte Preußen nicht abgeschlossen, wenn der leiseste Zweifel an der Bündnistreue vorhanden gewesen wäre; er habe das feste Vertrauen, daß die süddeutschen Souveräne und Regierungen sich allezeit zu ihren Worten bekennen würden, auch wenn die Mahnungen des süddeutschen Nationalgefühls minder laut an ihr Ohr schlügen, zumal doch auch diese Bündnisanträge von Seiten der Regierungen an Preußen herangebracht wären. Er richtete dann einen kalten Wasserstrahl nach dem Süden mit den Worten: „Wir sind entschlossen, die wirtschaftliche Gemeinschaft nur mit denen fortzusetzen, die es freiwillig tun, und die auch die Gemeinschaft der Wehrkraft auf nationaler Basis mit uns fortzusetzen entschlossen sind. Wenn die Bündnisverträge – was ich bis jetzt und für immer im Vertrauen auf den Wert eines deutschen Königswortes vollständig in Abrede stelle – in Frage gestellt werden sollten, so werden wir an demselben Tage die alten Zollvereinsverträge kündigen." Das wirkte. Die Bündnisverträge erhielten die Zustimmung der süddeutschen Volksvertretungen.

Was diese mehrerwähnten Zollvereinsverträge anbetraf, so war Bismarck von Anfang an entschlossen gewesen, sie nicht zu erneuern, falls man in Süddeutschland nicht auf seinen Plan eines deutschen Zollparlaments einginge. So sehr er jeder Überstürzung bezüglich der politischen Vereinigung mit dem Süden, wie er gegenüber Baden gezeigt hatte, aus dem Wege ging, militärische und wirtschaftliche Vereinigung hielt er als Mann der Wirklichkeit für wichtiger. Er wußte und hat's gesagt, daß derjenige, der den Daumen auf dem Beutel und die Hand am Schwerte hat, auch die Macht besitzt; und daß Geld und Waffen die Welt beherrschen und den Sieg erkaufen. Die süddeutschen Regierungen stellten dem Zollparlament keine Schwierigkeiten entgegen; am 3. Juni 1867 hatten die Beratungen mit den süddeutschen Ministern in Berlin begonnen, und am folgenden Tage war bereits völliges Einverständnis erzielt. Am 8. Juli erfolgte der Abschluß der neuen Verträge; die Wahlen, Einrichtungen, Zusammensetzung und Befugnisse des Parlaments waren dieselben, wie die des norddeutschen Reichstages: Zollparlament, Zollbundesrat, preußisches Präsidium. Die Beratungen sollten sich streng auf Zollfragen beschränken.

Schwieriger als die Regierungen verhielten sich die süddeutschen Wähler. Das Ergebnis der Wahlen zum Zollparlament war kein erfreuliches; nur Baden schickte mehr nationalgesinnte Männer als Partikularisten; Bayern und Württemberg sandten Partikularisten jeglicher Richtung, von den Demokraten bis zu den Ultramontanen hin. Gleichwohl ließ es sich Bismarck nicht nehmen dem neuen Parlament den Unterton zu geben, der auch nationaler Arbeit nicht fehlen durfte. Der König eröffnete am 27. April 1868 das Parlament im Weißen Saale des Königsschlosses, wo die Luft preußischer Größe die süddeutschen Männer, besonders die schwäbischen Eigenbrödler, eindrucksvoll umwehte, mit einer Thronrede, in welcher er die Entwicklung des deutschen Zollvereins schilderte und sich am Schluß zu Worten nationaler Höhe erhob: „Halten Sie das gemeinsame deutsche Interesse fest im Auge, vermitteln Sie von diesem Gesichtspunkte aus die Einzelinteressen, und ein Erfolg, der Ihnen den Dank der Nation gewinnt, wird Ihre Anstrengungen krönen. Die freundschaftlichen Beziehungen, welche die deutschen Regierungen mit allen auswärtigen Mächten unterhalten, berechtigen zu dem Vertrauen, daß der Entwicklung nationaler Wohlfahrt, deren Pflege heute die Vertreter der deutschen Stämme vereinigt, die Segnungen des Friedens gesichert bleiben, zu deren Beschützung die deutschen Staaten sich untereinander verbündet haben, und mit Gottes Beistand jeder Zeit auf die geeinte Kraft des deutschen Volkes werden zählen können." Von Bismarck erzählt Bluntschli, er sei bei einem Diner, das er den Mitgliedern des Zollparlaments gab, als Wirt sehr liebenswürdig gewesen, politisch sei er reserviert geblieben. So war er auch im Parlament; er beteiligte sich selten an den Verhandlungen, nur einmal sprang er in die Ketten, als man seiner nationalen Empfindlichkeit und seinem deutschen Selbstbewußtsein zu nahe trat. Bei einem Antrage über hessische Weinzölle hatte ein schwäbischer Abgeordneter von Stuttgart bemerkt, das Zollparlament solle nicht durch Erweiterung seiner Kompetenzen sich zum Schauplatze politischer Kämpfe zwischen Nord- und Süddeutschland machen, schon aus Rücksicht auf das Ausland. Eine offene Darlegung des Gegensatzes zwischen Süd- und Norddeutschland würde eine Störung des Friedens bedeuten.

Darauf erwiderte Bismarck: „Um ein für allemal das Programm der Politik des Norddeutschen Bundes zu kennzeichnen, erinnere ich Sie an eine längst publizierte Zirkulardepesche des Kanzlers des Norddeutschen Bundes vom 7. September v. J. Wenn Sie dieselbe mit Aufmerksamkeit lesen, so werden Sie sich überzeugen, daß das Programm der Politik des Norddeutschen Bundes, an welchem dieselbe noch heute festhält, die Selbständigkeit Süddeutschlands in keiner Weise gefährdet, und selbst wenn Sie den Wunsch aussprächen, diese Ihre Selbständigkeit aufzugeben (Sie nennen es so, ich nicht – sich dem Norddeutschen Bunde zu nähern, will ich lieber sagen), so müßten Sie diesen Wunsch schon so motivieren, daß er auf beiden Seiten dieselbe günstige Beurteilung fände. Sie halten uns für viel empressierter, als wir es sind ... Aber wenn ich mich so gegen das Bestreben jeder Kompetenzerweiterung verwahre, so muß ich auch jedem Bestreben, die vertragsmäßige Kompetenz des Zollvereins zu vermindern, entgegentreten. Ob ein solches Streben hier vorliegt, lasse ich noch unentschieden; dem Herrn Vorredner aber und allen, die dasselbe Thema mit ihm behandeln, gebe ich zu bedenken, daß ein Appell an die Furcht in deutschen Herzen niemals ein Echo findet!"

Der Eindruck dieser Worte, der an sich schon groß war, wurde dadurch erhöht, daß ein anderer Schwabe, aber ein bayerischer, der Abgeordnete Dr. Völk-Augsburg im Verlauf seiner Rede ausrief: „Noch haben einige Leute Vergnügen daran, sich mit Schneebällen zu bewerfen; aber die Sonne wird mit wachsender Wärme ihnen das Material bald verzehren; ja, meine Herren, es ist Frühling geworden in Deutschland!"

Stürmischen Beifall erregte diese Rede nicht nur im Zollparlament; weithin durch Deutschland fanden die Worte „eines der besten Deutschen", wie ihn Bismarck genannt hat, als er 1882 dahinschied, überall in deutschen Landen Widerhall, wo das Gefühl, daß die Winterstürme dem Frühlinge wichen, kräftiger und kräftiger wurde.

Während der Verhandlungen hatte der Kanzler zu Bluntschli über seinen Gesundheitszustand geklagt, er könne nachts nur zwei Stunden schlafen und müsse viele Stunden warten, bis ein wenig Schlaf komme. Er wolle auf Monate weggehen zu seiner Erholung. Am 29. Mai, während er zu Pferde der Parade auf dem Tempelhofer Felde beiwohnte, erkrankte er plötzlich an rheumatischer Affektion des Rippenfells; er mußte vom 16.Juni bis Anfang Dezember ausspannen und sich Ruhe in Varzin gönnen, soweit das dem rastlos tätigen Manne möglich war. Die Maschine war zu groß, mit der er arbeiten mußte: preußischer Ministerpräsident, Minister des Auswärtigen, Bundeskanzler und in Anspruch genommen von drei Parlamenten, dem norddeutschen Reichstag, den preußischen Kammern und dem Zollparlament. Und jedes Parlament stellte hohe Anforderungen an ihn, keins konnte ihn missen.

Auch den Landtagsverhandlungen konnte er nicht fern bleiben. Und hier stand er vielfach im Kampf mit alten Gegnern, mit alten Freunden und dazu gegen Polen, Dänen und Welfen. Kampf war nun einmal der tragische Beruf von Bismarcks Leben, insofern alles Tragische eben daraus beruht, daß es etwas gibt, von dem wir nicht lassen können. Das war bei Bismarck die Liebe zu seinem vaterländischen Werk und das altpreußische Pflichtgefühl, dieses Werk zu schützen mit aller Kraft zu jeder Stunde.

Vor allem waren es Fragen mit nationalem Einschlag, Fragen der Sicherheit des Vaterlandes, die ihn in den Harnisch brachten. Gegen die Polen, wenn sie gegen die Einverleibung ehemals polnischer Landesteile der preußischen Monarchie in den Norddeutschen Bund protestierten. Er griff hier den Stier bei den Hörnern und faßte jene Proteste aus als das, was sie waren, als einen Angriff gegen die preußische Monarchie. Ohne jede Sentimentalität entrollte er ein Bild dessen, was die ehemalige Republik Polen jetzt besäße an Wohlstand, an Rechtssicherheit und auch an Anhänglichkeit der Einwohner, sofern diese nicht Verführern anheimgefallen seien, an ihre Regierung, zu der sie aus den dänischen und böhmischen Schlachtfeldern mit der ihrem Blute und ihrer Nationalität eigentümlichen Tapferkeit gestanden hätten. Dem hielt er das traurige Bild entgegen, das die ganze Vergangenheit des polnischen Volkes mit seiner polnischen Wirtschaft aufweise, in einer Rede (18. März 1867), die allezeit geradezu einen politischen Katechismus bildet für jeden, der klare Belehrung über Preußens Verhältnis zur polnischen Frage haben will. Die Rede schloß mit der Zusicherung an die Polen: „Die energischsten Anstrengungen – und wer bewundert nicht den Grad von Energie, den der polnische Adel anwendet, um die verlorene Herrschaft wieder zu erlangen? – die energischsten Anstrengungen, die größte Hingebung für gemeinsame Zwecke, die glänzendste Tapferkeit, die einzelne Individuen für diesen Zweck an den Tag legen, alles das reicht nicht hin, um die verlorenen Güter zurückzubringen. Es bleibt das Wort des Dichters wahr: ‚Was Du vom Augenblicke ausgeschlagen, bringt keine Ewigkeit zurück.'" Wie gegen Polen wandte er sich gegen Welfen und Hessen, besonders gegen die Umtriebe in Frankreich. Den klagenden Hannoveranern gab er die bittere Wahrheit zu kosten: „Wenn das Blut, wenn die Freiheit Preußens aufs Spiel gestellt wird, wenn das ganze Königreich, wie es war, mit seiner glorreichen Krone als Einsatz stand, wenn die Kroaten unser Land mit Plünderung bedrohten, wenn die Fremdherrschaft, ich weiß nicht, auf wie lange uns bedrohte, – wenn man uns in dieser Gefahr einen Stich in die Seite gibt, dann soll man sich darnach nicht auf den Standpunkt der Sentimentalität stellen und über schlechte Behandlung klagen." Bismarck hatte vor dem Kriege den hannoverschen Minister Graf Platen mit den Worten gewarnt: „Wenn Sie sich mit unsern Feinden liieren, obschon Sie dieselben Interessen mit uns haben, wenn Sie zwischen Hamburg, Minden und Köln einen Staat schaffen, von dem wir befürchten müssen, daß er jede Verlegenheit benutzt, jede Front, die wir nach Süden machen, um uns, ich will nicht sagen den Dolch, aber die Waffe in den Rücken zu rennen, so kann ein solcher Staat nicht mit unserm Willen bestehen, seine Fortexistenz wäre unverträglich mit der Preußens, und derjenige preußische Minister, der die erste Gelegenheit, die sich zur Beseitigung eines solchen Hannovers darbietet, versäumen würde, verrät sein Land, verrät Deutschland." Diese Warnung teilte er im März 1867 im Reichstage mit und auch die Tatsache, daß Preußen vor dem Kriege, ja noch bei Langensalza über ein Bündnis mit Hannover verhandelt habe. – Als nun der König von Hannover auch noch nach dem Kriege fortwährend die Rolle eines kriegerischen Fürsten Preußen gegen über spielte mit der Anwerbung der Welfenlegion und mit Kriegsmachenschaften im Auslande, da erhob von neuem im Januar 1869, wie bei dem Antrage auf Beschlagnahme des Vermögens des Königs von Hannover, Bismarck seine warnende Stimme, er erklärte im Abgeordnetenhause: „Wir wollen hier nicht zu Gericht sitzen über den gefallenen Gegner, aber wir wollen Deutschland vor Schaden bewahren, wir wollen diesen Frevel mit dem Frieden einer großen Nation, mit dem Frieden Europas ein Ende machen gegen diejenigen, welche für persönliche und kleinliche dynastische Interessen sich berufen fühlen, das Glück und die Ehre des eigenen Vaterlandes in Verschwörungen mit dem Auslande zu bedrohen und aufs Spiel zu setzen."

Und in denselben Tagen erging er sich auch gegen gleiche Umtriebe des Kurfürsten von Hessen, indem er auf das Beispiel Coriolans hinwies, der mit den Volskern im Bunde seine Vaterstadt Rom belagerte, aber durch seine Mutter und durch seine Gattin zum Abzuge bewogen wurde. Es waren echt Bismarcksche Worte, denen damals begeisterter Beifall folgte: „Leider kann sich das Ausland sagen, daß, wenn eine Armee siegreich bei uns vordränge, sie nicht überall auf denselben feindlichen Widerstand stoßen würde, wie er vielleicht bei jeder anderen geschlossenen europäischen Nation zu erwarten wäre. Die Coriolane sind in Deutschland nicht selten, es fehlt ihnen nur an Volskern, und wenn sie Volsker fänden, würden sie sich bald demaskieren; nur den letzten versöhnenden Abschluß Coriolans würden alle Frauen Kassels und Deutschlands dann nicht imstande sein, herbeizuführen. Es ist sehr zu beklagen, daß dem bei uns so ist. Vergegenwärtigen Sie sich den Eindruck, den es in Spanien wie in Rußland, in England wie in Frankreich, in Ungarn wie in Dänemark machen würde. Wenn dort irgendjemand erklärte, er wolle seine partikularistischen Gelüste, seine Familieninteressen, seine Parteiinteressen mit ausländischer Hilfe durchführen, er setze seine ganze Hoffnung darauf und arbeite dahin, daß die Fluren seines Vaterlandes zertreten würden von siegreichen ausländischen Kriegsheeren, daß seine eigene Heimat in dieselbe Unterjochung verfalle, wie wir sie am Anfang dieses Jahrhunderts in Deutschland erlebt haben – was kümmern ihn die rauchenden Trümmer seines Vaterlandes, wenn er nur auf ihnen steht! – nehmen Sie an, daß in allen Ländern bis in das kleine Dänemark hinein eine Partei, eine Clique die Frechheit hätte, sich zu solchen Bestrebungen offen zu bekennen, solche Leute würden dort überall ersticken unter der zermalmenden Verachtung ihrer Landsleute! Bei uns allein ist das nicht so, bei uns erliegen sie nicht der Verachtung; sie tragen die Stirn hoch, sie finden öffentlich Verteidiger bis in diese Räume hinein.

„Überall, wo Fäulnis ist, stellt sich ein Leben ein, welches man nicht mit reinen Glacéhandschuhen anfassen kann. Dieser Tatsache gegenüber sprechen Sie doch nicht von Spionierwesen! Ich bin nicht zum Spion geboren meiner ganzen Natur nach; aber ich glaube, wir verdienen Ihren Dank, wenn wir uns dazu hergeben, bösartige Reptilien zu verfolgen bis in ihre Höhlen hinein, um zu beobachten, was sie treiben."

Bei Gelegenheit dieser Debatten wies er auch darauf hin, wie ein Teil der deutschen Presse es nicht scheue, in der französischen Presse gegen Deutschland zu hetzen und bemerkte dazu: „Es ist an sich ein verbrecherisches Beginnen, zwei große Nationen in der Mitte der europäischen Zivilisation, die beiderseits den ernsten Willen hegen, miteinander in Frieden zu leben, die keine wesentlichen Interessen haben, welche sie trennen könnten, in den Krieg hineintreiben zu wollen und sich zu diesem Zwecke mit einem großen Aufwande von Geldmitteln der gedruckten Lüge zu bedienen.

„Alle diese Nachrichten würden an und für sich unbedeutend sein; sie stehen gewöhnlich zuerst in leicht zugänglichen Winkelblättern, gewinnen aber dann eine ganz andere Bedeutung durch die Mitwirkung der Telegraphie. Wenn z. B. in der „Bayerischen Landeszeitung" steht, Preußen habe Süddeutschland zur Kriegsbereitschaft aufgefordert, so lacht in Deutschland ein jeder darüber; wenn dies aber als eine Nachricht von ungewöhnlicher Wichtigkeit von beflissenen Leuten, die dazu besonders angestellt sind, sofort in alle Welt telegraphiert wird, so gewinnt durch das Telegraphieren die erfundene Nachricht eine Bedeutung, die sie an und für sich nicht gehabt hat.

„Wir haben uns gegen die Autorität des Gedruckten erst allmählich abstumpfen können, und das ist namentlich seit 1848 gelungen; bis dahin hatte für einen großen Teil der Bevölkerung alles Gedruckte seine besondere Bedeutung; jeder, der auf dein Lande nur das Amtsblatt las, von der Bibel und dem Gesangbuche nicht zu reden, hielt das Gedruckte für wahr, weil es gedruckt war, ungeachtet des üblichen Sprichworts: er lügt wie gedruckt; es wird vielleicht auch dahin kommen zu sagen: er lügt wie telegraphiert, denn gegen den Mißbrauch, der mit diesem Beförderungsmittel getrieben wird, sind bisher die wenigsten Leute noch auf der Hut; sie denken nicht an den Reichtum von Geldmitteln, der es jemandem möglich macht, zum Telegraphieren aller in drei bis vier Sprachen übersetzten Tendenzlügen in verschiedenen Weltstädten Vektoren zu bezahlen, die nur damit beschäftigt sind, Zeitungen durchzulesen und zu sehen, ob sich eine Alarmnachricht findet; findet er keine, so hat er sie zu machen und telegraphiert sie nun als aufregendes Symptom an verschiedene ausländische Blätter.

„So wird die öffentliche Meinung in Frankreich bearbeitet; umgekehrt wird sie bei uns in Deutschland dahin aufgeregt, als ob wir alle Tage einen Angriff Frankreichs auf Deutschland zu gewärtigen hätten. Es liegt im wohlverstandenen Interesse beider Nationen, daß diesen verlogenen Intrigen nach Möglichkeit ein Ende gemacht, und daß die Geldmittel dazu abgeschnitten werden.

„Die königliche Regierung hat seit Jahr und Tag ihre volle Tätigkeit auf die Zerstreuung falscher Kriegsgerüchte verwendet, sie hat in diesem Augenblick die Überzeugung, daß die europäischen Regierungen von friedlichen Intentionen beseelt sind, und sie hat das Bedürfnis, daß das Publikum endlich zu demselben Glauben und zum Vertrauen auf friedliche Zustände gelange. Schon im Interesse der nationalen Würde sind die Quellen abzuschneiden, aus denen deutsche Blätter besoldet werden, die in schamloser Öffentlichkeit eine starke und kriegstüchtige, aber ebenfalls friedliebende Nation, wie die Franzosen, zum Kriege gegen Deutschland auffordern und offen die Hoffnung aussprechen, das Vaterland, Deutschland, werde in diesem Kriege unterliegen. Mir sind in der Presse Vorwürfe gemacht worden, daß ich solchen Erscheinungen gegenüber die diplomatische Ruhe, die meine Stellung erfordert, nicht zu bewahren vermöchte; sich muß nun aber sagen: wer über solche Niederträchtigkeit nicht in Zorn gerät, hat ein anders organisiertes Nationalgefühl, als mir eigen ist!"

Nach allen Seiten hin stand er mit seinem nationalen Zorn auf der Wacht; denn „Gefahren ringsum", das war das charakteristische Gepräge jener Tage zwischen 1866 und 1870.

Und mitten hinein in diese an Schwierigkeiten so reiche Zeit kam nun auch eine Unstimmigkeit mit dem König, die in dem Kanzler sogar vorübergehend den Wunsch erweckte, die Geschäfte niederzulegen. Er stand zwischen dem Könige, acht Ministern und drei parlamentarischen Körperschaften und hatte mit den verbündeten und den fremden Regierungen beständig in einem Maße zu tun, das die Arbeitskraft eines einzelnen weit überschritt. In Italien saß ein Gesandter, Graf Usedom, der statt zu arbeiten, meist auf dem Lande feierte, wie das auch sonst manchem deutschen Diplomaten eigen zu sein pflegt, und Pflichtwidrigkeit über Pflichtwidrigkeit beging. Bismarck wünschte die Entfernung, da seine „dienstliche Last durch Unbrauchbarkeit dieses Mitarbeiters erhöht werde". Der König konnte sich nicht dazu entschließen. Gerade in der Zeit, als diese Frage schwebte, hatte man wegen einer Geldzahlung an die Stadt Frankfurt eingehend verhandelt und in langen Sitzungen eine Vorlage ausgearbeitet, die an den Landtag kommen sollte. Zwischendurch hatte der König aus freien Stücken eine größere Summe versprochen. Man mußte nun von neuem an langwierige Arbeiten gehen. Das wurde Bismarck zuviel; er bat um seine Entlassung; er konnte sein Amt unter unnötigen Erschwerungen nicht mehr führen. Der König lehnte das Gesuch ab in einem Briefe, der für alle Zeiten charakteristisch ist für Bismarck und seinen königlichen Herrn: „Wie können Sie nur daran denken, daß ich auf Ihren Gedanken eingehen könnte! Mein größtes Glück ist es ja (diese Worte hatte der König zweifach unterstrichen), mit Ihnen zu leben und immer fest einverstanden zu sein ... Ihr Name stehet in Preußens Geschichte höher als der irgend eines preußischen Staatsmanns. Den soll ich lassen? Niemals. Ruhe und Gebeth wird Alles ausgleichen. Ihr treuester Freund W." Usedom wurde entlassen, Bismarck blieb.

Es war ein Glück für Deutschland. Das Jahr 1870 kam heran und mit ihm der große Krieg. Gleichsam als eine Ouvertüre zu dem Wirbeln der Trommeln und dem Klange der Kanonen haben wir aus dem Februar eine Rede Bismarcks, wie sie kaum schöner grade am Anfange dieses Jahres stehen könnte. Der Abgeordnete Lasker hatte beantragt, Baden an den Bund anzuschließen. Bismarck erklärte darauf, warum ihm dieser Antrag überraschend und im höchsten Grade unerwünscht sei, und daß er ihn für einen politischen Fehler halte. Es sei nicht wohlgetan, dasjenige Element, das der nationalen Entwicklung im Süden am günstigsten sei, auszuscheiden und mit einer Barriere abzuschließen; „gewissermaßen den Milchtopf abzusahnen und das übrige sauer werden zu lassen". Dann fuhr er fort: „Ich hatte zuerst, als ich den Antrag las, das Gefühl, daß den Herren Antragstellern so etwa zumute war, wie Shakespeare den Heißsporn Percy schildert, der, nachdem er ein halb Dutzend Schotten umgebracht hat, über das langweilige Leben klagt: es passiert eben nichts, es muß etwas Leben hineingebracht werden! Gründung staatlicher Gemeinschaften, großartige Reformen, durchgreifende Gesetzgebungen, das alles erschöpft den Tatendrang nicht: es muß etwas geschehen! Das war der Eindruck, den ich von den Antragstellern hatte, ich weiß nicht, mit wieviel Berechtigung. Aber wenn einiges daran ist, liegt das nicht in einer gewaltigen Unterschätzung des wirklich Erreichten? Denken Sie zurück, meine Herren, in die Jahre vor 1848, in die Jahre vor 1864: mit wie wenigem wäre man damals zufrieden gewesen! Als welche glänzende Errungenschaft wäre beispielsweise diejenige Einigung für ganz Deutschland, in welcher wir heute mit Süddeutschland stehen, der gesamten Nation erschienen, nämlich ein Zollparlament, welches dem Ganzen eine organische verfassungsmäßige Gestalt verlieh, und ein gesicherter Oberbefehl der gesamten Heeresmacht! Der gesicherte Oberbefehl war eine große Schwierigkeit für einen Krieg des alten Bundes: er war schwerlich zu erreichen, und die Verhandlungen darüber hätten, wenn nicht außerhalb des Bundes Vorsorge getroffen wäre, länger dauern können, als der Krieg. Haben wir nicht in Bezug auf Süddeutschland ein kostbares Stück nationaler Einheit erreicht? Ich kann dreist behaupten: übt nicht das Präsidium des Norddeutschen Bundes in Süddeutschland ein Stück kaiserlicher Gewalt, wie es im Besitze der deutschen Kaiser seit fünfhundert Jahren nicht gewesen ist?

„Wo ist denn – seit der Zeit der ersten Hohenstaufen – ein unbestrittener Oberbefehl im Kriege, eine unbestrittene Sicherheit der Gemeinschaft, denselben Feind und denselben Freund im Krieg zu haben, in deutschen Landen vorhanden gewesen? wo ist denn eine wirtschaftliche Einheit vorhanden gewesen, an deren Spitze der deutsche Kaiser gestanden hätte? Der Name macht es nicht! Aber wenn das Präsidium, wenn der König, mein allergnädigster Herr, im Nordbunde eine Macht übt, die zu erweitern im nationalen Interesse, im Interesse des Gewichtes und des Schutzes von Deutschland, kein Bedürfnis vorhanden ist, so kann ich behaupten: das Haupt des Nordbundes hat in Süddeutschland eine Stellung, wie sie seit dem Kaiser Rotbart ein deutscher Kaiser nicht gehabt hat, und dieser doch auch nur, wenn sein Schwert gerade siegreich war, vertragsmäßig und allgemein anerkannt nicht. Also unterschätzen wir dies nicht, und drängen Sie nicht so auf neue

Etappen: genießen Sie doch einen Augenblick froh, was Ihnen beschieden, und begehren Sie nicht, was Sie nicht haben!"

Das Jahr 1870 verging in seiner ersten Hälfte ohne irgendwelche auswärtigen Besorgnisse. So konnte Bismarck im Juni in sein Varziner Tuskulum zur verdienten Erholung gehen. Am 7. Juni schreibt er an Roon von Berlin aus: „Ich entfliehe morgen früh den Schlingen, die sich mit jedem Tage meines Bleibens stets von Neuem um meine heimwärts strebenden Füße legen. Ich hoffe, daß wir uns Anfangs August hier so wohl wiedersehn, wie wir es uns gegenseitig wünschen. Ich habe formell 6 Wochen Urlaub ... Mit herzlichen Grüßen in Reise-Hast Ihr v. B."

Am 8. Juni reiste er nach Varzin. Am 30. Juni erklärte der französische Minister Ollivier im gesetzgebenden Körper: „Zu keiner Zeit war die Aufrechterhaltung des Friedens mehr gesichert als jetzt. Wohin man auch blickt, kann man nirgends eine Frage entdecken, die Gefahr in sich bergen könnte." Am 2. Juli berichtete der österreichische Geschäftsträger in Berlin nach Wien, daß in der politischen Welt fast ausnahmslose Ruhe herrsche. Und am 11. Juli sagte der englische Premier Granville, der am 6. das Auswärtige Amt übernommen hatte, daß bis zum 5. Juli eine solche politische Ruhe herrschte, wie sie dem erfahrenen Staatssekretär Mr. Hammond während seiner langen Praxis noch nicht vorgekommen sei."

## 13. Der deutsch-französische Krieg. 1870-1871. Kaiser und Reich.

Am 2. Juli hatte das spanische Ministerium für den erledigten Königsthron den Erbprinzen Leopold von Hohenzollern in bestimmte Aussicht genommen. Diese Thronfolgefrage hatte eine längere Vorgeschichte: In Spanien war im Jahre 1868 die Königin Isabella gestürzt. Seitdem suchte man dort nach einem König und hatte schon im Jahre 1869 dem Erbprinzen die Krone angeboten. Bismarck war diese Kandidatur von vornherein willkommen. Bereits im Jahre 1868 gleich nach dem Sturz der Königin hatte er sich geäußert, die spanische Bewegung werde, wenn sie einige Konsistenz entwickle, ein wirksames Zugpflaster zugunsten des Friedens sein. Was auch nur an Mitteln und Bürgschaften für die Sicherung des europäischen Friedens sich bot, das begrüßte er mit Freuden; auch das Anerbieten der Krone Spaniens an den Prinzen von Hohenzollern betrachtete er unter diesem Gesichtspunkt. Freilich war er sich klar, dass Frankreich zunächst empfindlich berührt sein werde, wenn ein Hohenzoller – und mochte er mit der regierenden Linie auch nur lose zusammenhängen – den spanischen Königsthron besteige. In Paris war schon im Jahre 1869, als die Thronkandidatur Leopolds zuerst bekannt wurde, die Presse unruhig geworden, und auch Benedetti hatte keinen Zweifel darüber gelassen, daß man an der Seine diese Lösung der Thronfolgefrage übel nehmen werde. Indessen – die französische Empfindlichkeit konnte beschwichtigt werden – Immerhin war das Angebot, auch auf Wunsch des Vaters des Erbprinzen, des Fürsten Karl Anton, zunächst fallen gelassen worden. Zu Beginn des Jahres 1870 wurde es von Marschall Prim wieder aufgenommen, und Bismarck legte in einer Denkschrift am 27. Februar seine Ansichten dar: Wenn der Erbprinz Spanien von der Anarchie erlöse, die dort herrsche, so werde das Dankbarkeit für Deutschland erwecken. Die Sympathien Spaniens für Deutschland würden aber, so argumentierte Bismarck, die Friedensliebe Frankreichs stärken; für Preußen sei in einem deutsch-französischen Kriege ein deutschfreundliches Regiment in Spanien ein bis zwei Armeekorps wert, da Frankreich seine Südgrenze nicht ungeschützt lassen könne. Andererseits weist Bismarck in den Gedanken und Erinnerungen nachdrücklich darauf hin, daß das passive Verhalten Spaniens nach Ausbruch des Krieges, bei dem doch auch die spanische Ehre in Mitleidenschaft gezogen war, bewiesen habe, daß das spanische Volk, auch wenn ein Hohenzoller es regierte, doch schwerlich dazu hätte bewogen werden können, eine Macht wie Frankreich uns zuliebe anzugreifen, ja auch nur ein Regiment aus Liebe zu Deutschland an die Pyrenäen zu schicken. Mehr als in politischer glaubte er sich in wirtschaftlicher Hinsicht von der Verwirklichung der Thronkandidatur versprechen zu können. Der Handel Spaniens mit Deutschland werde sich unter einem Hohenzoller ebenso beleben, wie das mit Rumänien der Fall sei, so meinte er, auch das Ansehen des Hohenzollernhauses werde gehoben und der monarchische Sinn gestärkt; eine Ablehnung werde die Spanier verletzen; außerdem würden die Aussichten auf eine Republik in Spanien wachsen; das aber würde Napoleon ebenso ungern sehen, wie eine orleanistische Lösung. Der Hohenzollernprinz war zudem mit den Napoleons verwandt.

Im Mai trat die Frage wieder kräftiger auf. Die spanische Regierung hatte sich dafür verbürgt, daß die spanischen Cortes den Erbprinzen sicher wählen würden. Dieser zeigte sich jetzt geneigt zur Annahme der Wahl. Er empfand es doch als eine Pflicht das spanische Volk nicht in seinen Schwierigkeiten sitzen zu lassen; vor einer Bloßstellung war er gesichert. Bismarck aber wollte nicht offiziell beteiligt werden; weil er „eine vorübergehende Beunruhigung" vorher sah und dieser frei gegenüber stehen wollte. König Wilhelm gab nach langem innerlichen Kampfe am 21. Juni als Familienhaupt seine endgültige Zustimmung.

Spaniens Ministerpräsident Prim, der die Verhandlungen geführt hatte, hatte die Absicht, im Laufe des Juli dem Kaiser Napoleon die Angelegenheit, die bisher durchaus vertraulich betrieben war, zu unterbreiten und dessen Zustimmung zu erwirken. Aber er machte unvorsichtigerweise schon vorzeitig dem französischen Gesandten Mercier Mitteilung; so wurde bereits am 3. Juli die ganze Angelegenheit in Paris bekannt und verursachte eine gewaltige Erregung der französischen Nationalempfindlichkeit.

Am 4.Juli wurde das auswärtige Amt in Berlin von dem französischen Geschäftsträger (der Gesandte Benedetti weilte in Wildbad) befragt. Bismarcks Vertreter, der Unterstaatssekretär von Thile, gab die Antwort, daß die preußische Regierung von der Angelegenheit nichts wisse; wie es auch zutraf, da die Frage der Annahme der Wahl von dem Könige lediglich als Familiensache behandelt worden war, die weder Preußen noch den Norddeutschen Bund etwas anging, bei der es sich eben nur um die persönliche Beziehung des Kriegsherrn zu einem deutschen Offizier und des Hauptes nicht der königlich preußischen, sondern der hohenzollernschen Gesamtfamilie zu den Trägern des Namens Hohenzollern handelte. In diesem Sinne war auch vom Könige bei frühern Anfragen des Prinzen Leopold die Sache behandelt worden.

In Frankreich suchte man nach einer Demütigung Preußens, wenn nicht nach einem Kriegsfalle, besonders seitdem im Mai 1870 der deutschfeindliche klerikale Herzog von Gramont Minister des Auswärtigen war. Demgegenüber riet Bismarck am 5.Juli dem König telegraphisch, sich eine ruhige Auffassung der Lage zu bewahren.

Schon in der Anfrage, mit der man von Paris aus am 4. Juli die preußische Politik zur Rede gestellt hatte, lag eine Unverschämtheit. Diese wurde zur bedrohenden Beleidigung durch Herausforderungen der französischen Presse und durch die Stellungnahme des Ministeriums Gramont-Ollivier im gesetzgebenden Körper. Am 6. Juli äußerte sich Gramont auf eine Interpellation hin: „Wir glauben nicht, daß die Achtung vor den Rechten eines Nachbarvolkes uns verpflichtet, zu dulden, dass eine fremde Macht einen ihrer Prinzen auf den Thron Karls V. setze. Dieser Fall wird nicht eintreten, dessen sind wir gewiß. Sollte es anders kommen, so würden wir unsere Pflicht ohne Zaudern und ohne Schwäche zu erfüllen wissen." Diese Erklärung war nicht etwa improvisiert, sondern offenbar im Ministerrate beschlossen. Der Ministerpräsident Ollivier stellte das in derselben Sitzung fest und fügte die Worte hinzu: „Wenn Sie über diese Erklärung nachgedacht haben, so werden Sie sich überzeugen, daß sie keine Ungewißheit über den Gedanken der Regierung läßt, insofern es sich darum handelt, ob sie den Frieden will oder den Krieg herbeiführt." Das waren schon amtliche Drohungen mit der Hand am Degengriff. Die Phrase: „*La Prusse cane*" (Preußen verkriecht sich) und andere Äußerungen, wie die Worte Girardins in der Liberté, man müsse die Preußen mit Kolbenstößen über den Rhein treiben, und des amtlichen Moniteurs, man müsse die Frage erweitern und die Räumung von Mainz, die Aufhebung der Bündnisse zwischen Preußen und Süddeutschland, die Abtretung Nordschleswigs an Dänemark fordern, und andere Maßlosigkeiten machten für das deutsche nationale Ehrgefühl jede Nachgiebigkeit unmöglich. Bismarcks erste Gedanken waren denn auch, das sei der Krieg; eine solche Sprache könne Gramont nicht führen, wenn der Krieg nicht beschlossene Sache sei. In Keudells Gegenwart hat er damals temperamentvoll, wie er war, gesagt: jetzt müsse man die ganze Armee mobil machen und über Frankreich herfallen; das wäre der Sieg! „Leider," fügte er hinzu, „geht das aber nicht – aus verschiedenen Gründen." Er nahm sich zusammen, bewahrte seine Ruhe und folgte zunächst selbst dem Rate, den er am 5. Juli seinem Könige gegeben habe. Auf die Äußerungen in Paris kam eine sehr gelassene Antwort in der Norddeutschen Allgemeinen Zeitung. Bismarck blieb noch in Varzin. Inzwischen setzten Verhandlungen der französischen Regierung mit dem in Ems weilenden Könige ein, die ganz ungewöhnlich waren; denn man hätte sich an die Regierung und den Minister des Auswärtigen wenden müssen, nicht an den König persönlich.

Am 9.Juli forderte Benedetti, der von Wildbad nach Ems beordert war, den König auf, wenn nicht durch Befehl, so doch durch guten Rat den Prinzen Leopold zum Rücktritt zu bewegen. Der König entwickelte würdig und bestimmt seinen Standpunkt, er habe als Familienhaupt eine negative Rolle gespielt, indem er dem Prinzen die Annahme nicht untersagt habe; Frankreich möge seine Anstrengungen nach Madrid richten. Unter der Hand erklärte er sich bereit, mit dem Vater des Prinzen in Beziehung zu treten. Die Aufregung in Paris wurde inzwischen größer und größer; in Ems steigerte sich die Belästigung für den König durch Benedettis Aufdringlichkeit bis zum Unerträglichen.

Bismarck entschloß sich am 12. Juli, von Varzin nach Ems aufzubrechen, um beim Könige die Berufung des Reichstages behufs der Mobilmachung zu befürworten. Als er auf dem Wege zur Eisenbahn durch das Nachbardorf Wussow fuhr, stand sein Freund, der alte Prediger Mulert, vor der Türe des Pfarrhofes und grüßte ihn freundlich.

Seine Antwort im offenen Wagen war ein Lufthieb in Quart und Terz, womit er sagen wollte, daß es in den Krieg gehe. Als er in Berlin ankam, empfingen ihn, noch ehe er, in den Hof seiner Wohnung einfahrend, den Wagen verlassen hatte, wie er in den „Gedanken und Erinnerungen" anschaulich berichtet, „Telegramme, aus denen hervorging, daß der König nach den französischen Bedrohungen und Beleidigungen in Parlament und Presse fortfuhr, mit Benedetti zu verhandeln, ohne ihn in kühler Zurückhaltung an seine Minister zu verweisen". Während des Essens, an dem Moltke und Roon teilnahmen, traf von der Botschaft in Paris die Meldung ein, der Prinz von Hohenzollern habe entsagt, um den Krieg abzuwenden, mit dem Frankreich drohte. Bismarcks erster Gedanke war, aus dem Dienste zu scheiden. Er war auf das tiefste gedrückt. In dem erpreßten Nachgeben sah er eine Demütigung Deutschlands, die er nicht amtlich verantworten wollte. Er hielt den Rückzug vor den prahlerischen Kundgebungen Frankreichs für schlimmer als den von Olmütz, dem die gemeinsame Vorgeschichte mit Österreich und der Mangel der Kriegsvorbereitung Preußens zur Entschuldigung dienen konnten. Er sah schon im Geiste voraus, wie Frankreich die Entsagung des Prinzen als einen befriedigenden Erfolg ansehen und das stolze Gefühl hegen werde, eine kriegerische Drohung in der Form einer Beleidigung und Verhöhnung genüge, um Preußen zum Rückzuge auch in gerechter Sache zu nötigen, weil „der Norddeutsche Bund in sich nicht das hinreichende Machtgefühl trage, um die nationale Ehre und Unabhängigkeit gegen französische Anmaßung zu schützen". Er fand kein Mittel, den fressenden Schaden, den er von einer schüchternen Politik für die nationale Stellung befürchtete, wieder gut zu machen, „ohne Händel ungeschickt vom Zaune zu brechen und künstlich zu suchen". So telegraphierte er den Seinigen nach Varzin, er werde in wenigen Tagen wieder dort sein, – ob als Minister wisse er nicht. In demselben Sinne sprach er mit Roon; man habe die französische Ohrfeige weg, man stehe, weil man nachgiebig gewesen, als Händelsucher da; seine Stellung sei unhaltbar, da der friedliebende König den Unverschämtheiten eines fremden Agenten vier Tage lang

325

seine monarchische Person ausgesetzt habe. An die Weiterreise dachte er nicht mehr, er entschuldigte sich beim Könige mit Ermüdung und Unwohlsein und schickte zu seiner Vertretung den Minister des Innern Eulenburg nach Ems.

In seiner Niedergeschlagenheit lud er Moltke und Roon für den 13. zu Tische ein und besprach mit ihnen seinen Rücktritt. Beide wandten sich gegen ihn nicht ohne den Vorwurf, daß er egoistisch das Feld räumen wolle. Da kam die Meldung, daß eine umfangreiche chiffrierte Depesche aus Ems, von Geheimrat Abeken unterzeichnet, eingetroffen sei. Die Entzifferung ergab, daß Abeken das Telegramm auf Befehl des Königs redigiert und unterschrieben hatte. Bismarck las es seinen Gästen vor; sie lautete also: „Seine Majestät schreibt mir: ‚Graf Benedetti fing mich auf der Promenade ab, um auf zuletzt sehr zudringliche Art von mir zu verlangen, ich sollte ihn autorisieren, sofort zu telegraphieren, daß ich für alle Zukunft mich verpflichtete, niemals wieder meine Zustimmung zu geben, wenn die Hohenzollern auf ihre Kandidatur zurückkämen. Ich wies ihn zuletzt etwas ernst zurück, da man *à tout jamais* dergleichen Engagements nicht nehmen dürfe noch könne. Natürlich sagte ich ihm, daß ich noch nichts erhalten hätte und, da er über Paris und Madrid früher benachrichtigt sei als ich, er wohl einsähe, daß mein Gouvernement wiederum außer Spiel sei." Seine Majestät hat seitdem ein Schreiben des Fürsten bekommen. Da Seine Majestät dem Grafen Benedetti gesagt, daß er Nachricht vom Fürsten erwarte, hat Allerhöchstderselbe, mit Rücksicht auf die obige Zumutung, auf des Grafen Eulenburg und meinen Vortrag beschlossen, den Grafen Benedetti nicht mehr zu empfangen, sondern ihm nur durch einen Adjutanten sagen zu lassen, daß Seine Majestät jetzt vom Fürsten die Bestätigung der Nachricht erhalten, die Benedetti aus Paris schon gehabt, und dem Botschafter nichts weiter zu sagen habe. Seine Majestät stellt Euer Exzellenz anheim, ob nicht die neue Forderung Benedettis und ihre Zurückweisung sogleich sowohl unsern Gesandten als in der Presse mitgeteilt werden sollte."

Nachdem Bismarck diese Depesche vorgelesen hatte, wurde die Niedergeschlagenheit seiner beiden Gäste so tief, daß sie, wie er selbst berichtet, Speise und Trank verschmähten. Bismarck prüfte wiederholt das wichtige Aktenstück und verweilte vor allem beim Schlusse, der ihm das Recht gab, den Gesandten und der Presse Mitteilungen zu machen. Dann fragte er Moltke nach dem Stand der militärischen Rüstungen und ob ein sofortiger Ausbruch des Krieges oder Verschleppung vorteilhafter sei. Moltke hielt schnellen Ausbruch für vorteilhafter. Nunmehr machte Bismarck Gebrauch von seinem Rechte; er verkürzte das Telegramm durch Streichungen, ohne ein Wort hinzuzusetzen oder zu ändern, auf die nachstehende Fassung: „Nachdem die Nachrichten von der Entsagung des Erbprinzen von Hohenzollern der kaiserlich französischen Regierung von der königlich spanischen amtlich mitgeteilt worden sind, hat der französische Botschafter in Ems an Seine Majestät den König noch die Forderung gestellt, ihn zu autorisieren, daß er nach Paris telegraphiere, daß Seine Majestät der König sich für alle Zukunft verpflichte, niemals wieder seine Zustimmung zu geben, wenn die Hohenzollern auf ihre Kandidatur wieder zurückkommen sollten. Seine Majestät der König hat es darauf abgelehnt, den französischen Botschafter nochmals zu empfangen, und demselben durch den Adjutanten vom Dienst sagen lassen, daß Seine Majestät dem Botschafter nichts mehr mitzuteilen habe."

Der Unterschied in der Wirkung des gekürzten Textes der Emser Depesche im Vergleich mit der, welche das Original hervorgerufen hätte, war kein Ergebnis stärkerer Worte; die Ausdrücke „zudringlich", „ich wies ihn etwas ernst zurück" und „Zumutung" waren gefallen. Die neue Form ließ die Kundgebung aber als eine abschließende erscheinen, während die Redaktion Abekens nur als ein Bruchstück einer schwebenden und in Berlin fortzusetzenden Verhandlung erschienen sein würde. Durch die Redaktion, die er der Depesche gab, war es erst möglich sie zu veröffentlichen; diese Redaktion als eine Fälschung zu bezeichnen, das konnte nur Leuten beikommen, die keine Ahnung hatten von dem Pflichtgefühl, mit dem Bismarck als verantwortlicher

Minister seines königlichen Herrn diesen zu decken hatte und energisch gedeckt haben würde, wenn er selbst dem Franzosen gegenüber gestanden hätte. Seine Antwort würde vielleicht die Form angenommen haben, die derjenigen geglichen hätte, welche er im Jahre 1859 im Hotel Royal dem Herrn Levinstein gegenüber für gut befunden hatte.

Der Eindruck, den die Kürzung auf Moltke und Roon machte, war, wie er sein mußte. Moltke erklärte: „So hat das einen anderen Klang, vorher klang es wie eine Chamade, jetzt wie eine Fanfare in Antwort auf eine Herausforderung." Mit anderen Worten: Vorhin waren Ton und Stimmung der Depesche die einer unter gedämpftem Trommelklang geführten Parlamentärverhandlung mit dem Feinde; jetzt lautet's wie ein frisches frohes Trompetensignal zu mutigem Angriff. Bismarck wußte das; er wußte, daß diese Depesche in Paris den Eindruck eines roten Tuchs auf den gallischen Stier machen würde. Er sagte: „Schlagen müssen wir, wenn wir nicht die Rolle des Geschlagenen ohne Kampf auf uns nehmen wollen. Der Erfolg hängt aber doch wesentlich von den Eindrücken bei uns und anderen ab, die der Ursprung des Krieges hervorruft; es ist wichtig, daß wir die Angegriffenen seien, und die gallische Überhebung und Reizbarkeit wird uns dazu machen, wenn wir mit europäischer Öffentlichkeit, soweit es uns ohne das Sprachrohr des Reichstags möglich ist, verkünden, dass wir den öffentlichen Drohungen Frankreichs furchtlos entgegentreten."

Die Stimmung der beiden Generale schlug zu Freudigkeit um. Sie hatten plötzlich die Lust zu essen und zu trinken wieder gefunden und äußerten sich in heiterer Laune. Roon sagte: „Der alte Gott lebt noch und wird uns nicht in Schande verkommen lassen." Und Moltke trat ganz aus seiner gleichmütigen Leidenschaftslosigkeit heraus. Mit freudigem Blick gegen die Zimmerdecke und mit Verzicht auf seine sonstige Gemessenheit in Worten schlug er mit der Hand vor die Brust und sagte: „Wenn ich das noch erlebe, in solchem Kriege unsere Heere zu führen, so mag gleich nachher ‚die alte Karaffe' der Teufel holen." *Carasse de cheval* heißt auf deutsch Schindmähre. Moltke war damals hinfälliger als später. Er glaubte die Strapazen des Feldzuges nicht zu überstehen.

Die Wirkung der Emser Depesche war in Deutschland und im ganzen Auslande gewaltig. Die Fanfare drang am 15. Juli weit hin und bewies, daß Bismarck die deutsche Volksseele kannte, wenn er diesen Ton anzuschlagen für richtig hielt. Nach Hause gab er jetzt eine andere Nachricht: „Vollständiger Ausbruch" lautete sein Telegramm. Er wußte, der Krieg war da.

Als König Wilhelm am Morgen des 15. die Depesche, die Benedettis Forderungen schilderte, las, sagte er erschreckt: „der Krieg!" An demselben Tage kehrte er von Ems nach Berlin zurück. Beispiellos war der Jubel überall, wo er durchs deutsche Land fuhr. Ich habe ihn selbst miterlebt, als der König durch Göttingen kam. Bei seiner Einfahrt brausender Jubel. Dann als der Bürgermeister Merkel ihn begrüßte, lautlose Stille; der König erwiderte, die Wendung der Dinge sei ihm so überraschend gekommen wie ein Blitz aus heiterm Himmel; so einfach wie 1866 werde die Sache nicht gehen. Und als immer neue Begeisterung ihn umtoste und Rufe der Studenten wie: „Krieg, Majestät, wir wollen Krieg" erschallten, da ging ein ernstes Lächeln über die Mienen des alten Herrn und er sagte: „Mit solcher Begeisterung müssen wir siegen." Unter donnerndem Hochrufen fuhr er weiter, majestätisch und freundlich winkte der 73jährige Greis uns zu. „Für einen solchen König muß ein Volk sich opfern" war unser aller Empfindung. – Bis Brandenburg waren Bismarck, Roon und Moltke dem Könige entgegengefahren. Auf dem Potsdamer Bahnhof in Berlin fand eine kurze Beratung im Warteraum statt. Dann eilte der Kronprinz hinaus und rief der tausendköpfigen jubelnden Menge zu: „Die Mobilmachung der Armee ist befohlen." Am Abend ging dieser Befehl in alle deutschen Lande.

Am 19.Juli trat der Reichstag zusammen. Es war der sechzigste Jahrestag des Todes der Königin Luise. Ein Gottesdienst ging der Eröffnung voran. König Wilhelm kam vom Grabe seiner Mutter in die Kirche. Dann folgte die feierliche Handlung im Weißen Saale des Schlosses. Der König verlas die von Bismarck entworfene Thronrede, die zu den wichtigsten Urkunden deutscher Geschichte gehört. Ihre kraftvollsten Stellen lauteten: „Die spanische Thronkandidatur eines deutschen Prinzen, deren Aufstellung und Beseitigung die verbündeten Regierungen gleich fern standen, und die für den Norddeutschen Bund nur insofern von Interesse war, als die Regierung jener uns befreundeten Nation daran die Hoffnung zu knüpfen schien, einem vielgeprüften Lande die Bürgschaften einer geordneten und friedliebenden Regierung zu gewinnen, hat dem Gouvernement des Kaisers der Franzosen den Vorwand geboten, in einer dem diplomatischen Verkehre seit langer Zeit unbekannten Weise den Kriegsfall zu stellen und denselben auch nach Beseitigung des Vorwandes mit jener Geringschätzung des Anrechts der Völker auf die Segnungen des Friedens festzuhalten, von welcher die Geschichte früherer Beherrscher Frankreichs analoge Beispiele bietet.

„Hat Deutschland derartige Vergewaltigungen seines Rechts und seiner Ehre in früheren Jahrhunderten schweigend ertragen, so ertrug es sie nur, weil es in seiner Zerrissenheit nicht wußte, wie stark es war. Heute, wo das Band geistiger und rechtlicher Einigung, welches die Befreiungskriege zu knüpfen begannen, die deutschen Stämme je länger, desto inniger verbindet, heute, wo Deutschlands Rüstung dem Feinde keine Öffnung mehr bietet, trägt Deutschland in sich selbst den Willen und die Kraft der Abwehr erneuter französischer Gewalttat."

„Es ist keine Überhebung, welche mir diese Worte in den Mund legt. Die Verbündeten Regierungen, wie Ich selbst, Wir handeln in dem vollen Bewußtsein, daß Sieg und Niederlage in der Hand des Lenkers der Schlachten ruhen. Wir haben mit klarem Blicke die Verantwortlichkeit ermessen, welche vor den Gerichten Gottes und der Menschen den trifft, der zwei große und friedliebende Völker im Herzen Europas zu verheerenden Kriegen treibt."

„Je mehr die verbündeten Regierungen sich bewußt sind, alles, was Ehre und Würde gestatten, getan zu haben, um Europa die Segnungen des Friedens zu bewahren, und je unzweideutiger es vor aller Augen liegt, daß man uns das Schwert in die Hand gezwungen hat, mit um so größerer Zuversicht wenden Wir Uns, gestützt auf den einmütigen Willen der deutschen Regierungen des Südens wie des Nordens, an die Vaterlandsliebe und Opferfreudigkeit des deutschen Volkes mit dem Aufrufe zur Verteidigung seiner Ehre und seiner Unabhängigkeit."

„Wir werden nach dem Beispiele unserer Väter für unsere Freiheit und für unser Recht gegen die Gewalttat fremder Eroberer kämpfen, und in diesem Kampfe, in dem wir kein anderes Ziel verfolgen, als den Frieden Europas dauernd zu sichern, wird Gott mit uns sein, wie er mit unseren Vätern war."

Am gleichen Tage hielt der Reichstag seine erste Sitzung ab. Sofort nach Beginn erhob sic1h der Bundeskanzler. Unter lautloser Stille sprach er:

„Ich teile dem hohen Hause mit, daß mir der französische Geschäftsträger heute die Kriegserklärung Frankreichs überreicht hat." Begeisterter Jubel begleitete die Verkündigung des einzigsten offiziellen Aktenstückes, das Preußen in dieser Sache erhalten hatte. Der nationale Aufschwung, der der Kriegserklärung in Deutschland folgte, war einem Strome vergleichbar, der die Schleusen bricht. Das hatte man in Frankreich nicht erwartet. Am 20. Juli erteilte Bismarck der französischen Regierung noch einen Hieb, der saß. Er veröffentlichte durch die Times die Schriftstücke Benedettis aus dem August 1866, in welchen dieser die Forderungen Frankreichs auf Gebietsstücke von Bayern und Hessen, Mainz und Luxemburg oder aber von Luxemburg und Stücke von Belgien aufgestellt hatte. Photographische Wiedergabe der Handschrift des französischen Botschafters und des amtlichen Papiers erging an alle Kabinette. Nun wußte Europa, wie es mit Frankreich daran war. Am 31. Juli brach Bismarck mit dem Könige zum Kriegsschauplatze auf.

Über die Zeit in Frankreich haben wir in den Briefen Bismarcks an seine Frau mancherlei zerstreute echt Bismarcksche Worte, die ins Große weisen oder Alltägliches mit köstlichem Humor umrahmen. Am

Anfange steht wie ein Motto ein Wort der Bescheidenheit, welche Triumph auf Vorschuß nicht kannte. Am 2. August wurde es aus Mainz geschrieben: „Der Jubel der Volksmassen auf den Bahnhöfen war betäubend, mir zu viel für jetzt, sie sollten sich das sparen bis nach dem Siege, den Gott uns geben wolle." Dieser Aufblick zu Gott durchzieht alle Briefe in Bitten für seine beiden Söhne, die als Dragoner mit ins Feld zogen, und für den Sieg des Heeres sowie in heißem Dank für Gottes Gnade, als von seinen Söhnen der eine gesund, der andere mit einem ungefährlichen Schuß in der Lende „aus dem Blutbade" vom 16. August davongekommen war. Mit dem Danke für den Sieg der Heere verbindet sich ein unbegrenztes Vertrauen auf den deutschen Krieger. Es ist das ein bezeichnender Zug in Bismarcks Wesen, der meist zu wenig beachtet wird, daß er, wie er in den Parteikämpfen über die Führer hinweg immer wieder vertrauensvoll den gesunden Menschenverstand des wahrhaften Volkes hoch einschätzt, so auch seine Bewunderung dem einfachen Krieger hochherzig zollt. Am 5. August schreibt er: „Mit fünfzigfacher Übermacht haben die Franzosen 3 Stunden, von 10 bis 1, sich mit unsern 3 Compagnien herumgeschossen. Leonidas ist ein Lump gegen unsre Füseliere." Über Weißenburg und Wörth urteilt er: „Das gestehn selbst die Franzosen ein, daß unsre Leute sich wie die Helden schlagen, ‚un élan irrésistible', und dabei stets gegen steile und verschanzte Höhen. Ich habe ihnen nur zu große Todesverachtung vorzuwerfen, und deshalb hat die arme Infanterie schrecklich verloren, namentlich Offiziere, und unter ihnen besonders Stabsoffiziere. Im Wetteifer zwischen Baiern und Preußen, oder zwischen 1., 2., 3ter Armee gehen sie drauf, als wär's ein Wettlauf im Scherz. Die Baiern schlagen sich vorzüglich, grade wie unsre. ... Die Infanterie muß sich das berserkerartige Draufstürzen auf den Feind doch etwas abgewöhnen, denn so gutes Blut wie das unsrer Soldaten ist selten in der Welt. Hier ist nichts als Himmel und Sachsen, die sehr zornig sind, daß sie nicht an den Feind kommen." Über Spichern schreibt er aus Herny am 14. August: „Ein Unteroffizier sagte mir: hätten wir die Position der Franzosen gehabt, keen Deubel hätte die gekrigt, ich wundre mir alleene, daß wir se gekrigt haben! Es ist ein Jammer, so viel von diesen heldenmüthigen Leuten zu verlieren; aber der moralische Eindruck auf die französische Truppe ist auch so überwältigend, daß er uns vielleicht viel Blut in der Folge spart. ... Eiserne Kreuze noch keine ausgegeben, wahrscheinlich nicht fertig. Es ist vielleicht recht gut, denn wenn erst einige damit gehn, so sind die Andern gar nicht mehr zu halten, und stecken die Köpfe in die Mündung der französischen Kanonen; sie sind so schon wie die Berserker. Der Franzose meint, unsre wären so an das Manöverschießen gewöhnt, daß sie ganz vergäßen, daß hier mit Kugeln geschossen würde! ein schönes Lob der Tapferkeit." Ebenso finden andere Kriegertugenden seine Anerkennung. Kurz vor Sedan: „Auch in der Marschirfähigkeit zeigen sich die Deutschen den für ihre Leichtfüßigkeit bekannten Franzosen überlegen, und wir sind nicht nur besser mit Schuhzeug versehn wie die Gegner, sondern haben auch bessere Beine darinstecken." – Und als im November und Dezember vor Paris es immer und immer lautete: „Vor Paris nichts Neues" und die Operationen dort nicht von der Stelle rückten, in den Provinzen aber heiße Kämpfe bevorstanden, da verliert Bismarck sein Vertrauen nicht; Ende November schreibt er: „Die Regimenter reißen uns durch, nicht die Generäle" und am Christabend: „Der Ruhm der Führung liegt in dem bewunderswerthen Heldenmuth der Truppe; nur etwas weniger davon, und keiner der Führer würde vor der Kritik heut bestehn." Das klingt etwas hart. Wer aber damals im Felde gestanden, weiß, wie alles unter dem dumpfen Drucke seufzte, daß die Sache nicht recht vorwärts ging; wie Bismarck grollten die Krieger, die mit den immer neuerstehenden französischen Armeen im Winterfeldzuge kämpfen mußten, den Zögernden in Versailles, wo der Armee wie Thor „ein weiblich Gewand die Knie umwallte" und sie am Gehen hinderte, wie sich Bismarck am 7. Dezember vorsichtig äußerte.

Zwischen diesen ins Große zielenden Gedanken sind die Briefe, die das alltägliche Treiben des Kriegs schildern, von Humor und schlichter Menschlichkeit durchwoben. Gutmütig verdutzt spricht er von dem Eindruck, den er in Pont-à-Mousson hervorgerufen: „Die Leute müssen mich für einen Bluthund halten, die alten Weiber, wenn sie meinen Namen hören, fallen auf die Knie und bitten mich um ihr Leben. Attila war ein Lamm gegen mich." – Allen Entbehrungen gegenüber setzt er guten Humor auf. In einem verlassenen Bauernhause in Herny vor Metz regaliert ihn die Nachbarin mit einem Huhn, welches zwei Stunden vor Tisch noch seine Bekanntschaft machte: „Seiner Leiche vermochten meine guten Zähne nichts anzuhaben. Dagegen erfuhr ich, daß ein einer von einem zahmen Kaninchen für hungrige Leute sehr eßbar ist, selbst dann, wenn die Bestandtheile uns noch eine Stunde zuvor durch ihre muntern Sprünge ergötzt haben. Daneben esse ich wie ein gesunder Mensch gebratenen und rohen Speck mit soviel Knoblauch, daß mir mein Atem schon wie ein Salpeterkeller zu riechen scheint. Das alles bekommt mir sehr gut." Und zwei Wochen später: „Ich habe nach wie vor Grund, Speck und Commißbrod als Heilmittel anzusehn, deren Wirksamkeit ich früher nicht erkannt habe; befinde mich sehr gut dabei."

Nach dem großen Siege bei Sedan am 3. September schreibt er: „Ich bin gestern früh um 6 zu Pferde gestiegen, um Mitternacht herunter, 10–11 Meilen geritten, zweimal naß und trocken geworden und hatte seit dem dritten Tage nichts Warmes genossen, als ich zu besagter Mitternacht über einen Schmorbraten gerieth, wie ein Wolf davon aß, dann 6 Stunden sehr fest schlief. Danach befinde ich mich heut wie eine Maräne in der Wipper (pommerscher Fluß), und was wunderbarer ist, Röschen (Bismarcks Pferd) auch, die in 18 Stunden kein Futter und kein Wasser bekam, und jene 11 Meilen in schlechten Wegen, Dunkelheit und Regen unter mir machte; sie fraß sofort mit gutem Appetit." Das Schlimmste waren ihm, wie uns allen, die wir die traulichen Kommoditäten deutscher Heimat in Frankreich schmerzlich vermißten, dieser Mangel feinerer Kultur. Am 28. August schreibt er von Clermont: „Sehr nett ist es hier nicht, mit dem einzigen Binsenstuhl, Generalstab mit Nachtdienst unter mir, Büreau mit dito über mir, 20 Leute, die in dem dünnen, schallenden Hause wohnen, 5 schreiende Kinder neben mir, und nicht einmal ein – –; man muß sich daran gewöhnen

Angesichts des Publikums schamlos zu verfahren, wie es eben geht und die Schildwachen zu bewegen, daß sie wenigstens nicht mit präsentirtem Gewehr dabeistehn. Verzeih dieses Detail, aber es ist mir die unangenehmste der kriegerischen Entbehrungen." Solche Nöte hörten auf; es kamen auch Tage mit Sekt. In Versailles besucht ihn am 8. Oktober sein jüngerer Sohn Bill: „Zu Tisch tranken wir Sect, aus Rothschilds Keller gekauft, bis Dein Sohn einen rothen Sattel auf der Nase hatte." Und im Dezember tröstet er seine Frau über den Sohn Bill, der, sonst schreibfaul, für eine Spickgans, die Bismarck ihm geschickt, sich bedankt: „Spickgans, dann schreibt er. Ich schicke ihm heut wieder eine durch denselben Feldjäger." Spickgänse waren also in Versailles nicht selten und Bismarck angenehme Zugaben. Nicht so die vielen Fürstlichkeiten, die dort waren. Schon im August schreibt er: „Es ist wahrhaft empörend, wie die fürstlichen Zuschauer jeden Platz wegnehmen, und Roon und mich nöthigen unsre Arbeitskräfte zurückzulassen, damit diese zuschauenden königlichen Hoheiten mit ihren Dienern, Pferden und Adjutanten Platz finden!" Und am 1. Oktober aus Ferrières: „Gestern feierten wir Ihrer Majestät Geburtstag mit Gratulation um 10 früh, dann geputztes Diner mit allen Prinzen und Orden, dergleichen ist angreifend, weil ich mit den Herrn besonnen und höflich reden muß." Lieber hätte er es nicht getan; denn einige Wochen später klagt er aus Versailles: „Verdruß ist viel, wie überall wo viel unbeschäftigte Fürsten sind, aber ich härte mich doch mehr ab." Und wieder einige Zeit später: „Mich plagen die Fürsten mit ihrer Geschäftigkeit." So war auch ihm wie sonst dem arbeitenden Manne nicht die Arbeit das Schlimmste, sondern die belästigende Muße derer, die der Arbeit im Wege stehen.

Bismarcks Feldzugsbriefe enthalten auch einige für die Beurteilung der anfänglichen Erfolge interessante Äußerungen, die beweisen, daß auch er wie alle Welt damals sich täuschte über die ausschlaggebende friedenschaffende Wirkung dieser Erfolge. 15. August: „Gestern sehr blutige Schlacht vor Metz. Unsere Militairs haben nach derselben den Eindruck, daß das Ende des französischen Widerstandes angefangen hat und glauben in Kurzem vor Paris zu sein." Am 16. August: „Gelingt das (d. h. die Franzosen auf Thionville zurückzudrängen), so ist die französ. Armee so zersprengt, daß sie sich nicht mehr setzen kann, und der Feldzug so gut wie zu Ende." Am 24. August nach den großen Kämpfen um Metz: „Entweder schlägt man sich erst vor Paris, oder gar nicht mehr." Und unmittelbar nach Sedan am 3. September schreibt er von der Metzer Armee, daß auch sie bald werde kapitulieren müssen. Es sollte anders kommen; Metz hielt sich länger, als man erwartet hatte, und noch länger Paris. Und die Volkskraft Frankreichs bewies, daß ein großes Volk mit großer Vergangenheit Armeen aus der Erde stampfen kann, auch wenn der Herrscherthron zusammengebrochen ist.

Dieses Ereignis hatte sich bei Sedan vollzogen; soweit Bismarck dabei in Mitwirkung kam, schildert er am 3. September aus Vendresse in seiner Art, die nie das Glück beleidigte durch die Torheit eigener Überhebung, mit Worten und in Gedanken schlicht und bescheiden: „Vorgestern, vor Tagesgrauen, verließ ich mein hiesiges Quartier, kehre heute zurück und habe in der Zwischenzeit die große Schlacht von Sedan am 1. erlebt, in der wir 30000 Gefangne machten, und den Rest der französischen Armee, der wir seit Bar le Dur nachjagten, in die Festung warfen, wo sie sich mit dem Kaiser kriegsgefangen ergeben mußte. Gestern früh 5 Uhr, nachdem ich bis 1 Uhr früh mit Moltcke und den französischen Generälen über die abzuschließende Capitulation verhandelt hatte, weckte mich der General Reille, den ich kenne, um mir zu sagen daß Napoleon mich zu sprechen wünschte. Ich ritt ungewaschen und ungefrühstückt gegen Sedan, fand den Kaiser im offenen Wagen mit 3 Adjudanten und 3 zu Pferde daneben auf der Landstraße vor Sedan haltend. Ich saß ab, grüßte ihn ebenso höflich wie in den Tuilerien und fragte nach seinen Befehlen. Er wünschte den König zu sehen; ich sagte ihm der Wahrheit gemäß, daß S. M. 3 Meilen davon an dem Orte wo ich jetzt schreibe, sein Quartier habe. Auf N.s Frage, wohin er sich begeben solle, bot ich ihm, da ich Gegend unkundig, mein Quartier in Donchery an, einem kleinen Ort an der

Maß dicht bei Sedan; er nahm es an, und fuhr von seinen sechs Franzosen, von mir und von Carl, der mir inzwischen nachgeritten war, geleitet, durch den einsamen Morgen nach unserer Seite zu. Vor dem Ort Donchery wurde es ihm leid wegen der möglichen Menschenmenge, und er fragte mich, ob er in einem einsamen Arbeiterhause am Wege absteigen könne; ich ließ es besehn durch Carl, der meldete es sei ärmlich und unrein: ‚n'importe', meinte N., und ich stieg mit ihm eine gebrechliche, enge Stiege hinauf. Zu einer Kammer von 10 Fuß Gevierte, mit einem fichtnen Tische und 2 Binsenstühlen, saßen wir eine Stunde, die Anderen waren unten. Ein gewaltiger Contrast mit unserm letzten Beisammensein, 67 in den Tuilerien. Unsre Unterhaltung war schwierig, wenn ich nicht Dinge berühren wollte, die den von Gottes gewaltiger Hand Niedergeworfenen schmerzlich berühren mußten. Ich hatte durch Carl Offiziere aus der Stadt holen und Moltcke bitten lassen zu kommen. Wir schickten dann einen der ersteren auf Recognoszirung und entdeckten $^1/_2$ Meile davon in Fresnois ein kleines Schloß mit Park. Dorthin geleitete ich ihn mit einer inzwischen herangeholten Escorte vom Leib-Kür.-Regt., und dort schlossen wir mit dem französischen Obergeneral Wimpfen die Capitulation, vermöge deren 40- bis 60000 Franzosen, genauer weiß ich es noch nicht, mit allem, was sie haben, unsre Gefangnen wurden. Der vor- und gestrige Tag kosten Frankreich 100000 Mann und einen Kaiser. Heut früh ging letzterer mit allen seinen Hofleuten, Pferden und Wagen nach Wilhelmshöhe bei Kassel ab.

„Es ist ein weltgeschichtliches Ereigniß, ein Sieg, für den wir Gott dem Herrn in Demuth danken wollen, und der den Krieg entscheidet, wenn wir auch letztren gegen das kaiserlose Frankreich noch fortführen müssen."

Nach Sedan verschob sich das Hauptquartier nach Westen. Vom 15.–19. September befand es sich in Meaux; dort begannen, wie Bismarck schreibt, „die Friedens-, nicht Tauben, sondern Aaskrähen nach ihm zu stoßen." Er erfuhr, daß Thiers eine Rundreise an den neutralen Höfen Europas angetreten habe, um eine Einmischung und Vermittlung zugunsten des Friedens zu erwirken. Er bezeichnete deshalb in einem Rundschreiben an die preußischen Vertreter an den europäischen Höfen genau die Stellungnahme der Regierung. Thiers werde den Glauben an die Friedensliebe der Pariser Regierung der französischen Republik zu erwecken suchen. Die sei nicht vorhanden; es werde vielmehr die Volksleidenschaft durch die Maßnahmen und Sprache der französischen Regierung aufgereizt. Die Forderung eines Waffenstillstandes ohne Sicherheit der Friedensbedingungen sei eine Zumutung und rechne bei Preußen aus Mangel an militärischem und politischem Urteil oder auf Gleichgültigkeit gegen eigene Interessen. Die Einmischung fremder Mächte sei unangebracht, Frankreich habe allein den Krieg willkürlich heraufbeschworen und habe deshalb mit Deutschland allein zu kämpfen und die Rechnung abzuschließen. Es sei grausam, wenn die Neutralen Frankreich Hoffnung auf Einmischung machten und dadurch den Kampf verlängerten. Die Friedensbedingungen seien Preußen durch das Gesetz der Notwehr auferlegt gegen ein gewalttätiges und friedloses Nachbarvolk. Straßburg, ein Ausfalltor für Frankreich, und Metz hätten für Frankreich offensive, für Deutschland defensive Bedeutung. Denn Deutschland sei in zwanzig Kriegen mit Frankreich niemals Angreifer gewesen, von ihm sei eine Störung des Friedens nicht zu befürchten. – Dieses Rundschreiben wirkte; die Versuche, die der allezeit gegen Preußen agitierende österreichische Minister Beust und England machten, um eine „kollektive Mediation der Mächte" zustande zu bringen, wurden zurückgewiesen, das Rühren fremder Köche in Deutschlands Töpfe hörte endlich auf. Was aber wichtiger war: Elsaß-Lothringen tauchte schon als Siegespreis auf den Wogen des Krieges auf. Und Bismarck stellte diesen Preis nicht nur aus nationalbegeisterter Empfindung oder im Hinblick auf historisch begründete Forderungen, zu denen vergangener Raub die Berechtigung gab. Seine Begründung trug vielmehr den Wirklichkeitscharakter gesunder Notwehr gegen Frankreich in sich, zugleich bedeutete ihm Elsaß-Lothringen die Brücke übern Main. Als im Jahre 1859 ein deutschfranzösischer Krieg drohte, hatte Bismarck ein Gespräch mit dem geistreichen König Wilhelm von Württemberg, in welchem dieser seine Entschlossenheit, allen Bundesverpflichtungen nachzukommen, betonte, aber auch auf die üble Lage hinwies, daß Süddeutschland früher von den Franzosen überschwemmt sein würde, ehe der deutsche Bund zu Hilfe kommen könne. Solange Straßburg nicht deutsch sei, würde es immer ein Hindernis für Süddeutschland bilden, sich der deutschen Einheit, einer deutschnationalen Politik ohne Rückhalt hinzugeben. Über dieses Gespräch berichtete Bismarck nach dem Kriege im Reichstage und er fügte hinzu: „Der Keil, den die Ecke des Elsaß bei Weißenburg in Deutschland hineinschob, trennte Süddeutschland wirksamer als die politische Mainlinie von Norddeutschland, und es gehörte bei den Süddeutschen ein großer Grad von Entschlossenheit, von nationaler Begeisterung und Hingebung dazu, in der Gefahr Norddeutschlands die ihrige zu sehen und frisch zuzugreifen, um mit uns gemeinschaftlich vorzugehen." Elsaß-Lothringen war für Bismarck der Schlußstein der deutschen Einheit und Sicherheit. Das wurde den Mächten klar gemacht, zu denen Thiers seinen Bittgang antrat in dem anmaßenden Gedanken, als ob Frankreich Europa bedeutete.

Am 19. September erschien Jules Favre, ein anderes Mitglied der Pariser Regierung, bei Bismarck; die Verhandlungen wegen eines Waffenstillstandes wurden am 20. in Schloß Ferrières fortgesetzt, führten aber zu keinen Ergebnissen, da die preußischen Bedingungen: Aufrechthaltung des militärischen *status quo* vor Paris, Fortdauer der Feindseligkeiten vor Metz und Übergabe .von Straßburg, Toul und Bitsch nicht angenommen wurden. Es erschien vielmehr eine Proklamation der Pariser Regierung, die damit schloß, daß man weder einen Zoll französischen Landes noch einen Stein französischer Festungen preisgeben werde. Die französische Presse erklärte die Fortsetzung des Krieges als eine Ungerechtigkeit, nachdem Napoleon gefangen sei; es war das dieselbe Presse, die vor Beginn des Krieges die Preußen mit Kolbenstößen über den Rhein hatte zurücktreiben wollen. Bismarcks Auffassung und Standpunkt in dieser Zeit geht aus einem Briefe vom 23. September an seinen Sohn Herbert am klarsten hervor: „Ich habe hier mit den Franzosen (Favre, von Ring und Hall, sehr kleinlaut, begleitet) schon dreimal stundenlang verhandelt, sie bekamen aber über das Elsaß noch immer so schweres Bauchgrimmen, daß wir abbrechen mußten. Fünftausend Millionen Franken glaubten sie zahlen zu können, und schienen bereit dazu, wenn wir ihnen Straßburg ließen. Aber ich sagte ihnen, von dem Gelde wollten wir erst später reden, vorher die deutsche Grenze feststellen und dicht machen. Denn sobald sie zu Kräften kämen, griffen sie uns doch wieder an, sagte ich, was sie unter ganz pomphaften Friedensschwüren bestritten. Alles schon dagewesen."

Diese Verhandlungen hatten Bismarck nicht sehr erhitzt; viel Mühe und Not und vor allem ein bewundernswertes Maß von Ruhe und Geduld kostete es, um die Südstaaten dem neuen Reiche zu gewinnen, das zu gründen einmütiger Wunsch und Wille des ganzen deutschen Volkes war. Bei dieser Arbeit war er wieder einmal ganz auf sich allein gestellt; nur sein hervorragender Mitarbeiter Rudolf Delbrück, der Präsident des Bundeskanzleramtes, stand in treuem und zähen Schaffen ihm auch in innerer Übereinstimmung zur Seite. Die Liberalen, unter ihnen Heinrich von Treitschke, hätten am liebsten mit den Rheinbundfürsten kurzen Prozeß gemacht, um ein starkes deutsches Königtum herzustellen. Der Kronprinz hatte ähnliche Gedanken. Er wollte die Dynastien stark beschneiden, die Kaiserkrone so reich an Macht wie nur möglich machen. Zu Gustav Freytag hatte er nach Wörth gesagt, die Macht sei da, um die Widerstrebenden zu zwingen. Noch am 16. November geriet der Kronprinz, der über Bayerns militärische Sonderstellung empört war, hart mit Bismarck aneinander, er verlangte, daß man fest und gebietend auftrete und sprach vom Versäumen eines weltgeschichtlichen Moments. Bismarck dachte anders und blieb ruhig; wie er seiner Frau geschrieben von dem Mute und der Tapferkeit der Bundesgenossen, wie er nach dem Feldzuge im Reichstage die hohe Entschlossenheit pries, die Süddeutschland in gefahrvoller Lage bewiesen, so hielt er bei allen Verhandlungen den Grundsatz entschlossen fest ‚Treue um Treue'. Geradezu als eine unehrliche Politik bezeichnete er es, die Bundesgenossen, die freiwillig herbeigeeilt, wider ihren Willen zu Konzessionen zu zwingen. Der Kronprinz wollte das Gold der preußischen Krone umschmelzen in die deutsche Kaiserkrone, Bismarck aber das Gold der preußischen Krone erhalten wissen; er hätte seinen König auch niemals zu der allergeringsten Schwächung preußischer Eigenart gebracht; ihm lag es vor allem daran, die Präsidialmacht und Feldherrnrechte so weit zu stärken, daß der Kaisertitel ein würdiger Ausdruck dieser erweiterten Macht war. Das alte, echte Gold der Preußenkrone verlieh der neuen Krone genug des Glanzes. Den König auch nur zur Annahme jenes Titels zu bewegen, ist Bismarck in den spätern Verhandlungen schwer genug geworden.

Zunächst lag ihm daran, daß der Stoß des nationalen Willens sich nur gegen den Feind richtete, der die Unabhängigkeit Deutschlands bedrohte, und gegen das Ausland, das sich in die Selbständigkeit Deutschlands so oder so einzumischen berufen fühlte, gegen die Bundesgenossen aber, die der preußischen Führung so willig gefolgt waren, wollte er nichts Gewaltsames ausführen.

In diesem Geiste ließ er zunächst durch Delbrück die Verhandlungen führen, dann nahm er sie vom 22. Oktober an mit den vier süddeutschen Staaten selber in die Hand, und zwar mit jedem besonders. Mit Baden kam man bald zum Ergebnis. Es hatte ja gleich nach dem 1866er Kriege den Wunsch ausgesprochen in den Norddeutschen Bund einzutreten. Ebenso schnell gelang es mit Hessen-Darmstadt einig zu werden. Denn hier beflügelte das schlechte Gewissen die Schritte zur Einigung. Der Minister Dalwigk und sein Herr hatten vor dem Kriege zu stark mit Napoleon geliebäugelt. Überaus schwierig waren die Verhandlungen mit Bayern und Württemberg; hier fing ein Markten und Feilschen mit Reservatrechten an, das Bismarck zur Verzweiflung hätte bringen können, wenn ihm die Fähigkeit zu verzweifeln überhaupt eigen gewesen wäre. Wo der Mensch verzweifelt, lebt kein Gott, war sein Grundsatz im Leben und im Handeln und nichts Abgeschmackteres fand er auf der Welt als einen Menschen, der verzweifelt.

Er rechnete bei den Verhandlungen mit diesen beiden Staaten auf den Segen der Konkurrenz. Schon hatte er Württemberg so weit, daß der Abschluß fix und fertig war und am 12. November unterzeichnet werden sollte. Da kam Gegenbefehl von Stuttgart, daß der „Abschluß ohne Bayern keinesfalls erfolgen solle vor ausdrücklicher Genehmigung". So wurde mit Bayern wieder kräftig eingesetzt und mit diesem, ohne sich um Württemberg zu kümmern, am 23. November abgeschlossen. Als es geschehen, trat er mit einem Becher an den Tisch seiner Getreuen im Nebenzimmer, setzte sich zu ihnen und sagte bewegt: „Nun wäre der bayerische Vertrag fertig und unterzeichnet. Die deutsche Einheit ist gemacht und der Kaiser auch." Er ließ eine Flasche Champagner bringen. „Es ist ein Ereignis. Die Zeitungen werden nicht zufrieden sein, und wer einmal in der gewöhnlichen Art Geschichte schreibt, kann unser Abkommen tadeln. Er kann sagen, der dumme Kerl hätte mehr fordern sollen; er hätte es erlangt, sie hätten gemußt, und er kann recht haben – mit dem Müssen. Mir aber lag mehr daran, daß die Leute mit der Suche innerlich zufrieden waren – was sind Verträge? Wenn man muß! – und ich weiß, daß sie vergnügt fortgegangen sind. – Ich wollte sie nicht pressen, die Situation nicht ausnutzen. Der Vertrag hat seine Mängel, aber er ist so fester. Ich rechne ihn zu dem Wichtigsten, was wir in diesen Jahren erreicht haben. Was den Kaiser betrifft, so habe ich ihnen den bei den Verhandlungen damit annehmbar gemacht, daß ich ihnen vorstellte, es müsse für ihren König doch bequemer und leichter sein, gewisse Rechte dem Deutschen Kaiser einzuräumen, als dem benachbarten Könige von Preußen."

Am 24. November trat der Norddeutsche Reichstag zusammen. Delbrück kündigte den Abschluß mit Bayern, Baden und Hessen an. Am 25. unterschrieb dann auch Württemberg. Vom 24. November bis 10. Dezember genehmigte der Reichstag alle Verträge. An Stelle der Vertragsworte „Bundes-Oberhaupt" und „Deutscher Bund" wurde Kaiser und Reich gesetzt.

‚Kaiser und Reich'. Welche Schwierigkeiten mußte nun Bismarck noch beseitigen, um seinen König zur Annahme des Kaisertitels zu bewegen. Am 12. Dezember noch schreibt er an seine Frau: „Mich plagen die Fürstlichkeiten mit ihrer Geschäftigkeit und auch mein allergnädigster mit all den kleinen Schwierigkeiten, die sich für ihn in der sehr einfachen Kaiserfrage an fürstliche Vorurtheile und Kinkerlitzchen knüpfen." Die Kaiserkrone erschien dem König zu sehr im Lichte eines übertragenen modernen Amtes. Bei den ersten Erörterungen sagte er: „Was soll mir der Charaktermajor?" Der Kaisertitel erschien ihm wie ein leerer Titel ohne Macht, wie dem titulierten Major die wirklichen Befugnisse eines Majors, ein Bataillon zu kommandieren, noch fehlen. Bismarck erwiderte ihm unter anderem: „Eure Majestät wollen doch nicht ewig ein Neutrum bleiben: ‚das Präsidium'? In dem Ausdrucke ‚Präsidium' liegt eine Abstraktion, in dem Worte ‚Kaiser' eine große Schwungkraft." Solche und ähnliche Bedenken kehrten wieder. Bismarck überwand sie durch die Tat. Ende November, als die Kaiserfrage kritisch stand und zu scheitern drohte an der Abneigung König Wilhelms und an dem Schweigen des Bayernkönigs, der von dem badischen Großherzog gebeten worden war, die Anregung zu geben, befand sich in Versailles der Oberstallmeister des Bayernkönigs, Graf Holnstein, der seinem Herrn besonders nahe stand. Dieser übernahm auf Bismarcks Bitte die Überbringung eines Schreibens an König Ludwig II., das Bismarck, um die Beförderung nicht zu verzögern, sofort an einem abgedeckten Esstische auf durchschlagendem Papier und mit widerstrebender Tinte niederschrieb. Bismarck entwickelte darin den Gedanken, dass die bayerische Krone die Präsidialrechte dem König von Preußen ohne Verstimmung des bayerischen Selbstgefühls nicht werde einräumen können. Der König von Preußen übe preußische Autorität innerhalb der Grenzen Bayerns aus, das sei neu und werde die bayerische Empfindlichkeit verletzen, ein deutscher Kaiser aber sei nicht der im Stamme verschiedene Nachbar Bayerns, sondern der Landsmann; nur einem Deutschen Kaiser, nicht einem Könige von Preußen könne Bayern Konzessionen machen. Dem Hauptschreiben fügte Bismarck noch ein persönliches Schreiben bei, denn er kannte den romantischen Zug des Königs. In diesem letzteren sprach er von dem besonderen Wohlwollen, das die Wittelsbachische Dynastie zu der Zeit, wo sie in der Mark Brandenburg regierte, Bismarcks Vorfahren während mehr als einer Generation erwiesen habe. Am 27. November reiste Graf Holnstein nach Hohenschwangau. Der König war bettlägrig, nahm den Grafen aber an, als er von Bismarcks Briefe hörte. Er brachte darauf das Schreiben an den König von Preußen auf Grund des von Bismarck ebenfalls schon entworfenen Konzepts zu Papier. Daß Bayern nur dem Deutschen Kaiser, aber nicht dem Könige von Preußen Konzessionen machen könne, war eine wichtige Wendung in dem Briefe, die bestimmt war zum Druck auf König Wilhelms Abneigung gegen die Annahme des Kaisertitels. Am 3. Dezember war Graf Holnstein wieder in Versailles; an demselben Tage wurde das Schreiben vorgelegt und das Widerstreben König Wilhelms gebrochen. Am 10. Dezember nahm auch der Reichstag die Ausdrücke „Kaiser und Reich" an. Am 18. erschien eine Abordnung mit dem Präsidenten Simson an der Spitze. Simsons Meisterrede entlockte dem Kronprinzen helle Tränen, und der König mußte vor Rührung in seiner Antwort einige Male innehalten.

Bismarck hatte die Verhandlungen mit den Süddeutschen deshalb so rasch zum Abschlusse getrieben, weil er nicht sicher sein konnte, ob nicht die europäische Lage sich für die Erfolge der deutschen Waffen ungünstig gestalten werde. Er sah, daß sein großes Werk noch immer in Lebensgefahr war. Es lagen, so ruhig sich die Neutralen verhielten, doch immer allerhand Kongreßgedanken in der Luft. Graf Beust war noch im Oktober in dieser Richtung tätig gewesen; das konnte sich wiederholen, wenn die Verhandlungen und wenn der Krieg sich so in die Länge zog, wie es der Fall war. Wer damals mit im Heere gestanden an der Loire, wo der Volkskrieg immer neue Massen den stets schwächer werdenden deutschen Heeren entgegenwarf, weiß, wie zornig die Krieger nach Paris blickten, wo das heiß ersehnte Bombardement noch immer nicht in Szene gesetzt wurde. Den Zorn der Krieger fühlte Bismarck mit. Ende Oktober schreibt er an seine Gattin: „Ich muß heute noch meine Entrüstung über den auch Dir gemeldeten und in vielen Zeitungen gedruckten Gedanken zu Papier bringen, als hemmte ich das Spiel unsrer Geschütze gegen Paris und trüge damit die Schuld an der Verlängerung des Krieges. Jeden Morgen seit Wochen hoffte ich durch das Donnern geweckt zu werden, über 200 stehn schon, aber sie schießen nicht, und sollen doch noch nicht einmal Paris, sondern nur einige Forts zum Ziele nehmen. Es schwebt über der Sache irgend eine Intrigue, angesponnen von Weibern, Erzbischöfen und Gelehrten, bekannte hohe Einflüsse sollen mitspielen, damit das Lob des Auslandes und die Phrasenberäucherung keine Einbuße erleiden. Jeder klagt hier über Hindernisse anonymer Natur, der eine sagt, man stellt die Artillerie-Transporte auf den Bahnen zurück, damit sie nicht eintreffen, der andere schilt auf Mangel früherer Vorbereitung, der Dritte sagt, die Munition sei noch zu wenig, der vierte die Armirung unfertig, der Fünfte, es sei alles da, nur der Befehl zu schießen nicht. Dabei frieren und erkranken die Leute, der Krieg verschleppt sich, die Neutralen reden uns drein, weil ihnen die Zeit lang wird, und Frankreich waffnet mit den 100000den von Gewehren aus England und Amerika. Das alles predige ich täglich, und dann behaupten die Leute, ich sei Schuld an dem Verschleppen, was vieler ehrlicher Soldaten Tod verursachen kann, um sich vom Auslande für Schonung der „Zivilisation" loben zu lassen. Bitte widersprich der Lüge gegen jedermann."

Welchen Einflüssen die Verzögerung zuzuschreiben war, darüber hatte Bismarck seine Gedanken, sagte sie aber nicht alle. Immer zorniger äußert er sich. Am 22. November schreibt er: „Roon ist krank aus Aerger über die Intriguen gegen das Bombardement der Pariser Forts. Wenn das einmal bekannt wird, weshalb unsre guten Soldaten so lange im Granatfeuer schlafen müssen und nicht angreifen dürfen, das wird böses Blut geben, und bekannt wird es werden, denn es sind zuviel Leute die daran glauben. Ob der König es weiß und duldet oder getäuscht wird, darüber ist Streit, ich glaube letztres gern. Das Complott, wenn es existirt, sitzt bis im Generalstabe, der mir außer dem guten und klugen alten Moltke, überhaupt nicht gefällt; ihm ist der Erfolg kaiserwahnsinnig in die Krone gefahren und ich ängstige mich oft daß diese anmaßende Selbstüberschätzung an uns noch gestraft werden wird." – Roon hatte am 1. Dezember sich beim Könige über die unverzeihliche und verderbliche Verschleppung sehr deutlich ausgesprochen, hatte aber noch nicht obsiegen können gegen „jene von sentimentalen Damen ausgehenden ganz unberechtigten Einflüsse". Noch am 7. schreibt Bismarck: „Der gute Roon ist vor Aerger über unsre Passivität und seine vergeblichen Versuche, uns zum Angriff zu bringen, recht krank gewesen, jetzt besser, resignirt, nur darf man nicht von der Sache reden, er wird gleich unwohl vor Bitterkeit." Endlich, am 27. Dezember war alles soweit, daß begonnen werden konnte. Am 1. Januar schreibt Bismarck: „Mont-Avron in Einem Tage zusammengeschossen und ohne Verlust besetzt. Die bisherigen Gegner des Angriffs sind bekehrt, fast etwas sauer blickend über die raschen Erfolge der Artillerie, denn jeder sagt sich nun im Stillen, das hätten wir vor 2Monaten auch gekonnt, wenn nicht ein Dutzend Leute von Einfluß aus verschiedenen Gründen es hinderten." Und am 4.Januar: „Es hätte längst anders sein können, wenn früher geschossen wurde. Nach den glänzenden Erfolgen der ersten Versuche streitet das niemand mehr, und man findet schwer jemand der eingestände, jemals gegen Schießen gewesen zu sein, und doch ist es erst 3 Wochen her, daß von denen die am Kriegsrath zugezogen worden, Roon der einzige Rechtgläubige war, und der General-Adjutant Boyen noch die Reichstagsherrn zu überzeugen suchte, daß Roon aus Mangel an Verstand und ich aus Verbitterung gegen den Generalstab, – daß wir die Einzigen wären die nach Schießen verlangten, weil wir es beide nicht verständen." So ging denn Paris seinem Schicksal und der Krieg seinem Ende entgegen.

Am 18. Januar sollte die Kaiserproklamation stattfinden. Eine neue Schwierigkeit erhob sich. Der König wollte, wenn schon Kaiser, Kaiser von Deutschland heißen. In dem Schreiben des Königs von Bayern stand Deutscher Kaiser, dasselbe im Artikel der neuen Verfassung. Bismarck hatte das zu vertreten für die Fassung bei der Proklamation und vertrat es am 17. mit allen Gründen, die auch in der Sache lagen.

Auf das heftigste wies der König, auch als der Kronprinz Bismarck unterstützte, diesen Titel ab. Am Morgen des 18. suchte Bismarck den Großherzog von Baden auf und fragte ihn, wie er beim ersten Kaiserhoch den neuen Kaiser zu bezeichnen denke. „Als Kaiser von Deutschland, nach Befehl Seiner Majestät." Bismarcks Hinweis auf die Verfassung bewog den Großherzog, noch einmal zum König zu gehen.

Mittags $12^1/_4$ fand die Kaiserproklamation im Spiegelsaale des französischen Königsschlosses zu Versailles statt. Zahlreiche Fürsten, hinter ihnen und ihnen zur Seite Minister und Generale; am linken Flügel Bismarck; vor der Estrade, auf welcher der Kaiser stand, die Fahnen der deutschen Regimenter. Dann erging der Befehl des Kaisers an den Bundeskanzler, die Proklamation an das deutsche Volk zu verlesen, die zweifellos von Bismarckschem Geiste war. Der Kanzler sprach, wie ein Augenzeuge schildert, „anfangs mit einer vor Erregung keuchenden Brust, bleichem Antlitz und so blutleeren Ohren, daß sie fast durchsichtig waren; mit Mühe rangen sich die ersten Sätze aus der Brust; aber allmählich wurde die Stimme klar und durchdrang den Saal", besonders bei den Schlußworten: „Wir übernehmen die Kaiserliche Würde in dem Bewußtsein der Pflicht, in deutscher Treue die Rechte des Reiches und seiner Glieder zu schützen, den Frieden zu wahren, die Unabhängigkeit Deutschlands gestützt auf die geeinte Kraft seines Volkes zu verteidigen. Wir nehmen sie an in der Hoffnung, daß dem deutschen Volke vergönnt sein wird, den Lohn seiner heißen und opfermütigen Kämpfe in dauerndem Frieden und innerhalb der Grenzen zu genießen, welche dem Vaterlande die seit Jahrhunderten entbehrte Sicherung gegen erneute Angriffe Frankreichs gewähren. Uns aber und Unseren Nachfolgern an der Kaiserkrone wolle Gott verleihen, allzeit Mehrer des Deutschen Reiches zu sein, nicht an kriegerischen Eroberungen, sondern an den Gütern und Gaben des Friedens auf dem Gebiete nationaler Wohlfahrt, Freiheit und Gesittung."
Als Bismarck geendet, war er, wie bei der Verlesung, in großer Spannung, ob ‚Deutscher Kaiser' oder ‚Kaiser von Deutschland'. Da rief der Großherzog mit lauter Stimme und hocherhobenem Helm: Seine Ma-

jestät, der Kaiser Wilhelm lebe hoch. Begeisterter Ruf der Versammlung und ‚Heil Dir im Siegerkranz' endete die Feier.

Dann trat der Kaiser von dem erhöhten Stande herab; Bismarck, der allein auf dem freien Platze davor stand, ließ er unbeachtet und ging an ihm vorüber, um den dahinter stehenden Generalen die Hand zu bieten. In dieser Zurückhaltung verharrte er mehrere Tage, bis allmählich die gegenseitigen Beziehungen in das alte Geleise kamen. Wenn da, wo alles in herrlichster Stimmung gewesen, Bismarck, dieser einzige Mann, der fast alles geschaffen, nicht frei von Trübung war, so mußte er das wie so vieles in die Tragik seines Lebens einrechnen. Es ist nun einmal nicht anders: In großen Stunden, die ein ganzes Volk zum Glücke führen, leiden die einzelnen, die das Große geschaffen, unter dem tragischen Einschlag, der dem Werden alles Großen zugesellt ist. Da, wo die Kaiserkrone im einzelnen geschmiedet wurde, litt in diesen Tagen der Kanzler so gut am Feuer der Esse, das den Ambos bestrahlte, wie der Krieger da draußen im Felde, wo die Funken noch immer stoben im Kampfesfeuer, in welchem das Gold sich läuterte, das zu jener Krone nötig war.

Glücklicherweise linderte bei Bismarck guter Humor den Schmerz zu Wehmut. Am 21. schrieb er seiner Frau: „Ich habe dir schrecklich lange nicht geschrieben, verzeih, aber diese Kaisergeburt war eine schwere, und Könige haben in solchen Zeiten ihre wunderlichen Gelüste, wie Frauen bevor sie der Welt hergeben was sie doch nicht behalten können. Ich hatte als Accoucheur mehrmals das dringende Bedürfnis eine Bombe zu sein und zu platzen daß der ganze Bau in Trümmer gegangen wäre. Nöthige Geschäfte greifen mich wenig an, aber die unnöthigen."

Inzwischen wurde die Beschießung von Paris fortgesetzt. Die in Paris akkreditierten Gesandten der neutralen Mächte richteten eine Bitte und Beschwerde an Bismarck, „daß den Grundsätzen und anerkannten Bräuchen des Völkerrechts entsprechend sie und ihr Eigentum geschützt würden". Bismarck wies die Berufung aufs Völkerrecht zurück. Die Verantwortung hätten diejenigen zu tragen, welche die Hauptstadt und ihre Umgebung zur Festung und zum Schlachtfelde gewählt hätten, und diejenigen, welche freiwillig dort ihren Wohnsitz wählten. Es sei früh genug auf diese gefährliche Lage aufmerksam gemacht. Wenn die Pariser Regierung die Neutralen nicht aus der Festung lasse, so hätten diese sich mit ihren Beschwerden an diese Machthaber zu wenden.

Am 23. erschien Jules Favre bei Bismarck. Als er mit den Worten begann, er komme, um die Verhandlungen von Ferrières wieder aufzunehmen, bekam er die scharfe Antwort, die Lage sei nicht mehr dieselbe; wenn die Grundsätze von Ferrières aufrecht erhalten würden, so brauche man nicht weiter zu sprechen; Bismarck schloß: „Meine Zeit ist kostbar, die Ihrige auch. Ich sehe keine Notwendigkeit sie zu verlieren." So wurde denn auch keine Zeit verloren. Am 28. wurde der Waffenstillstand unterzeichnet: Die Pariser Forts wurden der deutschen Armee übergeben, die Besatzungstruppen kriegsgefangen, der Waffenstillstand sollte 21 Tage dauern, die Nationalgarde in Paris nicht entwaffnet werden, 12000 Mann regulärer Truppen wurden den französischen Militärbehörden für den inneren Dienst in Paris zur Verfügung gelassen. Sofort sollte eine frei gewählte Versammlung von Abgeordneten des Volks in Bordeaux zusammentreten, die zu entscheiden habe, ob Krieg oder Frieden. Am 8. Februar fanden die Wahlen statt und ergaben eine Mehrheit von Friedensfreunden. Am 17. Februar wurde Thiers zum Haupt der vollziehenden Gewalt der französischen Regierung gewählt. Dieser erschien am 21. Februar in Versailles zur Friedensverhandlung; am 23. wurde Favre aus Paris zugezogen. Bismarck stellte folgende Geldforderung: Zahlung einer Kriegsentschädigung von sechs Milliarden Francs. Thiers erklärte die Summe für unerschwinglich; nach einigen Verhandlungen wurde sie auf fünf Milliarden herabgesetzt. Als Thiers auch diese für zu hoch erklärte und nur zwei Milliarden zahlen wollte, legte ihm Bismarck die Rechnung vor, die Frankreich im Frieden von Tilsit im Jahre 1807 von dem armen Preußen gefordert hatte und die genau dem Verhältnis der fünf Milliarden entsprach. An der Forderung von Metz und Belfort – Elsaß und

Straßburg waren zugestanden – schienen die Verhandlungen scheitern zu sollen. Thiers wandte sich an den König, dieser wies ihn freundlich, aber bestimmt ab. Bismarck sagte zu Thiers: „Wenn Sie erblicher König von Frankreich wären, würde ich mich im Vertrauen auf Sie mit geringeren Bürgschaften begnügen; so aber müssen wir uns anderweit sicher stellen." Da Bismarck sah, daß man ohne ein zweites Zugeständnis nicht weiter komme, stellte er nach einer Unterredung mit dem Kaiser und Moltke die Wahl zwischen Belfort und dem Einmarsch deutscher Truppen in Paris. Thiers wählte den Einmarsch, Frankreich behielt Belfort. Am 26. Februar kam der Präliminarfriede zum Abschluß. Es waren schwere Tage gewesen für Bismarck. Geheimrat Abeken schreibt, daß dem Kanzler von Thiers und Favre so zugesetzt sei, daß er zeitweise ganz herunter gewesen, wie er ihn kaum je gesehen, selbst in seinen schlimmsten Zeiten nicht. Todmüde wie er war, habe er doch nicht schlafen können; er habe ihn tief gedauert. Besonders Thiers fiel Bismarck auf die Nerven; dieser schreibt an seine Frau am Tage nach dem Abschluß: „Mein kleiner Freund Thiers ist sehr geistreich und liebenswürdig, aber kein Geschäftsmann für mündliche Unterhandlungen. Der Gedankenschaum quillt aus ihm unaufhaltsam wie aus einer geöffneten Flasche, und ermüdet die Geduld weil er hindert zu dem trinkbaren Stoffe zu gelangen auf den es ankommt. Es wurde mir sehr schwer so hart gegen ihn zu sein wie ich mußte. Das wußten die Bösewichter, und deshalb hatten sie ihn vorgeschoben." Die Friedenspräliminarien waren wieder einmal Bismarck eigenstes Werk, der König fühlte das; am 27. schrieb er: „Ich ergreife die Feder, um Ihnen zu den Premissen des Friedens, den ich wiederum nur Ihrer Umsicht, Festigkeit und Ausdauer verdanke, Glück zu wünschen! Wo Alles, außer Frankreich, Ihnen dankt, stehet mein Dank oben an, den ich mit der höchsten Anerkennung für dieses Werk, Ihnen hiermit ausspreche." Und Bismarck? Wie es ihm ums Herz war an diesem Tage, schrieb er „im stillen Kämmerlein" in dem erwähnten Briefe an seine Frau: „Gott hat uns mit Seiner starken Hand soweit geführt, Er wird uns ja auch den Frieden fest machen, für den neben vielem Gesindel in Frankreich, so viel ehrliche Leute bei uns, und auch bei den Gegnern gefallen, verkrüppelt und in Trauer sind. Mein Herz ist voll demütigen Dankes." Gott und seine Volksgenossen waren seine Hauptgedanken. Gab es je einen Staatsmann mit einem schlichteren Herzen?

Am 1. März erfolgte der Einzug von 30000 Mann deutscher Truppen in Paris, an dem sich Bismarck sowenig wie der Kaiser beteiligte; am Abend war Zapfenstreich; Bismarck schreibt darüber: „Beim Zapfenstreich sind Tausende Pariser mit unsern Soldaten im Arm gefolgt, und bei ‚Helm ab zum Gebet' nahm alles die Hüte ab, und sagten *voilà ce qui nous manque*, und das wird wohl richtig sein." Am 9. März traf Bismarck in Berlin ein, wo seine Gattin und Tochter ihn auf dem Potsdamer Bahnhof empfingen.

Am 28. März traten die deutschen und französischen Bevollmächtigten, Graf Arnim und Favre, in Brüssel zusammen, um den endgültigen Frieden zu schließen. Infolge französischer Quertreibereien kam man nicht weiter. Da nahm Bismarck wiederum die Sache selbst in die Hand. Er hob die Brüsseler Konferenz auf und ging selbst nach Frankfurt mit den Legationsräten Grafen Hatzfeld und Lothar Bucher; von französischer Seite kamen Favre, der Minister des Auswärtigen, und der Finanzminister Pouyer-Quertier. Da Bismarck hier mit seiner den Franzosen wohlbekannten Unbeugsamkeit auftrat, so wurde bereits am 10.Mai der Friede unterzeichnet.

Der Kaiser war bereits am 17. März nach Berlin zurückgekehrt. Am 21. März wurde der Reichstag eröffnet. Als Bismarck vor der Eröffnung beim Kaiser erschien, erhob ihn der Kaiser in den Fürstenstand. Bismarck wollte diesen Rang zunächst ablehnen. Alle Titel waren ihm Objekte des Humors. Er schreibt darüber an seinen Bruder: „In diesen Schwindel werde ich mich wohl nicht mehr recht einleben." Er war nahe daran, seinen Herrn zu bitten, auf seine Absicht zu verzichten, aus Gründen seines Vermögens und seiner Lebensverhältnisse überhaupt. Doch der Kaiser kam ihm unter Tränen mit so herzlichen Glückwünschen zuvor, daß Bismarck seine Bitte nicht vorzubringen vermochte.

Die Thronrede kündigte die wichtigsten Vorlagen an, wies auf die errungene Einheit hin, die seit der Zeit unsrer Väter erstrebt sei, und gipfelte in den beiden Sätzen: „Das neue Deutschland, wie es aus der Feuerprobe des gegenwärtigen Krieges hervorgegangen ist, wird ein zuverlässiger Bürge des europäischen Friedens sein, weil es stark und selbstbewußt genug ist, um sich Ordnung seiner eigenen Angelegenheiten als ein ausschließliches, aber auch ausreichendes und zufriedenstellendes Erbteil zu bewahren. ... Möge die Wiederherstellung des Deutschen Reiches für die deutsche Nation auch nach Innen das Wahrzeichen neuer Größe sein, möge dem Deutschen Reichskriege, den wir so ruhmreich geführt, ein nicht minder glorreicher Reichsfrieden folgen, und möge die Aufgabe des deutschen Volkes fortan darin beschlossen sein, sich in dem Wettkampfe um die Güter des Friedens als Sieger zu erweisen."

Die Zusammensetzung des neuen Reichstages trug das Gepräge der großen Zeit. Die stärkste Partei waren die Nationalliberalen, die seit Erstarkung der nationalen Idee im deutschen Volke in die unmittelbarste Nähe Bismarcks gerückt waren.

Die ersten Verhandlungen betrafen wichtige nationale Fragen: die neue Reichsverfassung, ein monumentales Parlamentshaus, die Kriegsanleihe, Elsaß-Lothringen und die Ratifikation des Frankfurter Friedens. Die abschließende Thronrede am 15.Juni konnte ohne jeden Mißklang nur den Dank der neuen Reichsregierung künden.

Am 24. Juni richtete der Kaiser ein Schreiben an Bismarck, mit welchem er den zum Domanium des Herzogtums Lauenburg gehörigen Grundbesitz im Amte Schwarzenbeck, der dem Könige als freies und unbeschränktes Eigentum gehörte, dem Reichskanzler in Anerkennung seiner Verdienste als ein Geschenk übereignete. So hatte Bismarck im Sachsenwalde ein Tuskulum; er kaufte sich das am Rande des Waldes gelegene Schloß Friedrichsruh hinzu, in dem er so oft von Sorgen und Mühen und Kümmernissen Rast finden sollte.

Als das ruhmreiche Jahr zu Ende ging, bezeugte ihm der Kaiser von neuem seine Dankbarkeit; am Christabend schrieb er ihm, daß er nicht von neuem ihm vorzuführen brauche, was er selber, was Preußen und Deutschland Bismarcks rastlosem Mühen in dieser ruhmreichen Zeit verdanke, und daß die Welt sein segensreiches Wirken zur Umgestaltung der europäischen, ja der Welt anerkenne und auch kenne, wie er, der König, dankbar gewesen sei. „In Ihrem Hause und in Ihrer Familie wünsche ich aber ein sichtbares Zeichen dieser Dankbarkeit zu errichten: ich benütze dazu das heutige Fest, um Ihnen meine Büste in Marmor zu senden, da dieser Stoff einigermaßen im Stande ist, meine Gesinnungen für Sie, auf die Nachwelt zu bringen.

Mit den Gefühlen, die geben, mögen Sie das Weihnachtsgeschenk nehmen!

Ihr dankbarer, treu ergebener

Wilhelm

Imp. Rex."

Es war wohl das erste Mal, daß Bismarcks Herr und König in ungewöhnlicher Weise als Imperator, als Kaiser unterschrieb. Sollte damit der herzliche Druck der Hand, der am 18. Januar ausgeblieben war, nachgeholt werden unter dem Christbaum, der Frieden auf Erden kündet?

Bismarck im Jahre 1871
Photographie nach dem Leben

## 14. Der Kampf mit Rom um staatliche Selbständigkeit

Dem Kriege mit Frankreich sollte kein innerer Friede folgen. Bismarck wollte ihn; Forderungen Roms und Parteiströmungen, die im Gegensatze zum neuen Reiche standen, wollten es anders. Im Dezember 1869 war in Rom das vatikanische Konzil zusammengetreten; es sollte die Unfehlbarkeit des Papstes beschließen. Viele treue Katholiken Deutschlands, Österreichs und der Schweiz befürchteten, daß die Erhebung dieser Lehre zum kirchlichen Dogma den Anspruch auf die Unterwerfung nicht nur der Wissenschaft und der Schule, sondern des gesamten Staatswesens unter die Oberhoheit des Papstes in sich schließe. Der damalige bayerische Ministerpräsident Fürst Hohenlohe machte auf die hierdurch dem Staate drohende Gefahr aufmerksam und riet zu gemeinsamen staatlichen Vorgehen gegen ein solches Dogma. Bismarck nahm eine vorsichtige Stellung ein; er mißbilligte es, als der preußische Gesandte beim päpstlichen Stuhl Graf Arnim gegen den drohenden Beschluß des Konzils Verwahrung einzulegen riet. Er war der Meinung, daß man nicht protestieren solle; es sei undankbar, wenn man doch nicht verhindern könne, wogegen man protestiere. Er folgte dem Grundsatz, der Kirche völlige Freiheit in kirchlichen Dingen zu lassen, sich aber zu entschiedener Abwehr gegen die Kirche zu richten, wenn diese auf das staatliche Gebiet übergriffe; Eingriffe in katholische kirchliche Angelegenheiten widersprächen dem protestantischen Charakter Preußens.

Er wahrte deshalb äußerlich seine Ruhe; wir wissen aber vom Fürsten Hohenlohe, daß er mit banger, immer wachsender Sorge schon im Jahre 1869 dem Herannahen des Konfliktes entgegensah, dessen traurige Bedeutung er nicht unterschätzte. Er hielt es „gegenüber einer römischen Partei, welche mit bewußter Entschlossenheit den kirchlichen und politischen Frieden Europas zu stören bereit sei, für besser, nicht gezwungen zu werden von der parlamentarischen Waffe der Gesetzgebung gegen jeden ungerechten Angriff der geistlichen Gewalt Gebrauch zu machen, und für eine Wohltat, die den geistlichen und weltlichen Obrigkeiten erwiesen würde, wenn sich der Konflikt zwischen beiden durch Warnungen und Vorsorgen verhüten ließe". Das sind seine eigenen Gedanken und Worte, die er an den preußischen Gesandten im November 1869 richtete, denen er aber hinzufügte: „Nur bei etwaigen Versuchen der Störung des konfessionellen Friedens auf dem äußeren Gebiete, welche wir übrigens nicht erwarten, werden die Regierungen mit fester Hand einzuschreiten haben." Und noch im Januar 1870, als die Mehrzahl der Mitglieder des Konzils – die deutschen Bischöfe gehörten nicht zu ihr – die Unfehlbarkeit gefordert hatte, gab Bismarck die ruhige Weisung: „Wir können nur wünschen, daß der Organismus der katholischen Kirche, auf dessen Grunde sich bisher gedeihliche Beziehungen zwischen Staat und Kirche gebildet haben, nicht gestört oder unterbrochen werde. ... Es wird für jetzt mehr nicht tunlich sein, als daß wir die Deutschen und die ihnen zustimmenden Bischöfe ermutigen und moralisch unterstützen und ihnen die Zustimmung geben, daß wir auch im schlimmsten Falle ihre Rechte im eigenen Lande wahren würden, daß tief eingreifende Änderungen in dem Organismus der katholischen Kirche, wie sie durch die absolutistischen Tendenzen der Kurialpartei angestrebt würden, nicht ohne Einfluß auf die Beziehungen der Kirche zum Staate und damit auf ihre eigene Stellung der Regierung gegenüber bleiben würden." Bismarck war doch eine in geschichtlicher Betrachtung aller Dinge zu gewiegte Persönlichkeit, als daß er nicht erkannt hätte, wie durch das Unfehlbarkeitsdogma dem theokratischen Absolutismus an der Tiber die letzte Weihe gegeben werden sollte. Gleichwohl schärfte er dem preußischen Gesandten ein, dem Konzil und der Kurie gegenüber eine vollkommen ruhige und abwartende Haltung zu bewahren und vertraulich, in Übereinstimmung mit gleichgesinnten Gesandten, eine möglichst ermutigende und stärkende Einwirkung auf die Bischöfe geltend zu machen.

Dieser ruhigen staatsmännischen Stellung entsprach Bismarcks duldsame und religiös feinsinnige Auffassung der Dinge. Nichts ist ihm widerwärtiger gewesen – und es schied ihn das schon früher von gläubigen konservativen Freunden – als eine religiöse Anschauung, welche den Glauben an Gott und den Frieden, den dieser Glaube gibt, zur politischen Marktware und zu politischen Streitobjekten entweiht, und die konfessionelle Politik treibt, aber bei diesem Betriebe leugnet, konfessionell Partei zu nehmen. Er stand, ein echt hohenzollerisch gesinnter Staatsmann, auf dem hohen Standpunkt eines Friedrich des Großen. Wer das bezweifelt, der lese das berühmte Votum nach, das Bismarck abgab, als die Volkserbitterung im August 1869 über die Anlage eines katholischen Klosters in Moabit sich hinreißen ließ zur Zerstörung der betreffenden Gebäulichkeiten und ein Einschreiten der Regierung nötig machte. Er warnte ernstlich, vom Grundsatze Friedrichs des Großen abzuweichen, daß jedermann nach seiner Façon selig werden könne, und Schritte zu tun, welche das Vertrauen der Katholiken zur Regierung, daß sie ihnen die Freiheit und Sicherheit ihres Kultus gewährleiste, erschüttern könnten. Die Katholiken in Preußen hätten sich 1848 und 1866 als treue Untertanen bewährt; eine Erschütterung des Vertrauens der acht Millionen Katholiken werde ein Nachteil für die Dynastie sein.

Auch wenn das Unfehlbarkeitsdogma Annahme fände, sei, so war Bismarcks Ansicht, immer noch Ruhe geboten; wiederholt hat er sich in diesem Sinne geäußert, so im Mai 1870: „die preußische Regierung hat kein eigenes Interesse an dem Unfehlbarkeitsdogma"; und sogar noch am 20. Juli: „Herr von Arnim soll sich jeder ostensibeln Demonstration enthalten. Die Infallibilität ist uns augenblicklich ohne Interesse."

Verdächtig schien ihm aber mehr und mehr in der ganzen Bewegung das Gebaren der Jesuiten. So entgegenkommend und duldsam er in seiner staatsmännischen und religiösen Beurteilung bisher gewesen, so scharf und rücksichtslos war er, wo seinem nationalen Werke Gefahren drohten. Und hier drohten sie; er hat es im Dezember 1874 im Reichstage gesagt: „Daß der Krieg von 1870 im Einverständnis mit der römischen Politik gegen uns begonnen ist; daß man damals in Rom, wie auch anderswo, auf den Sieg der Franzosen sicher rechnete; daß am französischen Kaiserhof gerade die katholischen Einflüsse den eigentlichen Ausschlag für den kriegerischen Entschluß gaben; daß der feste Beschluß Frieden zu halten umgeworfen wurde durch Einflüsse, deren Zusammenhang mit den jesuitischen Grundsätzen nachgewiesen ist, über alles das bin ich vollständig in der Lage, Zeugnis ablegen zu können."

Das Dogma wurde am 18. Juli, einen Tag vor der Kriegserklärung Frankreichs, angenommen; der Niederlage von Sedan folgte der Einmarsch der Truppen des Königs von Italien in Rom und damit die Aufhebung der weltlichen Herrschaft in der neuen Residenzstadt des Königs. Die deutschen Bischöfe, die sich dem Dogma widersetzt hatten, unterwarfen sich einer nach dem andern und zwangen auch alle Untergebenen in Kirche und auf Lehrstühlen, die bis dahin in freier Bewegung ihnen eine Stütze gewesen waren, zur Unterwerfung. Das aber mußte zu Konflikten mit der Staatsgewalt führen, die jene Untergebenen zu stützen und zu schützen verpflichtet war, und die verlangen mußte, daß auch die Bischöfe nicht in Gegensatz zu Staatsgesetzen traten und sich vor allem nicht Rechte in der Schule anmaßten, die dem Staat zustanden. Das alles zog Bismarck in Erwägung, gleichwohl hoffte er noch immer, die Verhältnisse, die nicht ungünstig lagen, würden sich zugunsten Deutschlands doch noch so gestalten lassen, daß der Kampf nicht zum Ausbruch kam.

Er zeigte aber nicht nur Ruhe, sondern auch Entgegenkommen. Als der Kardinalstaatssekretär Antonelli im Oktober durch Arnim anfragte, ob der Papst, falls er Rom verlassen müsse, auf Preußens Unterstützung rechnen könne, daß man ihn ungestört reisen lassen werde, antwortete Bismarck bejahend und sprach in Florenz durch den norddeutschen Gesandten die Hoffnung aus, daß die italienische Regierung die Freiheit und Würde des Papstes unter allen Umständen und auch dann achten werde, wenn dieser wider Erwarten seine Residenz verlegen müsse. Es solle das keine unaufgeforderte Einmischung sein; der König glaube aber den norddeutschen Katholiken die Fürsorge für den Papst schuldig zu sein. – So entgegenkommend er sich hier zeigte, für so unzulässig hielt er eine Einmischung zur Wiederherstellung des

Kirchenstaates, die der Erzbischof von Posen Ledochowski im November 1870 von Preußen verlangte, da der König von Preußen ein Machtwort in dieser Richtung den vielen Millionen Christen schuldig sei, die unter seinem glorreichen Szepter lebten. Trotz dieser anmaßenden Forderungen wurden die Verhandlungen wegen eines Asyls des Papstes so freundlich fortgesetzt, daß noch im März 1871 ein Glückwunschschreiben des Papstes an den Kaiser kam, in welchem die Hoffnung auf Freundschaft zwischen Reich und Kirche ausgesprochen wurde. Schon vorher war am 18. Februar Bischof Ketteler von Mainz mit einer von 56 Mitgliedern des Abgeordnetenhauses unterzeichneten Adresse bei Bismarck in Versailles erschienen, in welcher der Kaiser um Wiederaufrichtung der weltlichen Herrschaft des Papstes gebeten wurde. Daß die Zeit der Römerzüge für den neuen deutschen Kaiser vorüber war, begriffen diese Bittgänger nicht, Bismarck aber wußte es und konnte ihnen nicht dienen. Infolgedessen wurde die Mobilmachung des römischen Heerbanns deutlicher.

In den Reichstag waren 57 Katholiken von der Parteifarbe des Bischofs Ketteler gewählt. Diese traten unter Windthorst und Savigny zu einer katholischen Fraktion zusammen, die sich nach ihren Sitzen im Reichstag Zentrum nannte. Daß Windthorst ursprünglich mehr Welf als Ultramontaner war, wußte man in Hannover; daß er noch ehrgeiziger war als beides, wußte man ebenso; und allgemein hatte man die Empfindung, daß ein preußischer Ministerposten der kleinen Exzellenz nicht übel gestanden haben würde. Savigny, den Jugendfreund und langjährigen Mitarbeiter Bismarcks, der an den Kanzlerposten im neuen Reich gedacht hatte, schloß gekränkter Ehrgeiz mit dem welfischen Gegner Preußens eng zusammen. Indem nun die neue Fraktion die von allen übrigen Parteien angenommene Adresse an den Kaiser ablehnte und gemeinsam mit Polen, Welfen, Sozialdemokraten, Partikularisten und Dänen stimmte, stellte sie sich offensichtlich der nationalen Bewegung, die den neuen Kaiserthron wie eine Hochflut umrauschte, entgegen. Es behagte dieser Fraktion nicht, daß die Adresse die Tage der Einmischung in das innere Leben anderer Völker als nimmer wiederkehrend bezeichnete.

Gleich in den ersten Verhandlungen erfolgte ein neuer Vorstoß; das Zentrum verlangte die Aufnahme der vieldeutigen Artikel 12 und 15 der preußischen Verfassung, welche die Grenzlinie zwischen Staat und Kirche verschoben und schon so manche Zusammenstöße zwischen den beiden Gewalten hervorgerufen hatten, in die Reichsverfassung. Dieses Vorgehen des Zentrums war ein böses Zeichen der Zeit. Bismarck aber hielt es noch in letzter Stunde für möglich, den Kampf zu vermeiden. Er hielt sich in den erregten Debatten zurück und beklagte sich in Rom über das Auftreten der neuen Oppositionspartei. Der Kardinalstaatssekretär äußerte sich mißbilligend über ihr schroffes Vorgehen.

Das war im April und Mai. Im Juni schlug die Stimmung um. In der Partei Windthorst-Savigny war man römischer als Rom. Diese Anschauungen sprangen nach Rom über, im Juni zog man dort den Tadel gegen die katholischen Abgeordneten zurück. Am 30. Juni ging eine Note dorthin an Preußens Vertreter, in welcher Bismarck erklärte, er könne diesen Wandel nur der Einwirkung der fanatischen Partei in Rom und des Zentrums zuschreiben; dann folgte eine Art von Ultimatum mit den Worten: „Diese aggressive Tendenz der die Kirche beherrschenden Partei nötigt uns zur Abwehr, in welcher wir unsere eigene Verteidigung suchen, die wir aber mit allem Ernst mit den uns zu Gebote stehenden Mitteln durchführen müssen. Kann man sich im Vatikan entschließen, mit der regierungsfeindlichen Partei zu brechen, so wird uns das nur erwünscht sein, kann oder will man das nicht, so lehnen wir die Verantwortung für die Folgen ab."

Damit war der Kampf so gut wie eingeleitet. Er konnte nicht mehr aufgehalten werden, da die Bischöfe gegen Lehrer, welche das Unfehlbarkeitsdogma nicht anerkannten, mit kirchlichen Strafen vorgingen, so der Bischof Krementz von Ermeland mit der großen Exkommunikation gegen den Professor Wollmann in Braunsberg.

Wenige Tage nach dieser aggressiven Maßregel erfolgte seitens der Regierung der erste Schlag, die Aufhebung der katholischen Abteilung im Kultusministerium, die Bismarck wie einen feindlichen Posten im eigenen Lager ansah. Dann wurde im preußischen Abgeordnetenhause das Schulaufsichtsgesetz eingebracht, durch welches die Aufsicht über alle öffentlichen und privaten Unterrichtsanstalten dem Staate übertragen wurde. Da der Kultusminister von Mühler gegen dieses Gesetz war, mußte er dem energischen Dr. Falk weichen. Vorher schon war im Reichstage der sogenannte Kanzelparagraph angenommen gegen Geistliche, die in Ausübung ihres Berufs in friedestörender Weise Angelegenheiten des Staates behandelten; die Anregung hierzu war von Bayern ausgegangen. Hinzu kam im Jahre 1872 die Ausweisung der Jesuiten und der mit ihnen verwandten Orden.

In diesem ersten Jahre des Kampfes erhob sich auch ein direkter Streit mit dem päpstlichen Stuhl. Für den Posten eines diplomatischen Vertreters des Deutschen Reiches beim Vatikan war vom Kaiser der Kardinal Fürst von Hohenlohe, der Bruder des früheren bayerischen Ministerpräsidenten, in Aussicht genommnes war das eine Friedensäußerung, da ein Kardinal kein Vertreter von romfeindlichen Tendenzen sein konnte. Die Antwort des Papstes war ablehnend, da ein Kardinal der Kirche, auch wegen der augenblicklichen Verhältnisse des Heiligen Stuhls, zur Annahme eines so delikaten und wichtigen Amtes nicht autorisiert werden könnte. Bei der Beratung des Gehalts dieser Gesandtschaft im Reichstage ergriff Bismarck das Wort, um dem Reichstag zu versichern, daß gegenüber den neuen Dogmen eine Nachgiebigkeit des Deutschen Reiches ausgeschlossen sei. „Seien Sie außer Sorge: Nach Canossa gehen wir nicht – weder körperlich, noch geistig."

Die Erbitterung des Papstes steigerte sich mit jedem neuen Gesetz und jeder neuen Maßregel, die die Regierung für ihre Selbständigkeit nötig befand, und mit jeder neuen Rede, in welcher Bismarck seine Ansichten über den augenblicklichen Kampf und das Verhältnis vom Staate zur Kirche darlegte.

Am 24. Juni 1872 hielt der Papst eine Ansprache an eine Deputation des katholischen deutschen Lesevereins, die eine tiefe Erregung wachrief und selbst in gut katholischen Blättern, wie der Schlesischen Volkszeitung, schmerzlich empfunden wurde. Sie lautete in der Hauptsache: „Wir haben es mit einer Verfolgung zu tun, die, von weitem vorbereitet, jetzt ausgebrochen ist; es ist der erste Minister einer mächtigen Regierung, der nach seinen siegreichen Erfolgen im Felde sich an die Spitze der Verfolgung gestellt hat. Ich habe ihn wissen lassen, daß ein Triumph ohne Mäßigung von keiner Dauer ist, daß ein Triumph, der sich in einen Kampf gegen die Wahrheit und die Kirche einläßt, der größte Wahnsinn ist. Ich habe die Frage an den Ministerpräsidenten richten lassen, warum nun auf einmal die Katholiken sich in Leute verwandelt haben sollen, die den Gehorsam verweigern, gefährliche Umtriebe machen, auf den Untergang des Staates sinnen. Die Antwort erwarte ich noch immer, vielleicht weil es auf die Wahrheit keine Antwort gibt. Wer weiß, ob nicht bald sich das Steinchen von der Höhe loslöst, welches den Fuß des Kolosses zertrümmert."

Die amtliche Provinzialkorrespondenz bestritt, daß der Papst diese Fragen an Bismarck gerichtet habe. Wäre es geschehen, so würde doch der Reichskanzler schon deshalb kaum haben annehmen können, daß der Papst eine Antwort erwarte, weil es dieselben Fragen seien, welche im Laufe des letzten Jahres Fürst Bismarck und Seine Majestät der Kaiser wiederholt mahnend an die Katholiken gerichtet hätten. „Die Äußerung des Papstes", so lauteten die Worte weiter, „enthielt vor allem einen neuen Fingerzeig, daß es sich bei den kirchlichen Fragen um einen einheitlich geleiteten Kampf handelte, daß daher auch die Abwehr nicht auf den einzelnen Fall gerichtet sein darf, sondern stets den großen Zusammenhang der antinationalen kirchlichen Bewegung im Auge behalten muß. Wir werden uns bei jedem weiteren Schritte bewußt bleiben müssen, daß der Wunsch der Gegner darauf gerichtet ist, dem mächtigen deutschen Reiche den Fuß zu zerschmettern."

Ende Dezember sprach der Papst noch in einer Allokation von „grausamen Kirchenverfolgungen" und von „Anmaßung und Unverschämtheit der Reichsregierung". Daraufhin wurde der preußische Vertreter am Vatikan abberufen und der diplomatische Verkehr abgebrochen.

Die Gesetzgebung ging ihren Weg weiter, und neue Entwürfe fanden im Mai 1873 im preußischen Landtag Annahme. Diese sogenannten Maigesetze regelten die Grenzen des geistlichen Rechts beim Gebrauch kirchlicher Straf- und Zuchtmittel, die Vorbildung und Anstellung der Geistlichen, den Austritt aus der Kirche, die kirchliche Disziplinargewalt und die Errichtung des Gerichtshofes für kirchliche Angelegenheiten. Bismarck überließ die juristische Detailarbeit, wie er selber später erklärt hat, dem Kultusminister. „Die Arbeit," so sagte er, „lag mir ressortmäßig fern, und weder in meiner Absicht noch in meiner Befähigung lag es, Falk als Juristen zu kontrollieren oder zu korrigieren." Diese Gesetze, die mehr Kampfesmittel als Kampfesziel waren, sind denn auch später wieder gefallen, ebenso wie andere bis zum Jahre 1875 gegebene Gesetze, z. B. das Sperrgesetz und das Gesetz über die Aufhebung der Mönchs- und Nonnenorden, während das Gesetz über Einführung der obligatorischen Zivilehe wie die im Jahre 1872 gegebenen Gesetze und die Änderung der ungeschickt gefaßten Verfassungsartikel dauernde Geltung behalten haben.

Da die Bischöfe sich dieser „einseitigen" Gesetzgebung widersetzten, so wurden sie entweder in Haft gebracht oder abgesetzt. Es blieben nur noch zwei oder drei im Amte. Inzwischen hatte der Papst am 7. August 1873 ein Schreiben an den Kaiser gerichtet, das diesem den Vorwurf machte, seine Regierung beabsichtige die Vernichtung des Katholizismus; daß der Kaiser die Handlungen seines Kanzlers nicht billige, wurde als Vermutung hinzugefügt. Der Papst stellte sogar die Behauptung auf, daß der Kaiser, wie jeder Getaufte, in irgendeiner Beziehung dem Papste angehöre. Die Antwort blieb nicht aus. Der Kaiser bezeichnete die katholische Geistlichkeit als die Anstifterin des Streites, da sie der weltlichen Obrigkeit den verfassungsmäßigen Gehorsam verweigert habe. Er erklärte sich vollständig einverstanden mit den von seinen Ministern vorgeschlagenen Gesetzen und wies den päpstlichen Anspruch, „daß er in dem Verhältnis zu Gott einen anderen Vermittler als den Herrn Jesum Christum annehmen solle", als unevangelisch zurück.

So ging denn der Kampf in seiner ganzen Heftigkeit weiter. Die Person Bismarcks stand in diesem neuen Kampf, wie in den innern Kämpfen vor 1866, wieder im Vordergrund, immer ungebeugt und schlagfertig. Er behielt stets den großen Zusammenhang im Auge und verlor sich niemals in kleinliche Gedanken. Den Gegner kennzeichnete er scharf, wie er war und gekennzeichnet werden mußte. Seine eigenen Worte mögen als Zeugen der Zeit für Bismarck sprechen.

Am 30. Januar 1872 sprach er über die Bildung des Zentrums in Worten, welche für alle Zeit ihre Bedeutung behalten: „Ich habe es von Hause aus als eine der ungeheuerlichsten Erscheinungen auf politischem Gebiete betrachtet, dass sich eine konfessionelle Fraktion in einer politischen Versammlung bildete, eine Fraktion, der man, wenn alle übrigen Konfessionen dasselbe Prinzip annehmen wollten, nur die Gesamtheit einer evangelischen Fraktion gegenüberstellen müßte: dann wären wir allerseits auf einem inkommensurablen Boden; denn damit würden wir die Theologie in die öffentlichen Versammlungen tragen, um sie zum Gegenstande der Tribünendiskussion zu machen. Es war ein großer politischer Fehler, den die Herren vom politischen Standpunkte des Abgeordneten Windthorst begingen, daß sie diese Fraktion überhaupt bildeten, eine rein konfessionelle Fraktion auf rein politischem Boden, indem sie ihre Glaubensgenossen aus den verschiedenen Fraktionen durch die Einflüsse, die ihnen zu Gebote standen, nötigten, sich ihnen anzuschließen.

„Wenn zur Herstellung des Friedens mit dem Staate die Fraktion des Abgeordneten Windthorst sich auf einem politischen Boden konfessionell konstituiert hatte und ihre politische Haltung in der Hauptsache von der Konfession abhängig machte, so konnte man fragen: sucht sie auf diese Weise den Frieden zu erstreben, indem sie ihre Macht zeigt? Ich habe, als ich aus Frankreich zurückkam, die Bildung dieser Fraktion nicht anders betrachten können, als im Lichte einer Mobilmachung der Partei gegen den Staat, und ich habe mich nun gefragt: Wird dieses streitbare Korps, welches zweifellose Anhänger der Regierung aus ihren Sitzen verdrängt und eine solche Macht übt, daß es gänzlich unbekannte Leute, die in den Wahlkreisen niemals gesehen waren, bei der Wahl durch einfachen Befehl von hier aus durchsetzt, – wird dieses streitbare Korps der Regierung verbündet sein, wird es ihr helfen wollen, oder wird es sie angreifen? Ich bin etwas zweifelhaft geworden, als ich die Wahl der Führer sah, als ich sah, daß ein so kampfbereites und streitbares Mitglied, wie der Abgeordnete Windthorst, sofort an die Spitze trat, ein Mitglied, welches meinem Eindrücke nach – und ich bin ja berechtigt und verpflichtet, Rechenschaft über meine Eindrücke zu geben, da die Haltung der Regierung einer Fraktion gegenüber wesentlich von der politischen Richtung ihres Vorstandes abhängt – ein Mitglied, welches von Anfang an, aus Gründen, die ich achte und ehre, ungern und mit Widerstreben der preußischen Gemeinschaft beigetreten ist, ein Mitglied, das bisher niemals durch seine Haltung und durch die Färbung seiner Rede bekundet hat, daß es diesen Widerwillen überwunden habe, ein Mitglied, von dem ich heute noch zweifelhaft bin, ob ihm die Neubildung des Deutschen Reiches willkommen ist, in dieser Gestalt – *sint ut sunt aut non sint* – ob er in dieser Gestalt die deutsche Einigung annehmen will, oder ob er sie lieber gar nicht gesehen hätte; darüber bin ich noch immer im Zweifel."

„Ich bin indes, als ich aus Frankreich zurückkehrte, unter dem Eindruck und in dem Glauben gewesen, daß wir an der katholischen Kirche eine Stütze für die Regierung haben würden – vielleicht eine unbequeme und vorsichtig zu behandelnde; ich bin in Sorge gewesen, wie wir es anzufangen haben würden, vom politischen Standpunkte aus, etwa anspruchsvolle Freunde so zu befriedigen, daß wir mit ihnen auf die Dauer leben können, und daß wir dabei die nötige Fühlung mit der Mehrheit des Landes behielten. Diese Sorge hat mich damals, ich kann wohl sagen, in erster Linie beschäftigt, so oft ich mich den inneren Angelegenheiten wieder zuwendete. Ich wurde in der Tat überrascht durch die Haltung, welche die mobil gemachte Armee einnahm."

„Ich habe mich aber noch in der ersten Reichstagssitzung einer Äußerung über diese Dinge sorgfältig enthalten, ich habe mir gesagt, die Frage ist zu ernst, ich will abwarten, wie sich die Partei entwickelt, ob freundlich oder feindlich, ich habe geschwiegen. Von jener Seite wurde nicht geschwiegen."

„Ich mußte, als ich aus Frankreich zurückkam, erfahren, welche Mittel bei den Wahlen angewendet worden waren, um die Wahlen dieser neuen Partei durchzusetzen. Wir hatten gehofft, an einer streng kirchlichen Partei eine Stütze für die Regierung zu gewinnen, die dem Kaiser gibt, was des Kaisers ist, die die Achtung vor der Regierung auch da, wo man glaubt, daß die Regierung irrt, in allen Kreisen, namentlich in den Kreisen des politisch weniger unterrichteten gemeinen Mannes, der Masse, zu erhalten sucht. Ich mußte mit Betrübnis und Befremden hören, daß die Wahlreden, die ja zum größten Teil gedruckt sind, die Presseerzeugnisse, die auf die Wahlen hinwirkten, gerade an die Leidenschaft der unteren Klassen, der Masse, appellierten, um sie zu erregen gegen die Regierung; daß dagegen nichts geschah, um irgendein von Seiten der Regierung vorgekommenes Versehen zu entschuldigen, sondern daß man alles, was man an unserer Regierung wie an jeder nach menschlicher Unvollkommenheit tadeln kann, sehr scharf beleuchtete. Aber etwas Gutes über die preußische Regierung, etwas, was zur Anerkennung derselben aufforderte, habe ich in diesen Wahlreden nie gelesen. Nichtsdestoweniger mußte man nach dem Zeugnisse der Herren annehmen, daß die altpreußischen Einrichtungen – altpreußisch ist nicht die richtige Bezeichnung, sondern neupreußische Einrichtungen – wie sie bestehen, von der katholischen Kirche als ihr willkommen, als ihr nützlich, als ihr eine ehrenvolle und bequeme Stellung gewährend, anerkannt würden. Die höchsten Zeugnisse von Seiner Heiligkeit dem Papste, die Zeugnisse der Bischöfe haben uns darüber vorgelegen, daß man mit uns zufrieden sei. Wir hatten gehofft, daß diese Zufriedenheit sich einigermaßen bei dem Einfluß auf den gemeinen Mann, wie er auf der Kanzel und im Beichtstuhl geübt wird, zeigen und erkennbar machen würde, und wie ich sah, daß doch mehr das Gegenteil der Fall war, wie ich sah, daß man auf der einen Seite die preußischen Einrichtungen für das Reich verlangte, auf der anderen Seite sie dem gemeinen Manne nicht in einem ganz günstigen Lichte darstellte, da bin ich zweifelhaft geworden und bin einen Schritt zurückgetreten. Wie ich ferner gefunden habe, daß die Fraktion, von der ich sprach, im Reichstage sich bereitwillig Elemente aneignete, deren fortdauernder prinzipieller, von mir und von mehreren Seiten in seinen Motiven ja nicht angefochtener Widerspruch gegen den preußischen Staat und gegen das Deutsche Reich notorisch war, und sich aus diesen Elementen verstärkte, Protestanten, die nichts mit dieser Partei gemein hatten, als die Feindschaft gegen das Deutsche Reich und Preußen, in ihre Mitte aufnahm, daß sie Billigung und Anerkennung fand bei allen den Parteien, die, sei es vom nationalen, sei es vom revolutionären Standpunkt aus, gegen den Staat feindlich gesinnt sind – eine Gemeinschaft, die die Herren vielleicht im Prinzip zurückweisen, die sie aber doch, sei es wider ihren Willen, auf dem Wege, den sie gingen, fanden – da bin ich mir immer klarer in der Besorgnis geworden, daß wir durch diese Partei zu der bedauerlichen Situation kommen würden, in der wir uns befinden."

Den Anfang des Kampfes hatte Bismarck in diesen Reden für alle Zeiten klargestellt, ebenso den Führer und die Gegner im Kampfe scharf charakterisiert. Das Wesen aber des Kampfes kennzeichnete er ein Jahr später in demselben Monat, als die Fortschrittspartei in einem Wahlaufruf zu den Reichstagswahlen (23.März 1873) erklärt hatte, sie werde die Regierung in einem Kampfe unterstützen, „der mit jedem Tage mehr den Charakter eines großen Kulturkampfes der Menschheit annehme". Die Bezeichnung „Kulturkampf", die von der öffentlichen Meinung allgemein akzeptiert wurde und noch heute als Titel des Kampfes gilt, trifft doch nicht das Richtige, sie hat sogar, wenn man den Staat als Stätte der Kultur und die katholische Kirche als Stätte der Unkultur und Bismarck und seine Mitstreiter als Vorkämpfer der Kultur und die Gegner als Vorkämpfer der Unkultur ansieht, etwas unverdient Herabsetzendes für eine der größten Kulturmächte der Geschichte, für die katholische Kirche. Auch Bismarck war dieses Glaubens nicht. Sein politisches Bekenntnis vom 10. März 1873 lautete anders; er wehrte sich im Herrenhaus bei der Beratung der sogenannten Maigesetze gegen die Bestrebungen, diesen Vorlagen und damit dem ganzen Kampfe ein lediglich konfessionelles, ein kirchliches, ein kulturelles Gepräge auszudrücken. Bismarcks Worte von dauerndem Wert lauteten: „Die Frage, in der wir uns befinden, wird meines Erachtens gefälscht, und das Licht, in dem wir sie betrachten, ist ein falsches, wenn man sie als eine konfessionelle, kirchliche betrachtet. Es ist wesentlich eine politische; es handelt sich nicht um den Kampf, wie unseren katholischen Mitbürgern eingeredet wird, einer evangelischen Dynastie gegen die katholische Kirche, es handelt sich nicht um den Kampf zwischen Glauben und Unglauben, es handelt sich um den uralten Machtstreit, der so alt ist wie das Menschengeschlecht, um den Machtstreit zwischen Königtum und Priestertum, den Machtstreit, der viel älter ist, als die Erscheinung unseres Erlösers in dieser Welt, den Machtstreit, in dem Agamemnon in Aulis mit seinen Sehern lag, der ihm dort die Tochter kostete und die Griechen am Auslaufen verhinderte, den Machtstreit, der die deutsche Geschichte des Mittelalters bis zur Zersetzung des Deutschen Reiches erfüllt hat unter dem Namen der Kämpfe der Päpste mit den Kaisern, der im Mittelalter seinen Abschluß damit fand, daß der letzte Vertreter des erlauchten schwäbischen Kaiserstammes unter dem Beile eines französischen Eroberers auf dem Schafott starb, und daß dieser französische Eroberer im Bündnis mit dem damaligen Papste stand. Wir sind der analogen Lösung der Situation nahe gewesen, übersetzt immer in die Sitten unserer Zeit. Wenn der französische Eroberungskrieg, dessen Ausbruch mit der Publikation der vatikanischen Beschlüsse zusammenfiel, erfolgreich war, so weiß ich nicht, was man auch auf unseren kirchlichen Gebieten in Deutschland von den *gestis Die per Francos* – von den Gottestaten durch Franzosenhand – zu erzählen haben würde. Ähnliche Pläne haben vorgelegen vor dem letzten Kriege mit Österreich, ähnliche Pläne haben vorgelegen vor Olmütz, wo ein ähnliches Bündnis bestand gegenüber der königlichen Macht, wie sie in unserem Lande besteht, auf einer Basis, die von Rom nicht anerkannt wird. Es ist meines Erachtens eine Fälschung der Politik und der Geschichte, wenn man Seine Heiligkeit den Papst ganz ausschließlich als den Hohenpriester einer Konfession oder die katholische Kirche als Vertreter des Kirchentums überhaupt betrachtet. Das Papsttum ist eine politische Macht jederzeit gewesen, die mit der größten Entschiedenheit und dem größten Erfolge in die Verhältnisse dieser Welt eingegriffen hat, die diese Eingriffe erstrebt und zu ihrem Programm gemacht hat. Die Programme sind bekannt. Das Ziel, welches der päpstlichen Gewalt, wie den Franzosen die Rheingrenze, ununterbrochen vorschwebte, das Programm, das zur Zeit der mittelalterlichen Kaiser seiner Verwirklichung nahe war, ist die Unterwerfung der weltlichen Gewalt unter die geistliche, ein eminent politischer Zweck, ein Streben, welches ebenso alt ist wie die Menschheit. Denn so lange hat es auch, sei es kluge Leute, sei es wirkliche Priester gegeben, die die Behauptung aufstellten, daß ihnen der Wille Gottes genauer bekannt sei, als ihren Mitmenschen, und daß sie auf Grund dieser Behauptung das Recht hätten, ihre Mitmenschen zu beherrschen; und daß dieser Satz das Fundament der päpstlichen Ansprüche auf Herrschaft ist, ist bekannt. Ich brauche hier an alle die hundertmal erwähnten und kritisierten Aktenstücke nicht zu erinnern: sie sind nicht nur *publici juris*, sondern auch jedem, der einen oberflächlichen Einblick in die Weltgeschichte hat, bekannt. Der Kampf des Priestertums mit dem Königtum, der Kampf in diesem Falle des Papstes mit dem deutschen Kaiser, wie wir ihn schon im Mittelalter gesehen haben, ist zu beurteilen wie jeder andere Kampf: er hat seine Bündnisse, er hat seine Friedensschlüsse, er hat seine Haltepunkte, er hat seine Waffenstillstände. Es hat friedliche Päpste gegeben, es hat kämpfende und erobernde gegeben; es hat ja sogar einen friedlichen König von Frankreich gegeben, wenn auch Ludwig XVI. in die Lage gekommen ist, Kriege zu führen; also selbst bei unseren französischen Nachbarn fanden sich Monarchen, die weniger Vorliebe für den Krieg, mehr Vorliebe für den Frieden hatten. Es ist auch in den Kämpfen der päpstlichen Macht nicht immer der Fall gewesen, daß gerade katholische Mächte die Bundesgenossen ausschließlich des Papstes gewesen wären; auch haben die Priester nicht immer auf Seiten des Papstes gestanden. Wir haben Kardinäle als Minister von Großmächten gehabt zu einer Zeit, wo diese Großmächte eine stark antipäpstliche Politik bis zur Gewalttat durchführten. Wir haben Bischöfe gegen päpstliche Interessen in dem Heerbann der deutschen Kaiser gefunden. Also dieser Machtstreit unterliegt denselben Bedingungen, wie jeder andere politische Kampf, und es ist eine Verschiebung der Frage, die für den Eindruck auf urteilslose Leute berechnet ist, wenn man sie darstellt, als ob es sich um Bedrückung der Kirche handelte. Es handelt sich um Verteidigung des Staates, es handelt sich um die Abgrenzung, wie weit die Priesterherrschaft und wie weit die Königsherrschaft gehen soll, und diese Abgrenzung muß so gefunden werden, daß der Staat seinerseits dabei bestehen kann. Denn in dem Reiche dieser Welt hat er das Regiment und den Vortritt."

Und als am 24. April an derselben Stelle – im Herrenhause – Graf Brühl erklärte, Bismarck bekämpfe die Kirche, wies dieser den Vorwurf scharf zurück mit den Worten: „Ich klage die bewußten Gründer der Zentrumspartei an: zu einer Zeit, wo tiefer konfessioneller Friede im Lande war, da haben sie diesen Zündstoff des Zerwürfnisses und Kampfes sorgfältig gesammelt, in der Absicht, sich einer erheblichen Macht im Staate zu bemächtigen, die für oder gegen die Regierung nach dem Willen der Fraktionsleiter den Ausschlag gegeben hätte, 70 bis 80 Stimmen womöglich auf 140 zu bringen. Wenn man das mit Erfolg organisieren kann, ist man der Herr im Staate; der Staat aber tut wohl, daß er sich vorsieht, auf daß der König Herr im Staate bleibe und nicht die Zentrumspartei."

So sah Bismarck den Kampf an, so kämpfte er für seines Königs und für des Staates Rechte; ihm standen in diesem Kampfe gegen Zentrum, Polen, Welfen und Partikularisten die übrigen Parteien nicht so fest zur Seite, wie er es hätte erwarten können.

Die Konservativen vor allem waren sehr unsichere Bundesgenossen, waren es schon länger gewesen, besonders Männer wie Kleist-Retzow und Blanckenburg. Diesen war Bismarck bereits 1866 „zu weit nach links gegangen" bei der Indemnitätsfrage; die Bevorzugung der Nationalliberalen, vor allem das „Aufgehen Preußens in Deutschland" behagte ihnen nicht. Das altpreußische Junkertum beugte sich auf. An der Spitze der Bewegung stand der frühere preußische Justizminister Graf Lippe, der im Herrenhause 1869 den Antrag einzubringen wagte, die Errichtung eines Bundesoberhandelsgerichtes als verfassungswidrig zu erklären. Der Antrag wäre angenommen worden, wenn Bismarck nicht von Varzin aus energisch protestiert hätte; in diesem Protestschreiben finden wir die Worte: „Hinter dem drängenden preußischen Herrenhause stehen Frankreich und Österreich, die sächsischen und süddeutschen Partikularisten, die Ultramontanen und Republikaner, Hietzing (das Feldherrnzelt des Welfenlagers) und Stuttgart." Schon damals sah er in dieser Art von Konservativen Feinde des deutschen Gedankens, Feinde des Reichs. Deutlicher wurde diese Reichsgegnerschaft 1870. Im November, dem Geburtsmonat des neuen Reichs, schreibt sein alter Freund Blanckenburg an Roon: „Finster und traurig denke ich an die politische Zukunft. Ich habe in Berlin Itzenplitz, Eulenburg, Wagener und einen ganzen Haufen Freikonservative gesprochen. Auch die letzteren erschrecken über den kopflosen Eintritt von Hessen, Württemberg, Baden in den Bund und sehen es als eine ausgemachte Sache an, daß die Mehrheit des neuen Reichstags vollständig verlaskern muß." Selbst Roon trennte sich innerlich schon von Bismarck im Februar 1871; er schreibt, er könne als alter Kerl sich nicht in dem neuen kaiserlichen Schauspielhause zurechtfinden, in welchem die National- und sonstigen Liberalen ganz recht hätten, von einer „neuen Ära" und von „freiheitlicher Entwicklung" zu sprechen; die alten Fahnen und Schlagworte bedeuteten nichts mehr als eine geschichtliche Erinnerung. Die alten Heiligtümer sieht er der Zerstörung preisgegeben; das neue Reich nennt er einen neuen Tempel, dessen Oberpriester den alten Kultus aufzuopfern trachte, um neuen Gottheiten Altäre zu bauen. Mit dem Hauptregisseur der neuesten Ära findet er sich grundsätzlich vielfach nicht im Einverständnis. Durch Bismarcks Verdeutschung *à tout prix* sei ihm – so sagt er im November – sein preußisches Programm unbrauchbar geworden und ironisch spricht er von ‚Fehlgeburten' und bemerkt er, ob ‚das Kaiserhühnchen wohlgestaltet aus dem Ei kriechen' werde, wisse man nicht sicher. So standen die streng Konservativen im Kampfe gegen die Kirche auch nicht zu Bismarck. Roon nannte ihn einen ‚verwegenen Steuermann' und Blanckenburg schreibt, Bismarck habe in Pommern jede Brücke, die man ihm noch wieder hätte bauen können, abgebrochen. Der ‚junkerliche Geist' war eben Bismarck feind. Wie die deutsche Idee diesen Kreisen immer unheimlich gewesen war, so hatte auch ihr Christentum sehr viel Verwandtes mit dem der Kämpfer gegen staatliche Rechte und für kirchliche Unfehlbarkeit. Sie hatten die Empfindung: „Brennt des Nachbars Wand, so bist du selber gefährdet." Deshalb standen sie so heftig gegen Bismarck, daß ein Pairsschub im Herrenhause die Kampfgesetze retten mußte. Daß Bismarck ein solcher Kampf nicht leicht wurde, davon zeugen seine Worte, die er im Herrenhause damals sprach: „Keine Regierung hat je ein Interesse, mit einer konservativen Partei zu brechen, aber die Partei besorgt das mitunter selbst." Und fast verzweifelnd klagt er bei Roon über sein „Gewerbe", das ein solches sei, „in dem man viele Feinde gewinnt, aber keine neuen Freunde, sondern die alten verliert, wenn man es zehn Jahre lang ehrlich und furchtlos treibt". Seine Erbitterung über die Haltung der Konservativen war so groß, daß er am 1. Januar 1873 das Amt des Ministerpräsidenten an Roon abgab, was sich aber so wenig bewährte, daß er schon am 9. November, als Roon in den Ruhestand trat, es wieder übernehmen mußte, obwohl er voraussah, daß er „gegen den neidischen Junkerdünkel, gegen mangelnde Hingabe der Konservativen für König und Land und gegen die ehrgeizigen Priester des römischen Götzendienstes" schwer zu kämpfen haben werde. „Aber", so schreibt er am 20. November an Roon, „gefochten soll sein, das ist mir so klar, als ob Gott es mir auf deutsch direkt befohlen hätte; ich stehe dienstlich an der

Bresche, und mein irdischer Herr hat keine Rückzugslinie; also *vexilla regis prodeunt*, und ich will, krank oder gesund, die Fahne meines Lehnsherrn halten gegen meine factiösen Vettern so fest wie gegen Papst, Türken und Franzosen." Immer heftiger wurden die Angriffe; schließlich verstieg sich die Kreuzzeitung zu der schamlosen Verleumdung, Bislarck bereichere sich durch Beziehungen zur jüdischen Hochfinanz, die „Reichsglocke" brachte Ähnliches und der pommersche Konservative Diest-Daber schloß sich an, woraufhin er drei Monate ins Gefängnis wanderte. Den Chor zu diesen ehrlosen Verleumdungen bildete eine größere Anzahl von Landedelleuten und Pastoren, die die Kreuzzeitung in Schutz nahmen. Ähnliches hatte Bismarck in der Konfliktszeit nicht erlebt; nur die sozialdemokratische Presse erreichte später den Ton dieser Sykophanten, von denen sich die vornehmen Konservativen in der deutsch-konservativen Partei absonderten.

Auch die Liberalen, die eine überwältigende Majorität im neuen Reichstage hatten und auf die er in diesem Kampfe mit Sicherheit zählen konnte, stellten sich – leider sei's gesagt – sonst nicht so, daß sie ihm auch innerlich nahe gerückt wären. Wohl die Männer um Bennigsen und die Liberalen aus den Bundesstaaten, aber die „Laskerei" warf doch immer wieder Zerwürfnisse in die Partei und in das Verhältnis zwischen Bismarck und die Nationalliberalen, die während eines solchen Kampfes besser unterlassen wären. So kam es schon im Sommer 1873 bei dem Militärgesetz zu einem Zusammenstoß, als Lasker Volksrechte und die Parteidoktrin in die Frage mischte, die Bismarck allein vom Standpunkte der Sicherheit und der Macht des jungen Reiches behandelte. „Das sind", so rief er dem Abgeordneten zu, „Reden aus vergangener Zeit, die ich berechtigt bin deklamatorisch zu nennen."

Bennigsen gelang es ja dann im Jahre 1874, die Einigung zwischen Bismarclk, der damals leidend darniederlag, und den Liberalen herzustellen durch das Kompromiß, das die Stärke der Armee auf sieben Jahre festlegte. Aber innerlich wurde Bismarck eine Partei fremder, die ihre Dienste so ungern umsonst tat, von der man ihm spöttelnd im Bundesrat sagte: „Das also sind die Männer, auf die Sie sich stützen", und über deren Zusammenstoß mit Bismarck Blanckenburg an Roon frohlockend schrieb, man sei bereits kurz vor dem „Zusammenknall".

So stand Bismarck wieder einmal fast vereinsamt da. Und als er nun nach diesen schweren Sorgen, mit denen er auf dem Krankenlager hatte ringen müssen, im Juli 1874 zur Heilung in Kissingen weilte, machte der katholische Böttchergeselle Kullmann, einen Mordversuch, indem er aus nächster Nähe auf den spazierenfahrenden Kanzler schoß und ihn am Knöchel des linken Handgelenks verwundete. Kullmann hatte, wie sich aus dem Verhör ergab, bis vor acht Tagen in Neustadt-Magdeburg gearbeitet, war Mitglied des dortigen katholischen Gesellenvereins und hatte hier seine fanatischen Ideen sich gebildet. Tiefe Entrüstung ging durch alle patriotisch gesinnten und unbefangen urteilenden Kreise, und es wäre angebracht gewesen, wenn auch das Zentrum mit schweigender oder unumwundener Verachtung den Mordgesellen bedacht hätte. Als aber der bayerische Abgeordnete Jörg die Verantwortlichkeit seiner Partei für die Tat des „halbverrückten" Menschen ablehnte, rief ihm Bismarck zu: „Der Mann, den ich selbst gesprochen habe, ist vollkommen im Besitze seiner geistigen Fähigkeiten; Sie haben ja auch weitläufige ärztliche Atteste darüber. Aber mögen Sie sich lossagen von diesem Mörder, wie Sie wollen, er hängt sich an Ihre Rockschöße fest, er nennt Sie seine Fraktion. Als ich ihn fragte: Welches ist denn Ihre Fraktion? hat er vor Zeugen gesagt: Die Zentrumsfraktion im Reichstage!" Und als bei diesen Worten ein bekanntes Mitglied des Zentrums von hohem Adel „Pfui" rief antwortete Bismarck: „Pfui ist ein Ausdruck des Ekels und der Verachtung. Meine Herren, glauben Sie nicht, daß mir diese Gefühle fern liegen; ich bin nur zu höflich, um sie auszusprechen."

Durch die neuen Kirchengesetze hatte sich der Staat feste Bollwerke für seine Verteidigungsstellung verschafft. Die deutschen Bischöfe und Geistlichen erkannten diese Gesetze nicht an und befolgten sie nicht, denn eine päpstliche Enzyklika vom 5. Februar 1875 hatte sie für ungültig erklärt, weil sie der göttlichen Einrichtung der Kirche ganz und gar widerstritten. So lag es denn in der Natur des Kampfes, daß der Staat sich nicht nur auf Verteidigung beschränkte, sondern auch zum Angriff übergehen mußte durch Sperrung der Gehälter und durch Absetzung der Wilderspenstigen. Daraus ergaben sich Zustände, die auf die Dauer unhaltbar waren. So unbarmherzig konnte der Staat nicht sein, wie die Kirche, die die Bischöfe und ihre Pfarrer zwang, ihre Sprengel lieber zu verlassen, als sich zu unterwerfen. Sie mußte auf alle Fälle als *ecclesia triumphans* aus diesem Kampfe hervorgehen, wenn auch der Staat und seine Bürger schwer darunter litten.

Deshalb mußte der Staat im Interesse dieser seiner Bürger den Weg zum Ausgleich suchen. Solange Pius IX. lebte, war das nicht möglich. Als er am 7. Februar 1878 starb, folgte Leo XIII. der zum Staatssekretär ernannte Kardinal Franchi gehörte zur gemäßigten Partei. Am 20.Mai 1878 teilte Leo XIII. seine Erhebung auf den päpstlichen Stuhl dem Kaiser mit und sprach von den freundlichen Beziehungen früherer Zeit. Kaiser Wilhelm dankte, wünschte dem Papste eine gesegnete Regierung und fügte die Hoffnung hinzu, daß es dem Papste gelingen möge, die Geistlichen zum Gehorsam gegen die Staatsgesetze zu bewegen. Es wurden dann Versuche zur Verständigung gemacht. Sie scheiterten, weil der versöhnlich gesinnte Franchi starb und die Zentrumspartei in Deutschland hartnäckiger und weniger friedliebend war als Rom.

Schließlich ging dann Bismarck im Jahre 1880, ohne sich um Rom und Zentrum zu bekümmern, mit Friedensgesetzen vor, welche harte Bestimmungen milderten oder ganz beseitigten und allmählich normale Verhältnisse herbeiführten. 1882 stellte er auch die Gesandtschaft in Rom wieder her, um durch unmittelbare Beziehung der Regierung zum Papste das Friedenswerk zu fördern. Es wurden dann weitere Friedensgesetze vorgelegt; die letzten im Jahre 1886. Bei der Beratung dieser Gesetze sprach Bismarck charakteristische Friedensworte: „Es waren zwei Wege, um den katholischen Untertanen des Königs von Preußen das richtige Verständnis der Absichten der Regierung zu eröffnen:

einmal der der einfachen gewöhnlichen Gesetzgebung, dann der vorgängigen Verhandlung mit der römischen Kurie. Ich habe den letzteren aus mannigfachen Gründen vorgezogen – nicht daß ich eine zweiseitige Verhandlung erstrebt oder geführt hätte, aber ich habe es für nützlich gehalten, die Vorlage, die wir dem Preußischen Landtage zu machen beabsichtigten, zur Kenntnis Seiner Heiligkeit des Papstes zu bringen und sein Urteil darüber zu hören, ohne zu versprechen, daß wir unsere Entschließung dem Urteil gemäß ändern würden. Ich habe diesem Weg den Vorzug gegeben, weil ich den Eindruck habe, daß ich bei dem Papste Leo XIII. mehr Wohlwollen und mehr Interesse für die Befestigung des Deutschen Reiches und für das Wohlergehen des preußischen Staates finden würde, als ich zuzeiten in der Majorität des Deutschen Reichstages gefunden habe."

„Ich halte den Papst für deutschfreundlicher als das Zentrum. Der Papst ist eben ein weiser, gemäßigter und friedliebender Herr. Ob man das von allen Mitgliedern der Reichstagsmehrheit sagen kann, lasse ich dahingestellt sein."

„Der Papst ist außerdem nicht Welfe, er ist nicht Pole und ist auch nicht deutschfreisinnig. Er hat auch keine Anlehnung mit der Sozialdemokratie. Kurz, alle die Einflüsse, die im Parlament die Situation fälschen, finden in Rom nicht statt. Der Papst ist rein Katholik und nichts als Katholik. Dadurch, daß er es ist, werden ja eine Anzahl Schwierigkeiten an sich geboren, aber die Schwierigkeiten werden nicht kompliziert durch das Bedürfnis der Anlehnung und des Empfanges und der Vergeltung von Liebesdiensten anderer Parteien. Der Papst ist frei und repräsentiert die freie katholische Kirche; das Zentrum repräsentiert die katholische Kirche im Dienste des Parlamentarismus und der Wahlumtriebe, und deshalb habe ich es vorgezogen, mich an den von allen Bundesgenossen, die mit dem Zentrum die Majorität im Reichstage bilden, vollständig freien Papst, an die Kurie zu wenden, um dort die Verständigung zu suchen, und ich bin auch entschlossen, in den weiteren Phasen auf diesem Wege fortzufahren, da ich von der Weisheit und Friedensliebe Leos XIII. mehr Erfolg für den inneren Frieden Deutschlands erwarte, wie von den Verhandlungen im Reichstage, und weil ich der Zentrumspartei, so wie sie jetzt zusammengesetzt ist, nicht gegenübertreten will, ohne den katholischen Preußen die Gewißheit vorher zu geben, daß ich im Einverständnis bin mit dem Papst, der höchsten Autorität ihres Bekenntnisses."

So wurden die letzten Kampfesobjekte beseitigt. Kein wichtiges Recht der Krone ward dabei an die Kirche preisgegeben, kein Canossagang ward angetreten. Bismarck hatte das Wichtigste zum Frieden getan und zur Herstellung freundlicher amtlicher Beziehungen zum Oberhaupt der katholischen Kirche.–

Ehe der Streit ausbrach und nach Beendigung des Kampfes war er innerlich derselbe geblieben. Er wünschte den Frieden. Sein letztes Wort über diesen hat er in seinen Gedanken und Erinnerungen gesprochen: „Inwieweit der Friede von Dauer sein wird und die konfessionellen Kämpfe nun ruhen werden, kann nur die Zeit lehren. Es hängt das von kirchlichen Stimmungen ab und von dem Grade der Streitbarkeit nicht bloß des jedesmaligen Papstes und seiner leitenden Ratgeber, sondern auch der deutschen Bischöfe und der mehr oder weniger hochkirchlichen Richtung, welche im Wechsel der Zeit in der katholischen Bevölkerung herrscht. Eine feste Grenze der römischen Ansprüche an die paritätischen Staaten mit evangelischer Dynastie läßt sich nicht herstellen. Nicht einmal in rein katholischen Staaten. Der uralte Kampf zwischen Priestern und Königen wird nicht heut zum Abschluß gelangen, namentlich nicht in Deutschland."

Aber in Deutschland ist vieles doch nach dem Kulturkampf anders geworden als vorher. Der Staat und weitblickende evangelische Kreise halten sich fern von dem Gedanken, der in der Hitze des Kampfes sich hie und da regte, die Kirche zur Dienerin des Staates zu machen, und fern von geringschätzender Beurteilung katholischer Kultur und Wissenschaft; dann aber ist die Liebe zum gemeinsamen Vaterlande von Jahr zu Jahr so erstarkt, daß der Katholik von heute weit empfindlicher als ehedem ist gegen den Vorwurf der Reichsfeindschaft, der ihm im Kulturkampf so oft gemacht worden ist – mit Recht oder mit Unrecht, je nach dem Werte, den er vaterländischen Gütern wie Kaiser und Reich zumaß. Es geht ihm wie dem Soldaten aus dem bayerischen Oberlande, der aus dem Feldlager vor Paris nach Hause berichten ließ: „Sagt unserm Herrn Pfarrer, der uns mit soviel Sorge fortließ, luthersch wärn mer nich geworden, aber preus'sch!" Das heißt in des Volkes Munde: Die Treue zur angestammten Kirche soll der Liebe zum gemeinsamen deutschen Vaterlande und seinem Begründer keinen Eintrag mehr tun. Und dieses gemeinsame Vaterland ist mit dem Namen Bismarck für jeden Deutschen aufs engste verwachsen, auch für den Sohn der Kirche, mit der Bismarck eine gute Weile auf Kampfesfuß stand und, wie die Verhältnisse lagen, stehen mußte.

## 15. Bismarcks Sorgen um soziale und wirtschaftliche Fragen und um unsere Kolonien

Der Kampf gegen Rom war für Bismarck immer eine politische Machtfrage gewesen; in zweiter Linie erst eine Frage religiöser Natur. Die soziale Frage lag ihm am Herzen als eine religiöse Angelegenheit; an erster Stelle stand ihm hier das praktische Christentum und die charitative Seite der Sozialpolitik. Schon früher, als er noch ein schlichter Landedelmann war, jammerte es ihn, wo er unverschuldete Not und unverschuldetes Elend sah. Schon im Jahre seiner Verlobung schreibt er an seine Braut, die ihn in Reinfeld zu sehen wünscht: „Ich habe mich in diesem Winter etwas mehr um die hiesige Armenpflege bekümmert, und, wenn nicht in meinen Dörfern, so doch in der benachbarten Stadt Jerichow Elend gefunden, wie es nicht schlimmer sein kann. Wenn ich bedenke, wie 1 Thaler einer solchen hungernden Familie über Wochen hinweg hilft, so ist es mir fast wie ein Diebstahl an den Armen, die hungern und frieren, wenn ich 30 ausgebe um die Reise zu machen." Bismarck besaß eben ein soziales Gewissen feinster Art, er vermochte sich nicht in seinen Gedanken und seinem Empfinden von seinen bedürftigen Mitmenschen zu trennen und egoistisch sich glücklich im Besitz zu fühlen. Als er zu Amt und verantwortungsvoller Stellung gelangte, finden wir deshalb viele sorgende Erwägungen sozialer Art bei ihm. Schon vor 1864 suchte er Berührung mit Lassalle, um über soziale Probleme mit dem Mann zu sprechen, der eine „viel vornehmere Natur war, als seine Epigonen", den er deshalb gar nicht zu den Sozialdemokraten rechnete und „der selbst ein dringendes Bedürfnis hatte" mit Bismarck in Beziehung zu treten. Auch scheint er im Jahre 1867 mit Marx, als dieser in Hamburg weilte, angeknüpft zu haben, um dessen „große Talente im Interesse des deutschen Volkes zu verwerten". Als dann der große Krieg von 1870 beendet war, und Bismarck Ruhe für soziale Pläne zu finden hoffte, hat er im August 1871 in Gastein mit dem österreichischen Reichskanzler verhandelt über gemeinsame Bekämpfung der Internationale, aber auch über Untersuchung von Maßregeln, welche zur Ausgleichung wirtschaftlicher Gegensätze und zur Beseitigung von Notständen unter den arbeitenden Klassen beitragen könnten. Im Oktober desselben Jahres – also acht Jahre vor dem Sozialistengesetz – hat er dann ein Schreiben an den Minister Itzenplitz gerichtet, in dem er neben Bekämpfungsmaßregeln Berücksichtigung berechtigter Wünsche der arbeitenden Klassen in Gesetzgebung und Verwaltung empfahl. Staatsgefährliche Agitationen sollten nur verboten werden, soweit es geschehen könne „ohne ein gesundes öffentliches Leben zu verkümmern". Zweckmäßig sei Beratung sachkundiger Männer aus Deutschland und Österreich, Berufung von Mitgliedern aller politischen und wirtschaftlichen Parteien zur Vorbereitung eines Programms. Als im folgenden Jahre zu Eisenach der Kongreß der Kathedersozialisten stattfand, entsandte Bismarck den Geheimen Rat Hermann Wagener dorthin; das amtliche Organ, die Provinzial-Korrespondenz sagte, weshalb. Es war die tiefgehende Wichtigkeit der dort behandelten Fragen und der mit ihnen zusammenhängenden Pflichten des Staates. „Sie wird," so schrieb das offizielle Organ, „von der Regierung des Reichs so entschieden anerkannt, daß diese im Begriffe steht, sich über die dabei in Betracht kommenden allgemeinen Gesichtspunkte und Aufgaben mit der österreichisch-ungarischen Regierung ins Einvernehmen zu setzen. Die zu diesem Zwecke schon früher verabredeten gemeinsamen Beratungen werden in wenigen Wochen stattfinden." Es kam dann noch zum Gedankenaustausch; doch verlief schließlich die Sache im Sande. Bismarck war nicht schuld daran. Der Kulturkampf nahm seine Kräfte in Anspruch, die Sorgen um die militärische Sicherstellung des Reichs kamen hinzu und die vielen anderen Mühen, die das neue Reich mit sich brachte. Auch versagten ja, wie bekannt, gerade auf wirtschaftlichem Gebiete in dieser Zeit Bismarcks Mitarbeiter und der bureaukratische Apparat. Daß das Auftreten der Sozialdemokraten ihm die Lust, mit diesen gemeinsam zu schaffen, gänzlich nahm und mehr die Abwehr in den Vordergrund seines Interesses drängte, konnte niemand ihm verübeln. Denn inzwischen steigerte sich die Agitation im „Mistgabelstil", wie Liebknecht selber später einmal diese Stilgattung bezeichnet hat, in Versammlungen, Flugschriften und in der Presse, die Revolutionierung und Fanatisierung der Genossen und deren Erziehung zu bedauernswerter Vaterlandslosigkeit in bedenklicher Weise. Bismarck sann schon 1875 auf Gegenwehr, dann versuchte er 1876 bei Beratung der Strafgesetznovelle seinen Einfluß in der Richtung auf Eindämmung der sozialistischen Verhetzung und Übergriffe geltend zu machen, aber ohne Erfolg; was er damals schon vorausgesehen, hat sich bewahrheitet. Im Dezember 1875 sagte er zu einigen Gästen seiner parlamentarischen Soiree: „Der Sozialismus hat die allergrößten Fortschritte gemacht, weit größere als Sie glauben, meine Herren, das wird sich bei den nächsten Wahlen bereits sehr deutlich zeigen. Schon nach einigen Jahren wird das Bürgertum nach den Strafbestimmungen, die Sie jetzt einstimmig verwerfen wollen, lechzen wie der einsame Wanderer in der Wüste nach einem Schluck Wasser."

Im Jahre 1871 hatte die sozialdemokratische Partei über 3 Prozent der Wähler verfügt; im Jahre 1877 verfügte sie über 9 Prozent. Trotz der Sorge um Abwendung dieser Gefahr ließ Bismarck die friedliche Lösung der sozialen Frage nicht aus dem Auge. Die Gedanken verließen ihn nicht in Berlin, nicht in Varzin, nicht in Friedrichsruh. Besorgnis um das junge Deutsche Reich, auch ehrliches Mitleid mit dem Schicksal des bedürftigen Mannes quälte ihn mehr als die revolutionären Maulhelden, die sich in ihrer Führerstellung ganz wohl befanden. Noch im August 1877 hatte er an den Minister Achenbach geschrieben, daß ein wichtiger Beitrag zur Lösung der sozialen Frage die schärfere Kontrolle der Fabriken und Einführung der Arbeiter-Unfall- und Invalidenversorgung sei.

Daß diese sozialen Sorgen Bismarcks berechtigt waren, sollten Tatsachen traurigster Art der Welt zu Gemüt führen. Am 11. Mai 1878 schoß der Klempnergesell Hödel auf den einundachtzigjährigen Kaiser in Berlin, glücklicherweise ohne zu treffen. Es war ein verbummelter Genosse, der sich frech als „Attentäter Seiner Majestät des deutschen Kaisers" bezeichnete und der durch die hetzerischen Agitationen der Sozialdemokratie zweifellos fanatisiert war. Bismarck, der in Friedrichsruh war, gab sofort Weisung nach Berlin, daß ein Gesetz gegen die Sozialdemokratie vorgelegt werde. Der Reichstag lehnte die Vorlage am 24. Mai mit einer Mehrheit von 251 gegen 57 Stimmen ab. Da erfolgte am 2. Juni ein neues Attentat. Dr. Nobiling schoß so sicher, daß der Kaiser schwer am Kopf und beiden Armen verwundet wurde; er schwebte in Lebensgefahr und mußte während fünf voller Monate von dem Kronprinzen in der Führung der Regierungsgeschäfte vertreten werden. Als Bismarck von einer Spazierfahrt heimkehrend die Kunde in Friedrichsruh durch den Geheimrat Tiedemann hörte, stieß er den Spazierstock in die Erde und bemerkte kurz: „Jetzt wird der Reichstag aufgelöst." Dieser verdiente es; denn er war auch der beabsichtigten Steuer- und Zollreform, ohne die die Finanzen des Reiches trostlos blieben und soziale Sorgen nicht gehoben werden konnten, abgeneigt. Unbekümmert um die eigene Schonung, deren der leidende Bismarck bedurfte, traf er am 3. Juni in Berlin ein. Am 6. Juni wurde vom Bundesrat einstimmig die Auflösung des Reichstages beschlossen. Am 30.Juli fanden die Neuwahlen statt, die beiden konservativen Fraktionen gingen verstärkt aus diesen Wahlen hervor, die Fortschrittspartei verlor 10, die Nationalliberalen 32 Sitze. Es wäre nicht so gekommen, wenn sie auf ihren Parteigenossen Gneist gehört hätten, der sie nach dem Hödelschen Attentat warnte, daß sie sich in einem verhängnisvollen Irrtum befänden, wenn sie meinten, man dürfe keine Ausnahmegesetze erlassen. Er sah voraus, daß seine Partei den größten Schaden von der Ablehnung haben und diese bereuen würde.

Am 9. September wurde dem Reichstag der neue Entwurf eines Sozialistengesetzes vorgelegt. Bei der Generaldebatte ergriff Bismarck das Wort; die Rede, die sich in großen Zügen über die wichtigsten mit der Frage zusammenhängenden Punkte äußerte, schloß mit einer Warnung vor dem nihilistischen Messer und der Nobilingschen Schrotflinte und mit den Worten: „Wenn wir in einer solchen Weise unter der Tyrannei einer Gesellschaft von Banditen existieren sollen, dann verliert jede Existenz ihren Wert, und ich hoffe, daß der Reichstag den Regierungen, dem Kaiser, der den Schutz für seine Person, für seine preußischen Untertanen und seine deutschen Landsleute verlangt – daß wir ihm zur Seite stehen werden! Daß bei der Gelegenheit vielleicht einige Opfer des Meuchelmordes unter uns noch fallen werden, das ist sehr wohl möglich, aber jeder, dem das geschehen könnte, mag eingedenk sein, daß er zum Nutzen, zum großen Nutzen seines Vaterlandes auf dem Schlachtfeld der Ehre bleibt!"

Nach längeren Beratungen kam am 18. Oktober das Gesetz gegen die gemeingefährlichen Bestrebungen der Sozialdemokratie zustande für die Dauer von zweieinhalb Jahren. Durch diese Beschränkung wurde seine Wirkung schwer beeinträchtigt; es ist dann mehrere Male verlängert und hat bis zum 30. September 1890 bestanden. Solche Maßregeln hielt Bismarck gegen die Sozialdemokratie für heilsam. Wertlos aber erschienen sie ihm, wenn nicht zugleich der Staat mit ganzem Ernst der sozialen Frage sich annahm. Bismarck ergriff diese Aufgabe mit fester Hand und mit gutem Gewissen; er konnte das, da er in seinem praktischen Christentum gefestigt war seit dem Augenblicke, da er in seinem Haus und in seinem Pflichtenbereich auf dem Grunde seines Glaubens stand. Von diesem Grunde aus begann er sein Werk der sozialen Reform, das neben der Gründung des Reiches vielleicht als sein größtes Verdienst bezeichnet werden muß und das unsere Bewunderung noch mehr erregen würde, wenn die Verwirklichung Bismarckscher Ideen zu reiner und voller Ausgestaltung gekommen wäre und nicht unter der parlamentarischen Bureaukratie so arg gelitten hätte. Das Kraftvolle an diesen Ideen war, dass sich Bismarcks Glaube in ihnen verschmolz mit den großen Traditionen der preußischen Krone und mit seinem Vertrauen auf sein deutsches Volk, das ihn auch bei der Einführung des allgemeinen Wahlrechts geleitet hatte, „um die gesunden Elemente, welche den Kern und die Masse des Volkes bilden, wieder in Berührung mit der höchsten Gewalt zu bringen". Und diese höchste Gewalt, sein kaiserlicher Herr, stand bei diesem Werke ganz zu seinem Kanzler, der wieder einmal als „der Kugelfang" für alle Geschosse der Gegner diente, an dem „jeder seine üble Laune und kleinlichen Spott in persönlicher Kritik ablagerte".

Doch hören wir hier Bismarcks Worte selber. Wir haben in ihnen ein herrliches Stück aus seinem sozialen Glaubensbekenntnis, das verdiente, für alle Zeiten tief und unvergesslich in jedes deutsche Herz eingesenkt zu werden. Am 2. April 1881 hatte bei der Beratung des weit ausgreifenden Gesetzes über Arbeiter-Unfallversicherung der Abgeordnete Richter Zwangsversicherung, Versicherungsmonopol und Reichsversicherungsanstalt bekämpft. Bismarck erwiderte:

„Der Herr Abgeordnete Richter hat auf die Verantwortlichkeit des Staates für das, was er tut, auf dem Gebiet, welches er heute betritt, aufmerksam gemacht. Nun, meine Herren, ich habe das Gefühl, daß der Staat auch für seine Unterlassungen verantwortlich werden kann. Ich bin nicht der Meinung, daß das ‚*laisser faire, laisser aller*', ‚das reine Manchestertum in der Politik', ‚Jeder sehe, wie er's treibe, jeder sehe, wo er bleibe', ‚Wer nicht stark genug ist, zu stehen, wird niedergerannt und zu Boden getreten', ‚Wer da hat, dem wird gegeben, wer nicht hat, dem wird genommen' – daß das im Staat, namentlich in dem monarchischen, landesväterlich regierten Staat Anwendung finden könne; im Gegenteil, ich glaube, daß diejenigen, die auf diese Weise die Einwirkung des Staates zum Schutz der Schwächeren perhoreszieren, ihrerseits sich dem Verdacht aussetzen, daß sie die Stärke, die ihnen, sei es kapitalistisch, sei es rhetorisch, sei es sonst wie, beiwohnt, zum Gewinn eines Anhangs, zur Unterdrückung der anderen, zur Anbahnung einer Parteiherrschaft ausbeuten wollen und verdrießlich werden, sobald ihnen dieses Beginnen durch irgendeinen Einfluß der Regierung gestört wird."

„Dem Herrn Abgeordneten reicht die Konsequenz dieser Gesetzgebung nicht weit genug. Ja, wenn er nur Geduld haben will, so werden wir seinen Erwartungen und seinen Wünschen in dieser Beziehung vielleicht später entsprechen können – nur nicht zu schnell und nur nicht alles auf einmal! ..."

„Vor dem Verhungern ist der invalide Arbeiter durch unsere heutige Armengesetzgebung geschützt. Nach dem Landrechte wenigstens soll niemand verhungern; ob es nicht dennoch geschieht, weiß ich nicht. Das genügt aber nicht, um den Mann mit Zufriedenheit auf sein Alter und seine Zukunft blicken zu lassen, und es liegt in diesem Gesetze auch die Tendenz, das Gefühl menschlicher Würde, welches auch der ärmste Deutsche meinem Willen nach behalten soll, wach zu erhalten, daß er nicht rechtlos als reiner Almosenempfänger dasteht, sondern daß er ein *peculium* – ein unantastbares Eigentum – an sich trägt, über das niemand außer ihm verfügen kann, und das ihm auch nicht entfremdet werden kann, über das er als Armer selbständig verfügen kann und das ihm manche Tür leichter öffnet, die ihm sonst verschlossen wird, und ihm in dem Hause, in dem er Aufnahme gefunden hat, eine bessere Behandlung sichert, wenn er den Zuschuß, den er mit hineinbringt, aus dem Hause auch wieder entfernen kann. Wer den Armenverhältnissen in großen Städten selbstprüfend nähergetreten ist, wer auf dem Lande namentlich den Gemeindearmen nachgespürt hat, und selbst in den bestverpflegten, guten Gemeinden hat beobachten können, wie ein Armer, namentlich wenn er körperlich schwach und verkrüppelt ist, unter Umständen behandelt wird im Hause von Stiefmüttern, von Verwandten irgendeiner Art, von sehr nahen Verwandten mitunter, der muß eingestehen, daß jeder gesunde Arbeiter, der dies mit ansieht, sich sagt: Es ist doch fürchterlich, daß ein Mensch auf diese Weise durch die Behandlung in dem Hause, das er früher bewohnte, herunterkommt, wo der Hund seines Nachfolgers es nicht schlimmer hat. Das kommt vor! Welche Waffe hat ein schwacher Krüppel dagegen, wenn er in die Ecke gestoßen und hungrig ernährt wird? Er hat gar keine! Hat er aber nur 100 oder 200 Mark für sich, so besinnt sich das Haus schon sehr, bevor es ihn drückt. Wir haben es bei den Kriegsinvaliden sehen können, wenn nur sechs oder fünf Taler monatlich gegeben werden, das ist für einen Armenhaushalt aus dem Lande schon etwas Bares, wo die kleinrechnende Frau sich sehr besinnt, daß sie den Kostgänger, der Geld einbringt, nicht verdrießlich macht und los wird. Also, sage ich, wir haben das Bedürfnis, in diesem Gesetze auf eine menschenwürdige Behandlung zunächst dieser Sorte von Armen zu wirken, und ich werde Herrn Richter in den weiteren Konsequenzen im nächsten Jahre – mag dieses Gesetz abgelehnt werden oder nicht – vollständig befriedigen in Bezug auf die Masse und Ausdehnung der staatlichen Fürsorge für eine bessere und würdigere Behandlung der Erwerbslosen. Aber zunächst ist dieses Gesetz gewissermaßen eine Probe, die wir machen, und auch eine Sonde, wie tief das Wasser finanziell ist, in das wir Staat und Land vorschlagen hineinzutreten. Man kann gegen diese Dinge nicht in der Weise sich decken, daß man eine geläufige, glatte Rede hält, in der man die Ausbildung des Haftpflichtgesetzes empfiehlt, ohne nur mit einer Silbe anzudeuten, wie man sich diese Ausbildung denkt. Damit kann man diese Sache nicht erledigen, damit spielt man den Strauß, der den Kopf versteckt, um die Gefahr nicht zu sehen. Die Aufgabe der Regierung ist es, den Gefahren ruhig und furchtlos ins Auge zu sehen, aber auch die Vorwände, die zur Aufregung der Massen benutzt werden, die sie für verbrecherische Lehren erst gelehrig machen, so viel an uns ist, zu beseitigen. Nennen Sie das Sozialismus oder nicht, es ist mir das ziemlich gleichgültig."

„Wenn der Herr Abgeordnete Bamberger [ihm war bei seiner schroff manchesterlichen Richtung das Wort ‚sozial' fatal], der ja an dem Worte ‚christlich' keinen Anstoß nahm, für unsere Bestrebungen einen Namen finden wollte, den ich bereitwillig annahm, so ist es der: praktisches Christentum, aber *sans phrase*, wobei wir die Leute nicht mit Reden und Redensarten bezahlen, sondern wo wir ihnen wirklich etwas gewähren wollen. – Aber umsonst ist der Tod. Wenn Sie nicht in die Tasche greifen wollen und in die Staatskasse, dann werden Sie nichts fertig bekommen!"

Dieses mahnende Bekenntnis erweiterte Bismarck am 9. Januar 1882 mit einem historischen Rückblick und einem kernigen Einblick in die christlichen Quellen seiner Tatkraft:

„Ich habe als das System, welches ich nach dem Willen Seiner Majestät des Kaisers zu vertreten habe, bei früheren Gelegenheiten aufgestellt: Wir wollen dahin streben, daß es im Staate womöglich niemanden oder doch so wenige wie möglich gebe, die sich sagen: Wir sind nur dazu da, um die Lasten des Staates zu tragen, wir haben aber kein Gefühl davon, daß der Staat um unser Wohl und Weh sich irgendwie bekümmert – daß die Zahl dieser nach Möglichkeit vermindert werde. Es gehört zu den Traditionen der Dynastie, der ich diene, sich des Schwachen im wirtschaftlichen Kämpfe anzunehmen. Friedrich der Große sagte schon: *Je serait le roi des gueux* – ich werde ein König der Bettler sein –, und er hat es nach seiner Art durchgeführt in strenger Gerechtigkeit gegen hoch und gering in der Art, wie seine Zeit es mit sich brachte. Friedrich Wilhelm III. hat dem damals hörigen Bauernstande eine freie Stellung verschafft, in der es ihm gegeben gewesen ist – bis zu einer rückläufigen Bewegung, die vor etwa fünfzehn Jahren anfing – zu prosperieren und stark und unabhängig zu werden. Unser oder mein jetziger Herr ist von dem edlen Ehrgeiz beseelt, in seinem hohen Alter wenigstens noch die Hand angelegt und den Anstoß gegeben zu haben, daß für die heutzutage schwächste Klasse unserer Mitbürger, wenn auch nicht die gleichen Vorteile und Ziele wie für den Bauernstand vor siebzig Jahren, aber doch eine wesentliche Besserung der Gesamtsituation, des Vertrauens, mit dem dieser ärmere Mitbürger in die Zukunft und auf den Staat, dem er angehört, sehen kann – daß noch zu Lebzeiten Seiner Majestät hieran Hand angelegt wird, und daß die Bewegung, die damit angeregt wird, vielleicht in einem weiteren Menschenalter ihre Ziele erreicht, wenn sie vielleicht auch wieder ersterben mag unter dem Drange der Zeit und der Gewalt anderer Kräfte. Er hat es sich als Ziel gesetzt, auf diesem Gebiete nach einem früher oder später erreichbaren analogen Zustand der Arbeiter zu streben, wie sein hochseliger Vater in der ewig denkwürdigen Emanzipation der Bauern, die an die Namen Stein, Hardenberg und Friedrich Wilhelm III. sich knüpft ..."

„Die Anforderungen des Herrn Vorredners [Freiherr von Hertling hatte Erweiterung der arbeiterfreundlichen Fabrikgesetzgebung gefordert] könnte ich umso sicherer mit einem einfachen Ja beantworten und mich dann wieder hinsetzen, weil ich mich dabei ganz innerhalb des Gebiets befinde, was ich mir erlaubte bei einer früheren Gelegenheit ‚praktisches Christentum' zu nennen, das heißt Betätigung unserer christlichen Sittenlehre auf dem Gebiet der Nächstenliebe. Ich habe gefunden, daß in der Presse mehr als im Parlament diese Bezeichnung manchen Anstoß gegeben und manche Gegner geschaffen hat, denen es unangenehm ist, das Wort ‚christlich' so scharf akzentuiert zu sehen – ich meine nicht von konfessionellen Unterschieden, ich meine nur von dem Unterschiede in dem Grade des Glaubens oder Rechtglaubens. Aber auch diejenigen, die an die Offenbarungen des Christentums nicht mehr glauben, möchte ich daran erinnern, daß doch die ganzen Begriffe von Moral, Ehre und Pflichtgefühl, nach denen sie ihre anderen Handlungen in dieser Welt einrichten, wesentlich nur die fossilen Überreste des Christentums ihrer Väter sind, die unsere sittliche Richtung, unser Rechts- und Ehrgefühl noch heute, manchem Ungläubigen unbewußt, bestimmen, wenn er auch die Quelle selbst vergessen hat, aus der unsere heutigen Begriffe von Zivilisation und Pflicht geflossen sind. Ich glaube also, auch ihnen und selbst denen, die einer anderen Konfession angehören, ist doch das Gebot der Nächstenliebe, das Gebot der Wohltätigkeit auch in ihrer Konfession ein vorherrschendes. Ich sehe daher nicht ein, mit welchem Recht wir für unsere gesamten

Privathandlungen die Gebote des Christentums, lebendig oder fossil, anerkennen und sie gerade bei den wichtigsten Handlungen, bei der wichtigsten Betätigung unserer Pflichten, bei der Teilnahme an der Gesetzgebung eines Landes von 45 Millionen in den Hintergrund schieben wollen und sagen: hier haben wir uns daran nicht zu kehren. Ich meinerseits bekenne mich offen dazu, daß dieser mein Glaube an die Ausflüsse unserer offenbarten Religion in Gestalt der Sittenlehre vorzugsweise bestimmend für mich ist und jedenfalls auch für die Stellung des Kaisers zu der Sache und daß damit die Frage von dem christlichen oder nichtchristlichen Staate gar nichts zu tun hat. Ich, der Minister dieses Staates, bin Christ und entschlossen, als solcher zu handeln, wie ich glaube, es vor Gott rechtfertigen zu können."

Und noch eine kräftige Ergänzung seines ‚sozialistischen' Standpunktes fügte er am 12. Juni 1882 hinzu: „Sie werden genötigt sein, dem Staat ein paar Tropfen sozialen Öles im Rezept beizusetzen; sozialistisch war die Befreiung des Bauernstandes, sozialistisch ist jede Enteignung zugunsten der Eisenbahnen, sozialistisch im höchsten Grade die Zusammenlegung der Grundstücke, die ganze Armenpflege, der Wegebau, das heißt der Zwang zum Wegebau, indem ich auf meinen Grundstücken einen Weg für die Durchreisenden erhalten muß. Das alles ist sozialistisch. Wenn Sie glauben, mit dem Worte ‚Sozialismus' jemand Schrecken einflößen zu können, so stehen Sie auf einem Standpunkte, den ich längst überwunden habe und dessen Überwindung für die ganze Reichsgesetzgebung durchaus notwendig ist."

Solche Gedanken Bismarcks waren geeignet, die beiden kaiserlichen Botschaften zu begründen, welche als Merksteine landesväterlicher Fürsorge und fürstlicher Pflichttreue in der Geschichte der Hohenzollern dastehen. Am 17. November 1881 wandte sich der Kaiser an den Reichstag; den Kern seiner Gedanken bildeten die Worte: „Die Heilung der sozialen Schäden wird nicht ausschließlich im Wege der Repression sozialdemokratischer Ausschreitungen, sondern gleichmäßig auf dem Wege der positiven Förderung des Wohls der Arbeiter zu suchen sein. Wir halten es für Unsere kaiserliche Pflicht, dem

Reichstag diese Aufgabe von neuem ans Herz zu legen, und Wir würden mit um so größerer Befriedigung auf alle Erfolge, mit denen Gott Unsere Regierung sichtlich gesegnet hat, zurückblicken, wenn es Uns gelänge, dereinst das Bewußtsein mitzunehmen, dem Vaterlande neue und dauernde Bürgschaften seines inneren Friedens und den Hilfsbedürftigen größere Sicherheit und Ergiebigkeit des Beistandes, auf den sie Anspruch haben, zu hinterlassen." Als trotz dieser hochherzigen Wünsche die Unfallversicherung immer wieder durch parlamentarische Weiterungen aufgehalten wurde, nahm der Kaiser von neuem (14. April 1883) zu einer von Bismarck gegengezeichneten Botschaft seine Zuflucht, in der mit Wehmut der Gedanke widerklingt, dass dem Kaiser nicht lange mehr zu leben vergönnt sei: „Die zur Beratung des Gesetzes erforderliche Zeit ist eine lange für die Empfindungen, mit welchen Wir in Unserem Lebensalter auf die Größe der Aufgaben blicken, welche zu lösen sind. ... Unsere kaiserlichen Pflichten gebieten Uns aber, kein in Unserer Macht stehendes Mittel zu versäumen, um die Besserung der Lage der Arbeiter und den Frieden der Berufsklassen untereinander zu fördern, so lange Uns Gott Kraft gibt zu wirken."

So kamen denn unter beständiger Mahnung der drängenden Bismarckschen Reden, von deren Geist wir einen Hauch verspürt haben, die Gesetze zustande. Nachdem im Jahre 1880 ein Steuererlaß alle preußischen Staatsbürger, die weniger als 1200 Mark Jahreseinkommen hatten, von der Klassensteuer befreit hatte, wurde im Jahre 1883 von Reichswegen die Versicherung der in den industriellen Werken und Fabriken beschäftigten Arbeiter und Betriebsbeamten gegen Krankheit, 1884 gegen Unfälle und 1889 gegen Alter und Gebrechlichkeit zu Wege gebracht. Diese große soziale Gesetzgebung lobte ihren Meister, sie hätte ihm noch mehr Lob und Ruhm gebracht, wenn alles, was er gewollt hatte, erreicht worden wäre, wenn die großen Reichsanstalten oder vom Reich abhängige Korporationen die Versicherungen geleitet und größere Reichszuschüsse sie verstärkt hätten. Der Hader der Parteien aber hat teilweise Organisationen geschaffen, die lückenhaft und schwerfällig, bureaukratisch und wenig harmonisch sind. Bismarck teilte bei dieser oft verzweifelten Arbeit wie auch bei seinem wirtschaftspolitischen Schaffen das Los aller reformatorischen Geister. Sein Pfad ging unterm Kreuze. In diesem Jahre, in dem er das letzte Dezennium seines staatsmännischen Wirkens antrat, glaubt er manchmal zu erliegen, aber der sorgende Gedanke um die Festigung des Reichs rief ihn immer wieder an die Gewehre. Am 8. Mai 1880 sagte er im Reichstage: „Ich habe nunmehr den Kampf für die deutsche Einheit seit 30 Jahren geführt; es sind nahezu 30 Jahre, daß ich am Bundestag zuerst dafür eingetreten bin, es sind 18 Jahre, dass ich in einer Stellung bin, in der ich mit einem französischen Historiker, den ich vor einiger Zeit in einer schlaflosen Nacht las, wohl sagen kann – er spricht von einem Staatsmanne, dem man mehr Verdienst zuschrieb, als ich für mich in Anspruch nehme –: *, Il devait succomber au poids des haines inassouvies qui s'accumulent sur la tête de tout ministre qui reste trop longtemps au pouvoir"[1]*, Ich fürchte, daß ich nach 18 Jahren längst in dieser Lage war, ich hatte alle Parteien wechselnd zu bekämpfen, gegen jede hatte ich einen heftigen Strauß zu kämpfen – davon kommen *,les haines inassouvies'* von denen der französische Historiker spricht. Nun, ich bin nicht mehr jung, sich habe gelebt und geliebt – gefochten auch, und ich habe keine Abneigung mehr gegen ein ruhiges Leben. Das einzige, was mich in meiner Stellung hält, ist der Wille des Kaisers, den ich in seinem hohen Alter gegen seinen Willen nicht habe verlassen können – versucht habe ich es mehrmals. Aber ich kann Ihnen sagen: Ich bin müde, todmüde, und namentlich, wenn ich erwäge, gegen was für Hindernisse ich kämpfen muß, wenn ich für das Deutsche Reich, für die deutsche Nation, für ihre Einheit eintreten will."

Und ein Jahr später sagte er in ähnlichem Sinne, als Eugen Richter gegen die innere Politik Bismarcks heftige Angriffe richtete: „Für mich

---

[1] Er mußte erliegen unter der Last des ungesättigten Hasses, der sich über dem Haupte eines jeden Ministers ansammelt, der zu lange im Besitze der Macht bleibt.

hat immer nur ein einziger Kompaß, ein einziger Polarstern, nach dem ich steuere, bestanden: *Salus publica!* Ich habe vom Anfang meiner Tätigkeit an vielleicht oft rasch und unbesonnen gehandelt, aber wenn ich Zeit hatte, darüber nachzudenken, mich immer der Frage untergeordnet: Was ist für mein Vaterland, was ist – solange ich allein in Preußen war – für meine Dynastie, und heutzutage, was ist für die deutsche Nation das Nützliche, das Zweckmäßige, das Richtige? Doktrinär bin ich in meinem Leben nicht gewesen; alle Systeme, durch die die Parteien sich getrennt und gebunden fühlen, kommen für mich in zweiter Linie, in erster Linie kommt die Nation, ihre Stellung nach außen, ihre Selbständigkeit, unsere Organisation in der Weise, daß wir als große Nation in der Welt frei atmen können. Alles, was nachher folgen mag, liberale, reaktionäre, konservative Verfassung – meine Herren, ich gestehe ganz offen, das kommt mir in zweiter Linie, das ist ein Luxus der Einrichtung, der an der Zeit ist, nachdem das Haus fest gebaut dasteht. In diesen Parteifragen kann ich zum Nutzen des Landes dem einen oder dem andern näher treten, die Doktrin gebe ich außerordentlich wohlfeil. Schaffen wir zuerst einen festen, nach außen gesicherten, im Innern fest gefügten, durch das nationale Band verbundenen Bau, und dann fragen Sie mich um meine Meinung, in welcher Weise mit mehr oder weniger liberalen Verfassungseinrichtungen das Haus zu möblieren ist, und Sie werden vielleicht finden, daß ich antworte: Ja, ich habe darin keine vorgefaßte Meinung, machen Sie mir Vorschläge, und wenn der Landesherr, dem ich diene, beistimmt, so werden Sie bei mir prinzipielle Schwierigkeiten wesentlich nicht finden. Man kann es so machen oder so, es gibt viele Wege, die nach Rom führen. Es gibt Zeiten, wo man liberal regieren muß, und Zeiten, wo man diktatorisch regieren muß, es wechselt alles, hier gibt es keine Ewigkeit. Aber von dem Bau des Deutschen Reiches, von der Einigkeit der deutschen Nation, da verlange ich, daß sie fest und sturmfrei dastehe und nicht bloß eine passagere Feldbefestigung nach einigen Seiten hin habe; seiner Schöpfung und Konsolidation habe ich meine ganze politische Tätigkeit vom ersten Augenblick, wo sie begann, untergeordnet, und wenn Sie mir einen einzigen Moment zeigen, wo ich nicht nach dieser Richtung der Magnetnadel gesteuert habe, so können Sie mir vielleicht nachweisen, daß ich geirrt habe, aber nicht nachweisen, daß ich das nationale Ziel einen Augenblick aus den Augen verloren habe."

Dieses nationale Ziel war ihm die finanzielle Selbständigkeit und die Zahlungsfähigkeit des Reiches. Ihr galt seine Wirtschaftspolitik, die mit seiner geldbedürftigen Sozialpolitik in innigster Verbindung stand. Diese Bestrebungen bilden eines der schönsten Blätter in seinem Ruhmeskranze. Unter diesen großen wirtschaftlichen Fragen stand die Eisenbahnfrage nicht an letzter Stelle. 63 verschiedene Eisenbahnverwaltungen arbeiteten mit 1357 verschiedenen Tarifen drauf los, damit die Besitzer dieser Privatbahnen einträgliche Einnahmequellen besaßen. Dem Wirrwarr mußte ein Ende gemacht werden. Am 1. März 1873 nahm Bismarck in einer Denkschrift Stellung gegen die Privatbahnen und für die Einrichtung einer Reichsbehörde. Am 17.Mai 1873 brachte der schwäbische Abgeordnete Elben im Reichstage den Antrag ein auf Gründung eines Reichseisenbahnamtes. Bismarck erklärte, diese Forderung laste wie ein im Schuldbuch offenstehender Posten auf dem Reichskanzler, der den Anstoß zu geben haben würde. Er begrüßte den Antrag, wie man langersehnte Hilfstruppen begrüßt, und er erklärte sich fest entschlossen, sein schwer belastetes kanzlerisches Gewissen durch Ausführung des Antrages zu erleichtern. Bis jetzt fehle dem Reiche die Berechtigung zur Exekutive; er bat den Reichstag dringend im Interesse der Würde des Reiches und seiner Verfassung, die Reichsgewalt nicht in der bisherigen Ohnmacht und Machtlosigkeit verharren zu lassen. Im Jahre 1874 wurde das Reichseisenbahnamt als ständige Aufsichtsbehörde geschaffen. Aber schon der Versuch, durch ein Reichseisenbahngesetz die allgemein gehaltenen Bestimmungen der Verfassung auszugestalten und dem Reichseisenbahnamt eine klare Stellung auch gegenüber den Einzelstaaten zu sichern, scheiterte an dem Widerstand einzelner Bundesstaaten.

Nun beschritt Bismarck einen anderen Weg, und zwar den kühnsten, wie er es liebte. Auf einer parlamentarischen Soiree am 11. Dezember 1875 bekannte er sich als Anhänger und eifriger Förderer des großen Gedankens, sämtliche deutsche Eisenbahnen, wenn auch nur nach und nach, für das Reich anzukaufen. Dieser Gedanke wirkte wie eine Bombe; die Presse beschäftigte sich monatelang damit, zumal Bismarck mit seinem Plane in direktem Gegensatz zu dem Chef des Reichskanzleramtes, dem verdienten Staatssekretär Rudolf Delbrück, stand. Am 8.Januar 1876 wies Bismarck in einer Denkschrift auf die Zersplitterung des deutschen Eisenbahnwesens und auf ihre wirtschaftlichen Nachteile hin. Im Einzelnen erörterte er die Frage des Erwerbs der Eisenbahnen für den Staat und ob der Erwerb durch Preußen oder das Reich den Vorzug verdiene. Er entschied sich für das Reich. Die Reichsverfassung wolle die Erhebung der Eisenbahn zu einer wahrhaft nationalen Verkehrsanstalt. Der Erwerb der Privatbahnen durch Preußen werde nur den preußischen Einfluß erweitern. Der in der Hand des Reichs vereinigte Besitz der preußischen Privat- und Staatsbahnen habe als kräftiges Mittel zur Festigung des nationalen Bandes, zur Förderung der nationalen Wohlfahrt gewiß alle wahren Freunde des Reichs für sich. Im Besitz des preußischen Eisenbahnnetzes würde das Reich sich auch mit den übrigen Bundesstaaten mit Staatsbahnbesitz über alle wichtigen Maßnahmen leicht verständigen. Zum Schlusse empfahl Bismarck, dem preußischen Landtag eine Vorlage wegen Abtretung des gesamten Eisenbahnbesitzes Preußens einschließlich seiner Rechte bezüglich der Privatbahnen an das Reich zu machen.

Schon im Mai kam die Vorlage im Abgeordneten- und Herrenhause zur Beratung, am 4. Juni wurde sie als Gesetz veröffentlicht. Gegen dieses Gesetz hatte der Abgeordnete Richter in langer Rede sich ergangen und es als eine große Gefahr für das deutsche Eisenbahnwesen bekämpft. Bismarck erwiderte ihm mit allen guten Gründen, die er hatte, wobei er ironisch bemerkte, er glaube nicht an die von Richter gezeichneten Gefahren, er glaube nicht, daß uns die deutsche Freiheit und Einheit auf der ersten Reichslokomotive davonfahren werde. Auf den weiteren Verlauf der Frage wies er am Schlusse als kluger Prophet also hin: „Mag die Entwicklung noch so langsam sein, unter noch so großen Kämpfen vor sich gehen, was ist denn Wichtiges jemals anders zustande gekommen, als mit Kämpfen und gerade durch Kämpfe? Mögen diese noch so groß, mögen sie noch so schwierig sein, wir werden im Bewußtsein des guten Zieles, das wir verfolgen, nicht davor zurückschrecken und werden auch nicht erlahmen und nicht entmutigt werden, weil ich überzeugt bin, daß, wenn eines an sich richtigen Gedankens sich bei uns die öffentliche Meinung einmal bemächtigt hat, er nicht eher von der Tagesordnung verschwinden wird, als bis er sich verwirklicht hat, als bis mit andern Worten die Reichsverfassung, als deren Stellvertreter ich vor Ihnen stehe, zu einer Wahrheit wird, auch in ihrem Eisenbahnartikel."

Nun waren günstige Vorbedingungen für ein einheitliches deutsches Eisenbahnwesen gegeben. Preußen war mit gutem Beispiel vorangegangen. Heute ist kaum jemand in Zweifel, daß das Reich ein glänzendes Geschäft gemacht und seine Finanzen auf eine gesunde Grundlage gestellt haben würde. Im Jahre 1876 hatte es nicht mehr als 29212 Kilometer Bahnen, 1910 hatte es 58444 Kilometer.

Das große nationale Werk scheiterte gleichwohl; im Jahre 1878 klagt Bismarck bitter, wie er immer wieder von seinen Ministern vertröstet werde; er sei als Ministerpräsident nicht imstande, die Sache auch nur um einen Schritt weiter zu bringen; er sei noch nicht einmal in der Lage gewesen, die Frage, ob und in welcher Form man das Reich fragen solle und er sich vom Reich den wahrscheinlichen Korb holen wolle, überhaupt auch nur zur Erörterung im Staatsministerium zu bringen. Es schlummerten eben in dieser geheiligten Gemeinschaft, wie so manches andere, auch die Eisenbahnfragen in toter Hand.

Dann kam der Widerstand eines Teils der größeren Bundesstaaten, zumal Bayerns, Sachsens und Württembergs. Er nahm stellenweise höhnische Formen an. Die Schranke partikularistischen Unverstandes war schließlich für Bismarck unübersteigbar. So zog er denn seine Konsequenzen. Das Gesetz vom 4. Juni 1876 blieb ja bestehen und besteht heute noch in seinem ganzen Umfange. Schon 1876 hatte Bismarck zu dem Gesetzentwurf das Votum hinzugefügt, es könne nicht zweifelhaft sein, daß Preußen bei etwaiger Weigerung des Reiches an die Lösung der Ausgabe mit voller Kraft allein herantreten und vor allem die Erweiterung und Konsolidierung seines eigenen Staatsbahnbesitzes als das Ziel seiner Eisenbahnpolitik betrachten werde. Daß durch diese Erweiterung das Übergewicht der preußischen Interessen über die Grenzen des preußischen Staates hinaus sich fühlbar machen werde, wäre eine wahrscheinliche Folge der alsdann von der preußischen Eisenbahnverwaltung notwendig einzuschlagenden Richtung. Auch hier war Bismarck ein guter Prophet. Er hat sein Ziel mit tatkräftiger Unterstützung des Ministers Maybach fast vollkommen erreicht. Der Schwerpunkt der Eisenbahnpolitik aber ruht heute nicht, wie Bismarck es in nationaler Begeisterung gewollt, beim Reich, er ruht bei den Regierungen der Eisenbahnen besitzenden Bundesstaaten, und da Preußen der größte unter ihnen ist, bei Preußen. Die Gegenwart findet sich ja, so gut wie es geht, damit ab; das Reichsphilistertum läßt es sich gefallen. Der große Augenblick ist eben verpaßt, wiederkommen wird er schwerlich. An Bismarck lag es nicht, wenn dieses wichtige Band deutscher Einheit und wirtschaftlicher Kraft nicht um die deutschen Bundesstaaten geschlungen ist.

Außer der Eisenbahnpolitik beschäftigte Bismarck, je mehr er die Hände vom Kulturkampf freibekam, die Durchführung der Steuer-, Zoll- und Wirtschaftsreform. Schon im Jahre 1872 haben wir Andeutungen darüber, welche Ziele er im Auge hatte. Bei der Beratung über die Herabsetzung der Salzsteuer wies er darauf hin, daß er der einzige sei, dem die Verfassung eine Verantwortlichkeit für die Ausführung der Gesetze und der Verfassung auferlege. Er habe deshalb bei allem mehr als jeder andere stets an den gesunden Bestand und eine gedeihliche Fortentwicklung des Reiches zu denken und vor allem daran, dass die eignen Einnahmen des Reichs nicht ohne hinlänglichen Ersatz vermindert würden. Die Anweisung auf die Matrikularbeiträge, welche die Einzelstaaten bei Fehlbeträgen zu zahlen hätten, nahm er nicht als

Ersatz für eigne Reichseinnahmen an, da das große Bindemittel einer starken gemeinsamen Finanzeinrichtung, eines gemeinsamen Finanzsystems einem Reiche fehle, das nur auf Matrikularbeiträge begründet sei. Er verlangte Reichssteuern und wies schon damals mit einer gewissen prophetischen Resignation darauf hin, daß von den parlamentarischen Mächten solche schwer zu erringen seien, da gerade immer die Steuer, welche das Reich habe oder brauche, allemal als die allerdrückendste bezeichnet werde.

Nach diesen Andeutungen, die eine Art von Generalidee enthielten, trat er mit den Grundzügen seines Programms am 22. November 1875 hervor, als über die Erhöhung der Brausteuer beraten wurde. Er bezeichnete eine totale Steuerreform einschließlich der Zollreform als wünschenswert. „Aber", so sagte er, „sie ist eine Herkulesarbeit, die man versuchsweise angefaßt haben muß in der Eigenschaft eines verhältnismäßigen Laien, wie ich es bin, um ihre Schwierigkeiten zu übersehen. Mit einem Zuge an diesem Netze, unter dem wir jetzt in steuerlicher Beziehung gefangen sind, da klirren alle Maschen bis in die kleinsten Staaten hinein; jeder hat seine besonderen Wünsche. Eine vollständige Reform kann nicht zustande kommen ohne eine bereitwillige, tätige, in die Hände arbeitende Mitwirkung jeder einzelnen partikularen Regierung mit dem Reiche."

Die Hauptsätze aus dieser großen Rede werden am besten Bismarcks steuerpolitische Reformgedanken widerspiegeln: „Wenn ich zuerst vom Standpunkt lediglich des Reiches spreche, so habe ich das Bedürfnis einer möglichsten Verminderung, wenn nicht vollständigen Beseitigung der matrikularen Umlagen. Es ist das wohl kaum bestritten, daß die Form der Matrikularumlage eine solche ist, die den steuerpflichtigen Staat nicht gerecht nach dem Verhältnis seiner Leistungsfähigkeit trifft. Ich möchte sagen, es ist eine rohe Form, die zur Aushilfe dienen kann, so lange man in dem ersten Jugendalter des Reiches demselben eigene Einnahmen zu verschaffen nicht vollständig in der Lage war. Ist es aber anerkannt, daß es eine Steuer ist, die nicht gerecht trifft, so gehört sie von meinem politischen Standpunkt als Reichskanzler nicht zu den Mitteln, die das Reich konsolidieren. Das Gefühl, zu ungerechten Leistungen herangezogen zu werden, entwickelt das Bestreben, einer solchen Ungerechtigkeit sich zu entziehen, und verstimmt.

„Also aus dem Gesichtspunkt der Befestigung des Reiches – das Reich ist jung im Vergleich zu den einzelnen Staaten – ich möchte sagen, bei allen den Knochenbrüchen, denen Deutschland im Laufe der Jahrhunderte ausgesetzt worden ist, und deren Heilung jetzt versucht ist, da ist der *callus* [das neugebildete Gewebe] noch nicht wieder so fest verwachsen, daß nicht Verstimmungen oder ein Druck parlamentarischer Machtprobe und dergleichen das Reich empfindlicher treffen sollten, als den Partikularstaat. Denn dem uns eingeborenen Stammessondergefühl entsprechend ist ja bei uns die Existenz des Partikularstaats bisher viel mehr in *succum et sanguinem* [in Fleisch und Blut] gedrungen, viel naturwüchsiger, ich möchte sagen, noch heutzutage lebenskräftiger zum Überdauern von Stürmen, als das neue Reich. Je mehr gemeinsame Reichseinrichtungen wir schaffen, je mehr gemeinsames Reichsvermögen, desto mehr befestigen wir das Reich. Wenn das Reich zugrunde geht, was Gott verhüte und verhüten wird, so würde ja die Sache sich nicht in nichts auflösen, wie bei anderen Staaten, sondern es würde der *status quo ante* [der frühere Zustand] eintreten. Der preußische Partikularismus, der mächtigste und bei weitem gefährlichste, mit dem wir zu tun haben, würde aufschnellen in einer ungemein lebenskräftigen Weise. Also das Unglück, das Reich zu zerstören, ist für unsere deutsche patriotische Empfindung ein außerordentlich schweres.

„Ich sage dies nur, um Sie zu bitten, das Reich in seinen Institutionen nach Möglichkeit, auch in den kleinen Dingen, zu schonen und zu pflegen und denen, die sich überbürdet fühlen und, wie ich glaube, mit Recht überbürdet fühlen, etwas mehr Liebe und Schonung und nicht die rein theoretische Härte entgegenzutragen.

„ich kam über meiner Gemütsbewegung gegen partikularistische Bestrebungen von der Frage der Reform ab, um Ihnen zu sagen, wie ich sie verstehe. ... Ich erkläre mich von Hause aus wesentlich für Aufbringung aller Mittel nach Möglichkeit durch indirekte Steuern und halte die direkten Steuern für einen harten und plumpen Notbehelf, nach Ähnlichkeit der Matrikularbeiträge, mit alleiniger Ausnahme, ich möchte sagen, einer Anstandssteuer, die ich von den direkten immer aufrecht erhalten würde, das ist die Einkommensteuer der reichen Leute – aber wohlverstandeu nur der wirklich reichen Leute. Die heutige Einkommensteuer, wie sie bis zum Vermögen von 1000 Talern geht, trifft nicht bloß reiche Leute. Es gibt Lagen des Lebens, in denen man mit 1000 Talern wohlhabend ist, das ist richtig; es gibt aber auch Lagen, in denen man mit 1000 Talern sehr gedrückt und geniert lebt, wo man nur mit Mühe die Kindererziehung, die äußere Erscheinung, die Existenz, die Wohnung bestreitet. – Sie werden sagen, es sind das Ideale, die ich vortrage. Ich glaube aber, Sie haben ein Recht, die Ideale Ihres verantwortlichen Beamten zu kennen."

„Mein Ideal also, nach dem ich strebe, ist möglichst ausschließlich durch indirekte Steuern den Staatsbedarf aufzubringen. ... Die indirekten – was auch theoretisch darüber gesagt werden mag – faktisch ist, daß man sie weniger fühlt. Es ist schwer zu berechnen, wie viel der einzelne bezahlt, wie viel auf andere Mitbürger abgebürdet wird. ... In Frankreich und in England wird die überwiegende Masse der Staatsbedürfnisse durch indirekte Steuern aufgebracht."

„Ich bekenne mich also unbedingt zu dem System der indirekten Steuern; ich glaube auch, daß die indirekten Steuern sich viel mehr in das Niveau, das Gleichgewicht setzen in Bezug auf die Frage, wer sie denn eigentlich trägt, als man gewöhnlich annimmt. Wenn ich mich an die Biersteuer halte, so bin ich der Meinung, daß auch der Nichtbiertrinker an dieser Biersteuer seinen erheblichen Anteil tragen wird. Er braucht Dienstleistungen in großer Menge; nicht bloß die direkten Dienstleistungen eines Domestiken im Hause, der doch auch an das Bier gewöhnt ist und dasselbe mit in seinen Lohn verlangt, sondern Dienstleistungen, die sich die Handwerker untereinander leisten. Ich werde in dem Paar Stiefel das Bier, das der Schuhmacher zu trinken pflegt, und das zu seinen täglichen Bedürfnissen und Gewohnheiten gehört, vergüten müssen *pro rata parte*. Und so könnte man die Beispiele bis ins Unendliche vervielfältigen; durch versteuertes Brot, durch versteuertes Bier und durch versteuertes Fleisch wird eben jede der Dienstleistungen, die wir voneinander verlangen, um so viel verteuert, als nötig ist, um den Dienstleister resp. Verfertiger des gebrauchten Objekts in die Lage zu versetzen, daß er seinen Bedürfnissen nach existieren kann. Ich glaube, daß auf diese Weise die indirekten Steuern sich von selbst vollständig ins Gleichgewicht bringen.

„Mein Bestreben wäre also Verminderung der Matrikularbeiträge, so weit es sein kann. Zur gänzlichen Abschaffung ist es noch sehr weit hin. Es fragt sich bloß, ob Sie uns helfen wollen, einen Schritt in der Richtung einer Reform zu tun, wenn wir die ganze Reform nicht leisten können – die letztere wird in erster Linie immer im Reiche anfangen müssen, die Partikularstaaten können erst nach und nach folgen, auch die Zölle stehen dem Reiche zu – daß wir in unseren Zöllen, ganz unabhängig von der Frage, wie hoch jedes einzelne besteuert werden soll, uns doch frei machen von dieser zu großen Masse von zollpflichtigen Gegenständen, daß wir uns auf das Gebiet eines reinen einfachen Finanzzollsystems zurückziehen und alle diejenigen Artikel, die nicht wirklich Finanzartikel sind, d.h. nicht hinreichenden Ertrag geben, über Bord werfen. ... Als Gegenstände der Verzollung und zugleich einer entsprechenden Besteuerung im Inlande sehe ich im ganzen an diejenigen Verzehrungsgegenstände, deren man sich, ohne das Leben zu schädigen, in gewissem Maße wenigstens zu enthalten vermag, wo man in gewissem Maße den Regulator seiner eigenen Beiträge zum öffentlichen Steuersäckel insoweit in der Hand hat, daß man weiß: wenn ich zwei Seidel trinke, so zahle ich zwei Pfennige – so viel mag darauf kommen, ich weiß es nicht – und wenn ich zehn Seidel brauche, so zahle ich zehn Pfennige. Dasselbe ist der Fall mit dem Kaffee und vor allen Dingen mit dem Tabak; ich kann die Zeit kaum erwarten, daß der Tabak höhere Summen steure, so sehr ich jedem Raucher das Vergnügen gönne. Analog steht es auch mit dem Bier, dem Branntwein, dem Zucker, dem Petroleum und allen diesen großen Verzehrungsgegenständen, gewissermaßen den Luxusgegenständen der großen Masse. Die Luxusgegenstände der Reichen würde ich sehr hoch zu besteuern geneigt sein; sie bringen aber nicht viel: Trüffeln und Equipagen, was können sie bringen? Da kommen wir in eine Menge kleinlicher Gegenstände, ausländische Toilettengegenstände und dergleichen: ich würde sie mit dem Zolle, unter Umständen sehr hoch, fassen; sie sind ja eigentlich noch würdiger wie der Tabak, recht schwer belastet zu werden. ..."

Als Bismarck diese Grundsätze darlegte, begleitete ihn an manchen Stellen lebhafter Beifall; aber noch lebhafter wurde der Widerstand der herrschenden Wirtschaftsparteien, als er in den folgenden Jahren in Bezug auf die Zollgesetzgebung zu der Überzeugung gelangte, daß Deutschland unter dem seit 1865 wirksamen „Freihandelssystem mehr und mehr der Auszehrung verfalle, die nur durch den Blutzufluß der französischen Fünfmilliardenzahlung einige Zeit aufgehalten" worden sei. Er gewann diese Überzeugung, als er die Katastrophe kommen sah, welche die für den 1. Januar 1877 trotz seiner dringenden Warnungen geplante Aufhebung aller Eisenzölle über die deutsche Eisenindustrie herbeiführte. Die deutschen Eisenproduzenten fingen an, schwer zu leiden. Bismarck war als Kanzler mit seiner Ansicht „allein gelassen", er fühlte immer mehr die Verpflichtung zu handeln. Im Jahre 1881 hat er es im Reichstage gesagt, daß „die Not des Landes, das Ausblasen aller Hochöfen, das Zurückgehen des Lebensstandes, der Industrie, der Arbeiter, das Darniederliegen aller Geschäfte so nahe trat, daß er sich darum bekümmern müßte", er empfand eben als echter Staatsmann „die Leiden und Freuden des arbeitenden und produzierenden Volkes an sich selbst mit" und er suchte zu ergründen, was diesem Volke fehlte. Den Grund glaubte er zu finden im Freihandelssystem; bei seinen Ministerkollegen fand er keinen Glauben, keine Unterstützung; bestärkt wurde er in seiner Überzeugung durch die Wahrnehmung, daß nicht bloß Österreich und Russland ihren Zollgürtel stark anzogen, sondern daß auch Frankreich gleich nach Aufhebung der deutschen Eisenzölle einen schutzzöllnerischen Tarif den Kammern vorlegte. Im Jahre 1877, als es Zeit war, das Werk energisch anzufassen, war er aber einmal wieder todmüde, verstimmt über einen Konflikt mit dem Chef der Admiralität von Stosch, über ultramontane Intrigen und über Friktionen in Hofkreisen, verstimmt auch über seine Mitarbeiter, die ihn nicht unterstützten in seinen Ideen, und deshalb überarbeitet in einem nicht mehr erträglichen Maße; er reichte Ende März seine Entlassung ein. Am 7. April erfolgte die Ablehnung des Kaisers mit dem berühmten „Niemals". Bismarck blieb, er bekam einen längeren Urlaub; für seine Entlastung wurde ausreichend gesorgt. Die Freude über sein Verbleiben war überall im ganzen Lande, wo man den Wert des Kanzlers richtig und patriotisch einschätzte, ungemein groß. Am 13. April gab Rudolf von Bennigsen im Reichstag dieser Freude begeisterten Ausdruck.

Und im Grunde war Bismarck froh, daß er von seinem Werke nicht Abschied nehmen durfte. Er schilderte damals seine Stimmung in einem schönen Gleichnis. Er verglich sich mit einem müden Jäger, der, von tagelanger ergebnisloser Pirsch abgemattet und fast verschmachtend, im Begriff ist zu Boden zu sinken und die Jagd ganz aufzugeben; da signalisieren ihm die Jägerburschen ein paar starke Wildsauen; und flugs erwacht in ihm die alte Jägerlust, mit frischer Kraft bricht er auf und begibt sich aufs Neue an das herrliche Waidwerk. So auch würde er sich, müde und abgehetzt, wie er sich fühle, dennoch mit neuer Energie und alter Kraft ans Werk begeben, das zu vollbringen er sich vorgesetzt, wenn ihm die hilfreichen Jägerburschen zur Hand wären, um vereint mit ihm die Sauen zu stellen. Diese Sauen waren für ihn die wirtschaftliche Gesetzgebung und die Steuer- und Zollreform. Zunächst suchte Bismarck die stärkste Partei des Reichstages, die Nationalliberalen zu gewinnen. Er verhandelte mit Bennigsen 1877 im Juli und Dezember. Bennigsen sollte Vizekanzler werden und an die Spitze des Reichsfinanzwesens treten. Die Verhandlungen scheiterten, da Bennigsen auch den Eintritt Forckenbecks und von Stauffenbergs ins Ministerium forderte; auch war die Person Bennigsens dem Kaiser nicht sympathisch. So setzte denn Bismarck an anderen Stellen ein. Er verhandelte von Varzin aus mit dem Staatssekretär von Bülow und verlangte, daß die Reformen von den jetzigen Ministerkollegen in Angriff genommen würden; nur wenn ihre Mitwirkung sichergestellt werde, werde er weiter arbeiten können; wenn nicht, werde er im nächsten Reichstage erscheinen, aber nur um die Gründe seines definitiven Rücktritts öffentlich darzulegen. Die positive Leistung eines Finanzprogramms sei Sache des Ressortministers, in diesem Falle des Finanzministers von Camphausen; er sei als Präsident des Ministeriums nicht berufen, Finanzprogramme zu erfinden und auf die Ausführung zu verzichten, wenn der Finanzminister sich die Kritik vorbehalte und nicht zustimme.

So kam dann die Angelegenheit vorwärts. Am 22. Februar 1878 wurden dem Reichstage Entwürfe über die Besteuerung der Börsenpapiere und Lotterielose, die Einführung des Spielkartenstempels und die Erhöhung der Tabaksteuer vorgelegt. Bismarck nahm das Wort und ging weiter als die Vorlage. Er sagte: „Ich leugne nicht und halte es nach den Zweifeln, die ausgesprochen sind, ob Monopolisten in unserer Mitte sich befinden, nicht für überflüssig, offen zu bekennen, daß ich dem Monopol zustrebe und daß ich in diesem Sinne die Vorlage als Durchgangspunkt annehme." Infolgedessen fühlte sich Camphausen nicht mehr geheuer in seiner Lage und trat im März zurück.

Inzwischen nahmen die Reformideen auch in Zollfragen eine immer festere Gestalt an. Im Oktober traten nicht weniger als 204 Reichstagsabgeordnete als volkswirtschaftliche Vereinigung aus allen Parteien zusammen und verfaßten eine Erklärung mit dem Grundgedanken, daß die schwierigen Fragen der deutschen Handelspolitik nicht lediglich nach den Schlagwörtern von Freihandel und Schutzzoll gelöst werden könnten, daß es vielmehr darauf ankomme, die wirklichen und vermeintlichen Gegensätze mit Sachkenntnis, Umsicht und Vaterlandsliebe auszugleichen. 87 Zentrumsmitglieder, 36 Konservative, 39 Freikonservative, 27 Nationalliberale, 15 Mitglieder kleinerer Gruppen unterzeichneten. Auf eine schriftliche Anfrage des württembergischen

Reichstagsabgeordneten von Varnbüler, der ein einflussreiches Mitglied jener volkswirtschaftlichen Vereinigung war, ob die Reichsregierung beabsichtige, dem nächsten Reichstage den Entwurf eines neuen Zolltarifs vorzulegen, antwortete Bismarck von Friedrichsruh aus, es liege allerdings in seiner Absicht, eine umfassende Revision des Zolltarifs herbeizuführen und die dazu erforderlichen Anträge der Prüfung der verbündeten Regierungen zu unterbreiten. Das geschah noch im Dezember 1878 in einer Denkschrift, die ein in das wirtschaftliche Leben der Nation tief einschneidendes Reformprogramm Bismarcks enthielt, das die indirekten Steuern stärker betonte, Reform der Eisentarife verlangte und für die Zölle die goldene Mittelstraße einhielt, indem schutzzöllnerische Übertreibungen so gut wie freihändlerische vermieden wurden.

Für diese Reformen war Bismarck nur der Konservativen sicher, die Nationalliberalen waren gespalten. Er nahm deshalb seine Bundesgenossen, wo er sie finden konnte, auch im Zentrum. Dem am 12. Februar 1879 eröffneten Reichstag wurde der neue Zolltarif vorgelegt. Am 2. Mai entwickelte Bismarck in großer bedeutsamer Rede seine Ansichten, daß das Bedürfnis einer Finanzreform in Deutschland und besonders in Preußen seit langem bestanden habe, legte den zeitigen Zustand der deutschen Gesamtfinanzen klar und verlangte mäßigen Schutz der einheimischen Arbeit. Amerika, Frankreich, Rußland und Österreich strebten dem Schutzzoll zu. Deutschland sei durch die weitgeöffneten Tore seiner Einfuhr die Ablagerungsstätte aller Überproduktion des Auslandes geworden. Das drücke die Preise, den Entwicklungsgang der Industrie und die Besserung der wirtschaftlichen Verhältnisse. Die Türe müsse geschlossen, eine höhere Barriere errichtet werden; der deutsche Markt, auf welchem die deutsche Gutmütigkeit vom Auslande ausgebeutet werde, müsse der deutschen Industrie erhalten bleiben. Bismarck schloß dann seine tiefdurchdachte, von staatsmännischem Geiste getragene Rede mit den Worten:

„Nach meinem Gefühl sind wir, seitdem wir unsere Tarife zu tief heruntergesetzt haben – eine Schuld, von der ich mich nicht eximiere –

in einem Verblutungsprozeß begriffen, der durch die verrufene Milliardenzahlung um ein paar Jahre aufgehalten ist, der ohne diese Milliarden aber wahrscheinlich schon vor fünf Jahren so weit gekommen wäre wie heute. Angesichts dieser Sachlage, wie ich sie beurteile, liegt kein Grund vor, persönliche Empfindlichkeit in eine Sache einzumischen, die wir, wenn wir ehrlich sein wollen, alle nicht beherrschen; so wenig wie die Frage des menschlichen inneren Körpers, so wenig, behaupte ich, gibt es einen, der mit unfehlbarer Gewißheit sagen könnte, dies ist die Folge der und der wirtschaftlichen Maßregel. Deshalb möchte ich bitten, jede persönliche Empfindlichkeit in diesen Fragen aus dem Spiel zu lassen, und ebenso die politische Seite; die Frage, die vorliegt, ist keine politische, sondern eine rein wirtschaftliche. Wir wollen sehen, wie wir dem deutschen Körper wieder Blut, wie wir ihm die Kraft der regelmäßigen Zirkulation des Blutes wieder zuführen können, aber meine dringende Bitte geht dahin, alle Fragen der politischen Parteien, alle Fragen der Fraktionstaktik von dieser allgemein deutschen reinen Interessenfrage fernzuhalten. Und wenn wir dem deutschen Volke etwas zu geben haben, so sage ich: *bis dat, qui cito dat,* und *qui non cito dat* (doppelt gibt, wer schnell gibt und wer nicht schnell gibt), der schädigt unsere ganze Volkswohlfahrt in hohem Grade. Ich glaube, daß diese Überzeugung die Verhandlungen des hohen Hauses beherrschen sollte, daß das deutsche Volk vor allen Dingen Gewißheit über seine wirtschaftliche Zukunft verlangt, und daß selbst eine schnelle Ablehnung dessen, was Sie nicht wollen, immer, auch in der Meinung der Regierung, noch günstiger ist, als ein Hinziehen der Ungewißheit, in der niemand weiß, wie die Zukunft sich gestalten wird."

Wiederholt mußte Bismarck noch vom Mai bis Juli in die Verhandlungen eingreifen, besonders als es sich um die Frage handelte, welche konstitutionellen Garantien bei Einführung der erhöhten Zölle verlangt werden sollten. Auch diese Schwierigkeit wurde gehoben, indem von Franckenstein im Namen des Zentrums beantragte, daß, wenn der Betrag der Zölle in einem Jahre die Summe von 130 Millionen Mark überschreite, der Überschuß den einzelnen Bundesstaaten nach Maßgabe der Matrikularbeiträge zu überweisen sei. Da von nationalliberaler Seite kein annehmbarer Antrag gestellt wurde, entschied sich Bismarck am 9. Juli für den Zentrumsantrag. Daß ihm diese Stellung nicht leicht geworden, daß er lieber mit seinem alten Freunde Bennigsen gegangen wäre, verschwieg er nicht, aber er betonte: „Ich habe von Anfang meiner Karriere nur den einen Leitstern gehabt: durch welche Mittel und auf welchem Wege kann ich Deutschland zu einer Einigung bringen und wie kann ich diese Einigung befestigen, fördern und so gestalten, daß sie aus freiem Willen aller Mitwirkenden dauernd erhalten wird." Und er schloß seine Rede: „Ich für meinen Teil werde den Weg, den ich im Interesse des Vaterlandes für den rechten erkenne, unbedingt bis ans Ende gehen, unbeirrt – mag ich Haß oder Liebe dafür ernten – das ist mir gleichgültig."

Am 12. Juli wurde der Zolltarif nebst dem Tarifgesetze mit 217 gegen 117 Stimmen angenommen. Etwa ein Dutzend Nationalliberale hatten mit den Konservativen und einem großen Teile des Zentrums für die Vorlage gestimmt; sie mußten deshalb aus der Fraktion austreten. Die Botschaft, die am 12. Juli den Reichstag schloß, sprach im Geiste Bismarcks die Hoffnung aus, daß die Meinungsverschiedenheiten, die in der Diskussion zutage getreten seien, keine dauernden sein, sondern daß der Reichstag mit vereinten Kräften und einigen Sinnes an dem gemeinsamen Werke weiter arbeiten werde.

Dieses Werk hatte für Bismarck noch eine Lücke, so lange das Tabakmonopol nicht angenommen war. Aus dessen Erträgnissen hoffte er für große soziale Zwecke Geld zu gewinnen.

Schon am 22. Februar 1878 hatte sich Bismarck zum Monopol bekannt. Am 4. Februar sprach er das Bekenntnis deutlicher aus, daß der Tabak noch mehr Geld bringen müsse; es möge regieren, wer wolle; selbst wenn Herr Richter oder Herr Rickert Minister würde, würden sie den Tabak stärker heranziehen, wenn auch nicht in der Form des Monopols. Daß er nicht nachlassen werde, gab er deutlich zu verstehen: „Ich bin auf recht lange parlamentarische Kämpfe, auf längere, als mein Leben dauern wird, in dieser Frage gefaßt, aber ich werde nicht um ein Haar breit darin schwanken, und wenn ich müde bin, werde ich ausruhen, aber in keiner Weise umkehren, und ich werde auf der Bresche sterben, so Gott will, vielleicht auf dieser Stelle dermaleinst, wenn ich nicht mehr leben kann.

„Ein braves Pferd stirbt in den Sielen. Ich habe früher die Absicht, zurückzutreten, unumwunden erklärt, weil ich mich körperlich nicht leistungsfähig mehr fühlte, die Sache fortzusetzen, und weil ich bei meinen Kollegen nicht überall die Unterstützung fand, deren ich bedurfte – ich halte es für nützlich zu konstatieren, daß ich von dieser Anwandlung ganz zurückgekommen bin, es fällt mir nicht ein, zurückzutreten. *J'y suis, l'y* reste! Ich gedenke so lange im Amte zu bleiben, wie Seine Majestät der Kaiser es für gut findet. Sein Wille ist das einzige, was mich aus dem Sattel heben wird. Es hat viel zu dieser meiner Überzeugung auszuhalten beigetragen, daß ich gesehen habe, wer sich eigentlich freut, wenn ich zurücktrete. Nachdem ich die Herren schärfer ins Auge gefaßt habe, die meinen Rücktritt wollen, da habe ich mir gesagt: Ich muß dem Vaterlande doch noch etwas nütze sein, wenn ich bleibe, und ich habe mich entschlossen, solange noch ein Faden an mir ist, will ich dem Vaterlande dienen."

Am 12. und 14. Juni vertrat er das Monopol, von dem er sich einen Jahresüberschuß von 163 Millionen Mark versprach, in zwei großen Reden, in denen er auf die Zerfahrenheit der Parteien schwermütig hinwies in Worten, die für alle Zeit ihren Wert behalten: „In dem Fraktionswesen liegt eine große Schädigung unserer politischen Leistungsfähigkeit. Ich glaube, daß unsere politisch begabten Männer, unsere Staatsmänner durch die Fraktion, durch das Fraktionsleben dem Staatsleben entzogen und entfremdet werden. Ich habe den Eindruck, daß in unserem heutigen politischen Leben überhaupt der Satz gilt: ‚Fraktion geht vor Reich.' Ich befinde mich in meinen Bemühungen, ich möchte sagen, einem Ring von Fraktionen gegenüber, wo ich voraussehe, daß jeder Schritt, den ich nach irgendeiner Richtung behufs der Reform tue, erfolglos sein wird, weil die Fraktionen, auf deren Zustimmung es ankommt, entweder der Regierung überhaupt keinen Erfolg gönnen, oder doch n1ur unter gewissen Bedingungen mit irgendeinem ‚do ut des', was die Regierung in dem Maße nicht leisten kann. Wir würden die Unterstützung mancher Fraktionen vielleicht haben, wenn wir uns in ihren Dienst begeben, wenn wir dem Kaiser zureden wollten, irgendein Canossa zu machen – ich meine nicht ein klerikales, ich meine ein liberales Canossa. ... Wenn ich nun so wenig Hoffnung habe und dennoch ausharre, so können Sie fragen: Was veranlaßt denn diesen matten Greis, seine Sisyphusarbeit fortzusetzen, wenn er selbst die Überzeugung hat, er kommt zu nichts? Meine Herren, wir haben, in Preußen wenigstens, eine eigentümliche militärische Tradition, das ist die des Dienst- und Pflichtgefühls. Nach diesem Gefühl bin ich, wie ich es von Jugend auf in Preußen gelernt habe, solange ich das Amt trage, verpflichtet, dieses Amtes zu warten, und ich muß meinen Dienst tun, es mag mir sauer werden, es mag mir wider den Strich sein. Ich lebte viel lieber auf dem Lande, als unter Ihnen, so liebenswürdig Sie auch sind. Wenn ich es dennoch tue, so ist es nur das Gefühl dessen, was man mit dem rohen Ausdruck ‚verdammte Pflicht und Schuldigkeit' benennt, so lange ich den Titel des Kanzlers trage.

„Ich habe das Gefühl gehabt, ich wäre berechtigt gewesen zu gehen, im Jahre 1877. Es ist mir damals die Erlaubnis dazu versagt worden, und es kam darüber das Jahr 1878. Nachdem ich dort meinen Herrn und König nach dem Nobilingschen Attentate in seinem Blute habe liegen sehen, da habe ich den Eindruck gehabt, daß ich dem Herrn, der seinerseits seiner Stellung und Pflicht vor Gott und den Menschen Leib und Leben dargebracht und geopfert hat, gegen seinen Willen nicht aus dem Dienste gehen kann. Das habe ich mir stillschweigend gelobt, und das ist der einzige Grund, warum Sie mich überhaupt hier noch sehen, das einzige Fleisch und Blut meines alten Herrn, dem ich geschworen habe, dem ich anhänge und den ich liebe. Außer diesem Grunde ist es ein Anderes, sehr Natürliches, daß ich mit einer gewissen Sorge der Zukunft der Einrichtungen entgegensehe, deren Herstellung ich dreißig Jahre meines Lebens und meine besten Kräfte gewidmet habe. Ich kann mich mitunter in schlaflosen Nächten des Gedankens nicht erwehren, daß vielleicht unsere Söhne nachmals wieder um den wohlbekannten runden Tisch des Frankfurter Bundestages sitzen könnten."

Diese Besorgnis – so führte er weiter aus – sei in ihm hervorgerufen worden durch das Fraktionsunwesen im Reichstag. Im Reichstag habe er bei der Gründung des Reichs den Anker der Rettung und den Kitt für Deutschlands Einheit gesehen, dem man deshalb möglichst viel Rechte gewähren, den man möglichst stark hinstellen müsse. Sein Vertrauen darauf, daß Deutschlands Einheit auch in Zukunft gesichert sei, beruhe heutzutage viel mehr auf den Dynastien, in denen er früher eine Gefahr der Einheit und der nationalen Gedanken gesehen habe. Diese Dynastien hielten den nationalen Gedanken hoch und ständen Rücken an Rücken gegen alle auswärtigen Gefahren und hülfen über alle Gefahren und Krisen hinweg, wenn auch der Reichstag vorübergehend an dem Marasmus der Fraktionskrankheit leiden sollte. Der Schluß der Rede lautete: „Meine Herren, ich werde nicht oft mehr zu Ihnen sprechen können, ich bin matt, ich habe keine Lust und kein Interesse, aber ich möchte nicht von der Bühne abtreten, ohne Ihnen dies ans Herz zu legen: Seien Sie einig und lassen Sie den nationalen Gedanken vor Europa leuchten; er ist augenblicklich in der Verfinsterung begriffen."

Trotz aller Bemühungen nahm der Reichstag das Tabakmonopol nicht an, auch das Branntweinmonopol nicht, aus dem Bismarck 300 Millionen als Erträgnis erhoffte. Es waren das Enttäuschungen für ihn, die auch uns mit einer Art von Wehmut erfüllen müssen. Diese Empfindung wird aber überwogen von dem Gefühl der Bewunderung, wie der alternde Kanzler die arbeitsvollen Tage und die schlaflosen Nächte von dem einen Gedanken erfüllt ist, das Haus, das er errichtet, so zu bestellen, daß es sturmfest werde und daß in ihm eine an Erfolgen reiche Arbeit sich vollziehe.

Und an Erfolgen sollte es Bismarck bei seinen letzten Mühen doch auch nicht fehlen.

Die Einheit des Reiches hatte noch einen bedenklichen Schönheitsfehler. Es gab noch Staaten, welche außerhalb des deutschen Zollvereines standen. Es waren das Hamburg und Bremen. Die Reichsverfassung von 1871 hatte diesen Staaten noch eine Sonderstellung gelassen; sie sollten als Freihäfen außerhalb der Zollgrenze bleiben, bis sie ihren Einschluß selbst beantragten. Bismarck erinnerte sie daran, daß diese Sonderstellung nicht ewig dauern könne und forderte sie 1880 zum Anschluß auf. Anfangs rief das hellen Widerspruch wach, aber Bismarck hatte alle Reichsgenossen für sich, die wie er erzürnt darüber waren, daß hier partikulare Eigenstellung den nationalen Rechten und Pflichten nicht gebührend Rechnung trug; er drohte sogar ganz sanft, daß er die Elbschiffahrtsverträge von 1821, auf Grund deren jedes Entgegenkommen ausgeschlossen sei, in ihre Rechte treten lassen könne. Der Bundesrat, die deutsche Industrie und die nationale Stimmung stellten sich auf Bismarcks Seite; er selbst zeigte großes Entgegenkommen und Ruhe. Und wenn auch der Abgeordnete Richter im Reichstag höhnend bemerkte, in dieser Sache habe man von der sonst so viel gerühmten diplomatischen Geschicklichkeit des Kanzlers nichts bemerkt, so brachte diese doch am 25. Mai 1881 den Zollanschlußvertrag mit Hamburg zuwege. Das Reich zahlte zu den Anschlußkosten 40 Millionen Mark. 1888 trat der Anschluß in Wirksamkeit. Bremen folgte dem Beispiel Hamburgs. Der Abgeordnete Mosle von Bremen hatte schon am 25. Mai 1881 richtig prophezeit: „Die Hansestädte werden, nachdem sie in das Zollgebiet eingeschlossen sind, nach wenigen Jahren gar nicht mehr wissen, weshalb sie so lange draußen geblieben sind, weshalb sie nicht schon früher den Antrag gestellt haben, in die Zollgemeinschaft ausgenommen zu werden." Wie Bismarck auch bei dieser so selbstverständlichen Frage mit dem Parteigeist des Parlaments zu kämpfen hatte in langen aufreibenden, aber erfolgreichen Reden, bildet wiederum ein Ruhmesblatt – nicht etwa in der Geschichte des Reichstages, wohl aber in der Geschichte Bismarckschen Wirkens.

Wenige Jahre später – es war im ereignisvollen Jahre 1884 – trat Bismarck auch zugunsten des Eintritts Deutschlands in die Reihe der kolonialen Mächte kräftig ein. Er war nicht von vornherein ein Förderer solcher Bestrebungen; wie es seine Art war, ging er an große Probleme mit staatsmännischer Vorsicht heran und griff erst dann zu, wenn sich ihm Wirklichkeitswerte greifbar darboten. Während all der Jahre nach dem Kriege von 1870 erforderten die Aufgaben, welche die Sicherstellung des jungen Reiches und die große europäische Politik an ihn stellten, seine gespannteste Aufmerksamkeit und Tätigkeit. In weitliegende Unternehmungen zur See konnte er sich bei Deutschlands damals noch kleiner Flotte nicht einlassen. Daß die nationale Handelspolitik vorläufig noch in anderen Bahnen Früchte ernten konnte, daß ein paar tropische Gebiete zunächst wenig nützen würden und der deutsche Kaufmann und Fabrikant sich vor allem sein sicheres Absatzgebiet in englischen Gebieten und fremden Ländern anderer Nationen zu festigen und zu erweitern habe, das stand für ihn fest. Anders wurde die Sache, als es sich um greifbare Anfänge deutsch-kolonialer Art, um reale Interessen und um deutsche Männer handelte, die den Wagemut besaßen, koloniale Bestrebungen zu verwirklichen. So stand im Jahre 1880 das Hamburger Haus Godeffroy vor der Gefahr, daß namhafte Handelsbegünstigungen, die es von der samoanischen Regierung erhalten hatte, und die Engländer und Amerikaner zurückzudrängen geeignet waren, verloren gingen, wenn nicht die heimische Regierung helfend eingriff. Das Hamburger Haus begründete unter Bismarcks Einwirkung eine deutsche Handelsgesellschaft; die Reichsregierung stellte den Antrag, für diese Gesellschaft, die auf den Samoa-Inseln arbeiten sollte, eine jährliche Zinsbürgschaft von 300000 Mark zu bewilligen. Bismarck befürwortete den Antrag; dieser wurde mit 128 gegen 112 Stimmen abgelehnt. Er war tief verstimmt. *Vestigia terrent*; solche Erfahrung, meinte er mit Recht, müsse abschreckend wirken. Er hielt sich zurück, um bei gegebener Gelegenheit um so kräftiger einzusetzen. Diese sollte bald kommen.

Anfang Dezember 1883 erwarb der Hamburger Kaufmann Lüderitz an der Bucht Angra Pequena in Südwestafrika von den Eingeborenen ein größeres Gebiet und bat um den Schutz des Deutschen Reiches. Bismarck gewährte ihm diesen am 24. April 1884. Das nationale Kraftgefühl, das sich hier zeigte, entsprach seinem innersten Wesen, und er wusste dieses zu entfalten, ohne sich von dem Übelwollen der Engländer beirren zu lassen. Im Juni schickte er seinen Sohn Herbert, der damals Hilfsarbeiter im Auswärtigen Amte war, nach London, um die Anerkennung Englands zu erlangen. England machte Schwierigkeiten; es knüpfte die Bedingung daran, daß Deutschland nach Osten seinen Machtbereich nicht bis zu den Burenstaaten ausdehnen solle. Bismarck wies diese Anmaßung zurück mit dem Grundsatze, daß niemandem ein Verfügungsrecht über freies Gebiet zustände; Deutschland lasse sich in solchen Gebieten keinerlei Grenzen ziehen. England mußte in diesem Falle nachgeben, gab aber trotzdem seine Quertreibereien nicht auf. Dagegen setzte Bismarck seine Machtmittel kluger Politik ein, die mehr wert waren, als eine Flotte, die Deutschland damals nicht zur Verfügung hatte. England war soeben in Ägypten eingezogen; dort stieß es wie anderswo mit Frankreich, in Asien mit Rußland zusammen. Bismarck ließ es durchblicken, daß er „vielleicht genötigt sein werde, diejenigen, die Gegner von England seien, zu unterstützen und irgendein *do tu des* herzustellen". Und als trotzdem England noch Schwierigkeiten machte, wies Bismarck in der Reichstagssitzung vom 2. März 1885 auf die Achillesferse Englands in Ägypten hin und auf die Spannung, in die England mit mehreren europäischen Mächten, besonders mit Frankreich geraten würde, wenn es etwa eine direkte Annexion Ägyptens vornehmen sollte. In der Norddeutschen Allgemeinen Zeitung aber ließ er eine wirksame Betrachtung anstellen über das „allen diplomatischen Traditionen widersprechende" Verhalten der Londoner Regierung. So hielt Bismarck England klug und stramm am Zügel gerade in den Jahren, wo seine Kolonialpolitik sich ruhig, aber sicher entfaltete.

In demselben Jahre wurden die Küsten von Togo und Kamerun in Westafrika einfach durch Flaggenhissen unter deutschen Schutz gestellt; auch Deutsch-Ostafrika erworben. Dasselbe geschah fast gleichzeitig im Stillen Ozean mit Neu-Guinea, dem Bismarckarchipel, den Marschall- und einigen der nördlichen Salomoninseln. So war Deutschland unter der ruhigen und sicheren Führung Bismarcks in die Reihe der Kolonialmächte eingetreten.

Da die Rechtmäßigkeit der deutschen Erwerbungen mehrfach von England angezweifelt wurde und auch Frankreich am Kongo unter diesen Zweifeln litt, so lud Bismarck, mit Frankreich vereinigt, die beteiligten Mächte zu einer Kongokonferenz (Oktober 1884) nach Berlin ein, wo die volle Handelsfreiheit im Stromgebiet des Kongo, vor allem aber die Normen festgelegt wurden, welche fortan für die Besiedelung Afrikas gelten sollten, und damit auch die Grenzen, die man Englands Allerweltspolitik gegenüber ein für allemal entgegenstellte.

In diesem Jahre – März 1885 – setzte Bismarck, nachdem er im Jahre 1884 auch hier eine Ablehnung hatte ertragen müssen, im Reichstag die Gewährung einer Unterstützung durch, welche dem Norddeutschen Lloyd für die Errichtung von Postdampferlinien nach Ostasien und Australien vom Reich gewährt werden sollten.

Um die Machtentwicklung auf kolonialem Gebiete hat Bismarck also kämpfen müssen in ernster Arbeit nach außen, um jede Gefahr von dieser Entwicklung fern zu halten; noch mehr aber stand er mit den inneren Gegnern im Kampfe, die ihm immer wieder Hindernisse bereiteten und gegen die er in langen Reden ein Werk verteidigte, dessen Wert uns heute so selbstverständlich erscheint, daß wir nur mit Staunen oder Mitleid Bismarcks Gegner anzuhören vermögen. Alle die Reden hier auch nur zu charakterisieren, die Bismarck geradezu wie Perlen den oppositionellen Parlamentariern vorwerfen mußte, ist unmöglich. Gegen den Schluß der großen Kolonialdebatten hat er aber ein Wort gesprochen, das als eine rückblickende Mahnung besonderer Wertung bedarf, aus dem zugleich wehmütig und doch versöhnend der

Ton vom kolonialen deutschen Völkerfrühling widerklingt: „Ich kann es doch nur für einen Irrtum in der Schätzung halten, wenn England uns unsere bescheidenen Kolonialversuche mißgönnt. Wenn man auch geneigt ist, auf die Stimmung jedes einzelnen Kolonialreeders und Kaufmanns englischer Nation Rücksicht zu nehmen, so kann ich doch nicht glauben, daß man die Art, unserer Kolonialpolitik entgegenzuwirken, wie sie sich in Kamerun sowohl wie in Australien, in Neuguinea, in Fidji und an anderen Orten gezeigt hat – beibehalten werde, ohne Rücksicht auf die Stimmung zu nehmen, in welche die deutsche Nation dadurch versetzt wird. Bei den fremden Nationen machen die Vorgänge in Deutschland ja sehr leicht den Eindruck, daß bei uns zwar unter Umständen, wie 1870, wie 1813, die geharnischten Männer aus der Erde wachsen wie aus der Saat der Drachenzähne in der griechischen Mythe in Kolchis, aber, daß sich dann auch stets irgendein Zaubersteinchen der Medea findet, welches man zwischen sie werfen kann, worauf sie übereinander herfallen und sich so raufen, daß der fremde Jason ganz ruhig dabeistehen kann und zusehen, wie die deutschen gewappneten Necken sich untereinander bekämpfen. Es liegt eine eigentümliche prophetische Voraussicht in unserem alten nationalen Mythus, daß sich, so oft es den Deutschen gut geht, wenn ein deutscher Völkerfrühling wieder, wie der verstorbene Kollege Völk sich ausdrückte, anbricht, daß dann auch stets der Loki nicht fehlt, der seinen Hödur findet, einen blöden, dämlichen Menschen, den er mit Geschick veranlaßt, den deutschen Völkerfrühling zu erschlagen oder niederzustimmen."

## 16. Die auswärtige Politik des deutschen Kanzlers

In einem Zeitraum von sieben Jahren hatte Bismarck durch drei kurze Kriege eingelöst, was Jahrhunderte geschichtlicher Entwicklung dem deutschen Volke schuldig geblieben waren: Preußen war in diesen Kriegen an Land und Einfluß gewachsen, dem deutschen Volke war ein mächtiges Vaterland geschaffen, um Jahrhunderte war es in seiner politischen Entwicklung vorwärts gerückt, ein wirtschaftlicher Aufschwung war ihm für die Zukunft gewiß. Nun galt es die Worte der Kaiserproklamation von Versailles zu verwirklichen, daß der neue Kaiser und seine Nachfolger unter Gottes Schutze allezeit Mehrer des Deutschen Reiches seien, nicht an kriegerischen Eroberungen, sondern an den Gütern und Gaben des Friedens auf dem Gebiete nationaler Wohlfahrt, Freiheit und Gesittung.

Schon im September 1870 war Bismarck von der Sorge um den künftigen Frieden erfüllt, als Thiers seine Rundreise antrat, um Europa gegen das neue Deutschland aufzubringen. Schon damals sondierte er von Meaux aus in Wien und Petersburg, um einen Bund der drei Kaiser zustande zu bringen, mit dem Hintergedanken, auch Italien zum Beitritt zu bewegen und damit dem monarchischen Prinzipe in Italien eine feste Anlehnung an diesen Bund zu gewähren.

Im Dezember 1870 ließ Bismarck durch den preußischen Gesandten in Wien von Schweinitz den österreichischen Kanzler Grafen Beust wissen, daß Deutschland bereit sei, in ein aufrichtiges Freundschaftsverhältnis zu Österreich zu treten. Eine entgegenkommende Antwort erfolgte. Fester wurde das Verhältnis, als im November 1871 Graf Andrassy Beusts Nachfolger wurde, der zu Bismarck in innigem Einvernehmen und persönlicher Freundschaft stand, während Beust noch beim Ausbruch des französischen Krieges nicht ganz abgeneigt gewesen war, Deutschland mit Italien gemeinsam in den Rücken zu fallen. Mit Rußland, dem alten Freunde Preußens, wurden ebenfalls zur Anbahnung des Dreikaiserverhältnisses Verhandlungen angeknüpft, und wenn auch Rußlands und Österreichs Interessen auf dem Balkan auseinanderliefen, sie ließen sich ebenso wie die panslavistischen Gefahren vielleicht eher durch Freundschaft dieser Mächte ausgleichen, als durch Gegnerschaft. Was 1871 angebahnt war, erhielt in der Dreikaiserzusammenkunft im September 1872 feierlichen Ausdruck und Bestätigung; es wurde ein Bündnis geschlossen, das nicht auf geschriebenen Vereinbarungen beruhte und bei dem keiner der drei Kaiser verpflichtet war, sich von den anderen zwei Kaisern überstimmen zu lassen. Es beruhte auf den persönlichen Sympathien zwischen den drei Monarchen, auf dem persönlichen Vertrauen, welches diese hohen Herren zueinander hatten und auf dem durch langjährige Beziehungen gefestigten guten Verhältnis der drei Minister Gortschakow, Andrassy und Bismarck.

Dieses vertrauensvolle Verhältnis wurde gestört durch die Ereignisse des Jahres 1875. In Frankreich war eine klerikalisierende Richtung am Ruder, die offenbar auf den Revanchekrieg hinauswollte. Am 7. März 1875 kam ein Gesetz zustande, welches das Heer durch vierte Bataillone um 144000 Mann vermehrte; Moltke sah darin die Absicht Frankreichs, die Überlegenheit über die deutsche Armee zu erlangen und in einem Kriege diese geltend zu machen. Ein Artikel der Berliner „Post": „Ist der Krieg in Sicht?" beleuchtete die ganze Situation; in Frankreich war man beleidigt, tat unschuldig und schob die Schuld Deutschland zu. Der Minister des Auswärtigen, Herzog von Decazes, richtete durch den Petersburger Botschafter an den Zaren Alexander II. die Aufforderung, daß er die Ungerechtigkeit eines deutschen Angriffs nicht dulden und die Schuldlosen mit seinem Degen decken möchte, die sich auf seine Hilfe verlassen hätten.

Am 10. Mai kam Kaiser Alexander nach Berlin, machte sofort einen Besuch bei Bismarck und stellte fest, daß man in Berlin keinen Krieg beabsichtige und daß man sich nur dann mit Frankreich messen würde, wenn der Krieg Deutschland aufgedrängt werde. Wir wissen es von Bismarck selber, daß er stets ein Feind von Präventivkriegen gewesen ist, von vorbeugenden Angriffskriegen, die man nur deshalb führe, um einem Kriege mit einem später besser gerüsteten Feinde vorzugreifen. Es war für ihn wahrscheinlich, daß ein Krieg im Jahr 1875 siegreich gewesen wäre, aber unwahrscheinlich, daß die übrigen Mächte neutral geblieben wären. Die scheinbare Gehässigkeit eines Angriffs auf Frankreich, um dieses nicht wieder zu Atem kommen zu lassen, hätte England einen willkommenen Vorwand für seine Humanitätsphrasen, Rußland aber eine Gelegenheit geboten, den Übergang aus der Politik der persönlichen Freundschaft der beiden Kaiser zu der des kühlen russischen Staatsinteresses zu vollziehen. Bismarck empfand es schon im Jahre 1875, daß es Rußland erst allmählich zum Bewußtsein gekommen war, wie stark und konsolidiert Deutschland durch den Krieg von 1870 geworden war. Er bemerkte, daß an der Newa bereits Zweifel darüber herrschten, ob es richtig gewesen sei, die Dinge so weit kommen zu lassen, ohne in die Entwicklung einzugreifen. Nur die aufrichtige Freundschaft Alexanders II. für seinen Oheim, den Kaiser Wilhelm, milderte das Unbehagen, das man in amtlichen russischen Kreisen, das insonderheit Gortschakow empfand, der am 12. Mai eine Unterredung mit Bismarck hatte. Wiewohl Bismarck auch diesem, ebenso wie dem Kaiser Alexander, klargemacht haben wird, wie wenig kriegerisch gesinnt und angriffsbegierig man in Berlin sei, erließ Gortschakow ein Rundschreiben, das mit den Worten anfing: „*Maintenant* — also unter russischem Druck — *la paix est assurée.*" Er spielte sich damit als Retter des bedrohten Frankreich auf und als schützender Freund der gefährdeten großen Nation. Bismarck hat dieses Vorgehen Gortschakows im Jahre 1888 in seiner großen Rede vom 6. Februar also gekennzeichnet: „Im Jahre 1875 trat zuerst eine Neigung meines russischen Kollegen, des Fürsten Gortschakow, zutage, sich mehr um Popularität in Frankreich als bei uns zu bemühen und gewisse künstlich herbeigeführte Konstellationen dazu zu benutzen, um der Welt durch ein hinzugefügtes Telegramm glauben zu machen, als hätten wir 1875 irgendeinen entfernten Gedanken daran gehabt, Frankreich zu überfallen, und als wäre es das Verdienst des Fürsten Gortschakow, Frankreich aus dieser Gefahr errettet zu haben. Das war das erste Befremden, welches zwischen uns auftrat, und welches mich zu einer lebhaften Aussprache mit meinem früheren Freunde und späteren Kollegen veranlaßte."

Zunächst kam es aber nicht zu größeren Verstimmungen, da die orientalische Krisis sich mehr und mehr zuspitzte. Mitte Juli 1875 brach in der Herzegowina ein Aufstand gegen die türkische Herrschaft aus, der sich schnell über Montenegro und Bosnien ausbreitete und im folgenden Jahr auch Serbien und Bulgarien zu den Waffen rief. Dem konnten Österreich,. Rußland und auch England nicht ruhig zusehen. Zwischen Österreich und Rußland kam es während dieser Verhandlungen zu ernsten Spannungen. Rußland fragte im Jahre 1876 an, ob Deutschland neutral bleiben werde im Falle eines Krieges. Bismarcks Antwort ging dahin, daß Deutschland daran liege, sich die Freundschaft der beiden Staaten zu erhalten, aber auch daran, daß im Falle eines Krieges keiner von beiden so geschwächt werde, daß seine Unabhängigkeit und Gleichwertigkeit unter den Großmächten verschwindend gering werde. Darin lag eine Mahnung für Rußland, es nicht allzuweit mit Österreich zu treiben. Es kam deshalb in Reichstadt zu einem Vertrage zwischen diesen beiden Staaten, in welchem Österreich gegen das Versprechen der Neutralität im Kriege die Anwartschaft auf Bosnien und die Herzegowina zugesichert wurde.

Bismarck hat sich in dieser Zeit im Reichstag wiederholt zur orientalischen Frage ausgesprochen, am eingehendsten am 5. Dezember 1876. Er wandte sich damals gegen die Behauptungen parlamentarischer Gegner, daß Rußland von Deutschland große Gefälligkeiten und Dienste fordere. Bismarck betonte, Rußland verlange nichts weiter als Deutschlands Neutralität im Kriege. Diese liege vollständig im deutschen Interesse. Wer die Reichsregierung mit Rußland zu „brouillieren" hoffe, irre sich. Den Herren, die mit dem Abgeordneten Richter, der interpelliert hatte, eines Sinnes waren, rief er zu: „Bemühen Sie sich darin, wie Sie wollen, ich gebe Ihnen die positive Versicherung, so lange wir auf diesem Flecke stehen, wird es Ihnen nie gelingen, unser gutes und solides Verhältnis zu Rußland irgendwie zu alterieren und in die erprobte hundertjährige Freundschaft, die zwischen beiden Regierungen besteht, einen Riß zu machen. Dazu gehören stärkere Leute wie Sie, dazu gehört die kaiserlich russische Regierung selbst, die allein wäre imstande, und die hat ebenso wenig die Absicht." Bismarck sprach an diesem Tage auch das Wort, das seitdem Umlaufswert erhalten hat: „Ich werde zu irgendwelcher aktiven Beteiligung Deutschlands an diesen Dingen nicht raten, so lange ich in dem Ganzen für Deutschland kein Interesse sehe, welches auch nur – entschuldigen Sie die Derbheit des Ausdrucks – die gesunden Knochen eines einzigen pommerschen Musketiers wert wäre. Ich habe ausdrücken wollen, daß wir mit dem Blute unserer Landsleute und unserer Soldaten sparsamer sein müßten, als es für eine willkürliche Politik einzusetzen, zu der uns kein Interesse zwingt."

So gelang es, den Krieg, der 1877 ausbrach, zu lokalisieren. Bis zum 31. Januar 1878 waren die Türken so geschwächt, dass sie in Adrianopel einen Waffenstillstand abschlossen. Bismarck hatte Gelegenheit, Deutschlands Stellung zu kennzeichnen, als Bennigsen über diese im Reichstage am 19. Februar Aufschluß erbat. Er tat das in längerer Rede, deren Ertrag er in seiner Art knapp dahin zusammenfaßte: „Die Vermittelung des Friedens denke ich mir nicht so, daß wir nun bei divergierenden Ansichten den Schiedsrichter spielen und sagen: so soll es sein, und dahinter steht die Macht des Deutschen Reiches; sondern ich denke sie mir bescheidener, ja mehr die eines ehrlichen Maklers, der das Geschäft wirklich zustande bringen will. ... Ich weiß, dass ich sehr viele Erwartungen täusche, die sich an die heutigen Eröffnungen anknüpfen; aber ich bin nicht der Meinung, dass wir den Napoleonischen Weg zu gehen hätten, um, wenn nicht der Schiedsrichter, auch nur der Schulmeister in Europa sein zu wollen. ... Wir werden niemals die Verantwortung übernehmen, eine sichere, seit Menschenaltern erprobte Freundschaft einer großen, mächtigen Nachbarnation dem Kitzel, eine Rolle in Europa zu spielen, aufzuopfern."

Anfang März stellte Rußland den Wunsch an ihn, zur definitiven Beilegung des Krieges einen Kongreß der Großmächte nach Berlin einzuberufen. Als diese Aufforderung an Bismarck kam, war er schwer krank in Friedrichsruh. Er hatte zunächst wenig Neigung, weil er eben körperlich sich nicht in der entsprechenden Verfassung fühlte, dann aber auch, weil er nicht gern die Reichsregierung so weit in die Sache verwickeln wollte, wie es die Rolle des Präsidierens eines Kongresses notwendig mit sich bringt. Wenn er schließlich dennoch nachgab, so veranlaßte ihn dazu das Bewußtsein, mit der Annahme dieser Mission ein Interesse des Friedens zu erfüllen, aber auch das dankbare Andenken, das er sich an die Gnade des Kaisers Alexanders II. immer bewahrt hatte. So trat der Kongreß am 13. Juni in Berlin zusammen. Hier hat nun Bismarck, wie er selbst an dem denkwürdigen 6. Februar 1888 sich geäußert hat, seine Rolle, ohne des Landes und der Freunde Interessen zu verletzen, so aufgefaßt, als ob er russischer Bevollmächtigter gewesen wäre. Während der ganzen Kongreßverhandlungen ist kein einziger russischer Wunsch zu seiner Kenntnis gekommen, den er nicht befürwortet und durchgesetzt hätte, besonders durch seine Einwirkung auf Lord Beaconsfield, den er in kritischen Momenten auf dem Krankenlager sogar nachts aufsuchte. Nachdem der Kongreß zu Ende war, dachte er: „Nun, den höchsten russischen Orden in Brillanten besitze ich schon, sonst müßte ich den jetzt bekommen." Er hatte das Gefühl, ein Verdienst für ein fremde Macht sich erworben zu haben, wie es selten einem fremden Minister vergönnt gewesen war. Die Empfindungen Bismarcks teilte in Österreich, Frankreich und England die ganze politische Welt, die ihm dankbar war für seine Unparteilichkeit und sein unermüdliches Geschick; auch das amtliche Rußland schloß sich dem Danke an; aber das Wort Bismarcks, daß nur die russische Regierung selbst imstande wäre, in die erprobte hundertjährige Freundschaft zwischen der preußischen und russischen Regierung einen Riß zu machen, schien in Erfüllung gehen zu sollen. Zu seiner Überraschung und Enttäuschung setzte in Petersburg eine Art von Preßkampagne ein, durch welche die deutsche Politik angegriffen, Bismarck selbst in seinen Absichten verdächtigt wurde. Diese Angriffe steigerten sich beständig; sogar zu Forderungen, dass die deutsche Regierung einen Druck auf Österreich ausüben solle in Sachen, wo österreichisches Recht nicht ohne weiteres angegriffen werden durfte. Bismarck konnte dazu die Hand nicht bieten, denn wenn er Österreich dem Deutschen Reich entfremdete, wenn Deutschland ganz isoliert dastand in Europa, dann geriet es in vollkommene Abhängigkeit von Rußland. Die Folgen des Kongresses zeigten ihm, daß das unerträglich war; denn auch das vollständige zeitweilige Indienststellen der deutschen Politik in die russische schützte Deutschland nicht vor einem Streit mit Rußland. Beklagte sich doch der Zar im August 1879 direkt bei Kaiser Wilhelm über die Parteilichkeit der deutschen Kommissare bei den Verhandlungen über die Ausführung des Balkanfriedens, und drohte er doch sogar, die Bewilligung seiner Bitte sei Voraussetzung dafür, daß der Friede zwischen Rußland und Deutschland erhalten werde. Bei solchen Kriegsdrohungen konnte Bismarck seine Politik nicht ins Ungewisse laufen lassen. Vor die Notwendigkeit gestellt, zwischen Rußland und Österreich zu wählen, trat er auf die Seite Österreichs, das den Frieden wollte.

Daß Bismarck diese Wahl nicht leicht wurde, daß er das Für und Wider ernstlich erwogen hat, wissen wir. Vor allem fürchtete er, wenn Rußland etwa sich zu Österreich schlug, ein Bündnis dieser Mächte auch mit Frankreich, wie es gegen Friedrich den Großen bereits bestanden hatte; und dieses Bündnis konnte leicht eintreten, wenn in Österreich Männer wie Beust zu Einfluß kamen, welche das Streben Österreichs nach Vorherrschaft in Deutschland neu belebten und die Nebenbuhlerschaft Preußens zu vernichten wünschten. Einem solchen deutschfeindlichen Bündnis mußte er die Spitze abbrechen durch vertragsmäßige Sicherstellung enger Beziehungen zu wenigstens einer dieser Großmächte; das konnte nur Österreich sein, das sich als gleichberechtigt zu Deutschland stellen würde, aber nicht als eine Macht von dem tyrannischen Übergewicht Rußlands, wie es sich in dem drohenden Brief des Kaisers Alexander geltend machte.

Daß das Bündnis mit Österreich materiell schwächer war als das mit Rußland, wußte Bismarck sehr wohl; gleichwohl zog er jenes aus gewichtigen Gründen vor. Ein österreichisches Bündnis war ziemlich bei allen Parteien populär, abgesehen von den Sozialdemokraten. Es entsprach auch den Traditionen der Geschichte und des Völkerrechts. Man konnte Europa und Rußland gegenüber mit Recht geltend machen, daß zwischen dem gesamten Deutschland und der habsburgischen Monarchie zu Zeiten des Römischen Reiches deutscher Nation und des deutschen Bundes eine staatsrechtliche Verbindung lange bestanden hatte.

So entschloß sich denn Bismarck zu dem ernstlichen Versuch ein solches Bündnis zustande zu bringen und seines Kaisers Widerstand zu bekämpfen, den dieser mehr aus Gründen, die dem Gemütsleben angehörten, als der Politik, voraussichtlich leisten würde. Gegen Bismarcks Willen war Kaiser Wilhelm am 3. September mit seinem Neffen Alexander II., um die bestehende Spannung aufzuheben, in Alexandrowo zusammengetroffen, und man hatte dort, wie Bismarck schreibt, „von neuem unter Tränen und in der vollsten Aufrichtigkeit des Herzens die Versicherungen der althergebrachten Freundschaft ausgetauscht"; in der Sache hatte sich aber nichts geändert.

Schon vorher (27. und 28. August) hatte Bismarck mit dem österreichisch-ungarischen Minister des Auswärtigen Andrassy eine Zusammenkunft in Gastein. Nachdem er die Lage dargelegt hatte, zog Andrassy daraus die Folgerung mit den Worten: „Gegen ein russisch-französisches Bündnis ist der natürliche Gegenzug ein österreichisch-deutsches Bündnis." Bismarck kam damit auf den Weg, den er gesucht und erhofft hatte. Er ließ sich von seinem Herrn die Ermächtigung geben, über Wien nach Hause zu reisen und dort das Bündnis abzuschließen. Am 21. September fuhr er über Linz nach Wien; schon auf der Reise fand er stark entgegenkommende Stimmung der Bevölkerung; Bismarck hielt sich jedoch wohlwollenden Kundgebungen gegenüber völlig zurück. In Wien mehrten sich die freundlichen Demonstrationen, besonders nachdem Kaiser Franz Joseph ihn persönlich besucht hatte. Alle diese Erscheinungen faßte Bismarck als den unzweideutigen Ausdruck des Wunsches auf nach enger Freundschaft mit dem Deutschen Reiche. Der Vertrag wurde am 24. September vereinbart. Kaiser Wilhelm wollte ihn nicht genehmigen, weil er eine Spitze gegen Rußland enthielt. Dadurch wurde Bismarck genötigt, zu dem peinlichen Mittel der Kabinettsfrage zu greifen; die Minister standen zu Bismarck; auch der Kronprinz war für das Bündnis eingenommen. So gab denn Kaiser Wilhelm nach, hielt es aber in seinem ritterlichen

Sinne für erforderlich, den Kaiser von Rußland vertraulich von dem Bündnis in Kenntnis zu setzen. Bismarck stimmte zu, da er nach wie vor die Pflege nachbarlicher Beziehungen zu Rußland neben dem defensiven Bunde mit Österreich für geboten ansah; er wollte die Brücke nach Rußland nicht abbrechen, damit auch die Wiener Regierung die dem deutschen Bündnis feindlichen slavischen oder klerikalen Elemente im Zaum halten konnte. Tatsächlich gestalteten sich denn auch die Beziehungen zu Rußland freundlicher. Der Zar nahm die Mitteilung mit ruhigem Dank auf; die russische Presse befleißigte sich eines gemäßigteren Tones.

Verstärkt wurde das Bündnis mit Österreich, als im Jahre 1882 auch Italien, das wegen Frankreichs Ausbreitung in Nordafrika besorgt war, ihm beitrat und dieses sich zum Dreibunde erweiterte, dem Bismarck für den Fall eines Krieges eine wichtige strategische Bedeutung beimaß. Trotz der Stärkung Deutschlands durch dieses Bündnis wollte Bismarck „den Draht nach St. Petersburg nicht abreißen lassen". Kaiser Alexander III., der 1881 zur Regierung gekommen war, hatte die Überzeugung, daß die Sicherheit seiner Dynastie und seines Reiches auf einem guten Einvernehmen mit Deutschland beruhe. Auf seine Anregung fand deshalb September 1881 eine Zusammenkunft mit Kaiser Wilhelm in Danzig statt. Fürst Bismarck und der russische Staatssekretär von Giers, Gortschakows Stellvertreter, waren zugegen. Bismarck wirkte durch sein persönliches Auftreten sehr vorteilhaft; denn Giers äußerte sich dem österreichischen Botschafter Kalnoky gegenüber bald nach der Zusammenkunft: „Namentlich hat die Weisheit und unerwartete Mäßigung der Sprache des Fürsten Bismarck sowohl auf den Zaren als auf mich einen guten Eindruck gemacht und uns darüber beruhigt, daß er nach keiner Richtung hin andere als friedliche Absichten verfolgt." Im Jahre 1882 wurde Giers an Gortschakows Stelle Minister des Auswärtigen; Bismarck tat das Seinige, um aus den neuen Verhältnissen auch für Rußlands Annäherung Vorteile zu ziehen. Am 15. September kamen die drei Kaiser in Skierniewicze zusammen, um den Vertrag zu bekräftigen, der schon im März zwischen den drei Staaten abgeschlossen war; nach diesem war jeder zu wohlwollender Neutralität verpflichtet, falls einer von ihnen irgendwoher angegriffen werden sollte.

Diese freundschaftlichen Beziehungen zu Rußland hielt Bismarck auch fest im Jahre 1886, als die bulgarische Frage brennend wurde. Der Krieg von 1877/1878 hatte Bulgarien von der Türkenherrschaft befreit; der Fürst des Landes, Alexander aus dem Hause Battenberg, wußte sich nicht zu Rußland zu stellen; es trat eine heftige Spannung ein. Eine von Rußland angezettelte Verschwörung kam zum Ausbruch. Der Fürst wurde überfallen, zur Abdankung gezwungen und nach Rußland als Gefangener geführt. Er kehrte nach seiner Entlassung in sein Land nur noch zurück, um abzudanken, und verließ dann für immer Bulgarien. Die bismarckfeindliche Presse in Deutschland verlangte von Bismarck ein Eingreifen zugunsten des Battenbergers; er blieb kühl und ließ in Reden, der Presse und diplomatischen Noten verlauten, Deutschland habe kein Interesse an Bulgarien, Rußland könne, selbst bis Konstantinopel, vorrücken, ohne Deutschland auf dem Wege zu finden; mit einer feinen Wendung nach Österreich-Ungarn hin bemerkte er, dass Deutschland sich von niemanden das Leitseil um den Hals werfen lasse. In der Februarrede 1888 hat er humorvoll einen Rückblick auf diese Frage geworfen: „Bulgarien, das Ländchen zwischen Donau und Balkan, ist überhaupt kein Objekt von hinreichender Größe, um daran die Konsequenzen zu knüpfen, um seinetwillen Europa von Moskau bis an die Pyrenäen und von der Nordsee bis Palermo hin in einen Krieg zu stürzen, dessen Ausgang kein Mensch voraussehen kann; man würde am Ende nach dem Kriege kaum mehr wissen, warum man sich geschlagen hat."

Ende desselben Jahres, in dem eine unvernünftige Presse uns in die bulgarischen Händel verwickeln wollte, drohte eine neue Kriegsgefahr vom Westen. Der französische Kriegsminister Boulanger plante einen Revanchekrieg gegen Deutschland. Die Gelegenheit war günstig. Auf der Balkanhalbinsel spitzten sich die Verhältnisse zwischen Österreich und Rußland wegen der bulgarischen Frage immer mehr zu. Griff Rußland Österreich an, so mußte Deutschland seinem Bundesgenossen beispringen, dann glaubte Frankreich den Sieg sicher zu haben. Gegen solche Gefahren blieb der beste Schutz die eigene starke Wehrkraft. Diese zu verstärken war die Zeit günstig. Das sogenannte Septennat, das die Friedensstärke des Heeres auf sieben Jahre festgelegt hatte, näherte sich seinem Ende. Im November 1886 beantragte die Reichsregierung die Verlängerung um weitere sieben Jahre und eine Erhöhung des Friedensstandes von 427000 auf 468000. Bismarck begründete die Notwendigkeit der Armeeverstärkung mit dem Hinweis auf die politische Lage und schilderte eindrucksvoll Frankreichs Angriffslust und die Gefahren, welchen Deutschland nach einer Niederlage ausgesetzt sei: Mit Elsaß-Lothringen werde man sich nicht begnügen, man werde das Doppelte dazu verlangen, die Rheingrenze werde allenfalls das Ziel bilden; die Herstellung des Königreichs Hannover werde hinzukommen, und Schleswig werde zweifellos an Dänemark verloren gehen. Aber was das Schlimmste ist: „Wir würden dieselben Franzosen uns gegenüber finden, unter deren Herrschaft wir 1807 bis 1813 gelitten haben, und die uns ausgepreßt haben bis aufs Blut – wie die Franzosen sagen: *Saigner à blanc*, das heißt so lange zur Ader lassen, bis die Blutleere eintritt, damit der niedergeworfene Feind nicht wieder auf die Beine kommt und in den nächsten dreißig Jahren nicht wieder an die Möglichkeit denken kann, sich dem Sieger gegenüberzustellen." Einem solchen Kriege gegenüber werde der Krieg von 1870 nur ein Kinderspiel sein.

Gleichwohl wurde das geforderte Septennat abgelehnt. Zentrum, deutschfreisinnige Partei und Sozialdemokratie befanden sich in der Opposition, man wollte nur drei, nicht sieben Jahre die verlangte Heeresstärke genehmigen. Der Reichstag wurde am 14. Januar 1887 aufgelöst, der neue Reichstag genehmigte am 9. März mit 222 gegen 23 Stimmen die Regierungsvorlage. Das Zentrum enthielt sich der Abstimmung; der Papst hatte auf Wunsch Bismarcks dem Zentrum die Annahme des Antrages empfohlen. Durch diese Ereignisse bildete sich eine neue Parteigruppierung. Die Beziehungen zwischen Konservativen und Liberalen wurden enger; Bismarck konnte jetzt auf dieses Kartell auch in anderen Fragen rechnen.

Es war ein Glück, daß es so kam; Bismarck hatte russischen Intrigen gegenüber diese starke Deckung nötig. Es war so weit getrieben, daß man dem Zaren Schriftstücke unterbreitet hatte, aus denen man folgern mußte, daß Bismarck in Gegensatz zur russischen Politik den in Petersburg verhaßten neuen Fürsten von Bulgarien Ferdinand von Coburg zur Übernahme seiner Würde ermuntert habe. Als der Zar am 18. November 1887 durch Berlin kam, hatte Bismarck eine Unterredung mit ihm und deckte das ganze Ränkespiel auf. Die gefälschten Dokumente wurden am 31. Dezember 1887 im Reichsanzeiger veröffentlicht. Die Fälschungen wiesen in ihrem Ursprung nach den Orleans in Frankreich und nach Dänemark, ihr Zweck war, Bismarck beim Zaren zu verdächtigen. Nachdem jener die Machenschaften klar gelegt hatte, faßte der Zar wieder Vertrauen und es kam wahrscheinlich in dieser Zeit der sogenannte „Rückversicherungsvertrag" zustande, der Rußland gegen das Versprechen, in einem neuen deutsch-französischen Kriege neutral zu bleiben, im Orient freie Hand ließ. Der Vertrag war unbedingt geheim zu halten; er berührte das Bündnis mit Österreich nicht, das Deutschland verpflichtete Österreich beizustehen, falls dieses von Rußland angegriffen würde.

Trotz dieses Vertrags blieben in Rußland die Stimmung des Volkes und die militärischen Maßregeln an der Grenze beunruhigend. Die Presse Deutschlands und Österreichs wurde erregt; in beiden Ländern fanden militärische Beratungen statt. Dem deutschen Reichstage wurde am 24.November 1887 ein Gesetzentwurf, betreffend Änderungen der Wehrpflicht, vorgelegt, durch welchen sechs bisher dem Landsturm angehörige Jahrgänge der Landwehr als deren zweites Aufgebot einverleibt wurden, womit sich die Landwehrdienstpflicht bis zum 39. Lebensjahre verlängerte. Zu diesem wichtigen Gesetzentwurf, dessen Tragweite wir erst heute ganz übersehen und würdigen können, sprach Bismarck am 6. Februar 1888 in einer großen Rede. Er warf einen Rückblick auf sein gesamtes politisches Lebenswerk und entrollte in majestätischen Zügen ein Bild der europäischen Lage; sie sei zwar friedlicher als im Jahre vorher, aber mahne immer noch trotz aller Friedensliebe der augenblicklichen Regierungen zu großer Vorsicht, da die Kriegsparteien in Frankreich und Rußland in jedem Augenblick wieder die Sachlage beherrschen könnten. Für diesen Ernstfall sehe das neue Gesetz ein Mehr von 700000 Soldaten vor. Zwei hervorragende Stellen dieser Rede, die für alle Zeiten ihre Bedeutung haben, müssen uns in die Erinnerung gerufen werden: „Wenn wir in Deutschland einen Krieg mit der vollen Wirkung unserer Nationalkraft führen wollen, so muß es ein Krieg sein, mit dem alle, die ihn mitmachen, alle, die ihm Opfer bringen, kurz und gut, mit dem die ganze Nation einverstanden ist; es muß ein Volkskrieg sein; es muß ein Krieg sein, der mit dem Enthusiasmus geführt wird wie der von 1870, wo wir ruchlos angegriffen wurden. Es ist mir noch erinnerlich der ohrengellende, freudige Zuruf am Kölner Bahnhofe, und so war es von Berlin bis Köln, so war es hier in Berlin. Die Wogen der Volkszustimmung trugen uns in den Krieg hinein, wir hätten wollen mögen oder nicht. So muß es auch sein, wenn eine Volkskraft wie die unsere zur vollen Geltung kommen soll. Ein Krieg, zu dem wir nicht vom Volkswillen getragen werden, der wird geführt werden, wenn schließlich die verordneten Obrigkeiten ihn für nötig halten und erklärt haben; er wird auch mit vollem Schneid und vielleicht siegreich geführt werden, wenn man erst einmal Feuer bekommen und Blut gesehen hat. Aber es wird nicht von Hause aus der Elan und das Feuer dahinter sein wie in einem Kriege, wenn wir angegriffen werden. Dann wird das ganze Deutschland von der Memel bis zum Bodensee wie eine Pulvermine ausbrennen und von Gewehren starren, und es wird kein Feind wagen, mit diesem *furor teutonicus*, der sich bei dem Angriff entwickelt, es aufzunehmen.

„Ich glaube nicht an eine unmittelbar bevorstehende Friedensstörung und bitte, daß Sie das vorliegende Gesetz unabhängig von diesem Gedanken und dieser Befürchtung behandeln, lediglich als eine volle Herstellung der Verwendbarkeit der gewaltigen Kraft, die Gott in die deutsche Nation gelegt hat für den Fall, daß wir sie brauchen; brauchen wir sie nicht, dann werden wir sie nicht rufen; wir suchen den Fall zu vermeiden, daß wir sie brauchen.

„Dieses Bestreben wird uns noch immer einigermaßen erschwert durch drohende Zeitungsartikel vom Auslande, und ich möchte die Mahnung hauptsächlich an das Ausland richten, doch diese Drohungen zu unterlassen. Sie führen zu nichts. Die Drohung, die wir – nicht von der Regierung – aber in der Presse erfahren, ist eigentlich eine unglaubliche Dummheit, wenn man bedenkt, daß man eine große und stolze Macht, wie es das Deutsche Reich ist, durch eine gewisse drohende Gestaltung der Druckerschwärze, durch Zusammenstellung von Worten glaubt einschüchtern zu können. Man sollte das unterlassen, dann würde man es uns leichter machen, unseren beiden Nachbarn auch gefälliger entgegenzukommen. Jedes Land ist auf die Dauer doch für die Fenster, die seine Presse einschlägt, irgend einmal verantwortlich; die Rechnung wird an irgendeinem Tage präsentiert in der Verstimmung des anderen Landes. Wir können durch Liebe und Wohlwollen leicht bestochen werden – vielleicht zu leicht – aber durch Drohungen ganz gewiß nicht! Wir Deutsche fürchten Gott, aber sonst nichts in der Welt; und die Gottesfurcht ist es schon, die uns den Frieden lieben und pflegen läßt. Wer ihn aber trotzdem bricht, der wird sich überzeugen, daß die kampfesfreudige Vaterlandsliebe, welche 1813 die gesamte Bevölkerung des damals schwachen, kleinen und ausgesogenen Preußen unter die Fahnen rief, heutzutage ein Gemeingut der ganzen deutschen Nation ist, und daß derjenige, welcher die deutsche Nation irgendwie angreift, sie einheitlich gewaffnet finden wird und jeden Wehrmann mit dem festen Glauben im Herzen: Gott wird mit uns sein!"

Die Rede entfachte gewaltigen Beifall. Der Abgeordnete Feldmarschall Moltke war einer der ersten, der dem Kanzler glückwünschend die Hand reichte. Drei Tage vor Bismarcks Rede war der Bündnisvertrag mit Österreich veröffentlicht, um das friedliche Gepräge der Verteidigung aller Welt kund zu tun und allen Presseverdächtigungen des

Auslandes die Spitze abzubrechen, zugleich aber auch der Welt zu zeigen, wie fest Österreich und das Deutsche Reich verbunden waren.

Wer es miterlebt hat, wie die Rede in ganz Deutschland und über seine Grenzen hinaus zündete, weiß es, daß ihre Wirkung der Kunde von einer siegreichen Schlacht gleich war. So wurde denn Bismarck auf dem Nachhausewege von begeisterten Huldigungen einer dichten Menschenmenge begleitet, und vor dem Reichskanzlerpalais wollten die begeisterten Kundgebungen kein Ende nehmen. Von den Fürsten Deutschlands und aus dem Volke kamen zahllose begeisterte Zustimmungstelegramme, der italienische Ministerpräsident Crispi wünschte ihm im Namen der Regierung Glück zu dem friedlichen Inhalt der Rede; die Presse aller Länder war fast einmütig im Lobe des gewaltigen Mannes. Selbst der Kaiser von Russland konnte dem Kanzler seine Anerkennung nicht versagen.

Der einundneunzigjährige Kaiser Wilhelm sprach Bismarck am 7. Februar seinen Dank aus; er hatte mit ganzer Seele in den schweren Tagen zu seinem Minister gestanden und war glücklich, daß das Gewitter sich endlich verzog und die Sonne des Friedens wieder aus den Wolken hervorbrach. Bismarcks Rede sollte die letzte große Freude sein, die Kaiser Wilhelm erlebte, er durfte auf die letzten Jahre seines Lebens mit denselben Empfindungen zurückblicken, wie sein großer Minister, der zum ersten Male den Reichstag fest geschlossen hinter sich hatte und mit dem erhebenden Gefühl auf die letzten Jahre seines Wirkens blicken konnte, daß sein tiefes nationales Empfinden Gemeingut des Volkes werde, das sich in Not und Gefahr immer wieder zu einer einzigen nationalen Partei zusammenscharen werde, zu der Partei Bismarck im echtesten und kräftigsten Sinne des Worts.

## 17. Das Dreikaiserjahr. Bismarcks letztes Wirken. Seine Entlassung. 1888–1890

Die letzte große Freude, die der Kaiser durch seines Kanzlers Triumph erlebt hatte, war umdüstert durch schwere Trübsal, die ihn in seiner Familie heimsuchte. Sein Sohn, der Kronprinz, weilte in San Remo; ein schweres Krebsleiden hatte ihn im besten Mannesalter befallen; am 8. Februar mußte an dem Kranken ein operativer Eingriff vorgenommen werden, um ihm künstliches Atmen zu ermöglichen. Am 23. Februar starb im blühenden Alter des Kaisers Lieblingsenkel Prinz Ludwig von Baden. Am 3. März erkrankte der hochbetagte Monarch selbst; der Zustand wurde immer bedenklicher. Fürst Bismarck weilte viel am Krankenlager seines Herrn. Am Morgen des 9.März verschied der Kaiser. Mittags verkündete Bismarck im Reichstage mit zitternder Stimme, daß Kaiser Wilhelm zu seinen Vätern entschlafen sei, er fügte hinzu, daß inmitten der schweren Schickungen, welche der dahingeschiedene Herr noch in seinem Hause erlebt hatte, ein großer Trost für ihn gewesen sei, daß die ganze Welt und nicht nur Deutschland mit Teilnahme auf seines Hauses Leid geblickt und damit bewiesen habe, welches Vertrauen seine Dynastie bei allen Nationen erworben habe. Und ein weiterer Trost habe darin gelegen, daß die Herstellung und Festigung der Nationalität seines Volkes den Abend seines Lebens verschönt und umleuchtet habe.

Totenstille herrschte während der Rede im Saale; Bismarck konnte vor innerer Bewegung die Tränen nicht zurückhalten; nur mit Mühe gelangte er zu Ende.

Er hatte am meisten verloren, und die gesamte deutsche Welt empfand das mit ihm. In der ganzen Geschichte stehen diese beiden Männer einzig da in ihrem Zusammenwirken, das geradezu etwas Geheimnisvolles an sich trägt. Herr und Diener, König und Minister, beides Naturen von selbständiger Kraft und von hohem Bewußtsein getragen, beide starken Willens, beide in edelstem Ehrgeiz eifersüchtig wachend über ihren persönlichen Rechten, die der Herrscher sich bewußt war von Gottes Gnaden empfangen zu haben, die der Diener, dem eine Herrscherseele geworden war, als eine gottgegebene Naturgewalt in sich empfand. Der König wollte regieren und regierte wirklich; Bismarck mußte, ohne Herrscher zu sein, seine Gedanken zur Herrschaft zu bringen suchen, aber auf vieles, was er nicht durchsetzen konnte, verzichten. Kein Wunder, daß sie oftmals nur nach heftigen Kämpfen sich ineinander fanden; dem Könige war das möglich, weil ihm niederer Hang zur Herrschsucht gänzlich fern lag, und Bismarck konnte es, weil dieser stolze Mann, gerade weil er Stolz besaß, auch die stolze Demut des Gehorsams und der Pflichterfüllung, die der Sache dient, zu üben verstand. Es waren eben Kämpfe vornehmer Naturen, die hier gekämpft wurden. Könnten wir in diese Kämpfe, deren Verlauf sich heute noch unserer Kenntnis entzieht, bis in alle Einzelheiten eindringen, unsere Bewunderung würde nur gesteigert werden, wenn wir sähen, wie sich hier die höchsten politischen und männlichen Tugenden in Kampf und Nachgiebigkeit offenbarten. Wo große Ereignisse sich vollziehen, wo bedeutende Persönlichkeiten mit dem vollen Bewußtsein ihrer Verantwortlichkeit in die Weltgeschichte schaffend eingreifen, da kann es nicht hergehen, wie in der harmonischen Welt der Philosophen. Könige und ihre höchsten Berater müssen ringen, wenn etwas Rechtes reifen soll. Könige, die nur zu befehlen verstehen, und Minister, die nur gehorchen können, haben noch niemals ihrem Staat dauernden Segen gebracht. König Wilhelm, der milde, gerechte und vorsichtige, an Jahren ältere Monarch, dem Bismarck im Beginne seines Wirkens nicht sympathisch, ja in seiner leidenschaftlichen Kühnheit fast unheimlich war, hat sich doch immer mehr gefunden in die zeitweise rücksichtslose fast titanische Natur seines Ministers. Im Innersten ihres Wesens gab es in Wahrheit zu viele Punkte der Übereinstimmung; beide waren durch und durch geschichtliche Naturen, in preußischer Überlieferung sicher fußend, beide wollten Krone und Armee in ihrer alten Kraft erhalten, beide dem preußischen Staat und dem Deutschen Reiche seine gebührende Machtstellung und dem deutschen Volke seine kernige Gesundheit und Gesinnung erhalten, und beider Wirken vollzog sich – man sollte das niemals übersehen – in der stillen Zuversicht eines schlichten und mannhaften Christenglaubens. So standen sie immer mehr da Hand in Hand, Schulter an Schulter, Herz in Herz und in einmütigem Denken und Empfinden, und sie kamen schließlich zu jenem völlig ungetrübten, einmütigen Zusammenwirken, das die letzten Jahre mit dem idealen Glanze vollendeter Harmonie umgab. –

Am 11. März fuhr Bismarck dem Kaiser Friedrich, der schwerkrank aus Italien heimkehrte, bis Leipzig entgegen. Dort bestieg er den Salonwagen und wurde herzlich von seinem neuen Herrn begrüßt. In seinen ersten Regierungsmaßregeln, in einer Proklamation an sein Volk und in einem Erlaß an seinen Kanzler bekannte sich Kaiser Friedrich zu Grundsätzen, die sich vollständig mit denen des Kanzlers deckten, so daß der Kaiser mit guter Zuversicht am Schlusse jenes Erlasses sagen konnte: „Zur Verwirklichung dieser meiner Absichten rechne ich auf Ihre so oft bewiesene Hingabe und auf die Unterstützung Ihrer bewährten Erfahrung." Es war ein weitverbreiteter Irrtum, daß Bismarcks Verhältnis zum Kaiser Friedrich kein gutes gewesen sei. Vor 1866 mag das Vertrauen Friedrich Wilhelms gelegentlich geschwankt haben. In den Jahren nachher ist es stets gleich geblieben trotz aller Versuche, es zu erschüttern, die von den verschiedensten Seiten angestellt wurden. Und als im Jahre 1885 der Gesundheitszustand des alten Kaisers zu ernsten Besorgnissen Anlaß gab, berief der Kronprinz Bismarck nach Potsdam und fragte, ob er im Falle eines Thronwechsels im Dienste bleiben werde. Bismarck erklärte sich bereit unter zwei Bedingungen: keine Parlamentsregierung, unter welcher die Minister Vollstrecker des Willens nicht des Königs, sondern der Mehrheit des Parlaments würden, und keine auswärtigen, besonders keine englischen Einflüsse in der Politik. Der Kronprinz erwiderte mit einer entsprechenden Handbewegung: „Kein Gedanke daran!"

Bei der Kronprinzessin konnte Bismarck nicht dasselbe Wohlwollen voraussetzen; ihre angeborene Sympathie für ihre englische Heimat verführte sie zu dem Bestreben, den preußisch-deutschen Einfluß in europäischen Fragen in die Wagschale ihres Vaterlandes hinüberzuschieben. Das gab zu mancherlei Erörterungen Anlaß. Gleichwohl war die neue Kaiserin zu klug, um nicht einzusehen, daß Bismarcks Bleiben im Interesse der Dynastie liege.

Leicht sind ihm die Tage unter Kaiser Friedrichs Regiment nicht geworden. Er hat es selbst einmal gesagt, daß ihm in seinem Leben viel schwere Tage beschieden gewesen, daß das Wenigste von dem, was wir erreicht hätten, glatt durchgegangen sei. Aber das schwierigste Stück sei ihm bis in sein hohes Alter aufgespart geblieben, die Tage unter Kaiser Friedrich seien ihm doch als die schwersten von allen erschienen.

Ein Sonnenblick in dieser Zeit war sein dreiundsiebzigster Geburtstag. Hoch und niedrig, Fürsten und schlichte Bürgersleute wetteiferten, um ihm ihre Anhänglichkeit und Verehrung zu beweisen. Der Kronprinz Wilhelm wohnte dem Festmahl bei, welches die anwesenden Mitglieder der Familie Bismarck, Offiziersabordnungen und einige befreundete Persönlichkeiten beim Reichskanzler vereinigte. Bei diesem Festmahl sprach der Prinz folgende Worte: „Um mich eines militärischen Bildes zu bedienen, vergleiche ich unsere jetzige Lage mit einem Regiment, das zum Sturm schreitet. Der Kommandeur ist gefallen, der Nächste im Kommando, obwohl schwer getroffen, reitet noch kühn voran. Alle Blicke sind nach der Fahne gerichtet, welche der Träger hoch emporschwenkt. So halten Ew. Durchlaucht das Reichspanier. Möge es Ihnen noch lange vergönnt sein, im Verein mit dem geliebten und verehrten Kaiser das Reichspanier hochzuhalten. Gott segne und schütze den Kaiser und Ew. Durchlaucht."

Eine der Schwierigkeiten, die Bismarck zu überwinden hatte, berührte die auswärtige Politik. Es war beabsichtigt, den vertriebenen Bulgarenfürsten Prinzen Alexander von Battenberg mit Viktoria, der Tochter der Kaiserin, zu verheiraten. Wäre dieser Plan ausgeführt worden, so hätte man Kaiser Alexander III., der den Battenberger haßte, und die Russen stark verletzt und die russische Politik wieder in die Bahnen französischer Kriegslust geleitet. Es gelang Bismarck, den

Heiratsplan zu vereiteln. Auch trat Kaiser Friedrich von dem Wunsche zurück, einer größeren Anzahl von Deutsch-Freisinnigen Orden zu verleihen und in eine Amnestie die Sozialdemokraten einzuschließen. In einer anderen Frage hingegen gab Bismarck nach. Er stimmte zu, daß der Minister des Innern Puttkamer verabschiedet wurde, weil er sich so stark auf Wahlbeeinflussung eingelassen hatte, daß es Bismarck zu viel war. Mit dem Kaiser blieb er im Übrigen in so gutem Einvernehmen, daß jener noch am Tage vor seinem Tode ihm ein rührendes Zeichen seines Vertrauens gab. Als der Kanzler zum Vortrage im Neuen Palais erschien, legte der Kaiser, der nicht mehr imstande war zu sprechen, die Hand seiner Gattin in die Bismarcks und drückte warm die beiden Hände, als wolle er sagen, daß er die Kaiserin des Fürsten Schutze anvertraue. Am 15. Juni wurde Kaiser Friedrich von seinem schweren Leiden durch den Tod erlöst.

Dem jungen Kaiser, der neunundzwanzig Jahre alt war, stand der dreiundsiebzigjährige Kanzler, zu dem der neue Herrscher in schwärmerischer Verehrung aufblickte, ebenso treu zur Seite, wie seinen dahingeschiedenen Vorgängern. Am 25. Juni wurde der Reichstag eröffnet zweiundzwanzig Bundesfürsten, deren Staaten Bismarcks Klugheit durch den Schutz ihrer Dynastien fest ans Reich geschmiedet hatte, umgaben den Kaiser. Die Thronrede bekundete seinen festen Willen der kaiserlichen Botschaft vom 17. November 1881 getreu dahin zu wirken, daß der arbeitenden Bevölkerung auch ferner der Schutz gewährt werde, der den Schwachen und Bedrängten im Kämpfe um das Dasein zur Ausgleichung ungesunder gesellschaftlicher Gegensätze zu gewähren sei, ebenso aber auch allen Bestrebungen, welche die staatliche Ordnung zu untergraben drohten, mit Nachdruck entgegen zu treten. In der auswärtigen Politik erklärte der Kaiser sich entschlossen mit jedermann Frieden zu halten und niemals sich durch seine Liebe zum deutschen Heere in Versuchung führen zu lassen, den Frieden nicht gewissenhaft zu hüten. Das in deutscher Treue festzuhaltende Bündnis mit Österreich und Italien gestatte die sorgfältige Pflege der persönlichen Freundschaft für den Kaiser von Rußland und der seit hundert

Jahren bestehenden friedlichen Beziehungen zu dem russischen Nachbarreiche. Daß diese aufrichtigen und freimütigen Bekenntnisse auch Bismarckschen Geistes waren, bekundete der Kaiser, als er den Text der Rede dem Kanzler zurückgab, der mit tiefem Neigen die Hand seines Herrn küßte, worauf der Kaiser die Hand des Kanzlers mehrere Male herzhaft drückte.

Im vollen Einvernehmen mit Bismarck führte der Kaiser Deutschlands auswärtige Politik.

In der inneren Politik lagen die Dinge nicht so erfreulich. Das Kartell zwischen Konservativen und gemäßigten Liberalen, das durch die letzten Reichstagswahlen geschaffen war, hatte den Hochkonservativen von Anfang an nicht behagt. Diese gruppierten sich um den Hofprediger Stöcker, der einen Brief an den Redakteur der Kreuzzeitung, Freiherrn von Hammerstein, schrieb und riet, man möge beim Kaiser den Eindruck erwecken, daß er von Bismarck nicht gut beraten sei; man müsse rings um das Kartell Scheiterhaufen anzünden, den herrschenden Optimismus in die Flammen werfen und dadurch die Lage beleuchten. Es gelang nun zwar diesen Treibereien nicht, zu erreichen, was sie erstrebten. Der Kaiser gab vielmehr im Reichsanzeiger zu erkennen, daß er in dem Kartell eine den Grundsätzen seiner Regierung entsprechende Gestaltung sehe; er vermöge die Mittel, mit denen die Kreuzzeitung das Kartell angreife, mit der Achtung vor der allerhöchsten Person und vor unsern verfassungsmäßigen Institutionen nicht in Einklang zu bringen. So blieb das Verhältnis zwischen Kaiser und Kanzler ungetrübt.

Auch ein Angriff von anderer Seite, aus Kreisen, die dem verstorbenen Kaiser Friedrich nahe gestanden, schlug fehl. Professor Dr. Geffcken von Hamburg veröffentlichte, zunächst ohne seinen Namen zu nennen, Auszüge aus dem Tagebuch des verstorbenen Kaisers Friedrich, die nicht geeignet waren, das Bild des Dahingeschiedenen in den Augen der deutschen Bundesfürsten in ein freundliches Licht zu stellen, erhellte doch daraus, daß er bei der Begründung der deutschen Kaiserwürde ihre Selbständigkeit stark habe einschränken wollen.

Auch machten die Tagebuchaufzeichnungen den Eindruck, als ob der Kronprinz von Mißtrauen gegen Bismarck, gegen seine Fähigkeit und Ehrlichkeit erfüllt gewesen sei und auch von Mißgunst über des Kanzlers Einfluß bei König Wilhelm. Die Veröffentlichung gab Anlaß zu einem Immediatbericht Bismarcks an den Kaiser, der ebenso wie sein Kanzler erzürnt war über die begangene Indiskretion. In diesem Bericht ward Bismarck durch sein Mißtrauen, das ganz natürlich war angesichts der ihn umgebenden Intrigen, veranlaßt, an manchen Stellen vielleicht eine zu scharfe Feder zu führen. Kurz, die ganze Angelegenheit war nach allen Seiten hin höchst unerquicklich; verlief aber schließlich so, daß des Kaisers Zusammenwirken mit Bismarck nicht weiter gestört wurde.

Erfreulicher waren die Verhandlungen im Reichstage. In Kolonialfragen war auch das Zentrum jetzt weit entgegenkommender, da die Frage der Missionen die parlamentarischen Entscheidungen beeinflußte.

Im Januar 1889 wurde im Etat für Südwestafrika eine Mehrforderung von 51000 Mark und in dem für Ostafrika zur Bekämpfung des Sklavenhandels und zum Schutz der deutschen Interessen die Summe von zwei Millionen Mark anstandslos bewilligt. Bismarck betonte bei dieser Gelegenheit noch einmal, daß er von Haus aus kein Kolonialmensch gewesen sei; er habe anfangs gerechte Bedenken gehabt; nur der Druck der öffentlichen Meinung, der Druck der Mehrheit habe ihn bestimmt zu kapitulieren und sich unterzuordnen. Nachdem man aber der kolonialen Strömung soweit nachgegeben habe, dass man nicht mehr zurück könne, so müsse man auch schneller handeln. Nur dadurch werde man dem tüchtigen Reichskommissar Hauptmann von Wissmann seine schwierigen Aufgaben etwas erleichtern. Bismarcks Wunsch erfüllte sich, der Reichstag bewilligte die große Summe binnen wenigen Tagen nach dem Grundsatze *bis dat, qui cito dat*, doppelt gibt, wer gleich gibt.

Zu Bismarcks größter Freude sollte nun endlich auch das Gesetz über Alters- und Invaliditätsversicherung zum Abschluß kommen.

Schon im Jahre 1882 hatte er dieses höchste Ziel seiner Sozialpolitik ins Auge gefaßt. Er hoffte durch das Tabakmonopol die Mittel zur Verfügung zu bekommen, um den Arbeitern für die Tage der Ruhe nach der Arbeit ein einigermaßen sorgenloses Leben zu schaffen, ohne daß sie in der Zeit der Arbeit mit Abgaben für das Alter belastet würden. Diese Hoffnungen erfüllten sich nicht, das Monopol wurde abgelehnt, andere Mittel wurden nicht zur Verfügung gestellt. Bismarck erlitt dadurch eine der schmerzlichsten Enttäuschungen seines Lebens. Dieser Teil der sozialen Gesetzgebung verlangsamte sich wesentlich. Trotzdem verlor ihn Bismarck nicht aus den Augen. Im Jahre 1887 wurde wieder kräftiger eingesetzt; es war Aussicht, daß des greisen Kaisers Wilhelm letzte Lebenszeit ihm noch die Freude über den Abschluß der sozialen Gesetzgebung brachte. Da starb er darüber hinweg. Des schaffensfrohen Enkels Thronrede rief eine neue Mahnung ins Land hinaus. Die Arbeit wurde wieder aufgenommen und rastlos gefördert.

Während der Verhandlungen hatte sich das Gerücht verbreitet, bei den verbündeten Regierungen beständen Meinungsverschiedenheiten über die Vorlage und der Reichskanzler lege wenig Gewicht auf das Zustandekommen des Gesetzes. Diesem Gerücht trat Staatssekretär von Boettcher, der sich um das Gesetz mit großer Arbeitskraft und ebenso großem Geschick bemüht hatte, entgegen; und auch Bismarck griff mit Nachdruck ein, als die zweite Lesung am 29. März 1889 begann. Er wies zunächst die „Verdächtigung" zurück, als ob er kein Interesse am Zustandekommen des Gesetzes nähme, er bezeichnete solche Behauptungen als eine „reine und dreiste Erfindung". Nur habe er nicht geglaubt, daß die Vorlage noch in diesem Winter, noch in dieser Session sich zustande bringen lassen werde; er habe vielmehr gefürchtet, die Regierung werde gewissermaßen ein totes Rennen haben und die Vorlage das nächste Jahr noch einmal einbringen müssen. „Ich glaube", so sagte er, „daß die öffentlichen Blätter meiner politischen ‚Freunde' übertreiben, wenn sie von mir sagen, daß ich, schnell alternd, der Arbeitsunfähigkeit entgegen ginge. Einiges kann ich noch leisten, aber nicht alles, was ich früher getan habe. Wenn ich die Aufgaben eines Auswärtigen Ministers eines großen Landes und auch nur die noch zur Zufriedenheit leiste auf meine alten Tage, dann werde ich immer noch das Werk eines Mannes tun, das in anderen Ländern als ein volles Manneswerk gilt, und ein dankenswertes Werk. Wenn es mir gelingt, dabei in Einigkeit mit allen Verbündeten Regierungen und mit Seiner Majestät dem Kaiser, im Genusse des Vertrauens der fremden Regierungen, unsere auswärtige Politik weiter zu führen, so sehe ich das einstweilen als meine allererste Pflicht an. In allen anderen Beziehungen bin ich leichter ersetzbar. Die Summe von Vertrauen und Erfahrungen, die ich aber in etwa dreißig Jahren auswärtiger Politik mir habe erwerben können, die kann ich nicht vererben, und die kann ich nicht übertragen."

„Namentlich in diesen jetzt vorliegenden Fragen bin ich durch meinen Kollegen Herrn von Boettcher ja mehr als ersetzt. Ich hätte das, was er in dieser Sache getan und geleistet hat, selbst nicht leisten können. Jeder hat sein eigenes Fach, und in diesem Fache sehe ich neidlos das Verdienst meines Herrn Kollegen als das größere an als das meinige."

„Aber so viel Verdienst habe ich doch auch in dieser Sache, daß ich es fast als eine Beleidigung ansehen könnte, wenn man von mir glauben wollte, daß ich sie nun im Augenblicke der Entscheidung im Stiche lassen würde. Ich darf mir die erste Urheberschaft der ganzen sozialen Politik zusprechen, einschließlich des letzten Abschlusses davon, der uns jetzt beschäftigt. Es ist mir gelungen, die Liebe des hochseligen Kaisers Wilhelm für diese Sache zu gewinnen. Er hat es als seinen schönsten Triumph bezeichnet, den er noch haben würde, und den er noch zu erleben wünschte, wenn diese Fürsorge für den Bedürftigen noch unter seiner Regierung zum Abschluß kommen könnte. Der jetzt regierende Kaiser hat es eine seiner ersten Äußerungen sein lassen, sich diese Neigung Seines hochseligen Herrn Großvaters unbedingt anzueignen. Wie sollte ich nun dahin kommen, dieses unter meiner Initiative ins Leben gerufene Werk dicht vor dem Abschlüsse zu verleugnen, ja sogar zu bekämpfen! Es hieße das nicht nur das Andenken des alten Kaisers, sondern auch den Dienst meines jetzigen Herrn vollständig verraten und verlassen. Es ist das in der Tat eine fast beleidigende Zumutung, die mir damit gestellt wird."

Am 18. Mai trat er noch einmal für das Gesetz ein:

„Ich habe, als ich das letzte Mal in dieser Frage hier das Wort nahm, schon hervorgehoben, daß meine Nichtbeteiligung an den Diskussionen im einzelnen nicht aus Mangel an persönlichem Interesse hervorgeht, sondern aus Mangel an Kräften, der Gesamtheit meiner Aufgaben nach allen Seiten hin wie früher zu genügen. Es ist mit den Jahren für mich eine Notwendigkeit geworden, den Kreis meiner Tätigkeit prinzipiell enger zu ziehen. Ich habe vor allen Dingen die Leitung der auswärtigen Beziehungen und auch die Leitung der inneren Politik in ihren Haupteinrichtungen, in Preußen sowohl wie im Reich, beibehalten zu müssen geglaubt; außerhalb des damit gezogenen Kreises liegt für mich die Aufgabe, hier Reden zu halten, von denen ich ganz sicher bin, daß sie keine einzige Stimme in der definitiven Abstimmung gewinnen werden, und wenn ich auch mit Engelszungen redete. Die Herren wissen ja alle schon heute, wofür und wogegen sie stimmen wollen, und alles, was hier an Beredsamkeit ausgetauscht wird, selbst das, was an anscheinender Bitterkeit und Feindschaft ausgetauscht wird, ist doch für andere Gegenden berechnet und nicht für den Einfluß auf irgend jemanden, der hier in diesem Saale stimmberechtigt ist ..."

„Es hat mich in keiner Weise überrascht, daß die sozialdemokratische Partei gegen dieses Gesetz ist. Wenn eines der Mitglieder der freisinnigen Partei gesagt hat, daß wir die Sozialdemokraten mit dieser Vorlage nicht gewinnen würden, ginge aus deren Auftreten hier dagegen hervor – so möchte ich darauf doch erwidern, daß dieser Redner – es war der Abgeordnete Dr. Barth – zwei Dinge vollständig verwechselt: das sind die sozialistischen Führer und die sozialistischen Massen. Die Massen, welche mit irgendetwas unzufrieden sind, mit etwas, dem auch die Sozialdemokratie nicht würde abhelfen können, stimmen bei den Wahlen für die Sozialdemokraten, weil sie ihrer Unzufriedenheit durch eine regierungsfeindliche Abstimmung eben Ausdruck geben wollen. Auf einem ganz anderen Boden stehen die Herren, deren ganze Bedeutung, deren Herrschaft darauf beruht, daß die von ihnen geleiteten und mißleiteten Massen unzufrieden bleiben. Diese lehnen natürlich das Gesetz ab, weil es immer – es wird die Sozialdemokratie in ihrer Gesamtheit nicht versöhnen – doch ein Schritt auf dem Wege und eine Abfindung mit unserem eigenen Gewissen ist, daß wir wirklich berechtigte Unzufriedenheiten nach der Möglichkeit, die sich uns bietet und die der Reichstag uns gestattet, mildern wollen. Täuschen wir uns doch darüber nicht, daß wir mit der Sozialdemokratie nicht wie mit einer landsmannschaftlichen Partei in ruhiger Diskussion sind; sie lebt mit uns im Kriege, und sie wird losschlagen, gerade so gut wie die Franzosen, sobald sie sich stark genug dazu fühlt. Und diese Stärke vorzubereiten – nicht der großen Partei, sondern der Führer – ist ja die ganze Aufgabe ihrer Politik – und alles, was diese Stärke zum Losschlagen, zur Erzeugung des Bürgerkrieges, zur Herstellung des ‚Waffentritts der Arbeiterbataillone' schädigen kann, hindern kann, hemmen kann, das werden sie natürlich bekämpfen; also wird ihnen auch jedes Entgegenkommen für die Leiden des armen Mannes, welches von Staats wegen geschieht, hinderlich sein – das mindert die Unzufriedenheit, und Unzufriedenheit brauchen sie. Also das war natürlich vorauszusehen, daß sie dagegen stimmen würden."

„Ich habe mich auch darüber nicht gewundert, daß die Herren von der freisinnigen Partei dagegen stimmen. Ich habe in dem Vierteljahrhundert und mehr, daß ich an dieser Stelle bin, noch nie von diesen Herren eine Zustimmung für irgendetwas gehabt – wenn ich allein vielleicht ausnehme vor Jahr und Tag die letzte Zustimmung zur letzten Hand, die an unsere Wehrverfassung gelegt wurde. ... Daß die Herren Welfen gegen die Vorlage sind, das geht aus anderen Gründen hervor, als die Opposition der Fortschrittspartei ... Wenn die Polen eine Vorlage verwerfen, so geben sie damit nur das Zeugnis ab, daß dieselbe zur Konsolidation des Deutschen Reiches führen könnte; dass die Franzosenfreunde, welche durch voreiligen Beschluß des

Reichstags in seine Mitte zugelassen worden sind, um an der Gesetzgebung über das gesamte Reich teilzunehmen – dazu haben wir wahrhaftig nicht den Krieg geführt, um uns vierzehn Franzosen einzuimpfen – daß die dagegen sind, ist ebenso natürlich; es zeigt uns die Opposition dieser Herren, daß in diesem Gesetz etwas drinstecken muß, was dem Deutschen Reiche nützlich sei."

„Ich würde bei der Selbstverständlichkeit dieser Opposition und ihrer Voraussichtlichkeit darüber gar nicht gesprochen haben. Aber auch von konservativer Seite wird gegen das Gesetz eine Opposition geübt, die ich mit der Aufgabe der konservativen Partei nicht verträglich finde. Ich möchte jedem Konservativen, der hier gegen dies Gesetz auftritt, mit dem Spruch des Dichters antworten:

> Es tut mir lang' schon weh,
> Daß ich dich in der Gesellschaft seh'.

„Es liegt ja sehr nahe – *les extrêmes se touchent* – dass Hyperkonservative – ich habe das oft in meinem Leben schon durchgemacht – sich unter Umständen, wenn sie zornig werden, im politischen Effekt von den Sozialdemokraten nur mäßig unterscheiden. Ich möchte den Herren zurufen zur Erinnerung an den Boden des Vaterlandes und selbst der Partei, auf dem sie stehen: Wie können Sie von Seiten der konservativen Partei auf diese Weise dem individuellen Zorn, dem Verdruß, dem lokalen Interesse Raum geben gegenüber einer Frage, welche die Gesamtheit des Reiches so bis in ihre innersten Tiefen berührt, wie das hier geschehen ist! Ich bin betrübt gewesen, in dem Berichte von der gestrigen Sitzung aus einem konservativen Munde unseren Gegnern das Zeugnis geliefert zu sehen, daß in dergleichen Sachen die Gutsinteressen, die lokalen, die persönlichen Interessen in erster Linie maßgebend sind, von den großen Reichsinteressen, von den nationalen, den christlichen Interessen aber gar nicht mehr die Rede ist."

„Das, meine Herren, ist kein konservatives Gebaren, und wer sich auf diese Seite der Kirchturmspolitik, des Lokalpatriotismus, des Provinzialpatriotismus stellt, der, glaube ich, erfüllt die Aufgaben, die ein

Mandat eines Reichstagsabgeordneten an ihn stellt, doch nur partiell, mit viel Schatten und wenig Licht."

Der Schluß der Rede, in welcher der Reichskanzler noch auf viele Einzelheiten mit bewundernswerter Sachkenntnis einging, richtete sich in charakteristischer Weise an die konservativen Elemente im weitesten Sinne:

„Nun, meine Herren, ich richte also meine Rede heute vorzugsweise an die konservative Partei, zu der ich die Reichspartei und – die Herren mögen es mir nicht übel nehmen – die Nationalliberalen und das Zentrum rechne – ich halte die eben genannten Parteien in der Gesamtrichtung ihrer Majorität für konservativ, das heißt für Parteien, welche den Staat, das Reich, nicht nur überhaupt und generell, sondern auch angebrachtermaßen erhalten und schützen wollen. Nur mit den Herren habe ich mich auseinanderzusetzen, mit den anderen habe ich zu kämpfen; das ist eine andere Sache. Aber ich möchte die konservativen Herren ihrerseits besonders bitten, sich von der Gemeinschaft von Sozialdemokraten, Polen, Welfen, Elsässer-Franzosen – und auch von der Gemeinschaft der Freisinnigen absolut loszusagen."

Das Gesetz wurde am 24. Mai angenommen mit 185 gegen 165. Dagegen hatten die übliche Opposition, außerdem 11 Konservative, 12 Nationalliberale und 75 vom Zentrum gestimmt.

Die Rede Bismarcks am 18.Mai 1889 sollte seine letzte Rede im Reichstage sein, sein parlamentarischer Schwanengesang, der seines ganzen Wirkens würdig war. Nun waren alle deutschen Arbeiter unter den Schutz des Reiches gestellt; es wäre das noch mehr der Fall gewesen, wenn Bismarcks Ideale in finanzpolitischer, wirtschaftlicher und sozialer Richtung sich alle erfüllt hätten. Jedenfalls war es unleugbar, daß kein anderer Staat Deutschland jetzt auf dem sozialen Gebiete gleichstand in diesem großen Liebeswerke praktischen Christentums.

Am 1. Januar 1890 richtete der Kaiser an den Fürsten Bismarck ein Glückwunschschreiben, in welchem er seine hohe Befriedigung darüber ausdrückte, daß es unter der vertrauensvollen Mitwirkung der Vertretung des Reiches gelungen sei, das Gesetz zustande zu bringen und dadurch einen wesentlichen Schritt aus dem ihm besonders am Herzen liegenden Wege der Fürsorge für die arbeitende Bevölkerung vorwärts zu tun; das Schreiben schloß mit den Worten: „Ich weiß sehr wohl, welch reicher Anteil an diesem Erfolge Ihrer aufopfernden und schaffensfreudigen Tatkraft gebührt, und bitte Gott, er möge Mir in Meinem schweren und verantwortungsvollen Herrscherberufe Ihren treuen und erprobten Rat noch viele Jahre erhalten."

Als die Kaiserin Augusta am 7. Januar starb, wollte Bismarck von Friedrichsruh nach Berlin kommen, um der Gemahlin des dahingeschiedenen Kaisers die letzte Ehre zu erweisen. Der Kaiser hörte davon und sprach Bismarck den Wunsch aus, seine Gesundheit zu schonen und seinen Landaufenthalt nicht zu unterbrechen. Es war sicherlich dem Kaiser wirklich Herzensmeinung, daß der Kanzler sich schone. Ob aber nicht Einflüsse von Personen, die gegen Bismarck sich richteten, dazu beigetragen haben, ihn „aus dem lebendigen Zusammenhange der Dinge fernzuhalten", muß man dahingestellt sein lassen. Bismarck hat diese Vermutung einmal ausgesprochen; jedenfalls hatte er damals keineswegs das Bedürfnis, so lange von Berlin abwesend zu sein.

Als ihn am 24. Januar die Sorge um das Sozialistengesetz nach Berlin zurückrief, zeigte es sich schon am ersten Tage in der Sitzung des Staatsministeriums und bei dem unter des Kaisers Vorsitz stattfindenden Kronrat, daß des Kaisers Anschauungen und Bestrebungen von denen Bismarcks mehr und mehr abwichen in Bezug auf jenes Gesetz sowohl wie auf die Sozialpolitik überhaupt.

Am 25. Januar sollte der Reichstag geschlossen werden, zuvor aber mußte in dritter Lesung das Sozialistengesetz beraten werden. In der Kommission war es ohne die von der Regierung gewünschte Ausweisungsbestimmung angenommen. Bismarck hielt diese Bestimmung für dringend nötig. Die Konservativen standen zu seiner Ansicht und hofften auf eine Erklärung der Regierung in Bismarcks und in ihrem Sinne. Da Bismarck diese nicht abgab, stimmten die Konservativen gegen das ihrer Meinung nach verstümmelte und deshalb wertlose Gesetz mit

Zentrum, Freisinn und Sozialdemokraten, die überhaupt kein Ausnahmegesetz wollten. Damit kam das ganze Gesetz zu Fall.

Weshalb Bismarck in entscheidender Stunde nicht sprach, ist nicht klargestellt. Die Annahme, daß etwas zwischen ihm und dem Kaiser sowie seinen Kollegen im Ministerium lag, trifft wohl das Richtige. Auch das wird richtig sein, daß er in dem Wunsche, auf das allerentschiedenste gegen die Sozialdemokratie aufzutreten, nicht mit des Kaisers Wünschen zusammentraf, da dieser später einmal optimistisch im Staatsrat sagte: „Die Sozialdemokratie überlassen Sie mir, mit der werde ich ganz allein fertig werden."

Der Kaiser wünschte offenbar dieser Partei seine entgegenkommenden Absichten zu zeigen. Da Bismarck für des Kaisers Ansichten sich nicht voll einsetzen konnte, sprach er schon am Tage seiner Rückkehr – auch um entlastet zu werden – den Wunsch aus, von dem Ministerium für Handel und Gewerbe, das er bisher verwaltet hatte, befreit zu werden. Der Oberpräsident der Rheinprovinz von Berlepsch, ein überzeugter Anhänger weitgehender sozialer Reformen, wurde damit betraut.

Dann erschienen am 4. Februar zwei Erlasse des Kaisers, einer an Bismarck und einer an den neuen Handelsminister, der Fortführung der Sozialreform versprach. Man hoffte damit der Sozialdemokratie bei den Ende Februar stattfindenden Wahlen den Wind aus den Segeln zu nehmen. Es fiel auf, daß Bismarck nicht gegengezeichnet hatte. Auch das deutete darauf hin, daß in den maßgebenden Kreisen nicht alles war, wie es zu wünschen gewesen wäre. In diesem Sinne durfte man auch ein Wort auffassen, das Bismarck bei einem parlamentarischen Essen, dem auch der Kaiser beiwohnte, am 4.Februar zu einigen Abgeordneten sagte: „Der Kaiser hat mich recht lieb, aber imponieren kann ich ihm doch nicht. Versuchen Sie es doch, meine Herren! Vielleicht imponieren Sie ihm; ich zweifle allerdings daran."

Die Wahlen am 20. Februar fielen betrübend aus. Das konservativ-liberale Kartell, das Werk Bismarcks, wurde stark geschwächt durch

Anwachsen der linksliberalen und sozialdemokratischen Elemente. Bismarcks Stellung wurde damit nicht befestigt.

Schon Anfang Februar hatte er daran gedacht, um seinen Abschied zu bitten. Am 25. Februar bei einem Vortrage, den Bismarck dem Kaiser über die Wahlen hielt, wurde diese persönliche Angelegenheit von ihm nochmals zurückgestellt. Es lag damals eine neue Militärvorlage vor, in der es sich um eine beträchtliche Heeresvermehrung handelte; diese wollte der Kanzler noch vertreten. Falls diese Vorlage nicht durchkomme, dachte er an Auflösung, wenn nötig, für mehrere Male; er scheint auch sogar alleräußerstenfalls erwogen zu haben, die Bundesfürsten und Häupter der Freien Städte nach Berlin zu rufen zur Abänderung und Einschränkung des Wahlrechts.

So weit zu gehen konnte der Kaiser sich nicht entschließen. Die Spannung zwischen ihm und Bismarck verstärkte sich. Am 9. März verlieh er dem Staatssekretär und Vizepräsidenten des Staatsministeriums v. Böttcher den Schwarzen Adlerorden mit der Begründung, die Sozialreform habe an ihm ihre Hauptstütze gehabt.

Die Minister standen während dieser Spannung auf Seite des Kaisers, und es scheint, als ob dadurch im Geschäftsgange Bismarck hier oder da nicht gebührend berücksichtigt worden sei.

Bismarck aber war nicht der Mann, sich Rechte, die er zu haben glaubte, verkürzen zu lassen; er machte aufmerksam auf die Kabinettsorder vom 8. September 1852, nach welcher der Verkehr der einzelnen Fachminister der Kontrolle des Ministerpräsidenten unterstellt war. Der Kaiser hinwiederum betrachtete das als eine schwere Beeinträchtigung seiner Herrscherbefugnisse; er trug Bismarck auf, eine Order zu entwerfen, durch welche die Bestimmungen von 1852 aufgehoben würden. Das vermehrte die Spannung.

Es kam noch etwas anderes hinzu. Am 10. März (oder war es am 12.) hatte Windthorst durch Vermittlung Herrn von Bleichröders, der Bismarcks Bankier war, eine Unterredung mit Bismarck über die augenblickliche Sachlage; ihr Ergebnis wurde durch einen Artikel der Norddeutschen Allgemeinen Zeitung vom 13. März bekannt; darnach war ein Zusammengehen der Konservativen und des Zentrums in Aussicht genommen.

Der Kaiser bekam von der Wahrheit stark abweichende Berichte über jene Zusammenkunft; er soll sogar den Verdacht geschöpft haben, Bismarck wolle sich der Hilfe des Zentrums gegen ihn bedienen. Am Morgen des 15. März fuhr er im Reichskanzlerpalais vor. Hier muß es zu heftigen Auseinandersetzungen gekommen sein. Jedenfalls wollte Bismarck sich den freien Verkehr mit den Parteiführern nicht untersagen lassen, und falls die Order von 1852 aufgehoben würde, nicht länger Ministerpräsident bleiben.

Sehr schnell vollzog sich nun die Entscheidung. Am Morgen des 17. März erschienen bei Bismarck die Chefs des Militär- und Zivilkabinetts General v. Hahnke und Geheimrat v. Lucanus. Sie teilten mit, daß der Kaiser in Bezug auf die Kabinettsorder bei seinem Verlangen bleibe, und, falls Bismarck aus seinem Widerstande verharre, dessen Entlassungsgesuche entgegensehe. Bismarck konnte sich nicht entschließen, diesem Wunsch sogleich zu willfahren; er wollte zwar die Stellung des die Verantwortung tragenden Ministerpräsidenten durch Änderung der Order nicht erschüttern, aber er hielt für die gerade damals recht schwierigen auswärtigen Verhältnisse seine reiche diplomatische Erfahrung für unentbehrlich. Er berief, da er leidend war, das Ministerium zu sich und fand dieses, solange es bei ihm war, einstimmig auf seiner Seite stehend.

An demselben Tage traf auch ein Schreiben des Kaisers bei Bismarck ein, in welchem ihm der Vorwurf gemacht wurde, dem Kaiser Berichte aus Kiew über russische Truppenbewegungen vorenthalten zu haben. Auch brachte der Kaiser seine abweichende Meinung über die Führung der auswärtigen Politik zum Ausdruck. Bismarck hatte jene Berichte, die ihm veraltet erschienen, an den Generalstab weitergegeben.

Nun erst – nach dem Eintreffen des kaiserlichen Schreibens – scheint Bismarck sich zum Rücktritt entschlossen zu haben; er verfaßte am 18. März sein zwanzig Seiten füllendes Entlassungsgesuch, dessen

Schluß, charakteristisch für den ganzen Verlauf der Dinge und für Bismarcks ganze Seelenverfassung in diesen schweren Tagen, also lautete: „Es ist mir bei meiner Anhänglichkeit an den Dienst des Königlichen Hauses und an Euere Majestät und bei der langjährigen Einlebung in Verhältnisse, welche ich bisher für dauernd gehalten hatte, sehr schmerzlich, aus der gewohnten Beziehung zu Allerhöchstdemselben und zu der Gesamtpolitik des Reichs und Preußens auszuscheiden, aber nach gewissenhafter Erwägung der Allerhöchsten Intentionen, zu deren Ausführung ich bereit sein müßte, wenn ich im Dienst bliebe, kann ich nicht anders, als Euere Majestät alleruntertänigst bitten, mich aus dem Amte des Reichskanzlers, des Ministerpräsidenten und des Preußischen Ministers der auswärtigen Angelegenheiten in Gnade und mit der gesetzlichen Pension entlassen zu wollen. Nach meinen Eindrücken in den letzten Wochen und nach den Eröffnungen, die ich gestern den Mitteilungen aus Eurer Majestät Zivil- und Militärkabinett entnommen habe, darf ich in Ehrfurcht annehmen, daß ich mit diesem meinem Entlassungsgesuch den Wünschen Euerer Majestät entgegenkomme und also auf eine huldreiche Bewilligung mit Sicherheit rechnen darf. Ich würde die Bitte um Entlassung aus meinen Ämtern schon vor Jahr und Tag Euerer Majestät unterbreitet haben, wenn ich nicht den Eindruck gehabt hätte, daß es Euerer Majestät erwünscht wäre, die Erfahrungen und die Fähigkeiten eines treuen Dieners Ihrer Vorfahren zu benutzen. Nachdem ich sicher bin, daß Euere Majestät derselben nicht bedürfen, darf ich aus dem politischen Leben zurücktreten, ohne zu befürchten, daß mein Entschluß von der öffentlichen Meinung als unzeitig verurteilt wird."

Am 20. März wurde Bismarcks Entlassungsgesuch vom Kaiser genehmigt; die wesentlichen Worte lauteten also: „Mit tiefer Bewegung habe Ich aus Ihrem Gesuche vom 18. d. M. ersehen, daß Sie entschlossen sind, von den Ämtern zurückzutreten, welche Sie seit langen Jahren mit unvergleichlichem Erfolge geführt haben. Ich hatte gehofft, dem Gedanken, Mich von Ihnen zu trennen, bei unseren Lebzeiten nicht näher treten zu müssen. Wenn Ich gleichwohl im vollen Bewußtsein der folgenschweren Tragweite Ihres Rücktritts jetzt genötigt bin, Mich mit diesem Gedanken vertraut zu machen, so tue Ich dies zwar betrübten Herzens, aber in der festen Zuversicht, daß die Gewährung Ihres Gesuches dazu beitragen werde, Ihr für das Vaterland unersetzliches Leben und Ihre Kräfte so lang wie möglich zu schonen und zu erhalten. Die von Ihnen für Ihren Entschluß angeführten Gründe überzeugen Mich, daß weitere Versuche, Sie zur Zurücknahme Ihres Antrages zu bestimmen, keine Aussicht auf Erfolg haben. ... Ich habe es als eine der gnädigsten Fügungen in Meinem Leben betrachtet, daß Ich Sie bei Meinem Regierungsantritt als Meinen ersten Berater zur Seite hatte. Was Sie für Preußen und Deutschland gewirkt und erreicht haben, was Sie Meinem Hause, Meinen Vorfahren und Mir gewesen sind, wird Mir und dem deutschen Volke in dankbarer unvergänglicher Erinnerung bleiben. Aber auch im Auslande wird Ihrer weisen und tatkräftigen Friedenspolitik, die Ich auch künftig aus voller Überzeugung zur Richtschnur Meines Handelns zu machen entschlossen bin, allezeit mit ruhmvoller Anerkennung gedacht werden."

Zum Schlusse des Schreibens ernannte der Kaiser den Fürsten zum Herzoge von Lauenburg und wegen seiner Verdienste um die preußische Armee zum Generalobersten mit dem Range eines Generalfeldmarschalls.

Am 26. März erfolgte in ruhiger und würdiger Form die Abschiedsaudienz beim Kaiser. Die Kaiserin mit ihren Söhnen war zugegen und nahm vom Fürsten den herzlichsten Abschied mit einem Rosenstrauß und mit Dank für das, was er auch für die Zukunft dieser ihrer Söhne getan habe. Auf dem Hin- und Rückwege wurde Bismarck von Huldigungen begleitet, die jeder Beschreibung spotten. Am Spätnachmittage des 28. März weilte Bismarck an der Grabstätte des alten Kaisers im Mausoleum von Charlottenburg. Er hatte sich Rosen vom Hofgärtner erbeten und brachte diese als letzten Gruß seinem dahingeschiedenen kaiserlichen Herrn. Ernst und still fuhr er dann heimwärts, wiederum begleitet von den Huldigungen treuer Liebe des Volkes.

Am 29. März kam der Abschied von des Reiches Hauptstadt. Als er zum Lehrter Bahnhof fuhr, erreichten die Huldigungen des Volkes ihren Höhepunkt in einer Sturmflut des Dankes. Der Kaiser hatte zum Bahnhof die erste Schwadron der Gardekürassiere mit ihrer Standarte entsandt. Die Musik blies ihm zum Abschied das Lied: „Ich bin ein Preuße, kennt Ihr meine Farben?" Die Menge fiel jubelnd mit Gesang ein. Auf dem Bahnhof waren die Spitzen der Militär- und Zivilbehörden und die Hofchargen zugegen. Es war somit, wie Bismarck es später einmal bezeichnet hat, ein Begräbnis erster Klasse.

Bis in die weiteste Ferne zitterte die Katastrophe nach; selbst die französische Presse wurde der Größe des scheidenden Mannes gerecht: „Bismarck war eine Friedensbürgschaft für Europa", war in ihr zu lesen; in England schrieb man: „Die Erhaltung des Friedens wird schwerer sein, wenn des Meisters leitende Hand verschwunden ist"; und in Italien bezeichnete man „Bismarcks Riesengestalt als ein Werkzeug der Vorsehung, als einen Hort des Friedens für ganz Europa". Deutschland aber stand im Zeichen schmerzlichster Wehmut. Der Kaiser selbst telegraphierte an den Großherzog von Weimar: „Mir ist so weh, als hätte ich noch einmal meinen Großvater verloren; aber von Gott Bestimmtes ist zu tragen, auch wenn man darunter zu Grunde gehen sollte. Das Amt des wachthabenden Offiziers auf dem Staatsschiffe ist mir zugefallen, der Kurs bleibt der alte. Volldampf voraus." Das deutsche Volk aber konnte nicht verlangen, so schwer ihm in seiner unbegrenzten Liebe der Abschied von Bismarck auch wurde, daß die Zurückhaltung und die zuwartende Bedächtigkeit des Alters sich mit dem Tatendrang und der mutigen Zuversicht der Jugend verständige. Dort galt es einen Schatz von Ruhm und Ehre zu wahren und zu hüten, hier einen neuen Schatz von gleichem Wert wagemutig erst zu erwerben. Und wenn auch manches Wort des Unmuts laut wurde, daß alles so plötzlich und in solchen Formen kam, eins ist uns aus jenen Tagen im tiefsten Herzen als Erinnerung geblieben: die Festigkeit und die Tiefe monarchischer Gesinnung hat damals ihre Feuerprobe bestanden. Und kein anderer als Bismarck war es, der die Königstreue dem Volke durch sein hehres Beispiel so fest ins Herz gesenkt hatte, daß sie diese Feuerprobe bestehen konnte. In den schweren Tagen der Revolution von 1848 hatte er mit banger Sorge gesehen, wie Königsthrone nicht sicher waren vor den Mächten des Umsturzes, und er hatte mit mannhafter Entschlossenheit, als viele zagten, sich zu seinem Könige gestellt und es sich fortan zur heiligsten Aufgabe seines Lebens gemacht, den Thron zu festigen gegen alle Stürme der Zukunft und gegen jeden Stoß der Zeit. Aus der Nähe dieses Thrones mußte er nun scheiden; und er schied davon in dem Vertrauen, daß sein Werk von festem Bestands sei, weil es fortan geschützt wurde von einem zu klarem monarchischem Vollbewußtsein durch gewaltige Ereignisse geschulten Volke.

Bismarck in den Neunziger Jahren
Nach dem Gemälde von Franz v. Lenbach

## 18. Feierabend im Sachsenwalde

Nun kam für Bismarck die Zeit der Ruhe. Er zog sich nach Friedrichsruh zurück, selten war er in Varzin und Schönhausen; im Sommer verweilte er zu Kurzwecken in Kissingen. Friedrichsruh zog ihn aus mancherlei Gründen an: vor allem war es die Schönheit des Sachsenwaldes, die ihn fesselte. Weshalb der Wald ihm so lieb war, hat er den bergischen Frauen verraten, die zu ihm im Jahre 1894 eine Huldigungsfahrt machten: „Ich bin im Walde lange nicht so einsam, wie oft in den vorhergehenden dreißig Jahren. Man ist immer am einsamsten in großen Städten, am Hofe, im Parlamente, unter seinen Kollegen; dort fühlt man sich mitunter wie unter Larven die einzige fühlende Brust. Aber im Walde fühle ich mich niemals einsam; das muß in der Natur des Waldes begründet sein. Ich weiß nicht, ob Sie in Ihrem Leben so viele Förster kennen gelernt haben, wie ich: aber ich habe vorwiegend zufriedene Förster gekannt. Die Waldeinsamkeit muß für Deutsche etwas Befriedigendes haben, und die amtliche Tätigkeit eines Ministers muß andere Wirkungen haben." Einsamkeit ist für kleine Geister eine Qual, aber sie ist das Los und die Sehnsucht aller hervorragenden Persönlichkeiten. So sehr das bei Bismarck zutrifft, so gut wußte doch auch gerade er, daß die wahre Weisheit zwischen Weltumgang und Einsamkeit in der Mitte liegt und daß in völliger Einsamkeit die Säfte des Gemütes trocknen und der Gedankenlauf stockt. In Friedrichsruh konnte er, auch wenn er die republikanischen Ideen seiner Primanerjahre inzwischen abgelegt hatte, mit den leitenden Männern der hamburgischen Republik, deren Ehrenbürger er war, lebhaft verkehren, zumal ja sein früherer Verkehr sich vielfach von ihm zurückhielt.

Alte Freunde mieden ihn, wie das so geht, wenn die Sonne fürstlicher Gnade nicht mehr scheint. Nur wenige Menschen sind es, die auch den Schatten lieben. Es wurde leer um Bismarck von hohen Herren, von Ministern, Hofleuten, Abgeordneten. „Die Dankbarkeit zieht sich zurück, wenn man seine Pflicht getan hat," sagte Bismarck in diesen Zeiten zu Paul Heyse und zu Dr. Hans Blum: „Ein strebsamer Mann, der um seine Karriere besorgt ist, riskiert durch einen Besuch in Friedrichsruh zu viel." Und dann – der ganzen offiziellen Mittelmäßigkeit war die Nähe dieses großen Mannes immer unheimlich gewesen; denn große und kleine Geister ziehen sich niemals an in der Welt.

Es war aber noch etwas andres, was Bismarck Friedrichsruh lieb machte. Der Eigentümer der „Hamburger Nachrichten", Dr. Julius Hartmeyer, stellte dem Fürsten seine Zeitung zur Verfügung, damit er seine Ansichten über wichtige politische Fragen und über staatliches Leben jederzeit kundtun könne. Und Bismarck hatte das Bedürfnis und er fühlte die Pflicht in sich, diesem Bedürfnisse zum Wohle des Ganzen Raum zu schaffen. Man hat Bismarck das verdacht. Eine große liberale Zeitung hat sogar gegen Bismarck den Vorwurf erhoben, „daß er als Nörgler hinter dem Reichswagen herlaufe". Das ist ungerecht. Wir wollen doch niemals vergessen, daß jeder Staatsmann, der mit einer reichen Erfahrung aus dem Amte scheidet, gar nicht das Recht hat, diese Erfahrung als ein nutzloses Pfund zu begraben; wir wollen nicht vergessen, daß uns manch grober Fehler der auswärtigen Politik mit seinen gefährlichen Folgen erspart geblieben wäre, wenn die Ausnutzung reicher politischer Erfahrung auch ausgeschiedener staatsmännischer Kräfte zur guten Tradition bei uns gehörte. Bismarck einfach auszuschalten war eine Torheit, wie denn auch der Kaiser in seinem Schreiben vom März es gewünscht hatte, „daß Bismarcks Rat und seine Tatkraft, seine Treue und Hingebung auch in Zukunft ihm und dem Vaterlande nicht fehlen werde". Es war ganz einfach ein Gesetz der Menschennatur, daß Bismarck nicht plötzlich unwirksam werden konnte. Als er im Jahre 1851 in die staatsmännische Tätigkeit eintrat und nach Frankfurt a. M. von seinem Könige gesandt wurde, da schrieb er am 1. Mai seiner Gattin: „Wer weiß, wann das Rad, welches uns jetzt ergreift, uns wieder loslassen mag?" Seitdem hatte dieses Rad sich fast 40 Jahre geschwungen; und nun sollte es plötzlich seine Schwungkraft verlieren. Das war wider alle Natur! Bismarck war ein Kämpfer gewesen alle die langen Jahre hindurch. Wie konnte man nun plötzlich verlangen, daß er schwieg. „Es würde", so hat er sich damals geäußert, „etwas schwer für mich sein – nach vierzigjähriger unausgesetzter Beschäftigung und Absorbierung in politischen Studien – nach einer so ungeheuren Tätigkeit und Verantwortlichkeit eine Rolle zu spielen, deren zwei unverletzbare Bedingungen Sprachlosigkeit und Unbeweglichkeit sind. Das verlangen sie aber von mir, meine lieben Freunde, welche sogar geflissentlich vermeiden, von meinen früher Deutschland geleisteten Diensten zu sprechen, damit sie nicht durch einen Vergleich ihre eigenen Prätentionen auf Anerkennung, Auszeichnung und Avancement schädigen. Aber ich bin nicht so leicht zum Schweigen gebracht und paralysiert." Und ein andermal: „Mich hat man mit 75 Jahren ‚abgealtert', und ich fühle mich noch viel zu jung, um nichts zu tun." Noch Anfang 1892 sagte er über das Verlangen, daß er sich ruhig verhalten sollte: „Man hat von mir verlangt, ich sollte mich um Politik nicht mehr kümmern. Niemals ist mir eine größere Dummheit vorgekommen, als diese unerhörte Forderung." Daß Bismarck bei seinen Äußerungen in der Presse und Besuchern gegenüber gelegentlich scharf kritische Auskunft erteilte, ist richtig; er hätte sich milder äußern können. Aber er war keine Goethenatur, war es nie gewesen. Als er im Jahre 1858 in Frankfurt einmal den Vortrag des Goetheliedes „An den Mond" hörte, äußerte er bei den Worten „Selig, wer sich vor der Welt ohne Haß verschließt": „Welche Schneiderseele, dieser Goethe." Eine Schneiderseele trug er eben nicht in sich. Neben der Liebe war auch der ehrliche Haß ein Bedürfnis und eine Kraft seines Geistes.

Und dieser Haß sog Nahrung aus Vorkommnissen, die ihn verbittern mußten. Am 23. Mai wurden die Gesandten des Reichs und Preußens im Auslande angewiesen, den fremden Kabinetten zu eröffnen, „daß den Äußerungen der Presse in Bezug auf die Ansichten Bismarcks ein aktuelles Gewicht nicht beigelegt werden dürfe". Das war ein gutes Recht des auswärtigen Amtes; Bismarck würde ein Gleiches getan haben einem Gegner gegenüber. Er wurde aber, als es ihm geschah, nur verbitterter; man kann es verstehen, wenn man bedenkt, welche Weltmachtstellung er bis vor kurzem noch eingenommen hatte.

Es kam hinzu – und das muß man bedenken und zu würdigen wissen –, daß ihn die Sorge um den Frieden und die Zukunft seines Vaterlandes Tag und Nacht quälte, dass er die Empfindung nicht los werden konnte, es werde nicht mehr wie bisher derselbe Kurs gehalten, es bilde nicht mehr so die Sorge der deutschen Politik, den Krieg nach zwei Fronten mit allen erlaubten Mitteln der diplomatischen Kunst zu vermeiden und vor allem zu vermeiden, den Kaiser Alexander III. in Frankreichs Arme zu treiben. Auch die nach England und nach den Polen hinüberneigende Politik gefiel ihm nicht. Er fühlte deshalb die Pflicht in sich, zu warnen. Von der unbesieglichen Gewalt dieses Pflichtgefühls machten seine Gegner sich keinen Begriff, sie bedachten eines nicht: vom Amte kann man pensioniert werden, von der Liebe zum Vaterlande und von der Sorge um dessen Wohl niemals, so lange das Herz und das Gewissen in einem wach und lebendig ist. Wer in ein Amt eintritt und wem Gott erst im Augenblick des Eintritts Verstand und Gemüt zum Amte gibt, der mag ja, wenn er dieses Amt niederlegt, mit dem Verstande dasselbe tun. Eine solche Natur war Bismarck nicht; er hatte schon vor seinem Amte mehr Verstand besessen als Dutzende maßgebender Persönlichkeiten; deshalb behielt er ihn auch im Ruhestande und konnte ihn nicht zur Schweigsamkeit unterdrücken.

So wurde denn das Verhältnis zwischen Bismarck und seinem Nachfolger, dem Reichskanzler Caprivi, immer unerquicklicher; dafür setzten die Huldigungen aus dem Volke immer kräftiger ein. Dieses hatte die Empfindung, daß ein Volk, welches die großen Menschen seiner Geschichte nicht hochhält, wie ein Mensch ist, der seinen Vater verleugnet. Und in heller Flamme loderte diese Liebe zu Bismarck auf, als er am 18.Juni zur Hochzeit seines Sohnes über Berlin und Dresden nach Wien fuhr. In Wien wurde Bismarck von der offiziellen Welt gemieden, weil schon am 9. Juni der Reichskanzler Caprivi den deutschen Botschafter Prinzen Reuß angewiesen hatte, daß dieser dem Fürsten gegenüber nur die gesellschaftlichen Formen erfüllen, einer etwaigen Einladung zur Hochzeit des Grafen Herbert aber ausweichen solle; der Kaiser werde von der Feier keine Notiz nehmen. Auch der Kaiser von Österreich, der früher den Fürsten Bismarck aufs Hervorragendste ausgezeichnet hatte, lehnte es ab, Bismarck in Audienz zu empfangen.

Bismarck war so tief gekränkt, daß er zuerst Caprivi fordern wollte, und er sprach sich Vertretern der Presse gegenüber nun ganz rücksichtslos über politische Fragen aus und über schwache und unfähige Männer, die jetzt auf die Regierung ihren Einfluß ausübten. Als aber in weiteren Kreisen bekannt wurde, was Bismarck in Wien erlebt hatte, da steigerte sich die Begeisterung im Volke und die ganze Fahrt von Wien nach Kissingen glich geradezu einem Triumphzuge.

So schön diese Begeisterung war, es ging doch ein Zug tiefer Wehmut durchs deutsche Volk, dem die Liebe zum Kaiser und die Liebe zu Bismarck gestört wurde durch die unerquicklichen Vorgänge, wie sie nun einmal aus der tragischen Mißlage sich ergaben.

Und Bismarck selbst empfand es in dieser verzweifelten Zeit immer wieder schmerzlich, daß seine Stellung zu seinem kaiserlichen Herrn nicht so war, wie er und das ganze deutsche Volk es wünschte. Vor allem bangte ihn um die Erhaltung des monarchischen Gefühls; zu Paul Heyse äußerte er auf der Rückreise von Wien in München: „Früher war mein ganzes Bestreben dahin gerichtet, das monarchische Gefühl im Volke zu heben. An den Höfen und in der offiziellen Welt wurde ich gefeiert und mit Dankbarkeit überhäuft. Das Volk wollte mich steinigen. Heute jubelt mir das Volk dafür zu, während die anderen Kreise mich ängstlich meiden. Ich glaube, das nennt man Ironie des Schicksals."

Schon am 16. August 1890 hatte er in Kissingen das bemerkenswerte Wort gesprochen: „Der Kaiser ist jung, arbeitsfreudig, tatkräftig, es steckt etwas vom alten Fritz in ihm, aber er muß davon heutzutage einen weisen Gebrauch machen. Ich bin ihm nicht im Wege. Er hat auch nach meinem Wissen keine Ursache, mir gram zu sein, so wenig wie ich es ihm bin. Allerdings hätte meine Entlassung sich anders vollziehen müssen. ... Doch der Zunder ist erloschen, meine Friedenspfeife raucht, ohne daß die Feinde die Ringe steigen sehen. Ich bin dem Kaiser, wie gesagt, nicht gram. Und der Kaiser ist es vielleicht auch mir nicht."

Bismarck sollte recht behalten. Im August 1893 erkrankte er in Kissingen so schwer, daß er die Abreise von dort nicht zur festgesetzten Zeit, Ende August, ausführen konnte. Er blieb länger dort. Um diese Zeit reiste der Kaiser zu den Manövern des österreichisch-ungarischen Heeres nach Güns. Von dort kam ein Telegramm, in welchem der Kaiser, der erst spät von Bismarcks Erkrankung gehört, diesem eines seiner Schlösser zur Erholung anbot, da das Klima in Friedrichsruh für ein Lungenleiden nicht günstig sei. Dieses gütige Angebot wurde zwar nicht angenommen, aber die Fäden waren wieder angeknüpft. Der Kaiser lud Bismarck zu seinem Geburtstage 1894 nach Berlin ein, und Bismarck erschien, da ihm die eigentlichen Festlichkeiten zu anstrengend waren, unter dem Jubel der Berliner Bevölkerung am 26. Januar im kaiserlichen Schlosse. „Der Monarch und der Patriarch" unseres Volkes hatten sich wiedergefunden. Und so blieb denn das Verhältnis von Kaiser und Kanzler weiterhin fast ungetrübt. Nur leichte Verstimmungen gab es noch, wenn der getreue Eckart glaubte einmal wieder warnen zu müssen. Auch zum achtzigsten Geburtstag erschien der Kaiser bei Bismarck in Friedrichsruh, als das ganze deutsche Volk sich glückwünschend um den Alt-Reichskanzler scharte in zahllosen Wallfahrten, die dem greisen Manne einigermaßen über den Schmerz hinweghelfen mochten, in dem ihn der Verlust der treuen Lebensgefährtin – sie war ihm am 27. November 1894 im Tode vorausgegangen – zurückgelassen hatte.

Diese Huldigungen wiederholten sich in immer gleicher Stärke an jedem Gedenktage seines Lebens, so noch am 84. Geburtstage am 1. April 1898. Es sollte das letzte Mal sein, daß Bismarck die Liebe seines Volkes voll empfand.

Gegen Ende Juni begann sein Befinden schlechter zu werden; immerhin konnte er am 28. Juli sich noch einmal im Rollstuhl in den

Familienkreis fahren lassen. Am 30. Juli las der Fürst noch seine Hamburger Nachrichten, sprach über politische Fragen, nahm noch Speise und Trank zu sich und scherzte darüber, daß man so wenig geistige Getränke zum Wasser setze. Dann aber trat plötzlich eine Wendung zum Schlimmen ein, und um elf Uhr abends erlöste ihn der Tod – leicht und schmerzlos. Als seine Tochter, die Gräfin Marie Rantzau, ihm den Todesschweiß abwischte, war sein letztes Wort: „Danke, mein Kind."

Die Kundgebungen der Trauer waren zahllos in der ganzen Welt. Bewundernd beugte sie sich, ob Freund, ob Feind; sie empfand, daß ein staatenbildender, weltbeherrschender Genius dahingeschieden war. Der Kaiser wollte dem Heimgegangenen im Berliner Dom neben den Gebeinen seiner Vorfahren die letzte Ruhestätte bereiten. Bismarck hatte es anders bestimmt; er wünschte neben seiner Lebensgefährtin unter den Wipfeln des Sachsenwaldes begraben zu sein mit der Grabschrift: Ein treuer deutscher Diener Wilhelms I.

Dort liegt, was sterblich an ihm war. Was aber unsterblich in ihm lebte, das wirkt unter uns und in uns fort als selbstbewußte, denkende und handelnde schöpferische Kraft, als mächtiges Staatsgefühl, das selbst Bismarcks erbittertste Feinde in unserer großen und gewaltigen Zeit unter den Reichsgedanken, den er geschaffen, gezwungen hat, und als felsenfester Glaube an die Macht und Größe des deutschen Vaterlandes, das Millionen deutscher Männer in einem starken Hause zu verteidigen bereit sind mit Blut und Eisen in dem Bewußtsein, daß in diesem Hause als Bismarcks Erbgut die höchsten Güter unseres Volkes sich bergen: Vaterlandsliebe, Fürstentreue, Frömmigkeit und der rastlose Fleiß, der geistige und materielle Güter in Friedensarbeit ungestört zu schaffen die Sehnsucht in sich trägt.

www.ingramcontent.com/pod-product-compliance
Lightning Source LLC
Chambersburg PA
CBHW021232300426
44111CB00007B/510